Barbara Rias-Bucher

Vollwert
Backvergnügen
wie noch nie

Das große GU Bild-Backbuch
der gesunden Genüsse

Die Farbfotos gestalteten
Susi und Pete A. Eising

GU GRÄFE
UND
UNZER

Das finden Sie in diesem Buch

Nützliche Tips zu verschiedenen Arbeitsschritten

Cremes, Füllungen und Glasuren

Torten füllen und garnieren

Kuchen und Torten

Das finden Sie in diesem Buch

Obstkuchen

Seite 78–127

Kleingebäck und Plätzchen

Seite 128–167

Herzhaftes Gebäck

Zum Nachschlagen

Der Inhalt des Buches von A bis Z

Wichtiger Hinweis

Kaufen Sie möglichst nur gereinigtes Getreide. Denn Schmutz und Unkrautsamen (vor allem Samen der giftigen Kornrade) dürfen nicht enthalten sein. Das gleiche gilt auch für das heute wieder häufiger auftretende Mutterkorn, das vor allem den Roggen befällt. Es ist ein deutlich erkennbares, schwärzliches und meist stark vergrößertes Korn. In größeren Mengen verzehrt (etwa 5 bis 10 g) ruft es lebensgefährliche Vergiftungserscheinungen hervor. Die Gefahr ist allerdings relativ gering, wenn Sie, wie empfohlen, gereinigtes Getreide kaufen.
Essen Sie Schoten oder Samen von Hülsenfrüchten nie roh. Erst durch ausreichendes Garen wird das darin enthaltene natürliche Gift, das Phasin, unschädlich gemacht. Beim Keimen wird dieses Gift nur teilweise abgebaut; deshalb sollten Sie auch Keimlinge von Hülsenfrüchten nicht zu oft und grundsätzlich kurz erhitzt oder blanchiert essen.

Über dieses Buch

Sich vollwertig zu ernähren, ist schon lange nicht mehr nur der Wunsch einer kleinen Gruppe Gesundheitsbewußter. Sehr viele von uns wollen inzwischen im wahrsten Sinne des Wortes »besser« essen: Naturkostläden und Reformhäuser verzeichnen großen Zulauf, in guten vegetarischen Restaurants muß man meist einen Tisch reservieren, und Landwirte, die kontrolliert-ökologisch anbauen, haben mit der Vermarktung ihrer wohlschmeckenden, naturbelassenen Lebensmittel keinerlei Probleme.

Dem Wunsch, mit vollwertigen Zutaten auch gesünder zu backen, trägt dieses Buch Rechnung. Und das Vergnügen, das es im Titel ankündigt, wird es Ihnen in vielerlei Hinsicht bereiten: ob Sie sich für einen feinen Kuchen oder eine üppige Torte, für knusprige Brötchen, kerniges Brot oder eine herzhafte Quiche entscheiden, alles wird aus Vollkornmehl und anderen gesunden Zutaten zubereitet, schmeckt köstlich und gelingt ganz leicht. Sicherlich werden Sie auch bald feststellen, daß Süßes – vollwertig zubereitet – weit bekömmlicher ist als herkömmliches Gebäck. Statt Zucker werden süßende Zutaten wie Zuckerrohrgranulat, Honig und Obstdicksaft genommen und vor allem in viel kleineren Mengen verwendet, als Sie es bisher vielleicht gewöhnt waren. Das schmälert den Genuß keinesfalls, tut aber dem Magen wohl und bekommt der Figur. Außerdem: Das Gebäck – ob süß oder herzhaft – kann sich »sehen« lassen. Die brillanten Farbfotos zu jedem Rezept beweisen, daß die gesunde Bäckerei auch optisch ein wahrer Genuß ist.
Aber in den schönen Bildern steckt auch eine ganze Menge Information: Die Schritt-für-Schritt-Fotos zeigen zum Beispiel wichtige Grundrezepte für Teige und Füllungen so genau, daß Sie beim Zubereiten keinerlei Schwierigkeiten haben werden – selbst wenn Sie noch nicht so gut backen können oder bis jetzt keine Erfahrungen mit dem Vollwert-Backen haben. Das Formen von so beliebtem Gebäck wie Stollen oder Schnecken, Vorschläge für reizvolle Garnierungen und nützliche Tips rund ums Backen, wie zum Beispiel das Abziehen von Mandeln, sind ebenfalls anschaulich in Wort und Bild erklärt.

Schon das erste Durchblättern des Buches zeigt: Dieses Vollwert-Backvergnügen bietet Ihnen mit seinen mehr als 180 Rezepten das richtige Gebäck für jede Gelegenheit. Über die vielfältigen Anregungen hinaus soll es ein Grundbackbuch sein – sowohl für Neulinge in der Kunst des Backens als auch für alle, die mit dem Vollwert-Backen erst beginnen. Die Rezepte und Tips sind entstanden aus meinen vielen Versuchen mit vollwertigem – mal ungewöhnlichem und neuem, mal bekanntem und beliebtem – Gebäck, das gleichzeitig appetitlich aussehen und natürlich gut schmecken soll. Ergänzt habe ich den Rezeptteil mit den notwendigen, detaillierten Informationen: Zur Warenkunde der üblichen und alternativen Backzutaten und – selbstverständlich – zur Vollwert-Ernährung. Sie können nachlesen, woraus ein Teig besteht, was er braucht, um richtig aufzugehen und was sonst noch für ein gutes Ergebnis wichtig ist. Außerdem gebe ich Ihnen Tips, wie Sie Gebäck auch mit Frischkost anreichern können. Manchmal kann ich jedoch nur Orientierungshilfen anstelle von Anleitungen geben. Entscheiden müssen Sie dann selbst – etwa, ob Sie Mehl immer frisch mahlen, ob Sie Zitronat, Orangeat, Backoblaten oder Backpapier verwenden wollen. Ich habe versucht, viele Fragen aufzugreifen und zu beantworten, die sich nicht nur Ungeübten, sondern auch routinierten Hausfrauen und -männern beim Backen stellen.

Die Fülle der Rezepte bietet für jeden das Gewünschte: strenge Vollwertköstler halten sich an Teige ohne Eier oder an Gebäck, das nur mit Obst gesüßt ist. Wenn Sie jedoch einfach nur Butter und/oder Eier sparen wollen, wählen Sie Rezepte, in denen diese Zutaten durch Tofu oder andere Sojaprodukte ersetzt sind. Oder Sie sehen bei der Backschule mit den Schritt-für-Schritt-Fotos nach, wie man einen Teig mit diesen Produkten zubereiten kann. Wenn Sie dagegen die Vollwert-Bäckerei erst kennenlernen wollen oder lieber üppigeres Gebäck mögen, finden Sie in diesem Buch genügend klassische Rezepte wie zum Beispiel Butterkuchen – entsprechend abgewandelt – sowie Neues wie Brombeerkuchen mit Hirsestreuseln oder eine Torte mit Bananencreme und Joghurtguß, die alle den Grundsätzen der Vollwert-Ernährung entsprechen. Alkohol taucht in sehr geringen Mengen auf; selbstverständlich können Sie ihn grundsätzlich ganz weglassen. Süßungsmittel spielen beispielsweise für das Gelingen von Hefeteig oder Cremes keine Rolle; Sie können den Teig ohne Süßungsmittel zubereiten, er gelingt genauso gut. Cremes lassen sich immer mit frischem oder getrocknetem Obst süßen.

Keine Frage also – vollwertiges Gebäck ist gesünder. Trotzdem muß ich hier gleich einem möglichen Mißverständnis vorbeugen: Kein Backbuch – auch dieses nicht – ist für den täglichen Gebrauch bestimmt. Sicher wissen Sie ja auch, daß es nicht gesund ist, sich ausschließlich von Gebäck – ob süß oder herzhaft – zu ernähren. Denn Sie werden zwar zunächst satt, essen aber auf die Dauer nicht genügend von dem, was Ihr Körper braucht. Deshalb sollten Sie, selbst wenn Sie vollwertige Kuchen, Torten und Kekse sehr gerne mögen, nicht täglich Süßes essen. Zur richtig verstandenen Vollwert-Ernährung gehört gelegentlich auch weiser Verzicht. Ein Trost: Etwas, das Sie sich nicht täglich gönnen, genießen Sie schließlich um so mehr.

Sie werden rasch entdecken, daß das Backen mit vollwertigen Zutaten keineswegs schwieriger ist als »normales« Backen. Im Gegenteil: Hefeteig zum Beispiel geht besser und schneller auf, da die Hefepilze im Vollkornmehl mehr Nahrung finden. Außerdem sage ich Ihnen immer, wie's am einfachsten und schnellsten geht. So wird der Mürbeteigboden nicht zweimal, sondern nur einmal, und zwar gleich in der Form gekühlt, der Biskuitteig nur in einer einzigen Schüssel gerührt und der Backofen nicht mehr vorgeheizt. Alles, was fürs Backen sonst noch wichtig ist, wird in Wort und Bild ausführlich erklärt. Dazu gehören die verschiedenen Kuchenformen und Wissenswertes über Getreidemühlen. Sicher werden Sie überrascht sein, welche Gefäße Sie verwenden können, wenn Sie sich nicht eigens Spezialformen, beispielsweise für den italienischen Panettone, anschaffen möchten. In der Warenkunde am Schluß des Buches erfahren Sie alles über Getreide und andere wichtige Backzutaten wie Nüsse und Samen, Obst und Trockenfrüchte, Gewürze und Süßungsmittel. Die Abbildungen der Produkte sind eine gute Hilfe für alle, die sich mit vollwertigen Backzutaten noch nicht so gut auskennen.
Und jetzt wünsche ich Ihnen viel Spaß beim Ausprobieren der Rezepte und beim Genießen Ihrer sicherlich gelungenen Backergebnisse.

Ihre Barbara Rias-Bucher

Woraus ein Teig besteht

Jeder Teig ist eine Mischung aus Zutaten, die Kohlenhydrate, Eiweiße und Fette enthalten: Im Getreidekorn zum Beispiel sitzen diese Bestandteile vorwiegend im Keim (Eiweiß und Fett), in der Aleuronschicht (Eiweiß) und im Mehlkörper (Kohlenhydrate). Bei Eiern enthält das Eigelb hauptsächlich Fett, während sich die Proteine und die wenigen Kohlenhydrate gleichmäßig auf das ganze Ei verteilen. Ob man zusätzlich Butter, Flüssigkeit und/oder Lockerungsmittel wie Hefe oder Backpulver braucht, hängt vom Mischungsverhältnis der Zutaten ab: Teige mit vielen Eiern enthalten genügend Flüssigkeit und gehen auch ohne Backpulver hoch auf. Das Mischungsverhältnis beeinflußt zudem die Beschaffenheit des Gebäcks: Fettreicher Mürbeteig wird beim Backen knusprig, eier- und fettreicher Rührteig dagegen bekommt eine lockere, flaumige Krume. Hefe macht den Teig ebenfalls locker, jedoch auch elastischer: frisches Hefegebäck können Sie biegen, bevor es zerbricht.

Die Kohlenhydrate

Mehl, die Grundlage jeden Teiges, besteht zum größten Teil aus Kohlenhydraten. Nach ihrer chemischen Zusammensetzung unterteilt man Kohlenhydrate in drei Gruppen: Zucker, Stärke und Ballaststoffe.
In pflanzlichen Lebensmitteln kommen immer alle drei Gruppen vor, jedoch in unterschiedlicher Konzentration: Obst zum Beispiel enthält vor allem Zucker und Pektin, Mehl dagegen hauptsächlich Stärke und Zellulose.
Notwendig zum Backen ist in erster Linie die Stärke:
• Stärke verbindet sich mit Wasser. Da nun alle anderen Teigzutaten wie Milch, Eier und Backfett wie zum Beispiel Butter mehr oder weniger viel Wasser enthalten, sorgt Stärke für den Zusammenhalt der Zutaten und folglich für die Formbarkeit des Teiges.

• Stärke quillt bei Temperaturen ab etwa 60° auf, saugt also soviel Wasser wie möglich an. Beim Backen gibt der Kleber Wasser ab (siehe »Die Eiweiße«). Die Stärkekörnchen lagern dieses Wasser sofort an und plustern sich dadurch immer weiter auf.
Schließlich zerplatzen sie und verbinden sich miteinander zu einem zusammenhängenden Gewebe – der elastischen Gebäckkrume. Sobald das Gebäck kalt ist, verfestigt sich das Gewebe; der Kuchen wird schnittfest.
• Stärke gibt beim Backen das Wasser, das sie angelagert hat, nach und nach wieder ab, und zwar zuerst an der besonders heißen Oberfläche des Kuchens. Dabei »schrumpfen« die Stärkekörnchen und bilden die Gebäckkruste.
• Zucker beeinflußt ebenfalls die Beschaffenheit von Teig und Gebäck: zum Beispiel macht er Mürbeteig knusprig, weil er sich in Fett nicht löst – also nicht fein verteilt. Vielmehr schmilzt er durch die hohe Backtemperatur in der Flüssigkeit und bildet einzelne Schichten, die beim Erkalten des Gebäcks wieder knusprig erstarren. Indem Zucker beim Backen schmilzt, treibt er Mürbeteig auch in die Breite: der flüssige Zucker sinkt nach unten und sorgt durch sein Gewicht dafür, daß der weiche Teig flach verfließt.
Hefezellen brauchen Zucker, um sich zu vermehren; dabei wandeln sie ihn in Alkohol und Kohlendioxid um. Dieses Gas macht Hefeteig locker und feinporig. Der Alkohol verflüchtigt sich beim Backen. Schließlich bewirkt Zucker auch die Bräunung und die Krustenbildung von Gebäck, da er karamelisiert. Für das Backergebnis spielt es übrigens keine Rolle, ob Sie weißen oder braunen Zucker beziehungsweise Zuckerrohrgranulat verwenden: alle drei Produkte sind chemisch gleich aufgebaut.

Die Eiweiße

Nicht nur die tierischen, sondern auch alle pflanzlichen Lebensmittel enthalten Eiweiß in mehr oder weniger großen Mengen. Besonders eiweißreich sind zum Beispiel Sojabohnen und alle Produkte, die daraus hergestellt werden wie Sojamehl, Tofu und Sojamilch. Auch im Mehl finden sich Eiweißstoffe; zwei davon – Gliadin und Glutenin – bilden den sogenannten Kleber, der über die Backeigenschaften eines Mehl entscheidet: mit kleberfreiem Mais- oder Reismehl kann man nur flache, ziemlich feste Kuchen und Brote backen. Kleberreiches Weizenmehl dagegen ergibt hohes, lockeres Gebäck:
• Kleber bindet – wie Stärke – das in den anderen Teigzutaten enthaltene Wasser; die Eiweißkörper quellen dadurch auf und verbinden sich bereits im rohen Teig miteinander. Der Teig hält nicht nur zusammen, sondern wird so elastisch, daß er die durch Rühren, Kneten oder Schlagen – zum Beispiel von Eiern – »eingearbeitete« Luft nicht wieder abgibt: die Luftbläschen bleiben im Teig. Außerdem bildet der Kleber ein regelrechtes Netz, das dem Gebäck die feste Struktur gibt.
• Kleber bildet sich bei kräftigem Kneten und Rühren. Soll ein Teig knusprig und nicht elastisch sein – wie zum Beispiel Mürbeteig –, mischt man die Zutaten gerade so lange, bis sie sich miteinander verbunden haben.
• Kleber gerinnt – wie alle Eiweißstoffe – unter Hitzeeinwirkung. Beim Backen also verfestigt er sich langsam und gibt durch die Gerinnung das Wasser, das er zuvor gebunden hat, an die Stärkekörnchen ab, die es sofort aufnehmen (siehe oben). Solange das Gebäck noch ausreichend Wasser enthält, ist es auch dehnbar: Die eingelagerten Luftbläschen bewirken einen Gasdruck von innen, das Gebäck geht auf. Erst wenn genügend Feuchtigkeit verdampft ist, läßt die Dehnbarkeit nach: die Eiweiß-

bestandteile werden starr – das Gebäck ist gar.
Eier oder andere stark eiweißhaltige Produkte wie Tofu, Sojamehl und Sojamilch bewirken im Teig dasselbe wie der Kleber:
• Sie sind Lockerungsmittel, weil sie beim Schlagen, Kneten oder Rühren Luft aufnehmen und im Teig halten.
• Sie gerinnen beim Backen und bilden ein festes Gerüst. Dabei entweicht das zuvor gebundene Wasser als Dampf und sorgt zusätzlich für die Lockerung des Gebäcks.

Die Fette

Für Fett gilt das gleiche wie für Eiweiß: es ist Bestandteil von tierischen und pflanzlichen Lebensmitteln. Bei Eiern sitzt es hauptsächlich im Eigelb, bei Getreide vorwiegend im Keim. Jeder Teig enthält also Fett, auch wenn es nicht eigens zugefügt wird.
Die Fettmenge im Teig spielt für die Beschaffenheit des Gebäcks eine Rolle:
• Fett beeinträchtigt die Dehnbarkeit des Klebers. Fettreiches Gebäck aus Rührteig ist zwar locker, aber nicht biegsam: Es zerbricht beim Zerteilen in ziemlich kleine Stücke und krümelt stark. Dagegen ist fettarmer Biskuit, der nur mit Eiern zubereitet wird, so elastisch, daß er sich sogar aufrollen läßt.
• Fett lockert
1) Rührteig, weil es die »eingerührte« Luft hält;
2) Blätter- oder Plunderteig, weil es sich nicht mit Wasser verbindet und deshalb die einzelnen Teigschichten, die ja Wasser enthalten, voneinander trennt.

Über das Gelingen des Gebäcks entscheiden in erster Linie diese Rohstoffe und ihr Mengenverhältnis zueinander.

Vollwert-Backen –
Wichtige Fragen und Antworten auf einen Blick

Was ist anders beim Vollwert-Backen?

Vollwert-Backen heißt:
• möglichst naturbelassene Zutaten wie Vollkornmehle, Butter, kaltgepreßte Öle, Nüsse, Samen, frisches Obst, Tofu und andere Sojaprodukte zu verwenden;
• möglichst wenig süßen;
• solche Zutaten miteinander kombinieren, die nicht nur hochwertiges Eiweiß liefern – das ist bei Gebäck, das aus Getreide sowie Eiern und/oder Milchprodukten besteht, ohnehin der Fall –, sondern auch cholesterinsenkend wirken. Tierische Produkte wie Eier, Butter, Sahne und Milch erhöhen den Cholesterinspiegel. Pflanzliches Eiweiß – vor allem von Sojaprodukten –, mehrfach ungesättigte Fettsäuren (enthalten in Nüssen und Kernen) sowie Pektine (bestimmte Ballaststoffe), die in Obst vorkommen, dagegen senken ihn.
Sie finden in diesem Buch deshalb:
1) Kuchenteige, die mit Sojamehl statt mit Eiern zubereitet werden;
2) eine Abwandlung des klassischen Quarkblätterteiges, in dem Quark durch Tofu ersetzt wird;
3) eine Abwandlung des klassischen Quark-Öl-Teiges, in dem Quark ebenfalls durch Tofu ersetzt wird;
4) eine Creme auf der Grundlage von Tofu, die sich zum Füllen von eier- und/oder fettreichen Tortenböden eignet;
5) Kuchenteige und Tortenböden mit vielen Nüssen oder Kernen;
6) Milch- und Sahnecremes, die reichlich (Trocken)obst enthalten;
7) Kuchen und Torten, deren Gehalt an Eiern und Butter durch reichlich Obst »entschärft« wird.

Warum so wenig Süßungsmittel?

Kein Süßungsmittel ist wirklich »gesund«: Auch alternative Süßungsmittel wie Zuckerrohrgranulat, Honig oder Obstkraut enthalten fast nur Energie, sprich: Kalorien. Zudem liefern sie fast kein Eiweiß und Fett, keine Ballaststoffe, wenige Vitamine und Mineralstoffe. In manchen Süßungsmitteln fehlen also nahezu alle, in anderen eine ganze Menge essentieller, das heißt lebenswichtiger Inhaltsstoffe. Wer viel Süßigkeiten ißt, reduziert dadurch automatisch den Verzehr an anderer, wertvoller Kost – weil er satt ist. Dabei bekommt der Körper jedoch hauptsächlich unerwünschte Energie. Bei sehr süßem Gebäck tritt derselbe Effekt ein: die »leeren« Kalorien überwiegen den Gehalt an wertvollem Getreideeiweiß, Fett und schwer löslichen Kohlenhydraten, die für Arbeit bei der Verdauung sorgen und deshalb ebenfalls angenehm satt, aber nicht dick machen.
Außerdem wird bei der Kohlenhydratverdauung Vitamin B_1 verbraucht. Vollkornmehle enthalten dieses Vitamin reichlich, Süßungsmittel dagegen nicht. Bei zuviel Süßungsmitteln kann es also zu einer Vitamin-B-Unterversorgung kommen. Ernährungswissenschaftler nehmen auch an, daß stark zuckerhaltige Lebensmittel zu Krankheiten wie Diabetes, Arteriosklerose, Karies und Fettsucht führen können. Beobachtet wurde auch, daß gerade vollwertige Produkte wie zum Beispiel Getreide oder auch Frischkost wie Obst nicht so gut verträglich sind, wenn sie mit zuckerreichen Produkten kombiniert werden.
Jedes Gebäck in diesem Buch enthält gerade so viel Süßungsmittel, daß es aromatisch schmeckt. Da sich für den Wohlgeschmack jedoch keine Regeln aufstellen lassen – und es in der Vollwertkost keine Verbote, sondern nur Empfehlungen gibt –, sollten Sie diese Mengenangaben als Richtwerte

verstehen. Wenn Sie gerade mit dem Vollwert-Backen anfangen und bisher nur »normale« Kuchen gegessen haben, können Sie anfangs ruhig mehr Süßungsmittel verwenden. Im Laufe der Zeit stellen sich Ihr Körper und Ihre Geschmacksnerven von selbst um: Gebäck, das Sie früher angenehm süß fanden, mögen Sie dann nicht mehr. Schließlich werden Sie nicht nur Gebäck, sondern alle Speisen nach und nach weniger süßen.

Warum brauchen Vollkornmehle mehr Flüssigkeit?

Weil Vollkornmehle alle Schalenteile des Getreidekorns enthalten. In der äußeren Schale des Korns sind unter anderem Pentosen eingelagert – Substanzen, die für den Wasserhaushalt der Pflanze verantwortlich sind. Sie quellen im Teig auf, das heißt, sie können das Vielfache ihres Gewichtes an Flüssigkeit anlagern. Deshalb: Je dunkler ein Mehl ist, desto mehr solcher Schalenteile enthält es, die viel Flüssigkeit binden. Auch zwischen den einzelnen Mehlarten gibt es Unterschiede: Roggenmehl etwa bindet mehr Wasser als Weizenmehl.

Was bedeutet die Typenzahl bei abgepacktem Mehl?

Die Auskunft darüber, ob ein Mehl nährstoffreich ist oder nicht. Dazu – vereinfacht dargestellt – der Mahlvorgang: Beim Mahlen des Getreidekorns »zerbrechen« die inneren weichen Teile zuerst; diese kleinen Bruchstücke werden weiter zu weißem Auszugsmehl vermahlen. Die äußeren harten Teile – Außenschale und Aleuronschicht mit dem hohen Gehalt an Mineralstoffen – siebt man ab; sie gelangen also gar nicht in das weiße Mehl. Je höher, sprich: je »gründlicher« ein Mehl nun ausgemahlen wird, desto mehr Schalenteile enthält

es auch. Die Menge kann man feststellen, indem man eine Probe des – zuvor getrockneten – Mehls verbrennt. Dabei bleiben nämlich die unverbrennbaren Mineralstoffe als Asche zurück. Diese Asche wird gewogen und als Typenzahl auf der Verpackung angegeben. Ein Beispiel: 100 kg wasserfreies Weizenmehl der Type 550 enthält etwa 550 g Mineralstoffe, das der Type 1050 enthält rund 1050 g und so fort. Je höher die Typenzahl, desto mehr Mineralstoffe sind im Mehl und desto wertvoller ist es für die Ernährung. Selbstverständlich nimmt mit dem Grad der Ausmahlung auch der Gehalt an anderen Nährstoffen wie Eiweiß, Fett und Vitaminen zu.

Welche Eier sind die besten?

Eier kommen – wenn auf der Packung nichts anderes vermerkt ist – aus Legebatterien. Ergänzende Angaben wie zum Beispiel »Erzeugerbetrieb« oder »Geflügelhof« sagen nichts über die Art der Haltung aus. Ohne Zweifel läßt sich die heute übliche Haltung der Hennen in Legebatterien nicht mit den berechtigten Forderungen von Tierschützern vereinbaren. Die Tiere sind auf engstem Raum zusammengepfercht: stockwerkweise übereinander in winzigen Käfigen oder in Fabrikhallen, die Zehntausende von Hühnern »fassen«.
Auch sogenannte alternative Haltungsmethoden sind nicht unbedingt ideal: »Eier aus Bodenhaltung« bedeutet, daß 7 Hennen pro Quadratmeter in Kunstlichtställen leben; »Eier aus Volierenhaltung« heißt, daß auf 1 qm Bodenfläche 25 Hennen kommen. Die Kennzeichnungen »Eier aus Freilandhaltung« (pro Huhn mindestens 10 qm Auslauf im Freien) oder »Eier aus intensiver Auslaufhaltung« (pro Huhn 2,5 qm Auslauf im Freien) weisen auf (relativ) artgerechte Haltung der Tiere hin.

Geschmacklich kann man keine Unterschiede zwischen Eiern aus den verschiedenen Haltungsmethoden feststellen. Zwar werden Hennen in Legebatterien mit Antibiotika – wegen der erhöhten Infektionsgefahr bei Massentierhaltung –, mit Beruhigungsmitteln – um die Lebensbedingungen der Tiere zu »verbessern« –, Vitaminen und künstlichen Karotinen – für die sattgelbe Eigelbfarbe – gefüttert. Doch das schmeckt man nicht heraus. Heutzutage schmeckt das Frühstücksei auch nur noch selten nach Fisch: Fischmehl wird im Geflügelfutter aus Kostengründen nämlich kaum noch eingesetzt. All diese Zusatzstoffe haben natürlich auch mit der Qualität der Eier zu tun. Leider kann man die als Verbraucher jedoch weder »sehen« noch schmecken.

Eier aus Freilandhaltung oder von einem Bauernhof mit freilaufenden Hühnern sind oft teurer als andere. Die Qualität ist aber meist besser, weil man artgerecht gehaltenen Tieren eben keine Zusätze ins Futter mischen muß. Außerdem spielt bei einer bewußteren Ernährung durch vollwertige Lebensmittel sicher auch eine bewußtere Einstellung zur Umwelt eine Rolle. Und dazu gehört auch, daß man fragt, <u>woher</u> das kommt, was man ißt.

Wie wird Gebäck mit Frischkost aufgewertet?

Frischkost umfaßt alle Erzeugnisse, die nicht gegart oder erhitzt werden: zum Beispiel frisches Obst, Nüsse, Kerne, Sauermilchprodukte, Rohkost aus Gemüse, frisch gekeimte Sprossen, frisch gepreßte Obstsäfte. Sie enthält vermutlich alle lebenswichtigen Nahrungsbestandteile, die der Körper braucht.
Frischkost können Sie auch mit süßem oder herzhaftem Gebäck kombinieren, indem Sie

1) nur den Kuchen- oder Tortenboden aus Mürbe-, Biskuitoder Rührteig backen und mit einer kalt zubereiteten Creme füllen und/oder mit frischem Obst belegen;
2) Torten und Kuchen mit Nüssen bestreuen;
3) kalte Cremes aus Sauermilchprodukten oder Tofu als Tortenfüllung verwenden;
4) zu herzhaftem Gebäck immer einen Rohkost- oder Sprossensalat servieren.

Sind kontrolliert-ökologisch angebaute Lebensmittel besser?

In diesem Punkt streiten sich die Experten noch immer. Gewiß ist kontrolliert-ökologisch angebautes Getreide, Gemüse und Obst nicht frei von Schadstoffen, denn Luft und Wasser sind eben leider nicht mehr »sauber«. Deshalb hat man auch in Bio-Produkten Blei und Cadmium, Nitrate und andere unerwünschte Rückstände gefunden. Dennoch sollten Sie auch beim Backen Produkte aus kontrolliert-ökologischem Anbau vorziehen, da sie nicht zusätzlich mit Rückständen von Kunstdüngern und Schädlingsvernichtungsmitteln belastet sind; allgemein weisen sie also weniger Schadstoffe auf als Lebensmittel aus konventionellem Anbau.
Beim Kauf sollten Sie sich jedoch nicht vom Zusatz »Bio« leiten lassen; dieser Begriff besitzt inzwischen hauptsächlich Werbewirkung und kennzeichnet nicht unbedingt echte Naturkost. Halten Sie sich besser an die Markennamen, denen man vertrauen kann:
• demeter
• bioland
• ANOG
• Biokreis Ostbayern
• Naturland
Die Adressen finden Sie auf Seite 218.

Muß der Backofen vorgeheizt werden?

Nein, sofern die (Gesamt)Backzeit mehr als 30 Minuten beträgt. Bei Umluftherden und Gasbacköfen ist das Vorheizen ohnehin nicht notwendig. Ein moderner konventioneller Elektroherd mit Ober- und Unterhitze braucht zum Aufheizen zwischen 15 und 20 Minuten, ältere Modelle brauchen bis zu 30 Minuten. Dazu ein Beispiel: Ein Mürbeteigboden ist ohne Vorheizen nach 30 bis 35 Minuten, mit Vorheizen nach etwa 20 Minuten gar. Die Differenz beträgt etwa 15 Minuten – die Zeit also, in der sich der Backofen ungenutzt aufheizt. Bei Backzeiten über 1 Stunde können Sie den Ofen auch 10 bis 15 Minuten vor Ablauf der Zeit ausschalten. Wichtig: Richten Sie sich in diesem Fall jedoch nicht unbedingt nach der im Rezept angegebenen Backzeit, sondern nach den Erfahrungswerten, die sich auf Ihren eigenen Herd beziehen. Beim Gelingen des Gebäcks lassen sich ebenfalls keine Unterschiede feststellen: Auch Teige wie Brand- oder Biskuitmassen, die angeblich keine Wartezeit im kalten Ofen vertragen, gehen ohne Vorheizen hoch auf und werden ganz locker.

Was ist Backpulver?

Backpulver ist ein Triebmittel, das den Teig chemisch lockert – im Gegensatz zur biologischen Lockerung durch Hefe und Sauerteig und der physikalischen Teiglockerung durch Aufschlagen von Eiern. Es besteht aus drei Komponenten:
• dem eigentlichen Triebmittel (Natron);
• einem Säureträger, der unter Einwirkung von Feuchtigkeit und Hitze die Triebwirkung in Gang setzt;
• einem Trennmittel wie Getreidestärke, das die beiden anderen Komponenten voneinander »trennt«, also eine vorzeitige Triebwirkung verhindert.

Backpulver bildet schon im feuchten Teig und vor allem beim Backen ein Gas (Kohlendioxid), dessen winzige Bläschen den Teig aufblähen und lockern.
In den Rezepten dieses Buches finden Sie Weinsteinbackpulver mit einem phosphatfreien Säureträger, der früher in der Backpulverherstellung oft verwendet und erst seit etwa 1920 von phosphathaltigen Salzen verdrängt wurde. Es hat dieselbe Triebkraft wie »normales« Backpulver, schmeckt jedoch angenehmer.

Ist Backpapier schädlich?

Vermutlich nicht; Backpapier ist mit hitzebeständigem Kunststoff beschichtet und gilt gesundheitlich als unbedenklich. Über die Umweltverträglichkeit bei der Produktion und bei Beseitigung des gebrauchten Papiers liegen mir keine Untersuchungen vor. Auf jeden Fall jedoch ist Backpapier vollkommen unnötig und gerade aus diesem Grund überhaupt nicht preiswert: Selbst bei mehrmaligem Gebrauch kommt es erheblich teurer als etwas Butter zum Einfetten. Die Arbeitserleichterung fällt auch nicht sehr ins Gewicht: Jedes Gebäck läßt sich ohne weiteres von einem richtig vorbereiteten – also eingefetteten oder mit Wasser befeuchteten – Blech ablösen. Außerdem müssen Sie Bleche oder Formen auch nicht nach jedem Gebrauch reinigen. Wenn nichts eingebrannt ist, genügt das Abwischen mit einem Tuch.

Getreidemühlen im Überblick

Vollkornmehl oder -schrot läßt sich ohne größeren Wertstoffverlust etwa 4 Wochen lagern. Erst dann verliert es allmählich die wertvollen Inhaltsstoffe und wird – je nach Fettgehalt – mehr oder weniger schnell ranzig. Dabei ist Mehl länger haltbar als Schrot, denn: Je feiner das Getreide zerkleinert wird, desto höher ist – bedingt durch die Reibungshitze beim Mahlen – der Wasserverlust. Und je »trockener« ein Lebensmittel ist, desto länger bleibt es frisch. Außerdem werden bestimmte, fettspaltende Enzyme durch das Mahlen zerstört. Der Effekt: Mehl, das ja viel feiner zerkleinert ist als Schrot, wird nicht so schnell ranzig.

Trotzdem ist Vollkornmehl mit allen Bestandteilen des Getreidekorns natürlich viel empfindlicher als weißes Auszugsmehl.

Möglicherweise enthält es auch Inhaltsstoffe, die man noch nicht kennt und die bei der Lagerung zerstört werden könnten.

Wer also ganz sicher gehen will, verwendet auch zum Backen möglichst frisch zerkleinertes Getreide und lagert Vollkornmehl nur ausnahmsweise – zum Beispiel für die Weihnachtsbäckerei, die gewöhnlich einige Tage oder sogar Wochen in Anspruch nimmt. Viele Reformhäuser und Naturkostläden bieten das Mahlen und Schroten von Getreide als zusätzliche Serviceleistung an. Das setzt allerdings voraus, daß Sie den Backtag immer genau planen und nicht mal spontan einen Kuchen backen wollen.

Mühlen für den kleinen Haushalt

Wenn Sie selten backen und die Mühe nicht scheuen, genügt eine preiswerte handbetriebene Getreidemühle, mit der Sie pro Minute zwischen 20 und 60 g Getreide mahlen können.

Praktisch für den größeren Haushalt

Wer gerne und häufig backt und/oder eine größere Familie zu versorgen hat, sollte sich zum Zerkleinern von Getreide entweder ein Vorsatzgerät für die Küchenmaschine zulegen, das immer mehr Hersteller anbieten oder eine elektrische Getreidemühle anschaffen.

Mahlwerk und Mahlleistung

Getreidemühlen werden mit verschiedenen Mahlwerken angeboten: aus Stein, Stahl und Keramik. Die Unterschiede in den Mahlergebnissen sind gering; Ölsaat und fetthaltiges Getreide wie Hafer lassen sich nur mit Stahl- und Keramikmahlwerken verarbeiten. Manche Mühlen haben auch ein spezielles Zusatzteil zum Mahlen von Ölsaat und Hülsenfrüchten.

Das Wichtigste beim Kauf einer Getreidemühle ist die Frage nach der Mahlleistung; je nach Mühle liegt sie zwischen 30 und 120 g Getreide pro Minute. Inzwischen gibt es Kombigeräte, die sich je nach Bedarf als Fleischwolf, Gemüseraspel (praktisch für herzhafte Kuchen), Fruchtpresse oder eben Getreidemühle ausrüsten lassen.

Elektrische Getreidemühlen sind nicht gerade billig. Preis- und Qualitätsvergleiche lohnen sich deshalb. Informieren Sie sich am besten im Fachhandel.

Die richtigen Kuchenformen

Backformen und -bleche bestehen aus verschiedenen Materialien. Welches Sie wählen, hängt davon ab, ob Sie im konventionellen Elektroherd mit Ober- und Unterhitze, im Gasbackofen oder im Umluftherd backen.

• Für den konventionellen Elektroherd eignet sich am besten schwarzlackiertes Blech, weil es die Hitze besonders gut leitet; Gebäck wird intensiv und gleichmäßig gebräunt. Sie können auch preiswerte Weißblechformen nehmen. Wählen Sie dann bitte grundsätzlich die unterste Einschubhöhe.

• Für den Gasbackofen nehmen Sie besser Weißblech, das die Hitze stark reflektiert. Gebäck bräunt gleichmäßig und backt gut durch. Allerdings sollte die Backtemperatur etwas erhöht werden.

• Für den Umluftherd sind Schwarz- und Weißblechformen (bei Weißblech die Backtemperatur ebenfalls etwas erhöhen) gleich gut geeignet. Die an sich schlechte Wärmeleitung von Weißblech wird durch die gleichmäßig verteilte heiße Luft gut ausgeglichen. Im Umluftherd spielt die Einschubhöhe übrigens keine Rolle.

Formen mit beschichtetem Blech

Teflonbeschichtete Formen – die je nach Hersteller auch unter den Bezeichnungen »Top-Silver-Antihaftbeschichtung« oder »Hostalen« bekannt sind – eignen sich für den konventionellen Elektroherd und für den Umluftherd. Im Gasbackofen werden die Kuchen durch die meist dunkle Beschichtung (sie reflektiert nicht) ungleichmäßig braun, können an manchen Stellen sogar verbrennen und backen oft nicht richtig durch. Silikonbeschichtete Formen können Sie für alle Herdsysteme nehmen. Im Gasherd muß die Hitze etwas reduziert werden.

Beschichtete Formen und Bleche sind ziemlich teuer. Außerdem sollte die Beschichtung nicht zerkratzt werden, damit keine gesundheitsschädlichen Stoffe frei werden – darauf weisen einzelne Hersteller ausdrücklich hin. Nun lassen sich leichte Beschädigungen mit der Zeit kaum vermeiden, zum Beispiel, wenn man den Kuchenboden rundherum am Rand der Springform lockert.

Übrigens muß man auch beschichtete Formen entweder fetten oder mit Papier auslegen, damit der Kuchen nicht darin hängen bleibt. Vorteil: Die Formen lassen sich leicht reinigen.

Worin Sie sonst noch backen können

Zum Kuchenbacken brauchen Sie nicht unbedingt spezielle Formen – für manches Gebäck, das ich Ihnen in diesem Buch vorschlage, sind diese auch schwer zu bekommen (siehe Rezept Mohrenköpfe, Seite 137). Zum Backen geeignet sind viele Gefäße aus hitzebeständigem Material wie etwa Porzellantassen (siehe Seite 22), Formen aus feuerfestem Glas, Gratinformen, Kochtöpfe und sogar Bratpfannen.

Wichtig bei allen diesen Gefäßen ist, daß sie einen glatten, also nicht geriffelten Rand haben und daß sie sich nicht nach oben hin verjüngen. Aus einem Gefäß, dessen Grundfläche größer ist als seine Öffnung, können Sie den Kuchenboden nicht mehr herauslösen. Grundsätzlich müssen Sie den Boden jedes Gefäßes, dessen Rand sich nicht (wie bei einer Springform) abnehmen läßt, mit genau zugeschnittenem, gefettetem Pergamentpapier auslegen, damit Sie den Kuchen oder Tortenboden nach dem Backen stürzen können. Welches Gefäß Sie wählen, hängt vom jeweiligen Teig ab. Rühr- oder Hefeteig bildet beim Backen eine Kruste, so daß er sich aus allen – gut gefetteten – Formen lösen läßt.

Tortenböden aus Biskuit- und Rührteig können Sie sehr gut in Kochtöpfen aus Aluminium oder Edelstahl backen. Selbstverständlich dürfen die Töpfe keine Kunststoffgriffe haben, da diese nicht unbedingt hitzebeständig sind. Vergessen Sie nicht, den Topfboden mit Pergamentpapier auszukleiden. Gut geeignet – vor allem für Brot – sind auch Tonformen, mit denen man Backofengerichte zubereitet. Achten Sie bei Kuchen aus Rühr-, Hefe- und Biskuitteig auf die richtige Größe: Die Form darf nur bis etwa zur Hälfte gefüllt werden, weil der Teig beim Backen noch aufgeht. Ob die Form die richtige Größe hat, ist – leider – Rechenarbeit: Zählen Sie zuerst die Gewichtsangaben der Zutaten zusammen. Dann gießen Sie Wasser bis knapp unter den Rand der gewählten Form und füllen es in einen Meßbecher um. Die Füllmenge lesen Sie an der Skala ab und vergleichen sie mit dem zuvor berechneten Teiggewicht: Dieses soll etwa halb soviel wie die Füllmenge betragen. Strudel können Sie in Gratinformen, weiten, flachen Kochtöpfen oder auch Bratpfannen backen. Ein Backblech ist dafür nicht so gut geeignet, weil die Flüssigkeit, die während des Backens aus der Füllung austritt verfließen und dann verbrennen könnte.

Rührteig

Bei diesem Grundteig für so bekanntes Gebäck wie Marmor-kuchen, Waffeln oder Sandkuchen sollten Sie die Zutaten genau abwiegen und gründlich, aber nicht zu lange miteinander verrüh-ren. Da die Konsistenz des Teiges über das Gelingen des Kuchens entscheidet, spielt auch die Größe der Eier eine Rolle: ihr Gesamt-gewicht sollte etwa dem der anderen Zutaten entsprechen. Wer keine Eier ißt, nimmt statt dessen Sojamehl und etwas mehr Flüssigkeit; die genaue Anleitung dazu finden Sie in den entspre-chenden Rezepten. Die Butter läßt sich dagegen nicht durch pflanz-liches Fett ersetzen: Öl oder Kokosfett macht den Kuchen fest oder klitschig (spundig).

Die abgewogenen Zuta-ten Zimmertemperatur annehmen lassen, damit sie sich gut miteinander verbinden. Butter und Zuckerrohrgranulat schaumig rühren, bis die Butter nicht mehr flockig ist und das Granulat nicht mehr knirscht. Die Eier nacheinander nur so lange untermischen, bis keine Eigelbspuren mehr zu sehen sind.

Mürbeteig

Mürbeteig wird immer als dünne Schicht gebacken – als Kuchen-boden oder flaches Kleingebäck. Backpulver ist nicht notwendig: für die Lockerung sorgt die relativ große Buttermenge, die den Kuchenboden auch knusprig macht. Wichtig bei der Zubereitung: Alle Zutaten rasch zusammenkneten – das geht am schnellsten und einfachsten, wenn die Butter weich ist –, den Teig in die Form drücken und dann erst kühlen, damit die Butter wieder erstarrt. Kalter Teig aus Vollkornmehl ist nämlich so fest, daß er zum For-men erst wieder Zimmertemperatur annehmen müßte. Mürbeteig-böden für Obsttorten können Sie vor dem Belegen mit gemahlenen Nüssen bestreuen, damit sie nicht so schnell weich werden.

Alle Zutaten mit den Knethaken des Hand-rührgerätes vermischen. Sobald die Masse krüme-lig ist, auf wenig Mehl mit den Händen rasch verkneten. Nicht zu lan-ge kneten, sonst schmel-zen die feinen Fett-klümpchen im Teig und der Kuchenboden könn-te beim Backen nicht lok-ker und knusprig genug werden.

Biskuitteig für Tortenböden

Zarter Biskuit als Grundlage für Torten ist ein ganz besonders edler Teig, der aus Eiern, Süßungsmittel und Mehl besteht. Für den Teig gibt es drei verschiedene Anleitungen: Entweder die Eigelbe mit dem Süßungsmittel aufschlagen, dann den Eischnee und das Mehl dazugeben. Oder die ganzen Eier aufschlagen und zuerst das Süßungsmittel, danach das Mehl hinzufügen. Die dritte, einfachste und schnellste Methode – bei der Sie nur eine Rührschüssel brau-chen – finden Sie hier: Den steifen Eischnee mit Zuckerrohrgranulat so lange schlagen, bis er fest und trotzdem geschmeidig ist. Eigelbe und Mehl lassen sich dann behutsam unterziehen und die Luft, die den Tortenboden beim Backen lockert, bleibt in der Masse.

Die Eier trennen. Die Eiweiße und – je nach Rezept – das Wasser mit den Quirlen des Hand-rührgerätes sehr steif schlagen. Die Festigkeit des Eischnees prüfen: Ein Messerschnitt muß im Schnee sichtbar bleiben. Das Zuckerrohrgranulat langsam einrieseln lassen und weiterschlagen, bis der Eischnee hellbraun ist und glänzt.

Biskuitteig für Rollen

Eine Biskuitrolle muß nach dem Backen und Auskühlen noch ela-stisch genug sein, daß sie beim Füllen und folgenden Aufrollen keine Risse zeigt oder gar bricht. Die sicherste Methode: Zusätzlich zu den ganzen Eiern noch Eigelbe an den Teig geben. Eigelb sorgt bei Gebäck für Stabilität; das darin enthaltene Fett macht den Teig zudem saftig und biegsam. Notwendig sind die weiteren Eigelbe jedoch nicht. Wichtig ist in jedem Fall, daß Sie die gare Teigplatte sofort aus dem Backofen nehmen und sie unmittelbar nach dem Backen zwischen feuchten Küchentüchern auskühlen lassen; dadurch bleibt sie auch ohne zusätzliche Eigelbe so elastisch, daß sie zumindest nicht bricht.

Den Biskuitteig wie gewohnt zubereiten. Dabei nach dem Steif-schlagen des Eischnees alle angegebenen Eigel-be nacheinander darun-terrühren. Ein Backblech mit gefettetem Perga-mentpapier auslegen und den Teig darauf glattstreichen.

Das Mehl mit dem Backpulver vermischt unterrühren. Die Flüssigkeit nach und nach dazugeben, dabei die Konsistenz des Teiges prüfen: Er soll in langen Zapfen von den Quirlen abreißen. Bleibt er daran hängen, ist er zu fest. Rutscht er gleich von den Quirlen ab, ist er zu dünn und Sie müssen noch Mehl dazugeben.

Den Teig in die gut gefettete Form füllen und glattstreichen. Für Marmorkuchen zuerst den hellen Teig in die Form geben. Den dunklen Teig darauf streichen. Eine Gabel oder ein Holzstäbchen spiralförmig durch beide Teigschichten ziehen; dadurch bekommt der Kuchen das typische Marmormuster.

Den Teig mit Handballen und Fingerspitzen in die Springform drücken, den Rand mit den Daumen hochdrücken. Zum »Blindbacken« den Teigboden mit Pergamentpapier und getrockneten Hülsenfrüchten bedecken, die durch ihr Gewicht dafür sorgen, daß der Boden beim Backen flach bleibt und sich später gut füllen läßt.

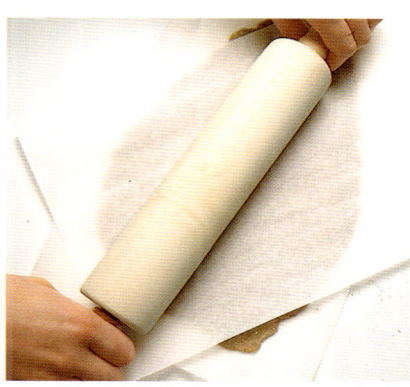

Für einen gedeckten (Obst)kuchen einen Teil des Teiges zwischen zwei Blättern Pergamentpapier dünn ausrollen. Nach der Kühlzeit die Füllung auf dem Teigboden verteilen. Von der Teigplatte das eine Blatt Pergamentpapier abziehen. Die Platte mit der Teigseite nach unten auf den Kuchen legen, das obere Blatt abziehen.

Das Handrührgerät auf die niedrigste Schaltstufe stellen. Die Eigelbe nacheinander nur so lange darunterrühren, bis der Teig gleichmäßig gelb gefärbt ist. Nicht länger rühren, damit möglichst wenig Luft entweicht und der Biskuit beim Backen locker wird. Falls der Biskuit gewürzt wird, die Aromaten mit den Eigelben untermischen.

Alle restlichen Zutaten mischen, auf den Eischnee sieben und darunterziehen. Dabei den Schneebesen immer wieder kräftig am Schüsselrand abklopfen. Den Teig in der vorbereiteten Form (siehe Seite 24/25) glattstreichen; er verfließt nämlich beim Backen nicht, die glatte Oberfläche bildet sich also nicht von selbst.

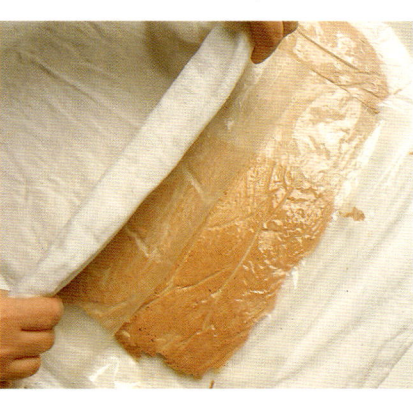

Die Garprobe durch Berührung mit dem Finger machen. Die Teigplatte sofort herausnehmen, damit sie nicht zu trocken wird und ganz heiß so auf ein feuchtes Küchentuch stürzen, daß das anhaftende Papier oben liegt. Ein zweites Küchentuch unter kaltes Wasser halten, sehr gut auswringen und auf der Biskuitplatte ausbreiten.

Sobald die Teigplatte kalt ist, das obere Küchentuch entfernen und das anhaftende Papier vorsichtig abziehen; das geht ganz einfach, wenn Sie es mit etwas kaltem Wasser bestreichen. Die Biskuitplatte dem Rezept entsprechend füllen, mit Hilfe des zweiten Tuches wie einen Strudel aufrollen und auf eine Kuchenplatte gleiten lassen.

Hefeteig

Die lockere Krume erhält dieser Teig durch Hefezellen, die sich vermehren und den Teig aufgehen lassen. Zur Vermehrung brauchen die Zellen Nahrung, Feuchtigkeit und Ruhe. Nahrung und Feuchtigkeit, also Mehl und Flüssigkeit, finden sie im Teig selbst. Ruhe bekommen sie, wenn der Teig nach dem Rühren zugedeckt »geht«. Wärme beschleunigt zwar die Vermehrung, ist jedoch nicht notwendig: auch im Kühlschrank hat Hefeteig nach etwa 12 Stunden sein Volumen verdoppelt. Vollkornmehl ist für Hefezellen übrigens geradezu ideal, denn es enthält viel mehr lösliche Nährstoffe als weißes Auszugsmehl. Ob Sie frische oder Trockenhefe verwenden, spielt keine Rolle; der Teig gelingt mit beidem gleich gut.

Das Mehl mit dem aufgegangenen Hefevorteig und allen Zutaten mit den Knethaken des Handrührgerätes 5 bis 10 Minuten durcharbeiten, bis der Teig sich vom Schüsselrand löst und kleine Blasen bildet. Die Konsistenz mit dem Finger prüfen: Der Teig muß haften bleiben, sonst ist er zu trocken und geht nicht richtig auf.

Brotteig mit Sauerteig

Sauerteig besteht aus Roggenmehl und Wasser und ist die älteste bekannte Zutat, die Brot angenehm säuert und gleichzeitig lockert. Er enthält Millionen von Kleinstlebewesen, die sich vom Mehl ernähren und dabei zwei Vorgänge bewirken: einige vergären einen Teil des Mehls zu einem bestimmten Gas (Kohlendioxid), das den Teig locker macht. Andere wandeln einen Teil des Mehls in Milch- und Essigsäuren um. Das ist wichtig für Roggenbrote: Teig aus Roggenmehl muß mit Säure vermischt werden, damit er beim Backen eine feine Krume bildet und nicht klebrig wird. Sauerteig selbst herzustellen, ist etwas kompliziert; am besten kaufen Sie ihn fertig im Reformhaus oder Naturkostladen.

Das Roggenmehl und die im jeweiligen Rezept angegebene zweite Mehlsorte in einer Schüssel vermischen und eine Mulde hineindrücken. Die zerbröckelte Hefe mit etwas lauwarmer Flüssigkeit und Mehl zum Vorteig verrühren und zugedeckt bei Zimmertemperatur etwa 15 Minuten ruhen lassen, bis er sichtbar aufgegangen ist.

Plunderteig

Plunderteig – auch Hefeblätterteig genannt – bereitet man wie echten Blätterteig zu: In den Grundteig werden Butterscheiben »eingepreßt«. Dabei bilden sich Schichten aus Butter und Teig. Erst beim Backen schmilzt das Fett und verbindet sich mit dem Teig. Das in Butter und Teig enthaltene Wasser entweicht als Dampf, treibt die Schichten nach oben und macht das Gebäck »blättrig«. Plunderteig ist zeitaufwendig: Da der Teig kalt verarbeitet wird, muß auch der Grundteig unbedingt »kalt« gehen. Auch die Kühlzeiten müssen Sie einhalten, damit das Gebäck gelingt. Wenn Sie Zeit sparen wollen, bereiten Sie am besten gleich die doppelte Teigmenge zu: Der Teig läßt sich gut einfrieren.

Als Grundteig einen Hefeteig mit etwa einem Fünftel der angegebenen Buttermenge zubereiten. Die restliche Butter in Scheiben schneiden, in Pergamentpapier einschlagen und in den Kühlschrank legen. Den Teig ebenfalls zugedeckt in den Kühlschrank stellen und etwa 12 Stunden gehen lassen, bis er sein Volumen verdoppelt hat.

Teig mit Tofu

Der Teig ist eigens für dieses Buch als Abwandlung des klassischen Quarkblätterteiges (auch Quarkmürbeteig) entwickelt worden. Da er kein Zuckerrohrgranulat enthält, können Sie auch herzhaftes Gebäck damit zubereiten. Der Quark wird durch Tofu ersetzt: so verringern sich die Mengen von tierischem Eiweiß und Fett. Die lockere Beschaffenheit ergibt sich wie bei Plunderteig durch die besondere Verarbeitung: der Teig wird nach der Kühlzeit ausgerollt und in einzelnen Schichten gepreßt. Wichtig: Damit das Gebäck nicht klebrig wird, sollten Sie kalte Zutaten verwenden und die Kühlzeiten beachten. Trotzdem bildet das Gebäck keine einzelnen Schichten, denn die Butter wird ja nicht in Scheiben eingearbeitet.

Den abgetropften Tofu mit der Milch pürieren. Halten Sie sich bitte genau an die angegebenen Mengen: das Püree soll ziemlich dick sein. Wenn es zu flüssig ist, braucht man mehr Mehl, und der Teig wird klebrig. Das Mehl und alle anderen Zutaten mit den Händen rasch verkneten, zu einem Block formen und 30 Minuten kühlen.

Den Teig zugedeckt bei Zimmertemperatur ruhen lassen, bis er sein Volumen etwa verdoppelt hat; das dauert 1 bis 2 Stunden. Die Oberfläche des aufgegangenen Teiges ist jetzt eben und glatt; seine lockere Struktur zeigt sich an den unterschiedlich großen Poren.

Mittelfesten Hefeteig für Blechkuchen geben Sie als Kloß auf das vorbereitete Backblech und drücken ihn zuerst mit dem bemehlten Handballen, dann mit den Fingerspitzen auseinander, bis er das Backblech ausfüllt. Weiche Hefeteige backt man in Kuchenformen, feste Hefeteige werden auf Mehl gut durchgeknetet und geformt.

Das gesamte Mehl mit dem Vorteig vermischen. Den zimmerwarmen Sauerteig und alle anderen Zutaten hinzufügen und wie Hefeteig durcharbeiten. Die Konsistenz mit dem Finger prüfen: der Teig muß haften bleiben, sonst ist er zu trocken und geht nicht richtig auf.

Den Teig wie normalen Hefeteig ruhen lassen, kräftig durchkneten und formen. Er muß elastisch, aber fest genug sein, daß Sie zum Formen nur wenig Mehl brauchen; so fließt das Brot beim Backen nicht auseinander. Unter sehr weichen, klebrigen Teig geben Sie besser kein Mehl; backen Sie das Brot lieber in einer gefetteten Form.

Den Teig zu einem Rechteck ausrollen und zur Hälfte mit Butterscheiben belegen. Die andere Hälfte darüber klappen und vorne andrücken; die Seiten offen lassen. Das Ganze so drehen, daß die »offenen« Seiten parallel zu Ihrem Körper liegen und erneut zu einem Rechteck ausrollen. Dabei den Teig nicht pressen.

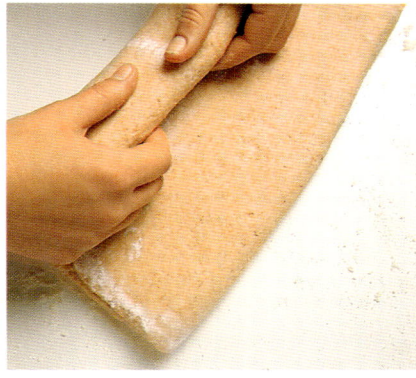

Beide Schmalseiten so nach innen schlagen, daß sie sich in der Mitte berühren. Die Platte noch einmal wie ein Buch zusammenklappen. Den Teig 30 Minuten kühlen, erneut in Richtung der »offenen« Seiten ausrollen, falten und kühlen. Diesen Vorgang noch zwei- bis dreimal wiederholen und den Teig jeweils kühlen.

Den Teig zwischen zwei Blätter Pergamentpapier legen und zu einem länglichen Rechteck ausrollen. Beide Schmalseiten der Teigplatte zur Mitte hin so einschlagen, daß sich die Kanten berühren. Das Teigstück jetzt wie ein Buch zusammenklappen. Das Pergamentpapier abziehen. Den Teig kühlen.

Die Teigplatte so auf die Arbeitsfläche geben, daß die »offenen« Seiten parallel zu Ihrem Körper liegen und zu einer länglichen, etwa ½ cm dicken Platte ausrollen. Dabei den Teig nicht stark zusammenpressen. Die Platte vierfach falten. Nach dem Kühlen erneut in Richtung der »offenen« Seiten ausrollen, falten und kühlen.

Brandteig

Für diesen Teig werden alle Zutaten zuerst so lange erhitzt, bis sie sich zu einem festen Kloß zusammenballen. Die Eier lockern den Teig dann so weit, daß er sich formen läßt und sich beim Backen regelrecht aufplustert. Das Gebäck ist also nicht feinporig, sondern bekommt seine Lockerheit durch mehr oder weniger große Luftkammern. Während der ersten 20 Minuten muß der Backofen unbedingt geschlossen bleiben: In dieser Zeit geht das Gebäck nicht nur auf, sondern bildet auch ein festes Gerüst, so daß es später nicht mehr zusammenfällt. Das Vorheizen des Backofens ist auch bei Brandteig nicht notwendig.

Das Wasser mit dem Salz und der Butter aufkochen und nur so lange kochen lassen, bis die Butter zerlaufen ist. Den Topf jetzt sofort von der Kochstelle nehmen und das Mehl auf einmal hineinschütten: Wenn Sie es in Portionen zugeben, verbindet es sich nicht richtig mit der Flüssigkeit. Dabei kräftig mit einem Kochlöffel rühren.

Quark-Öl-Teig

Ein unkomplizierter Teig, der wie Hefeteig verwendet wird. Für die Zubereitung eignet sich trockener Schichtkäse am besten. Wenn Sie ihn nicht bekommen, nehmen Sie statt dessen Quark mit 20%, den Sie über Nacht auf einem Sieb abtropfen lassen. Mit zu nassem Quark braucht man nämlich mehr Mehl, und der Teig wird zäh. Das Öl sollte entweder neutral schmecken oder mit dem süßen Belag harmonisieren: Erdnußöl zum Beispiel eignet sich wegen des feinen Nußaromas sehr gut für Kuchen mit Obstbelag. Eigens für dieses Buch entwickelt wurde eine Abwandlung des klassischen Rezeptes mit Tofu anstelle von Schichtkäse. Die Menge an tierischem Eiweiß und Fett verringert sich dadurch.

Als vorbereitende Arbeit den Quark gegebenenfalls über Nacht auf einem Sieb abtropfen lassen, Schichtkäse nur abgießen. Wenn Sie Tofu verwenden, diesen mit der Milch pürieren. Nehmen Sie bitte nur festen Tofu; streichfähiger und flüssiger Seidentofu enthalten zuviel Wasser.

Strudelteig

In Süddeutschland und Österreich gibt es einen speziellen Strudelteig: Unter der knusprigen Außenschicht verbindet er sich besonders gut mit der Füllung, und die einzelnen Teiglagen weichen selbst bei saftigem Obst nicht auf. Strudelteig wird nicht nur ausgerollt, sondern auch ausgezogen. Damit das gelingt, wickelt man den Teigkloß in Pergamentpapier, legt ihn auf einen warmen Teller und stülpt eine angewärmte Porzellanschüssel darüber. Die Wärme schließt das Klebereiweiß im Mehl auf und macht den Teig elastisch. Trotzdem läßt sich Vollkornstrudelteig nicht hauchdünn ausziehen; das liegt an der Kleie, die man auch durch Sieben des Mehls nicht ganz entfernen kann.

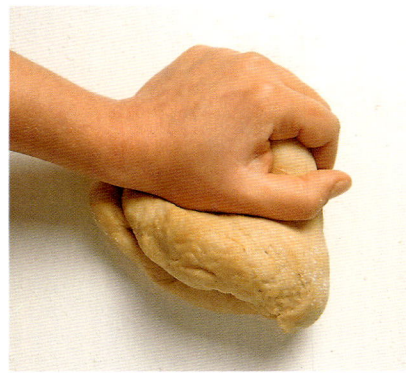

Alle Zutaten vermischen und den Teig auf der bemehlten Arbeitsfläche so lange kräftig durchkneten, bis er elastisch ist und an der Oberfläche ganz glatt ist. Bei Berührung sollte der Teigkloß nachgeben, nicht am Finger kleben und sich so zart wie Haut anfühlen.

Nudelteig

Nudelteig ist eine gute Grundlage für Kuchen mit herzhaftem Belag. Wichtig bei der Teigzubereitung: Das Mehl muß gesiebt werden, damit es möglichst wenig Kleie enthält und der Teig geschmeidig wird. Die Eier und die Eigelbe können Sie durch kaltes Wasser ersetzen; allerdings hat der Teig dann nicht soviel »Biß«. Bei herzhaften Kuchen spielt das – im Gegensatz zu Nudeln – jedoch keine Rolle. Besonders praktisch zum Ausrollen: eine Nudelmaschine mit Handkurbel. Damit Sie auch mit dem Nudelholz wirklich dünne Teigplatten bekommen, müssen Sie eventuell etwas mehr Flüssigkeit nehmen als in den Rezepten angegeben.

Das Mehl, Salz, die ganzen Eier und das Öl vermischen. Den Teig auf die bemehlte Arbeitsfläche geben und so viele Eigelbe darunterkneten, bis der Teig nicht mehr bröckelig ist. Den Teig kräftig durchkneten, bis er glatt und formbar ist. Bei Berührung muß er elastisch nachgeben und darf nicht am Finger haften bleiben.

Den Topf wieder auf die Kochstelle setzen. Den Teig bei schwächster Hitze so lange unter Rühren erhitzen, bis er sich zu einem festen Kloß formt. Am Topfboden bildet sich eine weißliche Schicht. Den heißen Teig in eine Rührschüssel geben und sofort das erste Ei mit den Knethaken daruntermischen. Es macht den Teig elastisch.

Den Teig lauwarm abkühlen lassen. Dann erst die restlichen Eier und – mit dem letzten – das Backpulver dazugeben. Der Teig muß zäh, dabei glatt und glänzend wie etwa Mayonnaise sein. Damit er nicht zu weich wird, verquirlen Sie das letzte Ei und fügen gegebenenfalls nur einen Teil davon zu.

Den Quark oder den Schichtkäse und die Milch beziehungsweise das Tofupüree in einer Schüssel mit dem Öl und dem Zuckerrohrgranulat zu einer cremigen Masse vermischen. Nach und nach die Hälfte des Mehls mit den Knethaken des Handrührgerätes darunterrühren.

Das restliche Mehl mit den anderen Zutaten vermischt auf die Arbeitsfläche häufen. Den Teig in die Mitte geben und das Mehl mit den Händen darunterkneten. Für Blechkuchen kann er ruhig weich sein. Nur Teig für gerollten (Kranz)-kuchen oder für Kleingebäck muß so fest sein, daß man ihn gut ausrollen und formen kann.

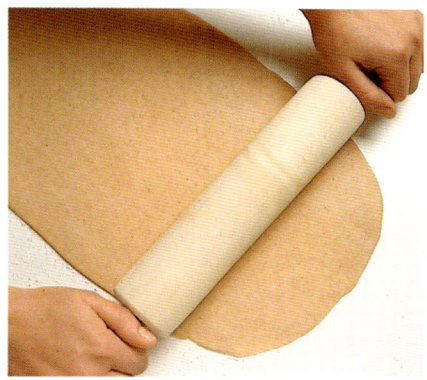

Nach der Ruhezeit den Teig in Portionsstücke teilen und zuerst auf der bemehlten Arbeitsfläche dünn ausrollen. Die Platte auf ein mit Mehl bestäubtes Küchentuch legen und rundherum an den Rändern mit den Fingerspitzen vorsichtig ausziehen.

Die gefüllte Teigplatte aufrollen: Das Küchentuch an der Längsseite, die parallel zu Ihrem Körper liegt, anheben und langsam hochziehen. Dadurch rollt sich der Strudel von selbst auf. Das Küchentuch samt Strudelrolle hochheben, an den Rand der vorbereiteten Form halten und den Strudel hineingleiten lassen.

Nach der Ruhezeit den Teig portionsweise auf Mehl zu millimeterdünnen Platten ausrollen oder durch die Nudelmaschine drehen. Die Teigplatten auf Küchentüchern etwa 10 Minuten trocknen lassen: Der Kuchenboden weicht dann auch bei feuchtem Belag nicht durch.

Die mit Butter ausgestrichene Fettpfanne des Backofens ganz mit den Teigplatten auslegen. Die Platten sollen an den Rändern jeweils etwa 1 cm übereinanderliegen und auch den Rand der Fettpfanne rundherum fingerhoch bedecken.

Beliebte Gebäckformen

Zopf flechten

Zopfbrote gehören zu den sogenannten Gebildbroten. Da Flechten und Knüpfen schon immer eine magische Bedeutung besaß und das Haar als Träger der Lebenskraft eines Menschen galt, ist geflochtenes Gebäck ursprünglich vielleicht Grabbeigabe gewesen, das man dem Verstorbenen anstelle von Haarzöpfen oder sogar echten Menschenopfern dargebracht hat. Diese Bedeutung wurde später natürlich vergessen; man sah in Zopfbroten vor allem schöne Zierformen und buk sie deshalb zu hohen Festtagen. In der frühen mittelalterlichen ornamentalen Kunst war Flechtwerk Symbol für Wachstumsbewegungen; so könnte der Hefezopf als typisches Ostergebäck ein Bild für die Auferstehung Christi sein.

Den Teig in drei gleich große Stücke teilen. Jedes Stück auf der bemehlten Arbeitsfläche zu einem etwa 50 cm langen, dünnen Strang mit spitzen Enden drehen.

Rosenkuchen

Ein Kuchen, der ganz frisch am besten schmeckt. Welchen Teig Sie wählen, hängt von der Füllung ab: In Hefe- oder Quark-Öl-Teig können Sie Trockenfrüchte einrollen, die Sie zuvor einige Stunden in Fruchtsaft, schwarzem Tee oder auch Rotwein ziehen lassen. Oder Sie bestreichen die Teigstücke – wie hier gezeigt – mit feiner Käsecreme. Auch Vanillecreme, Mohn- oder Nußfüllung eignen sich gut. Zu fettreichem Plunder- oder Tofuteig passen besser nur frisches Obst, gehackte Nüsse und/oder Korinthen; eine Creme macht das Gebäck zu üppig. Ungesüßte Teige, gefüllt mit herzhafter Käse- und/oder Kräutercreme, ergeben einen feinen Kuchen zu Bier oder Wein.

Ein Küchentuch mit reichlich Mehl bestäuben. Den Teig darauf geben, zu einer Platte auseinanderdrücken und mit Mehl bestäuben. Mit der bemehlten Nudelrolle knapp fingerdick zu einem Rechteck ausrollen.

Gefüllte Hefeschnecken

Spiralen- und schneckenförmiges Gebäck zählte vermutlich zu den Grabbeigaben; wohlhabenden Toten legte man kostbare Spiralen aus Bronze ins Grab, andere bekamen nur die Nachbildung aus Teig. Die Bedeutung dieser eigentümlich gedrehten Form ist umstritten; als ornamentales Motiv taucht die Spirale schon in vorgeschichtlicher Zeit auf. Vielleicht soll sie – wie auch die Schnecke – Wiederkehr und Erneuerung symbolisieren. So wird die Schnecke, die im Frühjahr den Kalkverschluß ihres Gehäuses sprengt, im Christentum zum Sinnbild der Auferstehung.
Für gefüllte Schnecken gilt dasselbe wie für Rosenkuchen: Je mehr Fett der Teig enthält, desto leichter sollten Füllung und Belag sein.

Die Arbeitsfläche mit Mehl bestäuben. Je weicher der Teig ist, desto mehr Mehl brauchen Sie, damit der Teig nicht anklebt. Den Teig auf die Arbeitsfläche legen und zuerst mit bemehlten Händen flach drücken. Dann mit der bemehlten Nudelrolle zu einer Platte von etwa ½ cm Dicke ausrollen.

Hörnchen

Wie der Teigzopf hat auch die Form des Hörnchens eine lange Tradition: das Wort »Kipf«, aus dem das süddeutsch-österreichische »Kipferl« entstanden ist, bedeutet ursprünglich ein längliches, in zwei Spitzen auslaufendes Brot – Nachbildung der seitlichen Stäbe eines Leiterwagens. Die Hörnchenform erinnert nicht nur an die Mondsichel, sondern auch an Tierhörner; beide – Mond und gehörnte Tiere – gelten als Symbole der Fruchtbarkeit.
Es gibt eine ganz einfache Methode, elastischen Teig wie Hefe-, Plunder- oder Mürbeteig zu Hörnchen zu formen: Kleine Teigportionen zu Rollen drehen und halbmondförmig biegen. Aber es geht auch so kunstvoll wie bei Croissants.

Den Teig auf der bemehlten Arbeitsfläche zu einer Platte ausrollen, die etwas größer als 40 mal 20 cm sein soll. Die Platte mit Hilfe eines Lineals auf allen Seiten so zurechtschneiden, daß gerade Kanten entstehen. Die Teigplatte dann der Länge nach mit einem scharfen Messer halbieren.

Den ersten Strang flach auf die Arbeitsfläche geben. Zuerst den zweiten, darauf den dritten jeweils in einem spitzen Winkel so darüber legen, daß sich die Stränge in der Mitte berühren.

Den Zopf nun zuerst von der einen Seite aus flechten, indem Sie jeweils den äußeren Strang über den mittleren legen. Dabei die Stränge etwas dehnen. Die andere Seite ebenso flechten. Die Stränge an den Zopfenden zusammendrücken. Den Zopf behutsam auf die Größe des Backbleches — etwa 35 cm — zusammenschieben.

Die vorbereitete Füllung — hier ist es eine Mascarponecreme — auf die Teigplatte streichen. Rundherum am Rand etwa fingerbreit freilassen, sonst quillt die Füllung beim Aufrollen der Teigplatte heraus.

Die Platte vorsichtig von der Breitseite her aufrollen; dabei das Küchentuch wie bei einem Strudel anheben, so daß sich der Teig aufrollt. Die Rolle mit einem scharfen Messer in etwa 4 cm dikke Scheiben schneiden, diese aufrecht nebeneinander in eine gefettete Springform setzen und noch einmal gehen lassen.

Die vorbereitete Mandelmischung auf der Teigplatte verteilen. Die Platte von der Breitseite her aufrollen. Der Teig ist ziemlich weich — die Schnecken werden dadurch sehr locker; tauchen Sie deshalb die Fingerspitzen immer wieder in Mehl, damit der Teig nicht zu stark klebt. Die Rolle in 12 Scheiben schneiden.

Die Scheiben auf ein gefettetes Backblech legen, in der Mitte jeweils so tief eindrükken, daß die Cremefüllung in die Mulde paßt. Die Schnecken entweder ungefüllt oder schon mit der Vanillecreme gefüllt gehen lassen. Nur die Apfelschnitze kommen unmittelbar vor dem Backen darauf, damit sie sich nicht verfärben.

Die beiden Hälften der Teigbahn zuerst in vier Quadrate von 10 mal 10 cm schneiden. Die Quadrate diagonal in Dreiecke teilen.

Jedes Dreieck so drehen, daß eine Spitze weg von Ihrem Körper zeigt. Das Nudelholz in Richtung dieser Spitze darüber rollen: das gleichseitige Dreieck bekommt dadurch zwei längere Seiten. Jedes Dreieck von der kurzen Seite zur Spitze hin aufrollen und als Hörnchen auf das Backblech legen.

Beliebte Gebäckformen

Hahnenkämme

Ein Kleingebäck, das sich einfach formen läßt und bei Kindern gro-ßen Anklang findet. Hahnenkämme können Sie mit verschiedenen Teigen backen: am schnellsten geht Quark-Öl-Teig, zeitaufwendi-ger sind Hefe- und vor allem Plunder- und Tofuteig. Als Füllungen eignet sich alles, was fein zerkleinert oder cremig ist: zum Beispiel Fruchtaufstrich, Quark-, Tofu- oder Vanillecreme, gehackte Trockenfrüchte oder Nüsse. In ungesüßtem Teig schmeckt auch eine herzhafte Füllung gut; mit Salat oder Rohkost ist das Gebäck dann eine richtige Mahlzeit.

Den Teig auf der bemehlten Arbeitsfläche etwa ½ cm dick zu einem langgestreckten Rechteck ausrollen und in 10 mal 12 cm große Stücke teilen.

Stollen formen

Korrekt heißt das wohl bekannteste Weihnachtsgebäck die »Stolle« und soll in seiner typischen Form vielleicht an das in Windeln gewickelte Christuskind in der Krippe erinnern. Das Wort selbst bedeutet eigentlich »Pfosten« oder »Stütze« und könnte – nüch-tern betrachtet – eben nur ein pfostenähnliches Backwerk bezeich-nen, das durch die gedrungene Form länger frisch und saftig bleibt. In der klassischen Weihnachtsbäckerei besteht Stollen immer aus einem fettreichen Hefeteig, der mit Rosinen, Mandeln, Nüssen, Marzipan und/oder kandierten Zitrusfrüchten angereichert werden kann. In diesem Buch finden Sie zusätzlich einen Stollen ganz ohne tierisches Fett und Eiweiß.

Für einen gefüllten Stol-len den aufgegangenen Teig auf die bemehlte Arbeitsfläche geben, einige Male kräftig durchkneten und zu einem etwa zwei Finger dicken Rechteck ausrol-len. Die Teigplatte soll zur Mitte hin dünner werden, so daß sich an den Längsseiten des Rechtecks Wülste bilden.

Backen in Modeln

Spekulatius, Schwäbische Springerle und Frankfurter Brenten sind drei der typischen regionalen Gebäckspezialitäten, die auch heute noch oft in sogenannten »Modeln« gebacken werden. Model sind kleine Formen aus Holz – früher auch aus Stein – mit eingeschnitte-nen, verschiedenen Motiven. Bis zu Beginn des 17. Jahrhunderts waren es vor allem biblische Motive oder Szenen aus dem klassi-schen Altertum. Seit dem 18. Jahrhundert tauchen dann weltliche Themen und vor allem Bilder aus dem Handwerk auf. Model-Gebäck war nicht einfach zum Aufessen bestimmt; es handelt sich vielmehr um Volkskunst, und die Motive sollten vermutlich Einblik-ke in das Gewerbeleben geben.

Den Teig nach Rezept zubereiten; er soll so fest sein, daß man ihn gut ausrollen und formen kann. Mürbeteig wie hier für Spekulatius in Portio-nen aufteilen. Die Portio-nen, die noch nicht ver-arbeitet werden, in Per-gamentpapier wickeln und in den Kühlschrank legen, damit der Teig nicht zu weich und beim Backen knusprig wird.

Backen in Porzellantassen

Mohrenköpfe und andere kleine Törtchen, für die es keine speziel-len Backformen gibt, kann man zwar in gefetteter Alufolie backen, die über einem Glas in die gewünschte Form gebogen wird; die Herstellung von Alufolie ist jedoch sehr energieaufwendig. Außer-dem gibt es bundesweit noch wenige Sammelstellen für Alu-Müll. Man sollte Alufolie deshalb so sparsam wie möglich verwenden. Nehmen Sie zum Backen also am besten Porzellantassen mit glat-tem Rand. Wichtig: Die Tassen dürfen sich nicht nach oben ver-jüngen, denn aus einem Gefäß, dessen Grundfläche größer als die Öffnung ist, läßt sich Gebäck nicht mehr herauslösen, ohne zu zerbrechen.

Ein Stück Pergament-papier so zurechtschnei-den, daß es die Grundflä-che der Tasse gut bedeckt. Das Papier fet-ten und in die Tasse legen. Grundsätzlich müssen Sie den Boden von jedem Gefäß, dessen Rand sich nicht entfernen läßt, mit gefettetem Per-gament auslegen, damit sich das fertige Gebäck auch stürzen läßt.

Die Füllung jeweils in die Mitte der Teigstücke häufen und darauf verstreichen. Dabei an den Schmalseiten jeweils zwei-, an den Längsseiten jeweils einfingerbreit freilassen, damit die Füllung beim Zusammenklappen nicht herausquillt.

Die Längsseiten der Teigstücke mit Eiweiß bestreichen: so halten die Hahnenkämme beim Backen zusammen. Die Teigstücke zusammenklappen, rundherum leicht andrücken und an den Längsseiten einschneiden. Die Hahnenkämme auf das Backblech legen und dabei halbmondförmig auseinanderbiegen.

Die Füllung in die Mitte geben und mit den Händen zu einer Rolle formen, die knapp so lang wie der Stollen sein soll. Die eine Längsseite der Teigplatte mit dem Eiweiß bestreichen. Die Teigplatte so zusammenklappen, daß die Wülste gerade eben aufeinanderliegen. Diese leicht zusammendrücken.

Für ungefüllten Stollen den Teig auf Mehl breitdrücken. Die anderen Zutaten darauf streuen, den Teig zusammenklappen, erneut breitdrücken und zusammenklappen. Diesen Vorgang noch einmal wiederholen. Besonders Trockenfrüchte sollten nicht zu stark gequetscht werden, weil sie sonst den Teig verfärben.

Die erste Teigportion auf der dünn mit Mehl bestäubten Arbeitsfläche etwa messerrückendick ausrollen. Den Model ebenfalls mit Mehl ausstäuben und wie Plätzchenausstecher kräftig auf den Teig drücken.

Das Gebäck am Rand des Models entlang mit einem Messer abschneiden, den Model abnehmen und die geformten Plätzchen auf ein vorbereitetes Backblech legen. Den restlichen Teig rasch wieder zusammenkneten und vor dem erneuten Ausrollen kühlen.

Den Teig in die Tassen füllen und glattstreichen. Da er beim Backen noch aufgeht, sollte die Tasse bei Biskuit- und Rührteig bis etwa zweifingerhoch unterhalb des Tassenrandes gefüllt sein. Bei Hefeteig, der sein Volumen noch mehr vergrößert, wird sie nur zu zwei Dritteln gefüllt.

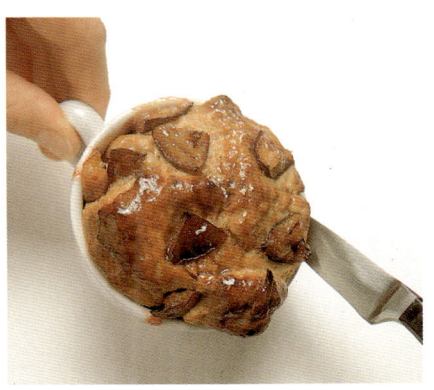

Die gebackenen Törtchen herausnehmen und wie gewohnt etwa 10 Minuten in den Tassen stehenlassen. Dann mit einem scharfen, biegsamen Messer rundherum zwischen Törtchen und Tassenrand entlangfahren, damit sich das Gebäck löst. Die Törtchen auf ein Kuchengitter stürzen und das Papier abziehen.

Nützliche Tips zu verschiedenen Arbeitsschritten

Mandeln abziehen

Mandeln sollten Sie immer ungeschält kaufen, denn sie sind nicht nur preiswerter, sondern auch aromatischer und haltbarer als bereits abgezogene oder gar gemahlene. Ob Sie zum Backen ungeschälte oder abgezogene Mandeln verwenden, spielt nur für das Aussehen des Gebäcks, nicht für das Gelingen eine Rolle. Das Abziehen der braunen Außenhaut braucht etwas Zeit, ist jedoch ganz einfach. Wichtig ist, daß Sie abgezogene Mandeln, die Sie einige Tage aufbewahren wollen, ganz trocknen lassen, sonst könnten sich gesundheitsschädliche Schimmelpilze bilden.

Die Mandeln in eine Schüssel geben und mit so viel kochendem Wasser übergießen, daß sie darin schwimmen. Einige Minuten darin ziehen lassen. Durch das Brühen der Mandeln gerinnt das Eiweiß in den Zellschichten unter der äußeren Haut, und die Haut beginnt sich abzulösen.

Streusel zubereiten

Ursprünglich sind »Streusel« die mundartliche Bezeichnung für die Streu, die man dem Vieh im Stall als Lager aufschüttete. Seit Anfang des 19. Jahrhunderts versteht man darunter einen Kuchenbelag aus Butter, Zucker, Mehl und eventuell Aromaten. Als Grundlage für Streuselkuchen eignen sich weiche, kräftige Teige, die wenig Süßungsmittel enthalten wie Hefe- und Quark-Öl-Teig. Streusel können Sie auch mit kleberarmen Mehlsorten von Hirse, Reis oder Mais zubereiten, denn der Belag soll beim Backen ja kein festes Teiggerüst bilden. Außerdem können Sie das Mehl zur Hälfte durch gemahlene Nüsse oder Mandeln ersetzen. Mehr sollten Sie nicht nehmen, sonst werden die Streusel zu fett.

Die Butter zerlassen, aber nicht bräunen. Flüssige Butter verbindet sich besser und schneller mit den anderen Zutaten. Sie sollte jedoch nicht heiß, sondern nur lauwarm sein, damit sich eine möglichst gleichmäßige, lockere Bindung ergibt.

Wissenswertes zu Biskuittorten

Biskuittorten haben viele Vorteile: Sie sehen festlich aus, schmecken wunderbar und lassen sich in ihrer einfachsten Version sogar mit dem zubereiten, was man meist ohnehin im Haus hat – mit frischem, tiefgefrorenem oder eingemachtem Obst, mit Sahne oder einer Creme aus Vollkornmehl, Milch, Eiern und Aromaten. Der Tortenboden ist schnell gebacken, Vorbereitung und Fertigstellung machen auch Ungeübten keine Probleme, wenn man ein paar Kniffe kennt.

Der Tortenboden soll eine glatte Oberfläche haben, damit man die Torte gut füllen und verzieren kann. Das geht am besten so: Ein Stück Pergamentpapier auf den Boden der Springform legen, den Rand darum schließen und das außen überstehende Papier rundherum abschneiden.

Garproben

Alle Angaben für Backzeiten in den Rezepten dieses Buches gelten für das Einschieben in den kalten Backofen; im vorgeheizten Ofen verkürzt sich die Zeit um 10 bis 15 Minuten. Und obwohl die Rezepte in verschiedenen Backöfen getestet worden sind, verstehen sich die Backzeiten nur als Richtwerte; exakt angeben lassen sie sich nicht, da sie vom Herdtyp und/oder dessen Heizleistung abhängen. In neuen Herden ist Gebäck schneller gar als in älteren Modellen. Auch die gewählte Funktion – also Umluft oder Ober- und Unterhitze – spielt eine Rolle, ebenso die Energieart (Elektrizität oder Gas). Um festzustellen, ob ein Gebäck durchgebacken ist, gibt es bestimmte Garproben, die Sie in jedem Fall machen sollten.

Bei hohem, weichem Gebäck in Kuchenformen stecken Sie nach der angegebenen Backzeit ein Holzstäbchen in die Mitte des Kuchens und ziehen es sofort wieder heraus. Wenn keine feuchten oder gar nassen Teigreste mehr daran haften, ist der Kuchen gar.

Die Mandeln abtropfen lassen, gegebenenfalls auch kurz kalt abschrecken, damit Sie sich beim Abziehen nicht die Finger verbrennen. Jeweils eine Mandel mit Daumen und Zeigefinger am »stumpfen« Ende fassen und kräftig zusammendrücken. Die Mandel durchstößt die Haut mit dem spitzen Ende und gleitet leicht heraus.

Die Mandeln auf einem Backblech ausbreiten und bei 50° etwa 1 Stunde trocknen lassen; so kann man sie besser mahlen. Mandeln zum Aufbewahren mindestens 3 Stunden trocknen lassen und dabei einige Male wenden. Damit die Feuchtigkeit abziehen kann, einen Kochlöffel in die Backofentüre klemmen.

Das Mehl oder das vorgegarte, gut abgetropfte Getreide mit dem Zuckerrohrgranulat und eventuell den Aromaten wie gemahlenem Zimt oder Vanille in einer Schüssel vermischen. Honig eignet sich zum Süßen nicht so gut, da er flüssig ist und die Streusel klebrig macht.

Die Butter tropfenweise dazugeben und dabei alles mit einer Gabel gleichmäßig vermischen. Wenn sich die Zutaten miteinander verbunden haben, bilden sich kleine Klümpchen, die sich leicht auf den Kuchenboden streuen lassen.

Den gebackenen Tortenboden wie gewohnt etwa 10 Minuten in der Form stehenlassen. Dann rundherum am Rand mit einem Messer entlangfahren, damit sich der Boden ablöst. Den Springformrand entfernen, ein Kuchengitter auf den Tortenboden legen und das Ganze stürzen. Das Papier entfernen.

Den Tortenboden am besten mit einem starken Zwirnfaden teilen: Zuerst den Rand der Torte rundherum mit einem scharfen Messer gerade so tief einschneiden, daß eine Kerbe entsteht, die den Faden hält. Den Faden in die Kerbe legen, die Enden vor Ihrem Körper kreuzen und langsam, aber kräftig zusammenziehen.

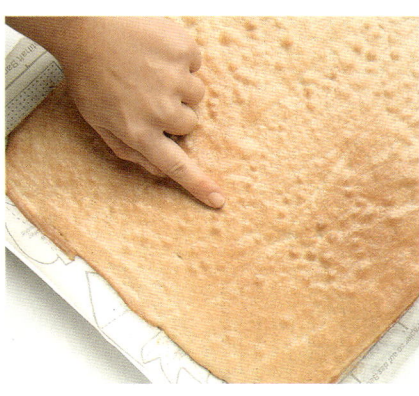

Biskuitplatten für Rollen und Biskuitomeletts sollen gerade eben durchgebacken sein. Mit der Stäbchenprobe erkennen Sie nicht unbedingt den richtigen Zeitpunkt. Machen Sie die Probe durch Berührung: Wenn man mit dem Finger leicht auf den Biskuit tupft und nichts daran haften bleibt, ist das Gebäck gar.

Die Kruste von Brot oder sehr festem Hefeteiggebäck, das auf dem Blech gebacken wird, ist für die Garprobe mit einem Holzstäbchen viel zu hart. Drehen Sie das Brot deshalb nach der angegebenen Backzeit um und klopfen kräftig mit dem Zeigefinger gegen die Unterseite. Wenn es deutlich hohl klingt, ist das Gebäck gar.

Cremes, Füllungen und Glasuren

Creme auf der Basis von Vollkornmehl

Eine Creme für Tortenfüllungen, die ihre Bindung durch Vollkornmehl erhält, ist rasch zubereitet und spielt beim vollwertigen Backen eine wichtige Rolle: Die Kombination von Getreide, Eiern und Milch liefert hochwertiges Eiweiß. Sie ist ein ausgezeichneter – und ebenso wohlschmeckender – Ersatz für Buttercreme, die ja sehr viel Fett und deshalb nicht nur eine Menge Kalorien, sondern auch reichlich Cholesterin enthält. Die Creme läßt sich mit Aromaten – hier ist es eine Vanilleschote –, geschlagener Sahne, Sauermilchprodukten oder püriertem Obst auf vielerlei Arten variieren.

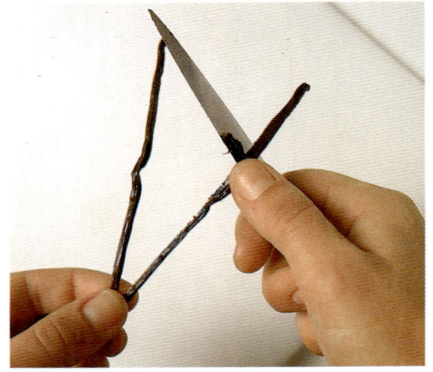

Die ganze Vanilleschote mit einem spitzen, kleinen Messer der Länge nach aufschlitzen. Das Mark mit der Messerspitze herauskratzen und mit der Schote und 1 Prise Salz in die Milch geben. Alles erhitzen, bis sich auf der Milch kleine Bläschen bilden. Knapp unter dem Siedepunkt ziehen lassen, damit die Milch das Vanillearoma annimmt.

Creme auf der Basis von Tofu

Fester Tofu gibt Cremes soviel »Standfestigkeit«, daß sie sich sehr gut zum Füllen und Überziehen von Kuchen und Torten eignen. Sie können die Creme ruhig mit geschlagener Sahne verfeinern; wie alle Sojaprodukte enthält Tofu pflanzliches Eiweiß, das cholesterinsenkend wirkt. Da Tofu keine Ballaststoffe liefert, sollten Sie dies durch das Süßungsmittel ausgleichen; nehmen Sie also nicht nur Honig oder Zuckerrohrgranulat, sondern auch ballaststoffreiche Zutaten wie zum Beispiel vollreifes Obst oder – wie hier – eingeweichte Trockenfrüchte. Die Grundcreme aus Tofu, Süßungsmittel und Sahne läßt sich ganz nach Wunsch aromatisieren – mit Vanille oder Zimt, Carob oder Schokolade.

Die Trockenfrüchte mit Wasser und/oder ungesüßtem Fruchtsaft übergießen und zugedeckt ziehen lassen, bis sie ganz weich sind; das dauert etwa 5 Stunden. Welches Obst Sie wählen, hängt von Ihrem Geschmack ab. Bei säuerlichen Früchten wie Aprikosen müssen Sie die Creme zusätzlich süßen.

Creme mit Agar-Agar

Statt Speisestärke (die ebenso wie Zucker ein reiner Kalorienträger ohne Mineralstoffe ist) und Gelatine (die aus tierischem Eiweiß hergestellt wird) verwendet man in der Vollwertküche vorwiegend Agar-Agar zum Binden von Gelees, Cremes und Tortenguß. Es wird aus einer Algenart gewonnen, enthält etwa 3,5% Mineralstoffe und hat ungefähr die dreifache Gelierkraft von Gelatine, ist im Verbrauch also recht sparsam. Agar-Agar wird immer zuerst in Wasser angerührt und dann mit den anderen Zutaten vermischt. Damit es geliert, muß es grundsätzlich 1 bis 2 Minuten gekocht werden.

Das Agar-Agar-Pulver mit so viel kaltem oder lauwarmem Wasser verrühren, daß ein dickflüssiger Brei entsteht. Darauf achten, daß sich beides gründlich vermischt und kein Pulver mehr zu sehen ist.

Überzug mit Schokolade

Ein Schokoladenguß sieht schön aus und schmeckt gut. Vor allem aber schützt er Gebäck vor dem Austrocknen. Deshalb wird er auch beim vollwertigen Backen verwendet, obwohl er natürlich den Gesamtzuckergehalt des Kuchens erhöht. Statt Schokoladenkuvertüre – die raffinierten weißen Zucker enthält und nicht so empfehlenswert ist – finden Sie zum Überziehen von Kuchen und Verzieren von Torten in einigen Rezepten Schokolade, die mit Zuckerrohrgranulat gesüßt ist oder einen Schokoladenersatz aus Johannisbrot. Beide Produkte brauchen länger zum Schmelzen als normale Schokolade; die Carob-Tafel wird auch nicht richtig geschmeidig, so daß man sie mit dem Messer verstreichen muß.

Die Schokolade oder die Carob-Tafel in Stücke brechen und in einen kleinen Topf geben. Den Topf in ein warmes Wasserbad stellen. Das Wasserbad erhitzen und die Stücke schmelzen. Setzen Sie den Topf nicht direkt auf die Kochstelle, damit die Hitze nicht zu groß ist: Die Schokolade könnte sonst anbrennen und bitter schmecken.

Die ganzen Eier oder die Eigelbe mit dem Süßungsmittel schaumig schlagen. Nehmen Sie ganze Eier, wenn die Creme durch Schlagsahne gelockert wird. Bei Cremes ohne Schlagsahne sorgt steifer Eischnee für die Luftigkeit; deshalb nur die Eigelbe aufschlagen und den Schnee später unter die erkaltete Creme ziehen.

Die Eiercreme mit dem Mehl vermischen. Den Topf auf die Kochstelle setzen und die heiße Milch (ohne die Vanilleschote) unter die Creme mischen. Die Masse unter Rühren erhitzen, bis sie dick wie Pudding ist. Führen Sie den Kochlöffel auch häufig über den Topfboden, wo die Creme anliegen könnte.

Das eingeweichte Obst mit einem Teil der verbliebenen Flüssigkeit, dem abgetropften Tofu und – ausgenommen die Sahne – allen anderen Zutaten pürieren. Die Creme soll die Konsistenz etwa wie Kartoffelpüree haben. Wenn sie zu fest ist, den Rest der Einweichflüssigkeit hinzufügen.

Die Sahne steif schlagen: Richtig geschlagene Sahne ist standfest, aber nicht flockig und hat einen matten Glanz. Die Sahne mit einem Schneebesen unter die Tofucreme ziehen.

Bei der Zubereitung von gekochten Cremespeisen oder Gelees das angerührte Agar-Agar in die kochende Flüssigkeit rühren, einmal aufkochen und unter ständigem Rühren 1 bis 2 Minuten kochen lassen. Die Masse wird nach dem Erkalten fest.

Cremespeisen aus Sauermilchprodukten gerinnen beim Kochen. Das Agar-Agar deshalb in bis zu ⅛ l Wasser anrühren (die Menge des Sauermilchprodukts entsprechend verringern), kochen lassen und sofort mit dem lauwarm erhitzten Sauermilchprodukt verrühren. Die anderen Zutaten außer der Sahne daruntermischen.

Die Masse ist jetzt weich, aber noch ziemlich dick oder gar zäh. Damit die Glasur geschmeidiger wird, 1 Eßlöffel flüssige oder geschlagene Sahne daruntermischen. Die Schlagsahne wird zwar in der heißen Schokolade teilweise wieder flüssig, macht die Glasur jedoch so locker, daß sie sich besser auftragen läßt.

Den Überzug aus Sucanatschokolade mit einem Kuchenpinsel auf dem Gebäck verteilen. Die Carob-Tafel mit einem Messer wie Butter verstreichen. Beim Trocknen bekommt nur die Sucanatschokolade einen matten Glanz; Carob-Überzug bleibt stumpf, enthält jedoch weniger Zucker und gibt dem Gebäck mehr Aroma.

Torten füllen und garnieren

Obsttorten

Obsttorten brauchen fast keine zusätzliche Garnierung, denn die Früchte sind selbst schon dekorativ genug. Ob Sie die Torte noch mit Nüssen, Sahnetupfen oder – bei gebackenem Obst – einigen frischen Früchten verzieren, bleibt ganz Ihrem Geschmack überlassen. Hier finden Sie drei Vorschläge, wie man Obst hübsch anordnen kann.

Dunkle Beeren und zarte, orangefarbene Aprikosen harmonieren in Farbe und Geschmack besonders gut. Die gewaschenen Aprikosenhälften kommen sternförmig auf den Teigboden, die Heidelbeeren werden in den Zwischenräumen verteilt. Zum Schluß alles mit gehackten Nüssen bestreuen.

Verschiedene Garnierungen mit Sahne

Steif geschlagene Sahne ist so elastisch, daß sie sich nicht nur mit einem Spritzbeutel formen, sondern auch mit Messer oder Palette modellieren läßt. Außerdem bildet die weiße Sahne den besten Kontrast zu buntem Obst, dunkler Schokolade und allen anderen farbigen Zutaten. Mehr Struktur bekommt Sahne, wenn sie ganz locker mit gehackten Mandeln oder Nüssen vermischt wird. Wichtig: Die Sahne nur so lange schlagen, bis sie gerade eben fest und trotzdem noch geschmeidig ist. Zu lang geschlagene Sahne wird flockig und läßt sich nicht so gut modellieren.

Eine Torte rundherum mit Sahne überziehen. Festen Honig oder dicken Sirup am besten im Wasserbad unter Rühren flüssig werden und wieder lauwarm erkalten lassen. Durch die feine Tülle des Spritzbeutels in einem filigranen Muster auf die Torte träufeln und mit einem Holzstäbchen ein Muster ziehen.

Schwarzweiß-Torte

Nicht nur der optisch reizvolle Kontrast von hellem und dunklem Teig, sondern auch der geschmackliche Gegensatz von knusprigem Mürbeteig und zartem, flaumigen Biskuit ist das Feine an der Schwarzweiß-Torte. Die Zubereitung ist etwas zeitaufwendig, doch so einfach, daß auch Ungeübten diese üppige, festliche Torte ganz leicht gelingt. Den Mürbeteigboden können Sie vorab backen und mindestens zwei Tage aufbewahren. Die Biskuitrolle jedoch sollten Sie nach dem Auskühlen füllen, damit sie nicht zu trocken wird.

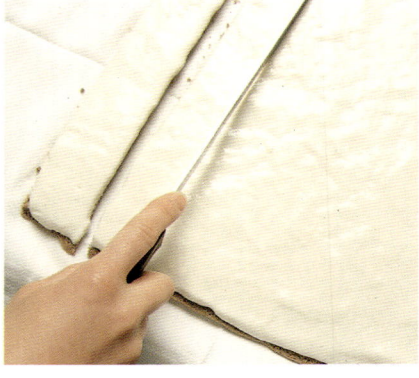

Den abgekühlten Mürbeteigboden auf eine Tortenplatte legen. Die erkaltete Biskuitplatte mit der Creme bestreichen und in etwa 4 cm breite Streifen schneiden.

Mit Schalen von Zitrusfrüchten verzieren

Zum Garnieren von vollwertigen Torten nimmt man naturbelassene Zutaten, die höchst dekorativ sind: Nüsse und Zitrusfrüchte, Obststückchen und eventuell auch Blätter und Blüten von (Wild)kräutern. Wichtig beim Garnieren ist, daß Sie mit Formen und Farben »spielen«: Zur weißen Creme aus Quark oder Sahne passen zartgrüne Pistazien, mit dunkler Schokolade lassen sich hübsche Muster ziehen und auf der glatten dunklen Oberfläche der Möhrentorte sehen – wie hier gezeigt – feine »Locken« von Zitronenschalen schön aus.

Für die Glasur die Schokolade im heißen Wasserbad schmelzen, mit Sahne verrühren und über den abgekühlten Tortenboden gießen. Die Glasur mit einem Messer über der ganzen Oberfläche und zum Rand hin verstreichen, so daß sie an den Seiten dekorativ herunterläuft. Die Mandeln auf die noch weiche Glasur streuen.

Zu einer üppigen Torte, die mit heller Creme überzogen wird, passen Früchte, die einen farblichen Kontrast bilden: also zum Beispiel grüne Kiwis. Auch sehr dunkles Obst sieht schön aus; allerdings geben vor allem Brombeeren und Heidelbeeren Saft ab, der die Creme unschön verfärben könnte.

Die zarten Rispen von Johannisbeeren eignen sich sehr gut zum Garnieren. Eventuell geben Sie auch noch ein paar frische grüne Blättchen – von Johannisbeeren oder auch Zitronenmelisse – auf die Torte.

Die Torte am Rand nur dünn mit Sahne bestreichen. Den größten Teil der Sahne auf die Oberfläche der Torte geben und mit einem Messer (oder einer Palette) unregelmäßig verstreichen. Das Messer aus dem Handgelenk mit einer kurzen Drehbewegung nach oben wegziehen, so daß die Sahne dekorative Spitzen bildet.

Für Sahnetupfen geben Sie die geschlagene Sahne in einen Spritzbeutel mit Sterntülle. Den Spritzbeutel senkrecht über die Tortenoberfläche halten. Leichter Druck ergibt kleine, stärkerer große Tupfen. Den Spritzbeutel jeweils abrupt nach oben hin wegziehen, damit die Tupfen eine hübsche Spitze bekommen.

Den ersten Streifen aufrollen und aufrecht in die Mitte des Mürbeteigbodens setzen. Die anderen Streifen nacheinander eng um diese Roulade legen. Die Torte mit der Schlagsahne überziehen.

Die flüssige Schokolade in einen Spritzbeutel geben und von der Mitte der Torte aus als Spirale auf die Tortenoberfläche laufen lassen. Mit einem Holzstäbchen von der Mitte zum Rand hin Tortenstücke markieren und dabei ein Muster ziehen. Das Stäbchen ohne Druck über die Torte ziehen und nach jeder Linie abwischen.

Die gewaschene, trockengeriebene Zitrone langsam und mit sanftem Druck über eine feine Gemüseraspel ziehen, so daß die Schale in langen, dünnen Streifen abgeschnitten wird.

Wenn Sie einen Ziselierer (gibt es in gut sortierten Haushaltswarengeschäften) haben, führen Sie ihn mit kräftigem Druck über die Zitrone. Die Schale löst sich in langen Locken ab. Die Zitronenschale auf die erstarrte Glasur streuen.

Kuchen und Torten

Vieles, was Sie kennen oder schon immer mal probieren wollten, finden Sie in diesem Kapitel vollwertig vereint: zum Beispiel so beliebtes Gebäck wie Hefezopf und Zimtnudeln, Marmorkuchen und Rehrükken, Bienenstich und Nußkranz. Oder der Hefe-Napfkuchen, der mit Trockenfrüchten gesüßt wird und deshalb wenig Zucker, aber viel Ballaststoffe enthält. Dazu finden Sie eine Palette üppiger Torten: Klassisch ist die Quarksahne mit fein-herben Trockenpflaumen oder die raffinierte Möhrentorte.

Ungewöhnlich, weil mit Carob, Tofu und nur wenigen Eiern zubereitet: eine feine Torte nach Prinzregenten Art. Genau das Richtige für Spätherbst und Winter, wenn die Auswahl an frischem Obst kleiner ist: die saftige Kürbistorte oder die wunderbar aromatische Kokosnußtorte. Wählen Sie die abgebildete raffinierte Schwarzweiß-Torte, wenn Sie etwas für besondere Anlässe backen wollen. Sie eignet sich gut für die große Kaffetafel. Das Rezept steht auf Seite 64. Bekannte weihnachtliche Spezialitäten wie Früchtebrot, Panettone und Stollen – einer davon ganz ohne Zucker – fehlen ebensowenig wie der klassische Osterfladen oder die erfrischende Eistorte für das Sommerfest.

Hefezopf

Feines Gebäck für das Sonntagsfrühstück

Für den Teig:

500 g Weizenvollkornmehl

1 Würfel Hefe (42 g)

30 g Zuckerrohrgranulat

325 ccm Milch · 50 g Butter

1 zimmerwarmes Ei

abgeriebene Schale von

½ unbehandelten Zitrone

½ Teel. Salz

Zum Bestreichen:

50 g Butter

1 Eßl. Apfelkraut (30 g)

½ Eßl. Honig (15 g)

Zum Bestreuen:

50 g gehackte Pistazien oder

andere Nußkerne

Für die Arbeitsfläche: Mehl

Für das Backblech: Butter

Für Ungeübte

Bei 20 Stück pro Stück etwa:
680 kJ/160 kcal · 5 g Eiweiß
7 g Fett · 19 g Kohlenhydrate
3 g Ballaststoffe

Vorbereitungszeit einschließlich
Ruhezeit: etwa 1¾ Stunden
Backzeit: 45–50 Minuten

Für den Teig das Mehl in eine Schüssel geben und eine Mulde hineindrücken. Die Hefe zerkrümeln und in die Mulde geben. 1 Teelöffel Zuckerrohrgranulat darüber streuen. • Die Milch lauwarm erwärmen. Etwa 6 Eßlöffel davon abnehmen, über die Hefe geben und alles vorsichtig mit etwas Mehl vom Rand verrühren, bis sich die Hefe aufgelöst hat und ein glatter Vorteig entstanden ist.
• Den Vorteig zugedeckt bei Zimmertemperatur etwa 15 Minuten ruhen lassen, bis er sichtbar aufgegangen ist. • Die restliche Milch mit der Butter erwärmen, bis die Butter darin zerlaufen ist. • Den Vorteig mit dem Mehl verrühren. Die Milch-Butter-Mischung, das restliche Zuckerrohrgranulat, das Ei, die Zitronenschale und das Salz hinzufügen und alles

mit den Knethaken des Handrührgerätes etwa 10 Minuten durcharbeiten, bis der Teig Blasen wirft und sich vom Schüsselrand löst. • Den Teig zugedeckt bei Zimmertemperatur etwa 45 Minuten gehen lassen, bis sich sein Volumen verdoppelt hat. • Das Backblech ausfetten. Die Arbeitsfläche mit reichlich Mehl bestreuen. Den Teig daraufgeben, mit den Händen noch einmal kräftig durchkneten und in drei Portionen teilen. Jede Portion zu einem Strang von 50 cm Länge rollen. Die Stränge zu einem Zopf flechten, dabei die Enden oben und unten gut zusammendrücken. • Den Hefezopf auf das Backblech legen und weitere 15 Minuten gehen lassen. • Inzwischen die Butter zum Bestreichen in einen Topf geben und bei schwacher Hitze zerlassen; sie darf dabei nicht braun werden. • Den Hefezopf mit etwas Butter bestreichen.
• Das Backblech in den kalten

Backofen (Mitte) schieben. Den Ofen auf 180° (Umluft 160°, Gas Stufe 2–2½) schalten. Den Hefezopf 30 Minuten backen. Erneut mit etwas Butter bestreichen. • Den Zopf weitere 15 bis 20 Minuten backen. • Die Garprobe mit einem Holzstäbchen machen, den garen Hefezopf herausnehmen. • Das Apfelkraut und den Honig zu der restlichen Butter in den Topf geben und unter Rühren bei schwacher Hitze so lange erwärmen, bis sich alle Zutaten miteinander verbunden haben und die Mischung flüssig ist.
• Den noch heißen Zopf damit bestreichen und mit den Pistazien bestreuen. • Den Hefezopf auf dem Blech 10 Minuten ruhen lassen, dann zum Erkalten auf ein Kuchengitter geben.

Rehrücken mit Carobglasur

Die bekannte Spezialität mit vollwertigen Zutaten

Für den Teig:
1 Carob-Tafel (100 g)
je 1 kleine unbehandelte
Zitrone und Orange
125 g weiche Butter
100 g Zuckerrohrgranulat
1 Prise Salz · 1 gestrichener
Teel. gemahlene Naturvanille
4 Eier · 150 g ungehäutete,
gemahlene Mandeln · 50 g
feingemahlene Hirse · ½ Teel.
Zimtpulver · je 1 Messerspitze
Piment und geriebene
Muskatnuß · ½ Päckchen
Weinsteinbackpulver
etwa 5 Eßl. Milch
Zum Garnieren: 100 g Mehrfruchtmarmelade ohne Zuckerzusatz · 1 Carob-Tafel (100 g)
je 1 Teel. ungesüßtes Kakaopulver und Instant-Kaffeepulver
4 Eßl. Sahne (60 g)
50 g abgezogene Mandeln
Für die Form: Butter und fein
geriebenes Knäckebrot

Raffiniert

Bei 20 Stück pro Stück etwa:
920 kJ/220 kcal · 4 g Eiweiß
16 g Fett · 14 g Kohlenhydrate
4 g Ballaststoffe

Vorbereitungszeit: 35 Minuten
Backzeit: 50 Minuten
Fertigstellung: 30 Minuten

Die Carob-Tafel reiben. Die Zitrone und die Orange waschen und abtrocknen. Die Schale mit einem Sparschäler hauchdünn abschälen und fein hacken. • Die Butter, das Zukkerrohrgranulat, das Salz und die Vanille mit den Quirlen des Handrührgerätes auf der höchsten Schaltstufe verrühren, bis die Masse schaumig ist und das Granulat nicht mehr knirscht. • Die Eier trennen. Die Eigelbe nacheinander nur so lange unter den Teig rühren, bis keine Eispuren mehr zu sehen sind. • Die Mandeln mit der Hirse, der geriebenen Carob-Tafel, der Zitronen- und der Orangenschale, dem Zimtpulver, dem Piment, dem Muskat und dem Backpulver vermischen. • Die Mischung hinzufügen und darunterrühren, bis sich alle Zutaten zu einem cremigen Teig verbunden haben. So viel Milch daruntermischen, daß der Teig in langen Zapfen von den Quirlen fällt. • Die Eiweiße steif schlagen. Etwa zwei Drittel davon unter den Teig rühren. Den restlichen Eischnee mit einem Schneebesen unter den Teig ziehen. • Eine Rehrückenform von 28 cm Länge oder eine Kastenform von 30 cm Länge mit reichlich Butter ausstreichen und mit Knäckebrot ausstreuen. • Den Teig in die Form füllen. • Die Form auf den Rost in den kalten Backofen (unten) stellen. Den Ofen auf 175° (Umluft 150°, Gas Stufe 2) schalten. Den Kuchen etwa 50 Minuten backen. • Die Garprobe mit einem Holzstäbchen machen, den fertigen Kuchen herausnehmen und nach 10 Minuten auf ein Kuchengitter stürzen. • Den noch heißen Kuchen mit der Mehrfruchtmarmelade bestreichen und erkalten lassen. • Für die Glasur die Carob-Tafel in Stücke brechen und in einen Topf geben. Den Topf in ein heißes Wasserbad stellen. Die Carob-Tafel schmelzen lassen, dann mit dem Kakao, dem Kaffeepulver und der Sahne verrühren. • Die Mandeln grob hacken. • Den Kuchen mit der Glasur bestreichen und mit den Mandeln bestreuen.

Mein Tip: Die Carob-Tafel wird beim Schmelzen etwas bröckelig und läßt sich auch nicht – wie Schokolade – dünn mit einem Pinsel auftragen, sondern nur mit einem Messer verstreichen. Statt der Carob-Tafel können Sie auch Schokolade mit Sucanat nehmen. Bedenken Sie aber, daß der Zuckergehalt dann weitaus höher ist.

Quark-Napfkuchen mit Kernen und Trockenfrüchten

Schmeckt gut zum Tee

50 g getrocknete ungeschwefelte Aprikosen
75 g ungeschwefelte entsteinte Trockenpflaumen
50 g Korinthen
Saft von 1 kleinen Orange
je 50 g Sonnenblumen- und Kürbiskerne · 100 g weiche Butter · 75 g Zuckerrohrgranulat
1 Prise Salz · 1 gestrichener Teel. gemahlene Naturvanille
Saft und Schale von ½ unbehandelten Zitrone · 4 Eier
350 g Magerquark · 100 g Weizenvollkornmehl · 50 g Roggenvollkornmehl · ½ Päckchen Weinsteinbackpulver
Zum Bestäuben:
Wildpfeilwurzelmehl
Für die Form: Butter und Mehl

Für Ungeübte

Bei 20 Stück pro Stück etwa:
670 kJ/160 kcal · 6 g Eiweiß
8 g Fett · 16 g Kohlenhydrate
2 g Ballaststoffe

Vorbereitungszeit: 1 Stunde
Backzeit: 1½ Stunden

Die getrockneten Aprikosen und die Pflaumen in kleine Stücke schneiden. Mit den Korinthen mischen und mit dem Orangensaft beträufelt zugedeckt ziehen lassen, bis der Teig gerührt ist. • Die Sonnenblumen- und die Kürbiskerne fein hacken. • Für den Teig die Butter, das Zuckerrohrgranulat, das Salz, die Vanille, den Saft und die Schale der Zitrone mit den Quirlen des Handrührgerätes auf der höchsten Schaltstufe verrühren, bis die Masse schaumig ist und das Granulat nicht mehr knirscht. • Die Eier trennen. Die Eigelbe nacheinander nur so lange unter die Masse rühren, bis keine Eispuren mehr zu sehen sind. Den Quark ebenfalls daruntermischen. • Die Eiweiße sehr steif schlagen und auf den Teig gleiten lassen. • Die beiden gesiebten Mehlsorten mit dem Backpulver gemischt auf den Eischnee geben. Die zerkleinerten Trockenfrüchte und die gehackten Kerne darüber streuen. Alles mit einem Kochlöffel nur so lange vermischen, bis sich die Zutaten miteinander verbunden haben. • Eine Napfkuchenform von 24 cm Ø mit Butter ausstreichen und mit Mehl ausstreuen. Den Teig hineinfüllen. • Die Form auf den Rost in den kalten Backofen (unten) stellen. Den Ofen auf 175° (Umluft 150°, Gas Stufe 2) schalten. Den Kuchen etwa 1½ Stunden backen. • Mit einem Holzstäbchen prüfen, ob der Kuchen gar ist. Den fertigen Kuchen aus dem Ofen nehmen, 10 Minuten in der Form stehenlassen, auf ein Kuchengitter stürzen und vollkommen auskühlen lassen. • Den Kuchen vor dem Servieren nach Wunsch mit Wildpfeilwurzelmehl bestäuben.

Mein Tip: Zum Hacken von Kernen und Nüssen eignet sich am besten ein Zwiebelschneider: Das ist ein Gerät mit rundem Kunststoffgehäuse und innen angebrachten Messern. Es wird über die Nüsse (auf ein Holzbrett) gestülpt, so daß die Nüsse beim Hacken nicht wegrutschen können. Zu kaufen gibt es den Zwiebelschneider in Haushaltswarengeschäften. Selbstverständlich sollten Sie das Gerät nur zum Nüssehacken und nicht für andere Lebensmittel wie eben Zwiebeln oder Knoblauch benutzen.

Einfacher Napfkuchen

Unkompliziert und schnell zu rühren

250 g weiche Butter
175 g Zuckerrohrgranulat
1 Prise Salz
1 Teel. gemahlene Naturvanille
abgeriebene Schale und Saft
von ½ unbehandelten Zitrone
500 g Weizenvollkornmehl
50 g vollfettes Sojamehl
1 Päckchen Weinstein-
backpulver
etwa ¼ l kaltes Wasser
Zum Bestäuben:
Wildpfeilwurzelmehl
Für die Form: Butter

Teig ohne Eier

Bei 20 Stück pro Stück etwa:
940 kJ/220 kcal · 4 g Eiweiß
12 g Fett · 25 g Kohlenhydrate
3 g Ballaststoffe

Vorbereitungszeit: 20 Minuten
Backzeit: 1½ Stunden

Die Butter, das Zuckerrohr-granulat, das Salz, die Vanille, die Zitronenschale und den -saft mit den Quirlen des Handrührgerätes auf der höchsten Schaltstufe verrühren, bis die Masse schaumig ist und das Granulat nicht mehr knirscht.
• Das gesiebte Mehl mit dem Sojamehl und dem Backpulver gemischt in zwei Portionen hinzufügen und jeweils darunterrühren. So viel Wasser daruntermischen, daß der Teig in langen Zapfen von den Quirlen fällt. • Eine Napfkuchenform von 24 cm ⌀ mit Butter ausstreichen. Den Teig hineinfüllen. • Die Form auf den Rost in den kalten Backofen (unten) stellen. Den Ofen auf 175° (Umluft 150°, Gas Stufe 2) schalten. Den Kuchen etwa 1½ Stunden backen. • Die Garprobe mit einem Holzstäbchen machen, den garen Kuchen herausnehmen und nach etwa 10 Minuten auf ein Kuchengitter stürzen. Erkaltet mit Wildpfeilwurzelmehl bestäuben.

Hefe-Napfkuchen

Ein fein-herber Kuchen, der ganz einfach zu backen ist

Für den Teig:

150 g getrocknete ungeschwefelte Feigen

200 ccm Wasser

500 g Weizenvollkornmehl

1 Würfel Hefe (42 g) · 175 ccm lauwarme Milch · 100 g Butter

1 unbehandelte Zitrone

2 zimmerwarme Eier · 2 Eigelb

1 Teel. gemahlene Naturvanille

½ Teel. Salz · 2 unbehandelte Orangen · 75 g getrocknete ungeschwefelte Aprikosen und Pfirsiche, gemischt

100 g abgezogene, gehackte Mandeln · 125 g Korinthen

Zum Bestreichen:

50 g Butter · 70 g Apfelkraut

Saft von ½ Orange

Für die Form: Butter und Mehl

Nur mit Obst gesüßt

Bei 20 Stück pro Stück etwa:
1000 kJ/240 kcal · 6 g Eiweiß
11 g Fett · 29 g Kohlenhydrate
4 g Ballaststoffe

Vorbereitungszeit einschließlich Ruhezeit: 7½ Stunden
Backzeit: 1 Stunde und 20 Minuten

Die Feigen zugedeckt in dem Wasser 5 Stunden einweichen. • Die harten Enden der Stiele abschneiden und die Feigen mit dem verbliebenen Wasser pürieren. • Für den Teig das Mehl in eine Schüssel geben und eine Mulde hineindrücken. Die zerkrümelte Hefe mit 1 Eßlöffel Feigenpüree und 6 Eßlöffeln Milch in der Mehlmulde vermischen. Mit etwas Mehl vom Rand verrühren, bis sich die Hefe aufgelöst hat und ein glatter Vorteig entstanden ist. • Den Vorteig zugedeckt bei Zimmertemperatur etwa 15 Minuten ruhen lassen, bis er sichtbar aufgegangen ist. • Die restliche Milch mit der Butter bei schwacher Hitze erwärmen, bis die Butter darin zerlaufen ist. • Den Vorteig mit dem gesamten Mehl verrühren. • Die Scha-

le der Zitrone zur Hälfte fein abreiben. Die Milch-Butter-Mischung, den Rest des Feigenpürees, die Eier und die Eigelbe, die Vanille, die Zitronenschale und das Salz hinzufügen und alles mit den Knethaken des Handrührgerätes etwa 10 Minuten durcharbeiten, bis der Teig Blasen wirft und sich vom Schüsselrand löst. • Den Teig zugedeckt bei Zimmertemperatur etwa 1 Stunde gehen lassen, bis sich sein Volumen verdoppelt hat. • Inzwischen die Schale der Orangen und der restlichen Zitronenhälfte mit einem Sparschäler dünn abschneiden und nicht zu fein hacken. Die Aprikosen und die Pfirsiche mittelfein zerkleinern. • Die gehackten Schalen, die Aprikosen, die Pfirsiche, die Mandeln und die Korinthen mischen und unter den Teig kneten. • Eine Napfkuchenform von 24 cm ∅ fetten und mit Mehl ausstreuen. Den Teig hineinfüllen und zugedeckt weite-

re 30 Minuten gehen lassen.
• Die Form auf den Rost in den kalten Backofen (unten) stellen. Den Ofen auf 175° (Umluft 160°, Gas Stufe 2–2½) schalten. Den Napfkuchen etwa 1 Stunde und 20 Minuten bakken. • Die Garprobe mit einem Holzstäbchen machen, den garen Kuchen weitere 10 Minuten im abgeschalteten Ofen bei geschlossener Backofentüre stehenlassen, herausnehmen und nach etwa 10 Minuten auf ein Kuchengitter stürzen.
• Inzwischen für die Glasur die Butter in einem Topf zerlassen. Das Apfelkraut und den Orangensaft unterrühren. • Den heißen Napfkuchen damit bestreichen.

Marmorkuchen

Beliebte Spezialität mit vollwertigen Zutaten

250 g weiche Butter
150 g Zuckerrohrgranulat
1 Prise Salz · 1 gestrichener
Teel. gemahlene Naturvanille
abgeriebene Schale von
½ unbehandelten Zitrone
4 Eier · 300 g Weizenvollkorn-
mehl · 200 g feingemahlener
Hafer · 1 Päckchen Weinstein-
backpulver · etwa ¼ l Milch
1 Eßl. ungesüßtes Kakaopulver
1 Eßl. Carob · 2 Eßl. Wasser
Für die Form: Butter

Preiswert

Bei 20 Stück pro Stück etwa:
1000 kJ/240 kcal · 5 g Eiweiß
13 g Fett · 24 g Kohlenhydrate
2 g Ballaststoffe

Vorbereitungszeit: 30 Minuten
Backzeit: 1½ Stunden

Die Butter, das Zuckerrohr-granulat, das Salz, die Vanille und die Zitronenschale schaumig rühren. • Die Eier nacheinander darunterrühren. • Die beiden Mehlsorten und das Backpulver mischen, in zwei Portionen auf die Masse sieben und jeweils darunterrühren, bis sich alle Zutaten miteinander verbunden haben. Nach und nach so viel Milch daruntermi-schen, daß der Teig in langen Zapfen vom Rührgerät fällt. • Eine Napfkuchenform von 24 cm ⌀ mit Butter ausstrei-chen. Zwei Drittel des Teiges hineinfüllen. • Den restlichen Teig mit dem Kakaopulver, dem Carob und dem Wasser verrüh-ren. Auf den hellen Teig strei-chen und mit einer Gabel ein Marmormuster ziehen. • Die Form auf den Rost in den kalten Backofen (unten) stellen. Den Ofen auf 175° (Umluft 150°, Gas Stufe 2) schalten. Den Kuchen etwa 1½ Stunden backen.

Carobkuchen mit Gewürzen

Schmeckt gut zum Tee

250 g weiche Butter
175 g Zuckerrohrgranulat
1 Prise Salz
1 Teel. gemahlene Naturvanille
Saft und abgeriebene Schale
von ½ unbehandelten Orange
550 g Weizenvollkornmehl
40 g vollfettes Sojamehl
2 Eßl. Carob · 1 Eßl. Zimtpulver
je ½ Teel. Muskatblüte (Mazis),
Ingwerpulver, geriebene
Muskatnuß und
Kardamompulver · 1 Päckchen
Weinsteinbackpulver
etwa ⅜ l kaltes Wasser
Zum Bestäuben:
Wildpfeilwurzelmehl
Für die Form: Butter

Teig ohne Eier

Bei 20 Stück pro Stück etwa:
970 kJ/230 kcal · 4 g Eiweiß
12 g Fett · 26 g Kohlenhydrate
3 g Ballaststoffe

Vorbereitungszeit: 30 Minuten
Backzeit: 1½ Stunden

Die Butter, das Zuckerrohr-granulat, das Salz, die Vanille, den Orangensaft und die -schale schaumig rühren. • Das Mehl mit dem Sojamehl, dem Carob, den Gewürzen und dem Backpulver mischen, in zwei Portionen auf die Masse sieben und darunterrühren, bis sich alle Zutaten verbunden haben. So viel Wasser darunter-mischen, daß der Teig cremig wird und in langen Zapfen vom Rührgerät fällt. • Eine Napf-kuchenform von 24 cm ⌀ mit Butter ausstreichen. Den Teig hineinfüllen. • Die Form auf den Rost in den kalten Backofen (unten) stellen. Den Ofen auf 175° (Umluft 150°, Gas Stufe 2) schalten. Den Kuchen etwa 1½ Stunden backen. • Die Gar-probe mit einem Holzstäbchen machen. • Den Kuchen vor dem Servieren mit Wildpfeilwurzel-mehl bestäuben.

Sandkuchen mit Schokoladenglasur

Festlicher Kuchen – schmeckt frisch am besten

Für den Teig:

250 g Butter · 4 Eier

150 g Zuckerrohrgranulat

1 Prise Salz · 1 Teel. gemahlene

Naturvanille · abgeriebene

Schale von ½ unbehandelten

Zitrone · 2 Eßl. Rum,

ersatzweise Zitronensaft

125 g Weizenvollkornmehl

125 g feingemahlener Naturreis

1 Teel. Weinsteinbackpulver

Für die Glasur:

150 g Vollmilchschokolade mit

Sucanat · 4 Eßl. Sahne (60 g)

1 Teel. Instant-Kaffeepulver

Für die Form: Butter

Für Ungeübte

Bei 15 Stück pro Stück etwa:
1200 kJ/290 kcal · 5 g Eiweiß
20 g Fett · 25 g Kohlenhydrate
1 g Ballaststoffe

Vorbereitungszeit: 30 Minuten
Backzeit: 1 Stunde und
10 Minuten
Fertigstellung: 25 Minuten

Für den Teig die Butter zerlassen, dabei nicht bräunen, dann wieder lauwarm abkühlen lassen. • Die Eier mit dem Zuckerrohrgranulat mit den Quirlen des Handrührgerätes auf der höchsten Schaltstufe so lange verrühren, bis sich das Granulat aufgelöst hat und die Masse hellbeige und sehr locker ist; das dauert etwa 5 Minuten. • Das Salz, die Vanille, die Zitronenschale und den Rum oder den Zitronensaft daruntermischen. • Das Weizenmehl und den gemahlenen Reis sieben und mit dem Backpulver mischen. Abwechselnd die Mehlmischung und die flüssige Butter in drei bis vier Portionen bei mittlerer Schaltstufe unter die Eiermasse rühren, bis sich alle Zutaten zu einem cremigen Teig verbunden haben. • Eine

Kastenform von 30 cm Länge mit Butter ausstreichen. Den Teig hineinfüllen. • Die Form auf den Rost in den kalten Backofen (unten) stellen. Den Ofen auf 175° (Umluft 150°, Gas Stufe 2) schalten. Den Kuchen etwa 1 Stunde und 10 Minuten backen. • Die Garprobe mit einem Holzstäbchen machen. • Den fertigen Kuchen herausnehmen, nach etwa 10 Minuten aus der Form stürzen und so auf ein Kuchengitter legen, daß er mit der Wölbung nach oben liegt. • Den Kuchen vollkommen erkalten lassen. • Für den Guß die Schokolade in Stücke brechen und in einem Topf im heißen Wasserbad in etwa 15 Minuten schmelzen lassen. Die Sahne und das Kaffeepulver daruntermischen. • Den Kuchen mit der Schokoladenglasur überziehen.

Mein Tip: Der Kuchen läßt sich auf vielfältige Weise variieren: Mit dem Mehl und der Butter

entweder 100 g gehackte Vollmilch- oder Zartbitterschokolade mit Sucanat, 1 grob geriebene Carob-Tafel (100 g), gemahlene Nußkerne, Mandeln, Korinthen oder zerkleinertes Trockenobst untermischen. Eine andere Möglichkeit: Den fertigen, noch heißen Kuchen mehrmals mit einem Holzstäbchen einstechen und mit einer Mischung aus 2 Eßlöffeln Orangensaft, 1 Eßlöffel Cognac und 1 Eßlöffel flüssigem Honig tränken. Danach mit der Schokoladenglasur überziehen. Ebenso können Sie ihn waagerecht einmal durchschneiden, mit ungesüßtem Fruchtmus füllen und mit der Glasur bestreichen.

Nußkuchen mit Früchten

Nur gut mit vollreifem Obst

250 g feste, reife Birnen
Saft von ½ Zitrone
250 g Kirschen
150 g weiche Butter
75 g Zuckerrohrgranulat
1 Prise Salz · 1 gestrichener
Teel. gemahlene Naturvanille
abgeriebene Schale von
½ unbehandelten Zitrone
4 Eier · 150 g Weizenvollkorn-
mehl · 150 g gemahlene
Cashewnußkerne · ½ Päckchen
Weinsteinbackpulver
etwa 50 ccm Milch
Für die Form:
Butter und feingemahlener
Vollkornzwieback

Für Ungeübte

Bei 20 Stück pro Stück etwa:
720 kJ/170 kcal · 5 g Eiweiß
11 g Fett · 14 g Kohlenhydrate
2 g Ballaststoffe

Vorbereitungszeit: 40 Minuten
Backzeit: 1½ Stunden

Die Birnen vierteln, schälen, vom Kerngehäuse befreien, würfeln und mit dem Zitronensaft mischen. Die Kirschen waschen, von den Stielen zupfen und entsteinen. • Für den Teig die Butter, das Granulat, das Salz, die Vanille und die Zitronenschale verrühren, bis die Masse schaumig ist und das Granulat nicht mehr knirscht. • Die Eier nacheinander darunterrühren. • Das gesiebte Mehl (2 Eßlöffel davon zum Bestäuben der Früchte abnehmen) mit den Nüssen und dem Backpulver vermischt darunterrühren. So viel Milch daruntermischen, daß der Teig in langen Zapfen vom Rührgerät fällt. • Die Früchte mit dem zurückbehaltenen Mehl mischen und locker unter den Teig heben. • Eine Kastenkuchenform von 30 cm Länge mit Butter ausstreichen und mit Zwieback ausstreuen. Den Teig hineinfüllen. • Die Form auf den Rost in den kalten Backofen (unten) stellen. Den Ofen auf 175° (Umluft 150°, Gas Stufe 2) schalten. Den Kuchen etwa 1½ Stunden backen.

Käsekuchen

Beliebte Spezialität, die ofenfrisch am besten schmeckt

Für den Teig:

200 g Weizenvollkornmehl

50 g Zuckerrohrgranulat

abgeriebene Schale von
½ unbehandelten Zitrone

1 Prise Salz

100 g weiche Butter

2–2½ Eßl. kaltes Wasser

Für den Belag:

2 Eier · 50 g weiche Butter

75 g Zuckerrohrgranulat

1 Teel. gemahlene Naturvanille

abgeriebene Schale und Saft
von ½ unbehandelten Zitrone

750 g Magerquark

100 g Korinthen · 125 g Sahne

50 g feingemahlene Hirse

1 Messerspitze

Weinsteinbackpulver

Preiswert • Für Ungeübte

Bei 16 Stück pro Stück etwa:
1000 kJ/240 kcal · 9 g Eiweiß
12 g Fett · 24 g Kohlenhydrate
2 g Ballaststoffe

Vorbereitungszeit einschließlich
Ruhezeit: 1½ Stunden
Backzeit: 1 Stunde und
35 Minuten

Für den Teig das Mehl, das
Zuckerrohrgranulat, die
Zitronenschale, das Salz, die
Butter und das Wasser mit den
Knethaken des Handrührgerätes vermischen, bis die Masse
krümelig ist. Alles mit den Händen rasch zu einem glatten Teig
verkneten. • Eine Springform
von 26 cm ∅ mit dem Teig auskleiden, dabei einen etwa 5 cm
hohen Rand formen. Den Teigboden mit einer Gabel mehrmals einstechen, damit später
beim Backen die Luft entweichen kann. • Die Form in den
Kühlschrank stellen und den
Teigboden 1 Stunde kühlen.
• Die Form auf den Rost in den
kalten Backofen (Mitte) stellen.
Den Backofen auf 200° (Umluft
180°, Gas Stufe 2½–3) schalten. Den Kuchenboden 20 Minuten vorbacken. • Inzwischen

für die Füllung die Eier trennen.
• Die Butter mit dem Zuckerrohrgranulat, der Vanille, der
Zitronenschale und dem -saft
mit den Quirlen des Handrührgerätes verrühren, bis die Masse schaumig ist und das Granulat nicht mehr knirscht. Zuerst
die Eigelbe, dann eßlöffelweise
den Quark und zum Schluß die
Korinthen darunterrühren. • Die
Eiweiße und die Sahne getrennt
steif schlagen und auf die
Quarkmasse geben. Die Hirse
mit dem Backpulver vermischt
darüber sieben. Alles mit einem
Schneebesen vorsichtig vermischen. • Den vorgebackenen
Kuchenboden herausnehmen.
• Den Backofen auf 175°
(Umluft 160°, Gas Stufe 2–2½)
zurückschalten. • Die Quarkmasse auf dem Kuchenboden
glattstreichen. • Die Form wieder auf den Rost in den Backofen (unten) stellen. Den
Kuchen 45 Minuten backen.
Dabei die Backofentüre nicht
öffnen, sonst fällt die Quark-

füllung zusammen. • Die Oberfläche des Kuchens mit Pergamentpapier abdecken. Den
Kuchen noch einmal etwa
30 Minuten backen. • Die Garprobe mit einem Holzstäbchen
machen. • Den fertigen Kuchen
noch 15 Minuten bei geöffneter Backofentüre im ausge-
schalteten Ofen stehenlassen.
• Den Kuchen herausnehmen,
nach etwa 10 Minuten aus der
Form lösen und zum Erkalten
auf ein Kuchengitter geben.

Käsekuchen ohne Boden

Besonders fein und saftig

125 g weiche Butter
125 g Zuckerrohrgranulat
1 gestrichener Teel. gemahlene
Naturvanille · abgeriebene
Schale und Saft von
1 unbehandelten Zitrone
1 Prise Salz
5 Eier · 500 g Magerquark
25 g Weizenvollkornmehl
15 g feingemahlene Hirse
1 Teel. Weinsteinbackpulver
Für die Form: Butter und Mehl

Raffiniert

Bei 12 Stück pro Stück etwa:
840 kJ/200 kcal · 9 g Eiweiß
12 g Fett · 14 g Kohlenhydrate
0,5 g Ballaststoffe

Vorbereitungszeit: 30 Minuten
Backzeit: 1 Stunde

Die weiche Butter, das Zuk-
kerrohrgranulat, die Vanille, die Zitronenschale und den
-saft sowie das Salz mit den
Quirlen des Handrührgerätes
auf der höchsten Schaltstufe
verrühren, bis die Masse schaumig ist. • Die Eier trennen. Die
Eigelbe auf der niedrigsten
Schaltstufe nacheinander unter
die Masse rühren. Den Quark
eßlöffelweise daruntermischen.
• Die Eiweiße sehr steif schlagen
und auf die Masse geben. Die
beiden Mehlsorten und das
Backpulver vermischt auf den
Eischnee sieben. Alles mit
einem Schneebesen vorsichtig
mischen. • Eine Springform von
26 cm ⌀ mit Butter ausstrei-
chen und mit Mehl ausstreuen.
Den Teig hineinfüllen. • Die
Form auf den Rost in den kalten
Backofen (unten) stellen. Den
Ofen auf 175° (Umluft 150°,
Gas Stufe 2) schalten. Den
Kuchen etwa 1 Stunde backen.
• Die Garprobe mit einem Holz-
stäbchen machen, den garen
Kuchen herausnehmen und
nach etwa 10 Minuten auf ein
Kuchengitter geben.

Sesamkuchen mit Fruchtmus

Schmeckt mit allen Nüssen oder Kernen

Für den Teig:
150 g weiche Butter
75 g Zuckerrohrgranulat
1 Prise Salz
1 Teel. gemahlene Naturvanille
abgeriebene Schale und Saft
von ½ unbehandelten Zitrone
4 Eier · 350 g Magerquark
200 g Weizenvollkornmehl
200 g feingemahlene Gerste
½ Päckchen Weinstein-
backpulver
350 g Fruchtaufstrich ohne
Zuckerzusatz
100 g Sesamsamen
Für die Form: Butter

Raffiniert

Bei 16 Stück pro Stück etwa:
1200 kJ/290 kcal · 9 g Eiweiß
13 g Fett · 31 g Kohlenhydrate
5 g Ballaststoffe

Vorbereitungszeit: 45 Minuten
Backzeit: 1¼ Stunden

Für den Teig die Butter, das
Zuckerrohrgranulat, das
Salz, die Vanille, die Schale und
den Saft der Zitrone mit den
Quirlen des Handrührgerätes
schaumig rühren. • Zuerst
nacheinander die Eier, dann
eßlöffelweise den Quark darunterrühren. • Die beiden gesiebten Mehlsorten mit dem Backpulver mischen. Die Hälfte
davon unter den Teig rühren.
• Eine Springform von 26 cm ⌀
mit Butter ausstreichen. Etwa
zwei Drittel des Teiges hineinfüllen. Den Fruchtaufstrich darauf verstreichen. • Den übrig
behaltenen Teig, das restliche
Mehl und die Sesamsamen mit
einer Gabel zu einer krümeligen
Masse vermischen und über
den Fruchtaufstrich geben.
• Die Form auf den Rost in den
kalten Backofen (unten) stellen.
Den Ofen auf 175° (Umluft
160°, Gas Stufe 2–2½) schalten. Den Kuchen etwa 1¼ Stunden backen.

Streuselkuchen mit Quark

Unkomplizierter Kuchen für die große Kaffeetafel

Für den Teig:
250 g Schichtkäse · 10 Eßl. Öl (100 g) · 10 Eßl. Milch (150 ccm)
75 g Zuckerrohrgranulat
400 g Weizenvollkornmehl
½ Päckchen Weinstein-backpulver · 1 Teel. Zimtpulver
Für den Belag:
500 g Quark (20%)
200 g Crème fraîche · 2 Eier
1 Teel. gemahlene Naturvanille
abgeriebene Schale von
1 unbehandelten Zitrone
25 g Zuckerrohrgranulat
Für die Streusel:
125 g Butter · 175 g Weizen-vollkornmehl · 75 g Zuckerrohr-granulat · 1 gehäufter Teel. Zimtpulver
Für das Backblech: Butter

Preiswert

Bei 20 Stück pro Stück etwa:
1400 kJ/330 kcal · 10 g Eiweiß
19 g Fett · 31 g Kohlenhydrate
3 g Ballaststoffe

Vorbereitungszeit: 1 Stunde
Backzeit: 40 Minuten

Für den Teig den Schichtkäse, das Öl, die Milch, das Zuk-kerrohrgranulat und die Hälfte des Mehls mit den Knethaken des Handrührgerätes verrühren. Das restliche Mehl mit dem Backpulver und dem Zimt mischen und mit den Händen unter den Teig kneten. • Ein Backblech mit Butter ausstrei-chen und mit dem Teig ausklei-den. • Für den Belag den Quark mit der Crème fraîche, den Eiern, der Vanille, der Zitronen-schale und dem Granulat ver-rühren und auf den Teigboden streichen. • Für die Streusel die Butter bei schwacher Hitze zer-lassen. Das Mehl, das Granulat und den Zimt mischen. Die But-ter in dünnem Strahl dazugie-ßen und alles mit einer Gabel zu Streuseln verarbeiten. • Die Streusel auf dem Quark vertei-len. • Das Backblech in den kal-ten Backofen (unten) schieben. Den Ofen auf 175° (Umluft 160°, Gas Stufe 2) schalten und den Kuchen etwa 40 Minuten backen, bis die Spitzen der Streusel hell gebräunt sind.

Nußkuchen mit Trockenobst

Saftiger Blechkuchen für den Winter

Für den Teig:
125 g Weizenvollkornmehl
100 g Roggenvollkornmehl
100 g Zuckerrohrgranulat
abgeriebene Schale von
½ unbehandelten Zitrone
1 Prise Salz · 1 Ei · 1 Eigelb
150 g weiche Butter

Für den Belag:
¼ l Milch · 150 g gemahlener
Mohn · 25 g Zuckerrohrgranulat
abgeschälte Schale und Saft
von 1 unbehandelten Zitrone
je 1 gestrichener Teel. gemahlene
Naturvanille und Zimtpulver
1 Eiweiß · 150 g getrocknete
ungeschwefelte Bananen

Für den Guß:
3 Eier · 2 Eßl. kaltes Wasser
25 g Zuckerrohrgranulat
150 g Joghurt · 100 g gemahlene
Haselnußkerne · 25 g feingemahlener Naturreis · 1 Messerspitze Weinsteinbackpulver

Für das Backblech: Butter

Raffiniert · Für Ungeübte

Bei 20 Stück pro Stück etwa:
1100 kJ/260 kcal · 6 g Eiweiß
15 g Fett · 24 g Kohlenhydrate
2 g Ballaststoffe

Vorbereitungszeit einschließlich
Ruhezeit: 1½ Stunden
Backzeit: 50 Minuten

Für den Teig die beiden Mehlsorten, das Zucker-rohrgranulat, die Zitronen-schale, das Salz, das Ei, das Eigelb und die Butter mit den Knethaken des Handrührgerä-tes vermischen, bis die Masse krümelig ist. Dann alles mit den Händen rasch zu einem glatten Teig verkneten. • Ein Backblech mit Butter ausstreichen und mit dem Teig auskleiden, dabei einen etwa fingerhohen Rand formen. Den Teigboden mit einer Gabel mehrmals einste-chen, damit später beim Backen die Luft entweichen kann. • Das Backblech in den Kühlschrank stellen und den Teigboden 1 Stunde kühlen. • Inzwischen für den Belag die Milch in einem Topf aufkochen. Den Mohn und das Zuckerrohrgranulat hineinrühren und erneut auf-kochen. Den Topf von der Kochstelle ziehen. • Die Zitro-nenschale fein hacken. Die Schale, den Saft, die Vanille und den Zimt unter den Mohn mischen. • Die Masse erkalten lassen. • Das Eiweiß steif schla-gen und darunterziehen. Die Bananen in kleine Stücke schneiden und daruntermi-schen. • Für den Guß die Eier trennen. Die Eiweiße mit dem Wasser sehr steif schlagen. Das Zuckerrohrgranulat dazugeben und weiterschlagen, bis der Eischnee glänzt. Zuerst nach-einander die Eigelbe, dann eßlöffelweise den Joghurt dar-untermischen. • Die Nüsse mit dem gemahlenen Reis und dem Backpulver mischen, auf die Eiermasse streuen und mit einem Schneebesen darunter-ziehen. • Den Mohnbelag auf dem Teigboden verteilen, den Guß darüber glattstreichen. • Das Backblech in den kalten Backofen (Mitte) schieben. Den Backofen auf 180° (Umluft 160°, Gas Stufe 2–2½) schal-ten. Den Kuchen etwa 50 Mi-nuten backen, bis der Rand und die Oberfläche leicht gebräunt ist. • Den Kuchen herausneh-men, nach etwa 10 Minuten in Stücke schneiden, vom Blech lösen und zum Erkalten auf ein Kuchengitter geben.

Bienenstich mit Tofucreme

Eine Abwandlung des bekannten Gebäcks – mit besonders leichter Creme

Für die Creme:

50 g getrocknete ungeschwefelte Aprikosen

⅛ l Wasser · 1 Eßl. ungesüßter Apfelsaft · 250 g Tofu

½ Eßl. Zitronensaft

1 Eßl. Honig (30 g) · 250 g Sahne

Für den Teig:

500 g Weizenvollkornmehl

1 Würfel Hefe (42 g)

25 g Zuckerrohrgranulat

¼ l Milch · 25 g Butter

1 zimmerwarmes Ei · 1 Eigelb

abgeriebene Schale von ½ unbehandelten Zitrone

½ Teel. Salz

Für den Belag:

100 g Butter · 100 g Apfelkraut

1 Teel. gemahlene Naturvanille

300 g Mandelblättchen

125 g Sahne

Für das Backblech: Butter

Braucht etwas Zeit

Bei 20 Stück pro Stück etwa: 1400 kJ/330 kcal · 8 g Eiweiß 21 g Fett · 25 g Kohlenhydrate 3 g Ballaststoffe

Vorbereitungszeit einschließlich Ruhezeit: 6½ Stunden
Backzeit: 50 Minuten
Fertigstellung: 40 Minuten

Für die Creme die Aprikosen mit dem Wasser und dem Apfelsaft zugedeckt 5 Stunden einweichen. • Für den Teig das Mehl in eine Schüssel geben. In die Mitte eine Mulde drücken, die zerbröckelte Hefe und 1 Teelöffel Zuckerrohrgranulat hineingeben. • Die Milch lauwarm erwärmen und etwa 6 Eßlöffel davon mit der Hefe und etwas Mehl vom Rand zu einem Vorteig verrühren. • Den Vorteig zugedeckt bei Zimmertemperatur etwa 15 Minuten gehen lassen. • Inzwischen die Butter in der restlichen Milch zerlassen. • Den Vorteig mit dem Mehl, der Butter-Milch-

Mischung, dem restlichen Zuckerrohrgranulat, dem Ei und dem Eigelb, der Zitronenschale und dem Salz mit den Knethaken des Handrührgerätes etwa 10 Minuten durcharbeiten, bis der Teig Blasen wirft und sich vom Schüsselrand löst. • Den Teig zugedeckt bei Zimmertemperatur etwa 45 Minuten gehen lassen, bis sich sein Volumen verdoppelt hat. • Für den Belag die Butter, das Apfelkraut, die Vanille, die Mandeln und die Sahne bei schwacher Hitze unter Rühren erhitzen, bis sich alle Zutaten miteinander verbunden haben. Die Mischung lauwarm abkühlen lassen. • Ein Backblech mit Butter ausstreichen und mit dem Teig auskleiden. Den Teig mit einer Gabel mehrmals einstechen. Den Belag gleichmäßig auf dem Teig verstreichen. • Den Kuchen weitere 15 Minuten gehen lassen. • Das Backblech in den kalten Backofen (Mitte) schieben. Den Ofen auf

175° (Umluft 180°, Gas Stufe 2½) schalten. Den Kuchen etwa 50 Minuten backen. • Die Garprobe mit einem Holzstäbchen machen. • Den garen Kuchen herausnehmen, nach etwa 10 Minuten in Stücke schneiden, vom Blech lösen und zum Erkalten auf ein Kuchengitter geben. • Für die Creme die eingeweichten Aprikosen (einschließlich der verbliebenen Flüssigkeit) mit dem abgetropften Tofu, dem Zitronensaft und dem Honig im Mixer pürieren. Die Sahne steif schlagen und darunterziehen. • Die Kuchenstücke jeweils waagerecht halbieren, mit Tofucreme bestreichen und wieder zusammensetzen. • Den Bienenstich möglichst frisch servieren.

Kleckerkuchen

Beliebte Spezialität, die frisch am besten schmeckt

Für den Teig:

300 g feingemahlener Hafer

200 g Weizenvollkornmehl

1 Würfel Hefe (42 g)

40 g Zuckerrohrgranulat

⅛ l Wasser · ¼ l Milch

60 g Butter · 1 Ei · ½ Teel. Salz

abgeriebene Schale von

½ unbehandelten Zitrone

Für den Belag:

⅜ l Milch · 200 g gemahlener

Mohn · 125 g Zuckerrohr-

granulat · 250 g Magerquark

200 g Mascarpone (italienischer

Frischkäse; ersatzweise Quark

mit 40%) · 1 Ei

abgeriebene Schale und Saft

von ½ unbehandelten Zitrone

200 g Pflaumenaufstrich ohne

Zuckerzusatz

100 g gemahlene Mandeln

abgeriebene Schale von

½ unbehandelten Orange

1 Teel. Zimtpulver

Für das Backblech: Butter

Braucht etwas Zeit

Bei 20 Stück pro Stück etwa:
1300 kJ/310 kcal · 11 g Eiweiß
14 g Fett · 32 g Kohlenhydrate
3 g Ballaststoffe

Vorbereitungszeit einschließlich
Ruhezeit: 1½ Stunden
Backzeit: 1 Stunde

Für den Teig die beiden Mehlsorten in einer Schüssel mischen und in die Mitte eine Mulde drücken. Die Hefe zerkrümeln und in die Mulde geben. 1 Teelöffel Zuckerrohrgranulat darüber streuen. Das Wasser und die Milch lauwarm erwärmen. • Etwa 4 Eßlöffel davon abnehmen, über die Hefe geben und alles vorsichtig mit etwas Mehl vom Rand verrühren, bis sich die Hefe aufgelöst hat und ein glatter Vorteig entstanden ist. • Den Vorteig zugedeckt bei Zimmertemperatur etwa 15 Minuten ruhen lassen, bis er sichtbar aufgegan-

gen ist. • Inzwischen die Butter in dem restlichen Wasser-Milch-Gemisch bei schwacher Hitze zerlaufen lassen. • Diese Mischung, das restliche Zuckerrohrgranulat, das Ei, das Salz und die Zitronenschale zum Teig geben und alles mit den Knethaken des Handrührgerätes etwa 10 Minuten durcharbeiten, bis der Teig Blasen wirft und sich vom Schüsselrand löst. • Den Teig zugedeckt bei Zimmertemperatur etwa 50 Minuten gehen lassen, bis sich sein Volumen verdoppelt hat. • Für den Mohnbelag die Milch zum Kochen bringen. Den Mohn und etwa ein Drittel des Zuckerrohrgranulats hineinrühren und erneut aufkochen. • Den Topf von der Kochstelle ziehen und den Mohn quellen lassen, bis die anderen Zutaten vorbereitet sind. • Für den Quarkbelag den Quark mit dem Mascarpone, dem Ei, dem zweiten Drittel des Zuckerrohrgranulats, der Zitronenschale und dem

-saft verrühren. • Für den dritten Belag den Pflaumenaufstrich mit dem restlichen Granulat, den Mandeln, der Orangenschale und dem Zimt mischen. • Ein Backblech mit Butter ausstreichen und mit dem Teig auskleiden. • Abwechselnd den Mohn-, den Quark- und den Pflaumenbelag in kleinen Häufchen nebeneinander auf dem Teig verteilen. • Das Backblech in den kalten Backofen (Mitte) schieben. Den Ofen auf 180° (Umluft 160°, Gas Stufe 2) schalten. Den Kuchen etwa 1 Stunde backen. • Die Garprobe mit einem Holzstäbchen machen. Den fertigen Kuchen herausnehmen und 10 Minuten abkühlen lassen. Dann in Stücke schneiden und zum Erkalten auf ein Kuchengitter legen.

Blechkuchen mit Sahneguß

Kann zusätzlich auch mit Obst belegt werden

Für den Teig:

300 g Weizenvollkornmehl
200 g feingemahlener Hafer
1 Würfel Hefe (42 g)
25 g Zuckerrohrgranulat
½ l Sojamilch · 200 g Tofu
abgeriebene Schale von
¼ unbehandelten Zitrone
1 Teel. Zimtpulver · 1 Teel. Salz

Für den Sahneguß:

2 Eier · 300 g Crème fraîche
3 Eßl. Sahne (45 g)
100 g Zuckerrohrgranulat
abgeriebene Schale und Saft
von 1 unbehandelten Zitrone
1 Teel. gemahlene Naturvanille
150 g Korinthen
50 g feingemahlene Hirse
Für die Arbeitsfläche: Mehl
Für das Backblech: Butter

Preiswert

Bei 20 Stück pro Stück etwa:
930 kJ/220 kcal · 6 g Eiweiß
8 g Fett · 30 g Kohlenhydrate
2 g Ballaststoffe

Vorbereitungszeit einschließlich
Ruhezeit: 1½ Stunden
Backzeit: 45 Minuten

Für den Teig die beiden Mehlsorten in einer Schüssel vermischen. Eine Mulde in das Mehl drücken, die zerbröckelte Hefe und 1 Teelöffel Zuckerrohrgranulat hineingeben. • Die Sojamilch lauwarm erwärmen. Etwa 6 Eßlöffel davon abnehmen, über die Hefe geben und alles mit etwas Mehl vom Rand verrühren, bis sich die Hefe aufgelöst hat und ein glatter Vorteig entstanden ist. • Den Vorteig zugedeckt bei Zimmertemperatur etwa 15 Minuten ruhen lassen, bis er sichtbar aufgegangen ist. • Inzwischen den Tofu mit der restlichen Sojamilch pürieren. • Den Vorteig mit dem Mehl verrühren. Das restliche Zuckerrohrgranulat, die Tofu-Mischung, die Zitronenschale, den Zimt und das Salz hinzufügen und alles mit den Knethaken des Hand-

rührgerätes etwa 10 Minuten durcharbeiten, bis der Teig Blasen wirft und sich vom Schüsselrand löst. • Den Teig zugedeckt bei Zimmertemperatur etwa 45 Minuten gehen lassen, bis sich sein Volumen verdoppelt hat. • Den Teig auf der bemehlten Arbeitsfläche noch einige Male kräftig durchkneten. • Ein Backblech mit Butter ausstreichen und mit dem Teig auskleiden. • Für den Sahneguß die Eier trennen. Die Eigelbe mit der Crème fraîche, der Sahne, dem Zuckerrohrgranulat, der Zitronenschale und dem -saft, der Vanille und den Korinthen verrühren. • Die Eiweiße sehr steif schlagen und auf die Masse geben. Die gemahlene Hirse auf den Eischnee sieben. Alles mit einem Schneebesen vorsichtig vermischen. • Den Sahneguß auf dem Teigboden verteilen. Den Kuchen weitere 15 Minuten gehen lassen. • Das Backblech in den kalten Backofen (Mitte) schieben. Den

Ofen auf 180° (Umluft 160°, Gas Stufe 2–2½) schalten. Den Kuchen etwa 45 Minuten bakken, bis der Sahneguß leicht gebräunt ist. • Die Garprobe mit einem Holzstäbchen machen, den garen Kuchen herausnehmen und auf dem Blech 10 Minuten ruhen lassen. Dann in Stücke schneiden und zum Erkalten auf ein Kuchengitter geben.

Mein Tip: Ob ein Kuchen mit einem Belag aus Sahne und/ oder Quark gar ist, erkennen Sie nicht nur an der Bräunung; sobald die Oberfläche des Kuchens keine Blasen mehr wirft, sich also nicht mehr sichtbar »bewegt«, ist er durchgebacken.

Butterkuchen

Beliebter Kuchen für die große Kaffeetafel

Für den Teig:
400 g Weizenvollkornmehl
1 Würfel Hefe (42 g)
25 g Zuckerrohrgranulat
¼ l Milch · 25 g Butter
1 Ei · 1 Eigelb · abgeriebene
Schale von ¼ unbehandelten
Zitrone · ½ Teel. Salz
Für den Belag:
100 g Butter
75 g Zuckerrohrgranulat
1 Teel. gemahlene Naturvanille
100 g Mandelblättchen
Für das Backblech: Butter

Für Ungeübte · Preiswert

Bei 20 Stück pro Stück etwa:
770 kJ/180 kcal · 5 g Eiweiß
10 g Fett · 19 g Kohlenhydrate
2 g Ballaststoffe

Vorbereitungszeit einschließlich
Ruhezeit: 1½ Stunden
Backzeit: 1 Stunde

Für den Teig das Mehl in eine Schüssel geben und eine Mulde hineindrücken. Die zerbröckelte Hefe und 1 Teelöffel Zuckerrohrgranulat hineingeben. • Die Milch lauwarm erwärmen, 6 Eßlöffel davon mit der Hefe und etwas Mehl vom Rand zu einem Vorteig verrühren. • Den Vorteig zugedeckt 15 Minuten gehen lassen. • Die Butter in der restlichen Milch bei schwacher Hitze zerlassen. • Den Vorteig mit dem Mehl, der Butter-Milch-Mischung, dem restlichen Granulat, dem Ei, dem Eigelb, der Zitronenschale und dem Salz mit den Knethaken des Handrührgerätes etwa 10 Minuten durcharbeiten, bis der Teig Blasen wirft. • Den Teig etwa 45 Minuten gehen lassen. • Ein Backblech mit Butter ausstreichen und mit dem Teig auskleiden. • Die Butter in Flöckchen darauf verteilen. Das Granulat mit der Vanille und den Mandeln gemischt darüber streuen. • Den Kuchen weitere 15 Minuten gehen lassen. • Das Backblech in den kalten Backofen (Mitte) schieben. Den Ofen auf 190° (Umluft 180°, Gas Stufe 2½) schalten. Den Kuchen etwa 1 Stunde backen.

Feiner Nußkranz

Durch den Plunderteig besonders zart und knusprig

Für den Teig:

350 g Weizenvollkornmehl

¾ Würfel Hefe (etwa 30 g)

25 g Zuckerrohrgranulat

etwa 175 ccm lauwarme Milch

175 g Butter · 1 Eigelb

abgeriebene Schale von

½ unbehandelten Zitrone

¼ Teel. Zimtpulver · ½ Teel. Salz

Für die Füllung:

100 g gemahlene Haselnuß-

kerne · 100 g gemahlene

Cashewnußkerne

75 g Zuckerrohrgranulat

5 Eßl. Sahne (75 g) · je 1 Eßl.

Orangen- und Zitronensaft

abgeriebene Schale von je

¼ unbehandelten Orange und

Zitrone · ½ Teel. gemahlene

Naturvanille · 1 Eiweiß

Zum Bestreichen:

25 g Butter · 2 Eßl. Milch

25 g Apfelkraut

Für die Form: Butter

Braucht etwas Zeit

Bei 20 Stück pro Stück etwa:
990 kJ/240 kcal · 5 g Eiweiß
15 g Fett · 19 g Kohlenhydrate
2 g Ballaststoffe

Vorbereitungszeit: 1 Stunde
Ruhezeit: 12¼ Stunden
Fertigstellung: 2¾ Stunden
Backzeit: 50 Minuten

Für den Teig das Mehl in eine Schüssel geben und eine Mulde hineindrücken. Die zerkrümelte Hefe und das Zuckerrohrgranulat darin mit etwa 3 Eßlöffeln Milch und etwas Mehl vom Rand zu einem Vorteig verrühren. • Den Vorteig zugedeckt bei Zimmertemperatur etwa 15 Minuten ruhen lassen. • 25 g Butter in der restlichen Milch zerlaufen lassen. • Diese Mischung, das Eigelb, die Zitronenschale, den Zimt und das Salz zum Teig geben und mit den Knethaken des Handrührgerätes etwa 10 Minuten durcharbeiten, bis der Teig Blasen wirft. • Den Teig

zugedeckt im Kühlschrank etwa 12 Stunden gehen lassen, bis sich sein Volumen verdoppelt hat. Die restliche Butter in Scheiben schneiden und ebenfalls kühlen. • Den Teig zu einem etwa ¾ cm dicken Rechteck ausrollen. Die eine Hälfte der Teigplatte mit den Butterscheiben belegen. Die andere Hälfte darüber klappen und vorne leicht andrücken; die seitlichen Ränder offen lassen. Die Teigplatte so drehen, daß die »offenen« Seiten parallel zu Ihrem Körper liegen, und zu einer länglichen, etwa ½ cm dicken Platte ausrollen. Dabei den Teig nicht zusammenpressen, sondern mit dem Nudelholz eher auseinanderklopfen. Beide Schmalseiten so nach innen schlagen, daß sie sich in der Mitte berühren. Die Platte noch einmal zusammenfalten, so daß der Teig in vier Lagen übereinanderliegt. • Den Teig 30 Minuten kühlen, erneut in Richtung der »offenen« Seiten

ausrollen, falten und kühlen. Diesen Vorgang noch zwei- bis dreimal wiederholen. • Während der Kühlzeiten die Nüsse mit dem Granulat, der Sahne, dem Saft und der Schale der Orange und der Zitrone sowie der Vanille mischen. Das steif geschlagene Eiweiß darunterziehen. • Den Teig etwa ½ cm dick ausrollen, mit der Nußfüllung bestreichen und wieder locker aufrollen. • Eine Kranzform von 26 cm ∅ fetten. Die Rolle hineinlegen und an den Enden etwas zusammendrükken. • Die Form auf den Rost in den kalten Backofen (unten) stellen. Den Ofen auf 180° (Umluft 160°, Gas Stufe 2–2½) schalten. Den Nußkranz etwa 50 Minuten backen. • Den Nußkranz nach etwa 10 Minuten aus der Form lösen und auf ein Kuchengitter geben. • Die Butter, die Milch und das Apfelkraut unter Rühren erhitzen, bis die Masse glatt ist. Den heißen Nußkranz damit bestreichen.

Mohnrolle

Spezialität aus Süddeutschland

Für den Teig:
300 g Weizenvollkornmehl
½ Würfel Hefe (etwa 25 g)
30 g Zuckerrohrgranulat
180 ccm lauwarme Milch
75 g Butter · 2 zimmerwarme
Eier · abgeriebene Schale von
½ unbehandelten Zitrone
½ Teel. Salz
Für die Füllung:
200 ccm Milch · 25 g Butter
1 Prise Salz · 200 g gemahlener
Mohn · 50 g Zuckerrohr-
granulat · 100 g getrocknete
ungeschwefelte Feigen
100 g Nußschokolade mit
Sucanat · 1 Ei · abgeriebene
Schale und Saft von ½ unbe-
handelten Zitrone · 1 gehäufter
Teel. Lebkuchengewürz
Zum Bestreichen:
1 Eßl. Honig (30 g)
1 Eßl. Sahne (15 g)
Für die Arbeitsfläche: Mehl

Für Ungeübte

Bei 20 Stück pro Stück etwa:
970 kJ/230 kcal · 6 g Eiweiß
12 g Fett · 22 g Kohlenhydrate
3 g Ballaststoffe

Vorbereitungszeit einschließlich
Ruhezeit: 1¼ Stunden
Backzeit: 1 Stunde und
20 Minuten

Für den Teig das Mehl in eine Schüssel geben und eine Mulde hineindrücken. Die zerkrümelte Hefe und 1 Teelöffel Zuckerrohrgranulat hineingeben. Etwa 3 Eßlöffel Milch darüber gießen und alles mit etwas Mehl vom Rand zu einem Vorteig verrühren. • Den Vorteig zugedeckt bei Zimmertemperatur etwa 15 Minuten ruhen lassen, bis er sichtbar aufgegangen ist. • Die Butter in der restlichen Milch zerlaufen lassen. • Diese Mischung, das restliche Zuckerrohrgranulat, die Eier, die Zitronenschale und das Salz hinzufügen und alles mit den Knethaken des Handrührgerätes etwa 10 Minuten durcharbeiten, bis der Teig Blasen wirft. • Den Teig zugedeckt bei Zimmertemperatur etwa 45 Minuten gehen lassen, bis sich sein Volumen verdoppelt hat. • Für die Füllung die Milch mit der Butter und dem Salz aufkochen. Den Mohn und das Zuckerrohrgranulat hinzufügen, erneut aufkochen und zugedeckt bei schwacher Hitze 10 Minuten kochen lassen. • Die Feigen und die Schokolade grob zerkleinern. Das Ei trennen. • Das Eigelb, die Feigen, die Schokolade, die Zitronenschale und den -saft sowie das Lebkuchengewürz unter den abgekühlten Mohn mischen. Das steif geschlagene Eiweiß darunterziehen. • Ein Küchentuch mit reichlich Mehl bestäuben. Den Teig darauf geben, zu einer Platte auseinanderdrücken und mit Mehl bestäuben. Die Platte mit der bemehlten Nudelrolle knapp fingerdick zu einem Rechteck ausrollen. • Die Mohnfüllung darauf verteilen. • Eine Kranzform von 26 cm ⌀ mit Butter ausstreichen. • Die Platte vorsichtig von der Breitseite her aufrollen. Die Rolle mit Hilfe des Tuches in die Form geben. • Die Mohnrolle zugedeckt weitere 15 Minuten gehen lassen. • Die Form auf den Rost in den kalten Backofen (Mitte) stellen. Den Ofen auf 160° (Umluft 150°, Gas Stufe 2) schalten. Die Mohnrolle etwa 1 Stunde und 20 Minuten backen. • Die Garprobe mit einem Holzstäbchen machen, die fertige Rolle herausnehmen und nach etwa 10 Minuten auf ein Kuchengitter stürzen. • Inzwischen den Honig mit der Sahne verrühren und dabei gegebenenfalls leicht erwärmen, damit die Mischung flüssig wird. • Die heiße Mohnrolle damit bestreichen.

Kuchenrolle mit Schrotmüsli

Reich an Ballaststoffen

Für die Füllung:
200 g gemischtes ungeschwefeltes Trockenobst
100 g Hafer · 300 g Joghurt
⅛ l Milch · 1 reife Banane
100 g gemahlene Haselnuß-kerne · 40 g Zuckerrohrgranulat
Saft von 1 mittelgroßen Orange
abgeriebene Schale von ½ unbehandelten Zitrone
Für den Teig:
200 g Tofu · 8 Eßl. Milch (⅛ l)
8 Eßl. Öl (80 g)
70 g Zuckerrohrgranulat
350 g Weizenvollkornmehl
1 gehäufter Teel. Weinstein-backpulver
Zum Bestreichen:
20 g Butter · 2 Eßl. Sahne (30 g)
1 Teel. Honig · 1 Teel. Zimtpulver
Zum Ausrollen: Mehl
Für das Backblech: Butter

Teig ohne Eier

Bei 20 Stück pro Stück etwa:
1000 kJ/240 kcal · 6 g Eiweiß
12 g Fett · 30 g Kohlenhydrate
3 g Ballaststoffe

Ruhezeit: 5 Stunden
Vorbereitungszeit: 45 Minuten
Backzeit: 50 Minuten

Für die Füllung das Trocken-obst fein zerkleinern. Den Hafer grob schroten. Beide Zutaten in einer Schüssel mit dem Joghurt und der Milch ver-rühren und zugedeckt 5 Stun-den im Kühlschrank quellen las-sen. • Die Banane schälen und fein zerdrücken. Mit den Nüs-sen, dem Zuckerrohrgranulat, dem Orangensaft und der Zitronenschale unter die Trok-kenobstmischung rühren. • Für den Teig den Tofu mit der Milch pürieren. Das Püree, das Öl, das Zuckerrohrgranulat und die Hälfte des Mehls mit den Knethaken des Handrührgerä-tes vermischen. Das restliche Mehl mit dem Backpulver

mischen und mit den Händen unter den Teig kneten. • Ein Küchentuch mit Mehl bestäu-ben. Den Teig darauf geben, mit dem Handballen auseinan-derdrücken und mit dem bemehlten Nudelholz zu einem etwa 1 cm dicken Rechteck aus-rollen. • Ein Backblech mit But-ter ausstreichen. • Die Füllung auf der Teigplatte verteilen. • Die Teigplatte mit Hilfe des Tuches von der Breitseite her vorsichtig aufrollen – sie bricht leicht – und auf das Backblech legen; wenn dabei etwas Fül-lung herausquillt, schadet das nichts, denn die Füllung ver-läuft beim Backen nicht auf dem Blech. • Die Butter zerlas-sen und die Rolle damit bepin-seln. • Das Backblech in den kalten Backofen (Mitte) schie-ben. Den Ofen auf 180° (Umluft 160°, Gas Stufe 2) schalten. Die Rolle etwa 50 Mi-nuten backen. • Die Garprobe mit einem Holzstäbchen ma-chen, die fertige Rolle heraus-

nehmen. • Die Sahne mit dem Honig erwärmen, den Zimt dar-untermischen. • Die heiße Rolle mit der Sahnemischung bestrei-chen und auf einem Kuchen-gitter erkalten lassen.

Mein Tip: Statt Tofu können Sie für den Teig auch Schichtkäse oder Quark mit 20% nehmen. Quark enthält jedoch weit mehr Molke als der ziemlich trockene Schichtkäse. Deshalb sollten Sie Quark immer über Nacht auf einem Sieb abtropfen lassen. Mit nassem Quark braucht man mehr Mehl, was den Teig zäh macht.

Sonnenblumen-Sahnerolle

Saftiger Festtagskuchen für den Winter

Für den Teig:

4 Eier · 2 Eßl. kaltes Wasser

60 g Zuckerrohrgranulat

50 g Weizenvollkornmehl

70 g gemahlene
Sonnenblumenkerne

Für die Füllung:

150 g gemahlene
Sonnenblumenkerne

75 g Hafervollkornflocken

abgeriebene Schale und Saft
von 1 kleinen unbehandelten
Orange · 2 Eßl. ungesüßter
Sanddornsirup · 75 g Zuckerrohrgranulat · 300 g Sahne

Für das Backblech:

Butter und Pergamentpapier

Raffiniert • Für Ungeübte

Bei 16 Stück pro Stück etwa:
940 kJ/220 kcal · 7 g Eiweiß
14 g Fett · 18 g Kohlenhydrate
2 g Ballaststoffe

Vorbereitungszeit: 30 Minuten
Backzeit: 20 Minuten
Fertigstellung: 30 Minuten

Die Eier trennen. Die Eiweiße mit dem Wasser mit den Quirlen des Handrührgerätes steif schlagen. Das Granulat darunterschlagen. • Die Eigelbe nacheinander unterrühren. Das gesiebte Mehl und die Sonnenblumenkerne darunterziehen. • Ein Backblech mit gefettetem Pergamentpapier auslegen. Den Biskuitteig darauf glattstreichen. • Das Backblech in den kalten Backofen (Mitte) schieben. Den Ofen auf 200° (Umluft 180°, Gas Stufe 3) schalten. Den Biskuit etwa 20 Minuten backen. • Die Teigplatte auf ein feuchtes Küchentuch stürzen, ein zweites Tuch darauflegen und die Platte erkalten lassen. • Die Sonnenblumenkerne mit den Haferflocken bei mittlerer Hitze rösten. • Abgekühlt mit der Orangenschale und dem -saft, dem Sanddornsirup und dem Granulat vermischen. Die Sahne steif schlagen und daruntermischen. • Die Biskuitplatte mit etwa zwei Dritteln der Sahne bestreichen, aufrollen und mit der restlichen Sahne überziehen.

Milchrahmstrudel

Spezialität aus Österreich

Für den Teig:

300 g Weizenvollkornmehl

1 Prise Salz · 5 Eßl. Öl (50 g)

150 ccm lauwarmes Wasser

2 Eigelb

Für die Füllung:

150 g Vollkornzwieback

⅛ l Milch · 100 g weiche Butter

75 g Zuckerrohrgranulat

abgeriebene Schale und 3 Eßl.

Saft von 1 unbehandelten

Zitrone · 2 Teel. Zimtpulver

1 Teel. gemahlene Naturvanille

1 Prise Salz · 3 Eier

500 g Magerquark · 2 Eiweiß

50 g gemahlene Walnußkerne

100 g Korinthen

Für den Guß:

¼ l Milch · 1 Ei · 25 g Zuckerrohr-

granulat · abgeriebene Schale

von ½ unbehandelten Zitrone

Zum Ausrollen: Mehl

Für die Form: Butter

Preiswert

Bei 16 Stück pro Stück etwa:
1300 kJ/310 kcal · 11 g Eiweiß
15 g Fett · 32 g Kohlenhydrate
2 g Ballaststoffe

Vorbereitungszeit einschließlich
Ruhezeit: 1½ Stunden
Backzeit: 40 Minuten

Für den Strudelteig das Mehl mit dem Salz, dem Öl, dem Wasser und den Eigelben verkneten. Der Teig muß weich und glatt sein, darf aber nicht kleben. • Den Teig in zwei Portionen teilen und in Pergamentpapier gewickelt in einem angewärmten Topf etwa 1 Stunde ruhen lassen. • Inzwischen für die Füllung den Zwieback in Stücke brechen und in eine Schüssel geben. Die Milch erhitzen und darüber gießen. Den Zwieback zugedeckt ziehen lassen, bis er wieder kalt ist. • Die Butter mit dem Granulat, der Zitronenschale und dem -saft, dem Zimt, der Vanille und dem Salz schaumig rühren.

• Die Eier trennen. Zuerst nacheinander die Eigelbe, dann eßlöffelweise den Quark unter die Buttermasse rühren. Den eingeweichten Zwieback daruntermischen. • Alle Eiweiße steif schlagen und auf die Zwiebackmasse geben. Die Nüsse und die Korinthen darüber streuen und alles mit einem Schneebesen vermischen. • Eine ofenfeste Form, in die zwei Teigrollen nebeneinander passen, mit Butter auspinseln. • Ein Küchentuch dünn mit Mehl bestäuben. Die erste Teigportion darauf ganz dünn ausrollen und rundherum an den Rändern mit den Fingerspitzen ausziehen, daß auch die Ränder gleichmäßig dünn sind. • Die Hälfte der Füllung auf dem Teig verteilen, dabei am Rand 1 bis 2 cm frei lassen, damit die Füllung beim Aufrollen des Strudels nicht herausquillt. • Die Teigplatte an den Schmalseiten etwas einschlagen. Den Strudel mit Hilfe des Tuches aufrollen

und vorsichtig in die Form gleiten lassen. • Das zweite Teigstück ebenso verarbeiten und in die Form geben. • Die Form auf den Rost in den kalten Backofen (Mitte) stellen. Den Backofen auf 200° (Umluft 180°, Gas Stufe 2–2½) schalten. Den Strudel 15 Minuten backen. • Inzwischen für den Guß die Milch mit dem Ei, dem Zuckerrohrgranulat und der Zitronenschale verquirlen. • Den Guß über die Strudel gießen und diese noch einmal etwa 25 Minuten backen. Dabei immer wieder mit der Flüssigkeit bestreichen, die sich in der Form sammelt. Dadurch werden die Strudel braun und knusprig.

Mürbeteig-Grießstrudel mit Trockenobst

Schmeckt warm oder kalt

Für die Füllung:
200 g getrocknete
ungeschwefelte Feigen
200 g getrocknete
ungeschwefelte Aprikosen
⅜ l ungesüßter Mehrfruchtsaft
1 Zimtstange, etwa 2 cm lang
1 Stück Schale von
1 unbehandelten Zitrone
⅜ l Milch · 1 Prise Salz
25 g Zuckerrohrgranulat
1 Teel. gemahlene Naturvanille
75 g Vollkorngrieß · 2 Eier
50 g gehackte Mandeln
125 g Sahne
Für den Teig:
300 g feingemahlener Dinkel
50 g Zuckerrohrgranulat
1 Prise Salz · 150 g weiche
Butter · 1 Ei · 2 Eßl. kaltes Wasser
Zum Bestreichen:
30 g Butter
Zum Ausrollen:
Pergamentpapier

**Raffiniert
Braucht etwas Zeit**

Bei 20 Stück pro Stück etwa:
1100 kJ/260 kcal · 5 g Eiweiß
13 g Fett · 34 g Kohlenhydrate
2 g Ballaststoffe

Vorbereitungszeit einschließlich
Ruhezeit: 7 Stunden
Backzeit: 1 Stunde

Für die Füllung die Feigen und die Aprikosen grob zerkleinern und mit dem Saft übergießen. Die Zimtstange und die Zitronenschale dazugeben. Das Obst zugedeckt 5 Stunden ziehen lassen. • Die Zimtstange und die Zitronenschale dann entfernen. • Die verbliebene Einweichflüssigkeit in einen Topf gießen, das Obst dabei gut ausdrücken. • Die Milch, das Salz, das Zuckerrohrgranulat und die Vanille hinzufügen und einmal aufkochen. • Den Grieß hineinstreuen, erneut aufkochen und zugedeckt bei schwacher Hitze in 10 Minuten ausquellen lassen. • Den Grießbrei mit dem Trockenobst mischen und erkalten lassen. • Die Eier trennen. Die Eigelbe und die Mandeln unter den Grießbrei rühren. • Die Eiweiße und die Sahne getrennt steif schlagen und mit einem Schneebesen darunterziehen. • Für den Teig den Dinkel, das Zuckerrohrgranulat, das Salz, die Butter, das Ei und das Wasser mit den Knethaken des Handrührgerätes vermischen, bis die Masse krümelig ist. Dann mit den Händen rasch zu einem glatten Teig verkneten. • Ein Küchentuch auf der Arbeitsfläche ausbreiten. Den Teig zwischen zwei Blätter Pergamentpapier geben, auf das Küchentuch legen, mit dem Handballen flach drücken und mit dem Nudelholz möglichst dünn zu einem Rechteck ausrollen. • Das obere Blatt Papier abziehen. Die Grießfüllung der Länge nach in die Mitte der Teigplatte häufen. Zuerst die beiden Breitseiten, dann die Längsseiten der Teigplatte mit Hilfe des Pergaments hochklappen und über die Füllung schlagen; das Papier jeweils abziehen. • Den Strudel mit dem Küchentuch hochheben und in eine längliche, ofenfeste Form mit niedrigem Rand stürzen. Das Papier ganz entfernen. • Den Strudel 1 Stunde kühlen. • Die Butter zerlassen, den Strudel damit bepinseln. • Die Form auf den Rost in den kalten Backofen (Mitte) stellen. Den Backofen auf 200° (Umluft 180°, Gas Stufe 2–2½) schalten. Den Strudel 15 Minuten backen. • Die Temperatur auf 190° (Umluft 170°, Gas Stufe 2½) zurückschalten. Den Strudel noch etwa 45 Minuten backen. Dabei immer wieder mit der Butter bestreichen, die sich in der Form sammelt.

Zimtnudeln

Der Teig kann auch »kalt« gehen, also gut vorbereitet werden

Für den Teig:

300 g Weizenvollkornmehl

½ Würfel Hefe (etwa 25 g)

30 g Zuckerrohrgranulat

180 ccm Milch · 50 g Butter

2 zimmerwarme Eier

abgeriebene Schale von

½ unbehandelten Zitrone

½ Teel. Salz

Zum Wenden:

50 g Butter

50 g Zuckerrohrgranulat

1 gehäufter Teel. Zimtpulver

1 Messerspitze Piment

Zum Bestreichen:

1 Eßl. Honig (30 g)

1 Eßl. Sahne (15 g)

Für die Arbeitsfläche: Mehl

Für die Form: Butter

Preiswert

Bei 20 Stück pro Stück etwa:
530 kJ/130 kcal · 3 g Eiweiß
6 g Fett · 15 g Kohlenhydrate
1 g Ballaststoffe pro Stück

Vorbereitungszeit einschließlich Ruhezeit: 1½ Stunden
Backzeit: 30 Minuten

Für den Teig das Mehl in eine Schüssel geben und in die Mitte eine Mulde drücken. Die Hefe hineinkrümeln und 1 Teelöffel Zuckerrohrgranulat darüber streuen. • Die Milch lauwarm erwärmen. Etwa 3 Eßlöffel davon abnehmen, über die Hefe geben und alles vorsichtig mit etwas Mehl vom Rand verrühren, bis sich die Hefe aufgelöst hat und ein glatter Vorteig entstanden ist. • Den Vorteig zugedeckt bei Zimmertemperatur etwa 15 Minuten ruhen lassen, bis er sichtbar aufgegangen ist. • Die Butter in der restlichen Milch zerlaufen lassen. • Diese Mischung, das restliche Zuckerrohrgranulat, die Eier, die Zitronenschale und das Salz hinzufügen und alles mit den Knethaken des Handrührgerätes etwa 10 Minuten durcharbeiten, bis der Teig Blasen wirft

und sich vom Schüsselrand löst. • Den Teig zugedeckt bei Zimmertemperatur etwa 45 Minuten gehen lassen, bis sich sein Volumen verdoppelt hat. • Zum Wenden die Butter zerlassen, aber nicht bräunen. Dann warm halten. Das Zuckerrohrgranulat mit dem Zimt und dem Piment mischen. • Mit einem Eßlöffel etwa walnußgroße Stücke vom Teig abstechen; dabei den Löffel immer wieder in Mehl tauchen. Die Stücke mit bemehlten Händen zu Kugeln formen und nebeneinander auf die mit wenig Mehl bestäubte Arbeitsfläche legen. • Eine Springform von 26 cm ⌀ mit Butter ausstreichen. • Die Kugeln zuerst in der flüssigen Butter, dann in der Zuckerrohrgranulat-Mischung wenden und nicht zu eng nebeneinander in die Form setzen. • Die Zimtnudeln zugedeckt weitere 15 Minuten gehen lassen. • Die Form auf den Rost in den kalten Backofen (Mitte) stellen. Den Ofen

auf 180° (Umluft 160°, Gas Stufe 2–2½) schalten. Die Zimtnudeln etwa 30 Minuten backen. • Inzwischen den Honig mit der Sahne verrühren und gegebenenfalls leicht erwärmen, damit die Mischung flüssig wird. • Die Garprobe mit einem Holzstäbchen machen, die fertigen Nudeln herausnehmen und sofort mit der Honigsahne bestreichen. • Die Nudeln nach etwa 10 Minuten auf ein Kuchengitter stürzen und erkalten lassen. Die Zimtnudeln möglichst frisch servieren.

Rosenkuchen mit Käse-Nuß-Füllung

Schmeckt am besten frisch

Für den Teig:

200 g Weizenvollkornmehl

100 g Roggenvollkornmehl

½ Würfel Hefe (etwa 25 g)

30 g Zuckerrohrgranulat

200 ccm Milch · 1 zimmer-
warmes Ei · abgeriebene Schale
von ½ unbehandelten Orange

½ Teel. Salz

Für die Füllung:

300 g Mascarpone (italienischer
Frischkäse), ersatzweise Schichtkäse · 1 Ei · abgeriebene Schale
von ½ unbehandelten Orange

1 Teel. gemahlene Naturvanille

1 Teel. Zimtpulver · 25 g Zuckerrohrgranulat · 100 g Korinthen

100 g gehackte Walnußkerne

Zum Bestreichen:

Saft von 1 Orange

1 Eßl. Honig (30 g)

Für die Arbeitsfläche: Mehl

Für die Form: Butter

Raffiniert

Bei 20 Stück pro Stück etwa:
650 kJ/150 kcal · 6 g Eiweiß
6 g Fett · 18 g Kohlenhydrate
2 g Ballaststoffe

Vorbereitungszeit einschließlich
Ruhezeit: 1¾ Stunden
Backzeit: 1 Stunde

Für den Teig die beiden
Mehlsorten in einer Schüssel
mischen und in die Mitte eine
Mulde drücken. Die Hefe hineinkrümeln und 1 Teelöffel
Zuckerrohrgranulat darüber
streuen. • Die Milch lauwarm
erwärmen. Etwa 4 Eßlöffel
davon über die Hefe geben und
alles mit etwas Mehl vom Rand
zu einem Vorteig verrühren.
• Den Vorteig zugedeckt bei
Zimmertemperatur etwa 15 Minuten ruhen lassen, bis er sichtbar aufgegangen ist. • Die restliche Milch, das restliche Zuk-
kerrohrgranulat, das Ei, die
Orangenschale und das Salz
hinzufügen und alles mit den
Knethaken des Handrührgerä-

tes etwa 10 Minuten durcharbeiten, bis der Teig Blasen wirft
und sich vom Schüsselrand löst.
• Den Teig zugedeckt bei Zimmertemperatur etwa 45 Minuten gehen lassen, bis sich sein
Volumen verdoppelt hat. • Für
die Füllung den Mascarpone
mit dem Ei verrühren. Die
Orangenschale, die Vanille, den
Zimt, das Zuckerrohrgranulat,
die Korinthen und die Walnüsse
daruntermischen. • Ein Küchentuch mit reichlich Mehl bestäuben. Den Teig daraufgeben, zu
einer Platte auseinanderdrük-
ken und mit Mehl bestäuben.
Mit der bemehlten Nudelrolle
knapp fingerdick zu einem
Rechteck ausrollen. • Eine
Kranzform von 26 cm ⌀ mit
Butter ausstreichen. • Die Mascarponecreme auf die Teigplatte streichen. Die Platte vorsichtig von der Breitseite her aufrollen und in etwa 4 cm dicke
Scheiben schneiden. Die Scheiben aufrecht nebeneinander in
die Form setzen. • Den Rosen-

kuchen zugedeckt weitere
15 Minuten gehen lassen. • Die
Form auf den Rost in den kalten
Backofen (Mitte) stellen. Den
Ofen auf 180° (Umluft 160°,
Gas Stufe 2–2½) schalten. Den
Kuchen etwa 1 Stunde backen.
• Inzwischen den Orangensaft
mit dem Honig verrühren und
dabei gegebenenfalls leicht
erwärmen, damit die Mischung
flüssig wird. • Den garen Rosenkuchen damit bestreichen,
einige Minuten im Backofen
stehenlassen, herausnehmen
und nach etwa 10 Minuten zum
Erkalten auf ein Kuchengitter
geben.

Osterfladen

Teig kann auch »kalt« gehen, also gut vorbereitet werden

Für den Teig:

250 g Korinthen · abgeriebene
Schale und Saft von
2 unbehandelten Zitronen
250 g Weizenvollkornmehl
250 g feingemahlener Hafer
1 Würfel Hefe (42 g)
100 g Zuckerrohrgranulat
300 ccm Milch · 100 g Butter
2 zimmerwarme Eier
¼ Teel. gemahlene Naturvanille
½ Teel. Salz · 100 g gemahlene
Mandeln · 100 g gemahlene
Haselnußkerne
Zum Bestreichen:
50 g Butter · 1 Eßl. Sahne (15 g)
1 Teel. Honig
Für die Arbeitsfläche: Mehl
Für das Backblech: Butter

Für Ungeübte

Bei 20 Stück pro Stück etwa:
1200 kJ/290 kcal · 6 g Eiweiß
15 g Fett · 31 g Kohlenhydrate
3 g Ballaststoffe

Vorbereitungszeit einschließlich
Ruhezeit: 1½ Stunden
Backzeit: 50–60 Minuten

Die Korinthen mit der Zitronenschale und dem -saft vermischen. • Die beiden Mehlsorten in einer Schüssel mischen und eine Mulde hineindrücken. Die zerkrümelte Hefe mit 1 Teelöffel Zuckerrohrgranulat in die Mulde geben. • Die Milch lauwarm erhitzen. Etwa 6 Eßlöffel davon mit der Hefe und etwas Mehl vom Rand zu einem glatten Vorteig verrühren. • Den Vorteig zugedeckt bei Zimmertemperatur etwa 15 Minuten ruhen lassen. • Die restliche Milch und die Butter in einen Topf geben. Die Milch bei schwacher Hitze erwärmen, bis die Butter zerlaufen ist. • Den Vorteig mit dem gesamten Mehl verrühren. Die Milch-Butter-Mischung, das restliche Zuckerrohrgranulat, die Eier, die Vanille und das Salz hinzufügen und alles mit den Knethaken des Handrührgerätes etwa 10 Minuten durcharbeiten, bis der Teig Blasen wirft und sich vom Schüsselrand löst. • Den Teig zugedeckt bei Zimmertemperatur etwa 45 Minuten gehen lassen, bis sich sein Volumen verdoppelt hat. • Die Arbeitsfläche mit reichlich Mehl bestreuen. Den Teig daraufgeben, die eingeweichten, nicht abgetropften Korinthen, die Mandeln und die Nüsse darunterkneten. Den Teig zu einem Laib formen. • Ein Backblech mit Butter ausstreichen. Den Laib darauf legen und zugedeckt weitere 15 Minuten gehen lassen. • Den Osterfladen an der Oberseite mit einem scharfen Messer kreuzweise etwa ½ cm tief einschneiden, damit er beim Backen dekorativ aufbricht. • Das Backblech in den kalten Backofen (Mitte) schieben. Den Ofen auf 180° (Umluft 160°, Gas Stufe 2–2½) schalten. Den Osterfladen 30 Minuten backen. • Inzwischen die Butter zerlassen, aber nicht bräunen. • Den Osterfladen mit etwa der Hälfte der Butter bestreichen und weitere 20 bis 30 Minuten backen. • Die Garprobe mit einem Holzstäbchen machen und den garen Osterfladen herausnehmen. • Die restliche warme Butter mit der Sahne und dem Honig verrühren, bis sich alle Zutaten miteinander verbunden haben und die Mischung flüssig ist. • Den heißen Fladen mit der Buttermasse bestreichen und zum Erkalten auf ein Kuchengitter geben.

Panettone

Spezialität aus Italien

300 g Weizenvollkornmehl	
200 g feingemahlener Dinkel	
1 Würfel Hefe (42 g)	
75 g Zuckerrohrgranulat	
⅜ l lauwarme Milch	

300 g Weizenvollkornmehl
200 g feingemahlener Dinkel
1 Würfel Hefe (42 g)
75 g Zuckerrohrgranulat
⅜ l lauwarme Milch
100 g Butter · 2 zimmerwarme
Eier · 2 Eigelb · 1 gestrichener
Teel. gemahlene Naturvanille
je 1 kräftige Prise Piment und
geriebene Muskatnuß
1 Teel. Salz · je 2 unbehandelte
Orangen und Zitronen
100 g entsteinte, ungeschwefelte Trockenpflaumen
200 g ungehäutete, gehackte
Mandeln · 150 g Korinthen
Für die Form: Butter und Mehl

Raffiniert

Bei 20 Stück pro Stück etwa:
1100 kJ/260 kcal · 7 g Eiweiß
12 g Fett · 31 g Kohlenhydrate
3 g Ballaststoffe

Vorbereitungszeit einschließlich
Ruhezeit: 2½ Stunden
Backzeit: 2 Stunden

Für den Teig das Weizen-
und das Dinkelmehl in einer
Schüssel mischen und eine Mulde hineindrücken. Die zerkrümelte Hefe mit 1 Teelöffel Zuk-
kerrohrgranulat und 6 Eßlöffeln
Milch in der Mehlmulde vermischen. • Die Hefe mit etwas
Mehl vom Rand verrühren, bis
sich die Hefe aufgelöst hat und
ein glatter Vorteig entstanden
ist. • Den Vorteig zugedeckt
bei Zimmertemperatur etwa
15 Minuten ruhen lassen, bis er
sichtbar aufgegangen ist. • Die
restliche Milch mit der Butter
bei schwacher Hitze erwärmen,
bis die Butter darin zerlaufen ist.
• Den Vorteig mit dem gesamten Mehl verrühren. Die Milch-
Butter-Mischung, das restliche
Zuckerrohrgranulat, die Eier,
die Eigelbe, die Vanille, das
Piment, den Muskat und das
Salz hinzufügen und alles mit

den Knethaken des Handrührgerätes etwa 10 Minuten
durcharbeiten, bis der Teig Blasen wirft und sich vom Schüsselrand löst. • Den Teig zugedeckt bei Zimmertemperatur
etwa 1 Stunde gehen lassen, bis
sich sein Volumen verdoppelt
hat. • Inzwischen die Orangen-
und die Zitronenschale mit
einem Sparschäler dünn
abschneiden und nicht zu fein
hacken. Die Trockenpflaumen
fein zerkleinern. • Die gehackten Schalen, die Pflaumen, die
Mandeln und die Korinthen
vermischen und locker unter
den Teig kneten. • Eine hohe
Form von etwa 2 l Inhalt (siehe
Tip) gut fetten und mit Mehl
ausstreuen. • Den Teig in die
Form füllen und zugedeckt weitere 30 Minuten gehen lassen.
• Die Form auf dem Rost in den
kalten Backofen (unten) stellen.
Den Ofen auf 180° (Umluft
160°, Gas Stufe 2–2½) schalten. Den Panettone 30 Minuten
backen. • Den Ofen auf 160°

(Umluft 150°, Gas Stufe 2)
zurückschalten und den Kuchen
noch etwa 1½ Stunden bak-
ken. • Den garen Kuchen herausnehmen und nach etwa
10 Minuten auf ein Kuchengitter stürzen.

Mein Tip: Panettone, der italie-
nische Weihnachtskuchen, ist
dort das traditionelle Frühstücksgebäck für die Festtage.
Die hohe Backform gibt es bei
uns nicht zu kaufen. Nehmen
Sie statt dessen einen hohen
Edelstahltopf. Die Form muß
gerade so groß sein, daß der
Teig beim Backen über den
Rand hinaus aufgeht. So
bekommt der Panettone die
typische gewölbte Oberfläche
und den wulstigen Rand.

Gefüllter Mandelstollen

Sollte vor dem Anschneiden 4 Tage ruhen

Für den Teig:
500 g Weizenvollkornmehl
250 g feingemahlene Gerste
1½ Würfel Hefe (etwa 60 g)
75 g Zuckerrohrgranulat
¼ l lauwarme Milch
200 g Butter · 3 Eier · 1 Eigelb
200 g ungehäutete, gemahlene
Mandeln · abgeriebene Schale
von 1 unbehandelten Zitrone
1 Teel. Salz

Für die Füllung:
abgeriebene Schale und Saft
von 1 unbehandelten Orange
200 g abgezogene, gemahlene
Mandeln · 75 g Zuckerrohrgranulat · 1 gehäufter Teel.
gemahlene Naturvanille
½ Teel. Zimtpulver
je 1 kräftige Prise Ingwerpulver
und geriebene Muskatnuß

Zum Bestreichen:
1 Eiweiß · Saft von 1 Orange
1 Eßl. Honig (30 g)

Für die Arbeitsfläche: Mehl
Für das Backblech: Butter

Gut vorzubereiten

Bei 20 Stück pro Stück etwa:
1600 kJ/380 kcal · 10 g Eiweiß
22 g Fett · 38 g Kohlenhydrate
4 g Ballaststoffe

Vorbereitungszeit einschließlich
Ruhezeit: 13 Stunden
Backzeit: 1 Stunde

Für den Teig das Weizen-
und das Gerstenmehl in
einer Schüssel mischen und eine
Mulde hineindrücken. Die zerkrümelte Hefe mit etwas Zuk-
kerrohrgranulat und 6 Eßlöffeln
lauwarmer Milch in der Mehlmulde vermischen und mit
etwas Mehl vom Rand zu einem
Vorteig verrühren. • Den Vorteig zugedeckt bei Zimmertemperatur etwa 15 Minuten ruhen
lassen. • Die restliche Milch mit
der Butter bei schwacher Hitze
erwärmen, bis die Butter darin

zerlaufen ist. • Den Vorteig mit
dem gesamten Mehl verrühren.
Die Milch-Butter-Mischung,
das restliche Zuckerrohrgranulat, die Eier, das Eigelb, die
Mandeln, die Zitronenschale
und das Salz hinzufügen und
alles mit den Knethaken des
Handrührgerätes etwa 10 Minuten durcharbeiten, bis der
Teig Blasen wirft. • Den Teig
zugedeckt im Kühlschrank etwa
12 Stunden gehen lassen, bis
sich sein Volumen verdoppelt
hat. • Für die Füllung die Orangenschale mit einem Sparschäler dünn abschneiden und sehr
fein hacken. Die Orange auspressen. • Die Orangenschale
und den -saft, die Mandeln, das
Granulat, die Vanille, den Zimt,
den Ingwer und den Muskat zu
einer Paste verkneten. • Den
Teig auf die bemehlte Arbeitsfläche geben, einige Male kräftig durchkneten und zu einem
etwa zwei Finger dicken Rechteck ausrollen. Die Teigplatte
soll zur Mitte hin dünner wer-

den, so daß sich an den Längsseiten Wülste bilden. Die Man-
delfüllung in die Mitte geben
und mit den Händen zu einer
Rolle formen, die knapp so lang
wie der Stollen sein soll. Die
eine Längsseite der Teigplatte
mit dem Eiweiß bestreichen.
Die Teigplatte so zusammenklappen, daß die Wülste aufeinanderliegen und leicht zusammendrücken. • Ein Backblech
mit Butter ausstreichen. Den
Stollen darauf legen und zugedeckt weitere 30 Minuten
gehen lassen. • Das Backblech
in den kalten Backofen (Mitte)
schieben. Den Ofen auf 180°
(Umluft 160°, Gas Stufe 2–2½)
schalten. Den Stollen etwa
1 Stunde backen. • Die Garprobe mit einem Holzstäbchen
machen, den fertigen Stollen
herausnehmen. • Den Oran-
gensaft mit dem Honig verrühren und den heißen Stollen
damit bestreichen. • Den Stollen erkalten lassen. • Zum Aufbewahren in Alufolie wickeln.

Stollen mit Tofu

Teig ohne tierisches Eiweiß und Fett

Für den Teig:

750 g Weizenvollkornmehl

1½ Würfel Hefe (etwa 60 g)

75 g Zuckerrohrgranulat

⅜ l lauwarme Sojamilch

500 g Tofu · 150 g Sonnenblumenöl · abgeriebene Schale
von 1 unbehandelten Zitrone
je 1 Teel. gemahlene Naturvanille und Lebkuchengewürz

½ Teel. Ingwerpulver

2 Teel. Salz · 200 g Sonnenblumenkerne · 1 unbehandelte
Orange · 200 g Korinthen

Zum Bestreichen:

Saft von 1 Orange

2 Eßl. Zitronensaft

2 Eßl. Honig (60 g)

Zum Bestäuben:

eventuell Wildpfeilwurzelmehl

Für die Arbeitsfläche: Mehl

Für das Backblech: Butter

Gut vorzubereiten

Bei 20 Stück pro Stück etwa:
1400 kJ/330 kcal · 10 g Eiweiß
13 g Fett · 39 g Kohlenhydrate
5 g Ballaststoffe

Vorbereitungszeit einschließlich
Ruhezeit: 13¼ Stunden
Backzeit: 1 Stunde und
10 Minuten

Für den Teig das Mehl in eine
Schüssel geben und eine
Mulde hineindrücken. Die zerkrümelte Hefe mit etwas Zuk-
kerrohrgranulat und 6 Eßlöffeln
lauwarmer Sojamilch in der
Mehlmulde vermischen, mit
etwas Mehl vom Rand zu einem
Vorteig verrühren und zugedeckt bei Zimmertemperatur
etwa 15 Minuten ruhen lassen.
• Den abgetropften Tofu mit
der restlichen Sojamilch pürieren. • Den Vorteig mit dem
gesamten Mehl verrühren. Das
restliche Granulat, das Tofupüree, das Öl, die Zitronenschale, die Vanille, das Lebkuchengewürz, den Ingwer und

das Salz hinzufügen und alles
mit den Knethaken des Handrührgerätes etwa 10 Minuten
durcharbeiten, bis der Teig sich
vom Schüsselrand löst. • Den
Teig zugedeckt im Kühlschrank
etwa 12 Stunden gehen lassen,
bis sich sein Volumen verdoppelt hat. • Die Sonnenblumenkerne grob zerkleinern. Die
Orangenschale mit einem Sparschäler dünn abschneiden und
fein zerkleinern. • Die Sonnenblumenkerne, die Orangen-
schale und die Korinthen unter
den Teig kneten. • Den Teig auf
die bemehlte Arbeitsfläche geben, einige Male kräftig durchkneten und zu einem etwa zwei
Finger dicken Rechteck ausrollen. Die Teigplatte soll zur Mitte
hin dünner werden, so daß sich
an den Längsseiten des Rechtecks Wülste bilden. Die Teigplatte so zusammenklappen,
daß die Wülste aufeinanderliegen. • Ein Backblech mit Butter
ausstreichen. • Den Stollen auf
das Blech legen. Den oberen

Wulst der Länge nach mit der
Handkante etwas eindrücken,
so daß sich die typische Stollen-
form ergibt. • Den Stollen zugedeckt weitere 30 Minuten gehen lassen. • Das Backblech in
den kalten Backofen (Mitte)
schieben. Den Ofen auf 180°
(Umluft 160°, Gas Stufe 2–2½)
schalten. Den Stollen etwa
1 Stunde und 10 Minuten bakken. • Die Garprobe mit einem
Holzstäbchen machen, den fertigen Stollen herausnehmen.
• Den Orangen- und den Zitronensaft mit dem Honig verrühren und den heißen Stollen
damit bestreichen. • Den Stollen auf einem Kuchengitter
erkalten lassen. • In Alufolie
gewickelt 4 Tage ruhen lassen.
• Den Stollen vor dem Servieren
eventuell mit Wildpfeilwurzelmehl bestäuben.

Früchtebrot

Spezialität für die Adventszeit

200 g gemischtes
ungeschwefeltes Trockenobst
wie entsteinte Pflaumen, Äpfel,
Birnen, Aprikosen und Pfirsiche
100 g getrocknete
ungeschwefelte Feigen
3/8 l Wasser · 50 g frische
Datteln · 200 g Haselnußkerne
50 g abgezogene Mandeln
je 2 unbehandelte Orangen
und Zitronen · 50 g Korinthen
1/2 Teel. Anissamen
1 Teel. Zimtpulver
1/2 Teel. gemahlene Nelken
100 g Weizenvollkornmehl
50 g Roggenvollkornmehl
1 Würfel Hefe (42 g)
1 Teel. Zuckerrohrgranulat
1/8 l lauwarme Milch
30 g Butter · 1 Teel. gemahlene
Naturvanille · 1 Prise geriebene
Muskatnuß · 1 Prise Salz
Zum Belegen:
25 g abgezogene, halbierte
Mandeln

Für die Arbeitsfläche: Mehl
Für das Backblech:
Butter und Mehl

Braucht etwas Zeit

Bei 16 Stück pro Stück etwa:
1000 kJ/240 kcal · 5 g Eiweiß
13 g Fett · 26 g Kohlenhydrate
4 g Ballaststoffe

Quellzeit: 12 Stunden
Vorbereitungszeit einschließlich
Ruhezeit: 2½ Stunden
Backzeit: 1½ Stunden

Das Trockenobst mit dem
Wasser begießen und
zugedeckt 12 Stunden einweichen. • Das Obst dann mit dem
Wasser aufkochen und zugedeckt bei schwacher Hitze 20
Minuten kochen lassen. • Das
Obst abgießen (die Kochbrühe
dabei auffangen), abtropfen
lassen und nach dem Erkalten
mittelfein zerkleinern. • Die
gewaschenen Datteln in Streifen schneiden, dabei die Kerne
entfernen. Die Haselnüsse und
die Mandeln grob hacken. Die
Orangen- und die Zitronenschale abschneiden und hacken. Je 1 Orange und Zitrone
auspressen. • Alle diese vorbereiteten Zutaten mit den Korinthen, den Anissamen, dem Zimt
und den Nelken vermischen
und ziehen lassen, bis der Teig
zubereitet ist. • Für den Teig die
beiden Mehlsorten in einer
Schüssel mischen und eine Mulde hineindrücken. Die zerkrümelte Hefe, das Granulat und
3 Eßlöffel lauwarme Milch darin
mit etwas Mehl vom Rand zu
einem Vorteig verrühren. • Den
Vorteig zugedeckt bei Zimmertemperatur etwa 15 Minuten
ruhen lassen. • Die Butter in der
restlichen Milch bei schwacher
Hitze zerlaufen lassen. Dann
mit der Vanille, dem Muskat
und dem Salz zum Vorteig
geben und alles mit den Knethaken des Handrührgerätes
etwa 10 Minuten durcharbeiten, bis der Teig Blasen wirft.
• Den Teig zugedeckt bei Zimmertemperatur etwa 45 Minuten gehen lassen, bis sich sein
Volumen verdoppelt hat. • Den
Teig auf die bemehlte Arbeitsfläche geben und die Frucht-
Nuß-Mischung darunterkneten. • Ein Backblech mit Butter
ausstreichen und mit Mehl
bestäuben. • Den Teig zu einem
Wecken formen, auf das Backblech legen, mit den Mandeln
verzieren und zugedeckt weitere 30 Minuten gehen lassen.
• Das Früchtebrot mit der Kochbrühe der Früchte bestreichen.
• Das Backblech in den kalten
Backofen (unten) schieben.
Den Ofen auf 175° (Umluft
160°, Gas Stufe 2–2½) schalten. Das Früchtebrot etwa 1½
Stunden backen. Dabei mehrmals mit der Kochbrühe bestreichen. • Das fertige, erkaltete
Früchtebrot vor dem Anschneiden, in Alufolie gewickelt, mindestens 2 Tage ruhen lassen.

Schottischer Festtagskuchen

2 Wochen vor dem Anschneiden zubereiten

Für den Teig:

250 g Weizenvollkornmehl
1 Teel. Zuckerrohrgranulat
abgeriebene Schale von
½ unbehandelten Zitrone
1 Prise Salz · 3 Eßl. kaltes
Wasser · 125 g weiche Butter

Für die Füllung:

200 g getrocknete
ungeschwefelte Feigen
200 g entsteinte ungeschwefelte
Trockenpflaumen
150 g getrocknete
ungeschwefelte Aprikosen
100 g frische Datteln
2 unbehandelte Orangen
1 unbehandelte Zitrone
200 g Korinthen
250 g abgezogene, gehackte
Mandeln
50 g Zuckerrohrgranulat
je 1 Teel. Lebkuchengewürz,
Zimt- und Ingwerpulver
je 1 kräftige Prise frisch
gemahlener weißer Pfeffer

und geriebene Muskatnuß
175 g feingemahlene Hirse
½ Teel. Weinsteinbackpulver
1 Ei · etwa 2 Eßl. Milch
1 Eßl. Zitronensaft

Zum Bestreichen:

1 Eigelb · 2 Eßl. Sahne

Gut vorzubereiten

Bei 20 Stück pro Stück etwa:
1440 kJ/345 kcal · 6 g Eiweiß
14 g Fett · 47 g Kohlenhydrate
6 g Ballaststoffe

Vorbereitungszeit einschließlich
Ruhezeit: 2 Stunden
Backzeit: 1½ Stunden

Für den Teig das Mehl, das Granulat, die Zitronenschale, das Salz, das Wasser und die Butter zu einem glatten Mürbeteig verkneten. • Eine Springform von 26 cm Ø mit zwei Dritteln des Teiges auskleiden, dabei einen etwa 3 cm hohen Rand formen. Den Teigboden mit einer Gabel mehrmals einstechen. • Den Teigboden 1 Stunde kühlen. • Den restlichen Teig zwischen zwei Blättern Pergamentpapier zu einer dünnen, möglichst runden Platte ausrollen und ebenfalls kühlen. • Für die Füllung die Feigen, die Pflaumen und die Aprikosen mittelfein zerkleinern. Die gewaschenen Datteln mit einem kleinen, scharfen Messer in Streifen schneiden, die Kerne dabei entfernen. Die Schale der Orangen und der Zitrone mit einem Sparschäler dünn abschneiden und hacken. • Diese Zutaten mit den Korinthen, den Mandeln, dem Zuckerrohrgranulat, allen Gewürzen, der Hirse und dem Backpulver in einer Schüssel vermischen. Das Ei, die Milch und den Zitronensaft darunterkneten. Die Masse soll fest sein, aber nicht bröckeln: gegebenenfalls noch etwas Milch daruntermischen. • Die Füllung auf dem Teigboden verteilen. Das obere Blatt Pergament von der Teigplatte abziehen. Die Platte mit der Teigseite nach unten auf die Füllung legen, das zweite Blatt Pergament ebenfalls entfernen. Überstehende Ränder der Teigplatte fest andrücken. • Das Eigelb mit der Sahne verquirlen und den Kuchen damit bestreichen. • Die Form auf den Rost in den kalten Backofen (unten) stellen. Den Ofen auf 160° (Umluft 150°, Gas Stufe 2) schalten. Den Kuchen etwa 1½ Stunden backen. • Die Garprobe mit einem Holzstäbchen machen, den fertigen Kuchen herausnehmen und in der Form erkalten lassen. • Den Kuchen aus der Form lösen und in Alufolie wickeln. Vor dem Anschneiden etwa 2 Wochen ruhen lassen.

Kartoffeltorte mit Mandeln

Berühmtes Rezept mit vollwertigen Zutaten

Für den Teig:

300 g mehligkochende
Kartoffeln · 75 g Korinthen

abgeriebene Schale und Saft
von ½ unbehandelten Zitrone

5 Eier · 3 Eßl. kaltes Wasser

1 Prise Salz

100 g Zuckerrohrgranulat

1 Teel. gemahlene Naturvanille

je 1 Prise frisch geriebene
Muskatnuß und Piment

300 g gemahlene Mandeln

70 g Weizenvollkornmehl

1 Teel. Weinsteinbackpulver

Zum Bestreichen:

1 Eßl. Apfelkraut (30 g)

1 Eßl. ungesüßter Apfelsaft

Zum Bestreuen:

1 unbehandelte Zitrone

50 g abgezogene, fein-
gemahlene Mandeln

1 Teel. Wildpfeilwurzelmehl

Für die Form: Butter

Gut vorzubereiten

Bei 12 Stück pro Stück etwa:
1300 kJ/310 kcal · 10 g Eiweiß
19 g Fett · 26 g Kohlenhydrate
2 g Ballaststoffe

Vorbereitungszeit: 50 Minuten
Ruhezeit: 12 Stunden
Backzeit: 1 Stunde

Die Kartoffeln waschen und in der Schale weich kochen. Dann abschrecken, schälen und zweimal durch die Kartoffelpresse drücken. • Das Püree auf einer Platte 12 Stunden trocknen lassen. • Die Korinthen mit der Zitronenschale und dem -saft vermischen und zugedeckt ebenfalls 12 Stunden ziehen lassen. • Dann die Eier trennen. Die Eiweiße mit dem Wasser und dem Salz mit den Quirlen des Handrührgerätes sehr steif schlagen. Die Festigkeit des Eischnees mit einem Messer prüfen: Die Messerklinge durch den Schnee ziehen; dabei muß der Schnitt sichtbar bleiben. • Das Granulat, die Vanille, den

Muskat und das Piment vermischt nach und nach dazugeben. Dabei weiterschlagen, bis der Eischnee glänzt. • Das Handrührgerät auf die niedrigste Schaltstufe stellen, die Eigelbe nacheinander nur so lange unterrühren, bis keine Eigelbspuren mehr zu sehen sind.
• Die Kartoffeln und die Korinthen auf den Teig geben. Die Mandeln, das gesiebte Mehl und das Backpulver vermischt darüber streuen. Alles mit einem Schneebesen vorsichtig mischen. • Eine Springform von 26 cm ⌀ mit gefettetem Pergamentpapier auslegen. Den Teig darin glattstreichen. • Die Form auf dem Rost in den kalten Backofen (Mitte) stellen. Den Ofen auf 190° (Umluft 180°, Gas Stufe 2½) schalten. Die Torte etwa 1 Stunde backen.
• Die Garprobe mit einem Holzstäbchen machen, die gare Torte auf einem Kuchengitter abkühlen lassen. • Das Apfelkraut mit dem Saft glattrühren.

Die Oberfläche der Torte damit bestreichen. • Die Zitrone langsam, aber kräftig über die feine Gemüsereibe ziehen, so daß etwa ein Viertel der Schale in langen, dünnen Streifen abgeschnitten wird (oder die Zitronenschale mit einem Ziselierer in langen »Locken« abschneiden). • Die Zitronenschale, die Mandeln und das Wildpfeilwurzelmehl vermischen. • Aus kräftigem Papier eine beliebige Schablone schneiden und auf die Torte legen. Die Mandelmischung auf die Torte streuen. Die Schablone vorsichtig senkrecht abheben, damit das Muster nicht verwischt wird.

Falsche Mandeltorte mit Likörcreme

Die Bohnen für den Teig rechtzeitig quellen lassen und garen

Für den Teig:

400 g getrocknete weiße Bohnen · 800 ccm Wasser

150 g entsteinte ungeschwefelte Trockenpflaumen

etwas abgeriebene Schale und den Saft von 1 unbehandelten Orange · 5 Eier · 1 Eßl. kaltes Wasser · 1 Teel. Zitronensaft

100 g Zuckerrohrgranulat

1 Teel. gemahlene Naturvanille

1 Päckchen Weinsteinbackpulver

Zum Tränken:

Saft von 1 Orange

2 Eßl. Mandellikör

Für die Creme:

½ l Milch · 1 Teel. Naturvanille

1 Prise Salz · etwas abgeriebene Schale von 1 unbehandelten Zitrone · 2 Eier

50 g Zuckerrohrgranulat

75 g Weizenvollkornmehl

4 Eßl. Mandellikör

150 g Sahne

Zum Bestreuen:

25 g Mandelblättchen

Für die Form:

Butter und Pergamentpapier

Raffiniert
Gut vorzubereiten

Bei 16 Stück pro Stück etwa:
1100 kJ/260 kcal · 11 g Eiweiß
8 g Fett · 35 g Kohlenhydrate
8 g Ballaststoffe

Quellzeit: 12 Stunden
Vorbereitungszeit: 2 Stunden
Backzeit: 1½ Stunden
Fertigstellung: 40 Minuten

Die Bohnen in dem Wasser zugedeckt 12 Stunden einweichen. • Die Pflaumen fein zerkleinern, mit der Orangenschale und dem -saft mischen und ebenfalls 12 Stunden ziehen lassen. • Die Bohnen mit dem Einweichwasser aufkochen und zugedeckt bei schwacher Hitze 1½ Stunden garen. • Dann abgießen, lauwarm abkühlen lassen und im Mixer pürieren. • Die Eier trennen. Die Eiweiße mit dem Wasser und dem Zitronensaft mit den Quirlen des Handrührgerätes sehr steif schlagen. Das Zuckerrohrgranulat und die Vanille vermischt darunterschlagen. • Das Rührgerät auf die niedrigste Schaltstufe stellen, die Eigelbe nacheinander darunterrühren. • Das Bohnenpüree und das Backpulver mischen und abwechselnd mit den Pflaumen (nicht abgetropft) eßlöffelweise unter den Teig ziehen. • Eine Springform von 26 cm ⌀ mit gefettetem Pergamentpapier auslegen. • Den Teig darin glattstreichen. • Die Form auf den Rost in den kalten Backofen (Mitte) stellen. Den Ofen auf 190° (Umluft 180°, Gas Stufe 2½) schalten. Die Torte etwa 1½ Stunden backen. • Die Garprobe mit einem Holzstäbchen machen, die gare Torte auf einem Kuchengitter auskühlen lassen. • Die Torte einmal waagerecht halbieren. Beide Böden mit der Mischung aus dem Orangensaft und dem Likör tränken. • Für die Creme die Milch mit der Vanille, dem Salz und der Zitronenschale erhitzen. • Die Eier mit dem Granulat in einem Kochtopf schaumig schlagen. Das Mehl daruntermischen. • Die heiße Milch unter ständigem Weiterschlagen dazugießen. Die Creme unter Rühren aufkochen, bis sie dick wie Pudding ist. Den Likör daruntermischen. • Den Topf in kaltes Wasser mit einigen Eiswürfeln stellen, und die Creme unter Rühren abkühlen lassen. • Die Sahne steif schlagen und darunterziehen. • Die Torte mit der Creme füllen und rundherum damit bestreichen. • Die Mandelblättchen in einer Pfanne ohne Fett bei mittlerer Hitze goldgelb rösten und über die Torte streuen.

Schwarzweiß-Torte

Schmeckt frisch am besten

Für den Mürbeteig:
100 g Weizenvollkornmehl
50 g Zuckerrohrgranulat
50 g Butter · 1 Eßl. kaltes Wasser
Für den Biskuitteig:
4 Eier · 1 Eßl. kaltes Wasser
50 g Zuckerrohrgranulat
1 Eigelb · 50 g Weizenvollkornmehl · 50 g Buchweizenmehl
25 g Carob · 1 Teel. ungesüßtes
Kakaopulver
Für die Füllung:
10 g Agar-Agar · 2 Eßl. Wasser
¾ l Milch · 30 g Zuckerrohrgranulat · abgeriebene Schale
von 1 unbehandelten Orange
1 Eßl. Orangenlikör oder
Orangensaft · 1 Eßl. ungesüßter
Sanddornsirup (30 g)
200 g Sahne
Zum Verzieren:
50 g Zartbitterschokolade mit
Sucanat · 200 g Sahne
1 gestrichener Teel. gemahlene
Naturvanille

Zum Ausrollen: Mehl
Für das Backblech: Butter und
Pergamentpapier

Raffiniert

Bei 16 Stück pro Stück etwa:
1000 kJ/240 kcal · 6 g Eiweiß
15 g Fett · 22 g Kohlenhydrate
2 g Ballaststoffe

Vorbereitungszeit: 30 Minuten
Kühlzeit: 1 Stunde
Backzeit: 35 Minuten
Fertigstellung: 1½ Stunden

Für den Mürbeteig alle Zutaten rasch zu einem glatten
Teig verkneten. • Den Teig mit
dem bemehlten Nudelholz auf
dem Boden einer Springform
von 26 cm Ø ausrollen, einige
Male mit einer Gabel einstechen und 1 Stunde kühlen.
• Den Tortenboden dann auf
dem Rost in den kalten Backofen (Mitte) stellen. Den Ofen
auf 200° (Umluft 180°, Gas Stufe 2½–3) schalten. Den Tortenboden in etwa 20 Minuten
hellbraun backen. Dann erkalten lassen. • Inzwischen für den
Biskuitteig die Eier trennen. Die
Eiweiße mit dem Wasser steif
schlagen. Das Zuckerrohrgranulat darunterschlagen. • Alle
Eigelbe nacheinander darunterrühren. Die beiden Mehlsorten,
das Carob und den Kakao vermischen, auf die Eiermasse sieben und darunterziehen. • Ein
Backblech mit gefettetem Pergamentpapier auslegen. Den
Biskuitteig darauf glattstreichen. • Das Backblech in den
noch heißen Backofen (Mitte)
schieben. Die Biskuitplatte bei
200° (Umluft 180°, Gas Stufe
2½–3) etwa 15 Minuten bakken. • Die heiße Teigplatte auf
ein feuchtes Küchentuch stürzen, mit einem zweiten Tuch
bedecken und erkalten lassen;
das Papier dann abziehen. • Für
die Füllung das Agar-Agar mit
dem Wasser verrühren. • Die
Milch, das Granulat und die
Orangenschale aufkochen. Das

Agar-Agar darin etwa 1 Minute
kochen. • Die Creme unter häufigem Umrühren erkalten lassen. • Den Orangenlikör und
den Sanddornsirup untermischen. Die Sahne steif schlagen
und unterziehen. • Die Biskuitplatte mit der Creme bestreichen und in etwa 4 cm breite
Streifen schneiden. • Den ersten
Streifen aufrollen und aufrecht
in die Mitte des Mürbeteigbodens setzen. Die anderen Streifen nacheinander eng um diese
Roulade legen. • Für die Garnierung die Schokolade im Wasserbad schmelzen. • Die Sahne
mit der Vanille steif schlagen.
Knapp 2 Eßlöffel davon unter
die geschmolzene Schokolade
rühren. • Die Torte mit der
Schlagsahne überziehen. • Die
flüssige Schokolade in einen
Spritzbeutel geben und von der
Mitte der Torte aus als Spirale
auf die Oberfläche laufen lassen. Ebenfalls von der Mitte aus
die Tortenstücke markieren und
dabei ein Muster ziehen.

Mohntorte mit Tofucreme

Durch die Creme besonders leicht bekömmlich

Für den Teig:
150 g Butter · 4 Eier
90 g Zuckerrohrgranulat
1 Prise Salz · 1 Teel. gemahlene
Naturvanille · abgeriebene
Schale von ¼ unbehandelten
Orange · 2 Eßl. Milch
75 g Weizenvollkornmehl
40 g feingemahlene Hirse
150 g gemahlener Mohn
40 g gemahlene Mandeln
1 Teel. Weinsteinbackpulver
Für die Creme und die Glasur:
50 g gemischtes ungeschwe-
feltes Trockenobst
⅛ l ungesüßter Apfelsaft
250 g Tofu · 2 Eßl. Orangensaft
dünn abgeschnittene Schale
von ¼ unbehandelten Orange
½ Eßl. Zitronensaft · 1 Eßl.
Honig (30 g) · 250 g Sahne
50 g Zartbitterschokolade mit
Sucanat · 60 g Mandelblättchen
Für die Form: Butter

Für Ungeübte

Bei 16 Stück pro Stück etwa:
1400 kJ/330 kcal · 8 g Eiweiß
24 g Fett · 20 g Kohlenhydrate
2 g Ballaststoffe

Vorbereitungszeit: 20 Minuten
Backzeit: 1 Stunde und
10 Minuten
Quellzeit: 5 Stunden
Fertigstellung: 40 Minuten

Für den Teig die Butter zerlassen, aber nicht bräunen. Dann wieder lauwarm abkühlen lassen. • Die Eier mit dem Zuckerrohrgranulat so lange mit den Quirlen des Handrührgerätes auf der höchsten Schaltstufe verrühren, bis sich das Granulat aufgelöst hat und die Masse sehr schaumig ist; das dauert etwa 5 Minuten. • Das Salz, die Vanille, die Orangenschale und die Milch daruntermischen. • Das Weizenmehl und die Hirse sieben und mit dem Mohn, den Mandeln und dem Backpulver mischen. Abwechselnd mit der flüssigen Butter bei mittlerer Schaltstufe unter die Eiermasse rühren, bis sich alle Zutaten zu einem cremigen Teig verbunden haben. • Eine Springform von 26 cm ⌀ mit Butter ausstreichen. Den Teig darin glattstreichen. • Die Form auf den Rost in den kalten Backofen (unten) stellen. Den Ofen auf 175° (Umluft 150°, Gas Stufe 2) schalten. Den Tortenboden etwa 1 Stunde und 10 Minuten backen. • Die Garprobe mit einem Holzstäbchen machen. Den fertigen Tortenboden herausnehmen, nach etwa 10 Minuten auf ein Kuchengitter stürzen und vollkommen erkalten lassen. • Für die Creme das Trockenobst mit dem Apfelsaft begießen und zugedeckt 5 Stunden einweichen. • Die eingeweichten Früchte dann mit dem abgetropften Tofu, dem Orangensaft und der -schale, dem Zitronensaft und dem Honig im Mixer pürieren. • Von der Sahne 2 Eßlöffel für die Glasur abnehmen. Die restliche Sahne steif schlagen und zwei Drittel davon unter die Creme ziehen. • Den Tortenboden einmal waagerecht durchschneiden, mit der Creme füllen und wieder zusammensetzen. • Den Rand der Torte mit der geschlagenen Sahne bestreichen; dabei etwa 2 Eßlöffel für die Glasur übrig behalten. • Für die Glasur die Schokolade in Stücke brechen und im Wasserbad schmelzen lassen. • Die übrigbehaltene flüssige und die geschlagene Sahne mit dem Schneebesen darunterrühren. Die Oberfläche der Torte mit der Glasur bestreichen. Die Mandeln darüber streuen.

Möhrentorte

Berühmte Spezialität – besonders fein und saftig

Für den Teig:

300 g junge Möhren
abgeriebene Schale und Saft
von ½ unbehandelten Zitrone
5 Eier · 3 Eßl. kaltes Wasser
100 g Zuckerrohrgranulat
1 gestrichener Teel. gemahlene
Naturvanille · ¼ Teel. Ingwerpulver · 1 Prise Salz
1 Prise frisch geriebene
Muskatnuß · 150 g gemahlene
Haselnußkerne
150 g gemahlene Mandeln
70 g Weizenvollkornmehl
1 Teel. Weinsteinbackpulver

Für die Glasur:

70 g Zartbitterschokolade mit
Sucanat · 3 Eßl. Sahne (45 g)

Zum Bestreuen:

50 g gehackte Mandeln
1 unbehandelte Zitrone

Für die Form:

Butter und Pergamentpapier

Raffiniert

Bei 16 Stück pro Stück etwa:
1000 kJ/240 kcal · 7 g Eiweiß
17 g Fett · 17 g Kohlenhydrate
3 g Ballaststoffe

Vorbereitungszeit: 35 Minuten
Backzeit: 1 Stunde
Fertigstellung: 15 Minuten

Die Möhren schälen, auf der Rohkostreibe fein raspeln und mit der Zitronenschale und dem -saft vermischen. • Die Eier trennen. Die Eiweiße mit dem Wasser mit den Quirlen des Handrührgerätes sehr steif schlagen. Die Festigkeit des Eischnees mit einem Messer prüfen: Die Messerklinge durch den Schnee ziehen; der Schnitt muß sichtbar bleiben und die Konturen dürfen nicht verfließen. • Das Zuckerrohrgranulat, die Vanille, das Ingwerpulver, das Salz und den Muskat vermischen und langsam in den Eischnee rieseln lassen. Dabei weiterschlagen, bis der Eischnee glänzt. • Das Handrührgerät auf

die niedrigste Schaltstufe stellen. • Die Eigelbe nacheinander nur so lange darunterrühren, bis keine Eigelbspuren mehr in der Masse zu sehen sind. • Die Möhrenraspel auf den Teig geben. Die Haselnüsse, die Mandeln, das gesiebte Mehl und das Backpulver mischen und darüber streuen. Alles mit einem Schneebesen vorsichtig mischen. • Eine Springform von 26 cm ∅ mit gefettetem Pergamentpapier auslegen. Den Teig darin glattstreichen. • Die Form auf den Rost in den kalten Backofen (unten) stellen. Den Ofen auf 190° (Umluft 180°, Gas Stufe 2½) schalten. Die Torte etwa 1 Stunde backen. • Die Garprobe mit einem Holzstäbchen machen. Den garen Tortenboden herausnehmen und auf einem Kuchengitter vollkommen auskühlen lassen. • Für die Glasur die Schokolade in Stücke brechen und im heißen Wasserbad schmelzen lassen. Die Sahne mit einem

Schneebesen kräftig darunterrühren, bis sich eine glatte Masse bildet, die sich gut verstreichen läßt. • Die Glasur über die Torte gießen, mit einem Messer über der ganzen Oberfläche und rundherum am Rand verstreichen, so daß sie an den Seiten herunterläuft. • Die Mandeln auf die noch weiche Glasur streuen. • Die gewaschene, trockengeriebene Zitrone langsam und mit sanftem Druck über eine feine Gemüseraspel ziehen, so daß etwa ein Viertel der Schale in langen, dünnen Streifen abgeschnitten wird (oder die Schale mit einem Zieselierer in »Locken« abschneiden). • Die Torte mit den Schalenstreifen verzieren.

Nußtorte mit Kernen und Schokolade

Gelingt auch Anfängern ganz leicht

Für den Teig:

250 g Butter · 4 Eier

100 g Zuckerrohrgranulat

1 Prise Salz · 1 gestrichener
Teel. gemahlene Naturvanille
abgeriebene Schale von
½ unbehandelten Zitrone

2 Eßl. Zitronensaft · 200 g
gemahlene Haselnußkerne

50 g gemahlene Sonnen-
blumenkerne

75 g gehackte Kürbiskerne

50 g gehackte Zartbitter-
schokolade mit Sucanat

125 g Weizenvollkornmehl

25 g feingemahlener Naturreis

½ Päckchen Weinsteinback-
pulver · 100 g Buttermilch

Zum Tränken:

Saft von 1 großen Orange
(etwa 300 g) · 1 Eßl. Zitronensaft

½ Eßl. Honig (15 g)

Zum Garnieren:

3 Eßl. Haselnußmus (75 g)

3 Eßl. Sahne (etwa 50 g)

30 g gemahlene Haselnußkerne

Für die Form:

Butter und Pergamentpapier

Raffiniert

Bei 16 Stück pro Stück etwa:
1650 kJ/390 kcal · 8 g Eiweiß
32 g Fett · 20 g Kohlenhydrate
4 g Ballaststoffe

Vorbereitungszeit: 30 Minuten
Backzeit: 1 Stunde und
10 Minuten
Fertigstellung: 15 Minuten

Für den Teig die Butter zerlassen, aber nicht bräunen.
Dann wieder lauwarm abkühlen lassen. • Die Eier mit dem
Zuckerrohrgranulat so lange
mit den Quirlen des Handrührgerätes auf der höchsten Schaltstufe verrühren, bis sich das
Granulat aufgelöst hat und die
Masse beigefärbt und dickflüssig ist; das dauert etwa
5 Minuten. • Das Salz, die

Vanille, die Zitronenschale und
den -saft daruntermischen.
• Die Haselnuß-, Sonnenblu-
men- und Kürbiskerne mit der
Schokolade, dem Weizenmehl,
dem gemahlenen Reis und dem
Backpulver mischen. Abwechselnd mit der flüssigen Butter
und der Buttermilch bei niedrigster Schaltstufe unter die Eiermasse rühren, bis sich alle Zutaten zu einem cremigen Teig
verbunden haben. • Eine
Springform von 26 cm Ø mit
gefettetem Pergamentpapier
auslegen. Die Form auch am
Rand fetten. Den Teig darin
glattstreichen. • Die Form auf
den Rost in den kalten Backofen (unten) stellen. Den Ofen
auf 175° (Umluft 150°, Gas
Stufe 2) schalten. Den Kuchen
etwa 1 Stunde und 10 Minuten
backen. • Die Garprobe mit
einem Holzstäbchen machen.
Den garen Tortenboden herausnehmen und nach etwa
10 Minuten auf ein Kuchengitter stürzen. • Den Orangen-

saft, den Zitronensaft und den
Honig in einen Topf geben und
bei schwächster Hitze miteinander verrühren, bis sich der
Honig im Saft gelöst hat. • Die
Oberfläche der Torte mit einem
Holzstäbchen mehrere Male
einstechen. Die Saftmischung
teelöffelweise über die Torte
geben und jeweils einziehen
lassen. Die Torte erkalten lassen. • Das Nußmus mit der Sahne glattrühren und die Torte
rundherum damit bestreichen.
Die Nüsse darüber streuen.
Nach Wunsch dafür eine beliebige Schablone verwenden,
damit ein Muster entsteht.

Kürbistorte

Saftige Torte für den Spätherbst

Für den Teig:

250 g Kürbisfleisch (geputzt gewogen) · abgeriebene Schale und Saft von ½ unbehandelten Zitrone · 5 Eier · 1 Eßl. kaltes Wasser · 90 g Zuckerrohrgranulat · 1 Teel. Zimtpulver 100 g Weizenvollkornmehl 50 g feingemahlene Hirse 100 g gemahlene Mandeln 100 g gemahlene Cashewnußkerne 1 Teel. Weinsteinbackpulver

Zum Bestreichen:

25 g Birnenkraut · 20 g Butter

Für die Füllung und den Belag:

200 g Kürbisfleisch (geputzt gewogen) · abgeriebene Schale und Saft von ½ unbehandelten Zitrone · 50 g Honig 200 g Sahne

Für die Form:

Butter und Pergamentpapier

Raffiniert

Bei 16 Stück pro Stück etwa: 960 kJ/230 kcal · 6 g Eiweiß 14 g Fett · 19 g Kohlenhydrate 2 g Ballaststoffe

Vorbereitungszeit: 30 Minuten Backzeit: 1 Stunde und 10 Minuten Fertigstellung: 45 Minuten

Den Kürbis auf der Rohkostreibe fein raspeln und mit der Zitronenschale und dem -saft vermischen. • Die Eier trennen. Die Eiweiße mit dem Wasser mit den Quirlen des Handrührgerätes sehr steif schlagen. Die Festigkeit des Eischnees mit einem Messer prüfen: Die Messerklinge durch den Schnee ziehen; der Schnitt muß gut sichtbar bleiben. • Das Zuckerrohrgranulat und den Zimt gemischt langsam in den Eischnee rieseln lassen. Dabei weiterschlagen, bis der Eischnee glänzt. • Das Handrührgerät auf die niedrigste Schaltstufe stellen. Die Eigelbe nacheinander

nur so lange darunterrühren, bis keine Eigelbspuren mehr in der Masse zu sehen sind. • Die Kürbisraspel auf den Teig geben. Das Weizenmehl und die Hirse sieben, mit den Mandeln, den Cashewnüssen und dem Backpulver mischen und darüber streuen. Alles mit einem Schneebesen vorsichtig mischen. • Eine Springform von 26 cm ⌀ mit gefettetem Pergamentpapier auslegen. Den Teig darin glattstreichen. • Die Form auf den Rost in den kalten Backofen (unten) stellen. Den Ofen auf 180° (Umluft 160°, Gas Stufe 2–2½) schalten. Die Torte etwa 1 Stunde und 10 Minuten backen. • Inzwischen das Birnenkraut mit der Butter erwärmen und glattrühren. • Den garen Tortenboden damit bestreichen und weitere 10 Minuten im abgeschalteten Ofen bei geschlossener Backofentüre ziehen lassen. • Die Torte herausnehmen und auf einem Kuchengitter vollkom-

men abkühlen lassen. • Für die Füllung den Kürbis raspeln, mit der Zitronenschale und dem -saft sowie dem Honig in einem Topf aufkochen und bei schwächster Hitze dünsten, bis der Kürbis glasig und die Flüssigkeit eingekocht ist. • Einen Teil des Kürbisfleisches beiseite legen. Den restlichen abgekühlten Kürbis mit der steif geschlagenen Sahne vermischen. • Den Tortenboden einmal waagerecht durchschneiden, mit etwa zwei Dritteln der Kürbissahne füllen und wieder zusammensetzen. • Die Torte mit der restlichen Kürbissahne und dem zurückbehaltenen Kürbisfleisch garnieren.

Torte mit Pflaumencreme

Besonders dekorativ für große Feste

Für den Teig:

6 Eier · 3 Eßl. kaltes Wasser

100 g Zuckerrohrgranulat

225 g Weizenvollkornmehl

2 Teel. Weinsteinbackpulver

Für die Füllung:

300 g entsteinte ungeschwefelte Trockenpflaumen

⅛ l frisch gekochter schwarzer Tee · etwas abgeriebene Schale und den Saft von 2 unbehandelten Orangen

1 Eßl. Zitronensaft · ½ Teel. Lebkuchengewürz · ⅜ l Milch

1 gehäufter Teel. gemahlene Naturvanille · 1 Prise Salz

abgeriebene Schale von ¼ unbehandelten Zitrone

2 Eier · 50 g Zuckerrohrgranulat

50 g Weizenvollkornmehl

125 g Sahne · 100 g Fruchtaufstrich ohne Zuckerzusatz

Zum Überziehen:

250 g Tofu · 2 Eßl. Orangensaft

1 Eßl. Zitronensaft · 30 g Zuckerrohrgranulat · 200 g Sahne

Für die Form:

Butter und Pergamentpapier

Für Ungeübte
Braucht etwas Zeit

Bei 16 Stück pro Stück etwa:
1300 kJ/310 kcal · 8 g Eiweiß
12 g Fett · 40 g Kohlenhydrate
5 g Ballaststoffe

Vorbereitungszeit: 30 Minuten
Backzeit: 40 Minuten
Quellzeit: 5 Stunden
Fertigstellung: 45 Minuten

Für den Teig die Eier trennen. Die Eiweiße mit dem Wasser mit den Quirlen des Handrührgerätes steif schlagen. Das Zuckerrohrgranulat darunterschlagen. • Die Eigelbe nacheinander unterrühren. Das Mehl mit dem Backpulver vermischt auf die Masse sieben und mit einem Schneebesen darunterziehen. • Eine Springform von 26 cm ⌀ mit gefettetem Pergamentpapier auslegen. Den Teig darin glattstreichen. • Die Form auf den Rost in den kalten Backofen (unten) stellen. Den Backofen auf 175° (Umluft 150°, Gas Stufe 2) schalten. Den Tortenboden etwa 40 Minuten backen. • Die Garprobe mit einem Holzstäbchen machen, den fertigen Tortenboden herausnehmen und erkalten lassen. • Für die Füllung die Pflaumen mit dem Tee, der Orangenschale, dem Orangen- und dem Zitronensaft sowie dem Lebkuchengewürz vermischen und zugedeckt 5 Stunden ziehen lassen. • Die Pflaumen aufkochen lassen, dann zugedeckt bei schwacher Hitze etwa 5 Minuten dünsten. • 16 Pflaumen für die Garnierung beiseite legen. Die restlichen Früchte mit der Dünstflüssigkeit pürieren. • Die Milch mit der Vanille, dem Salz und der Zitronenschale erhitzen. • Die Eier mit dem Granulat in einem Kochtopf schaumig schlagen. Das Mehl daruntermischen. Die heiße Milch unter ständigem Weiterschlagen dazugießen. Die Creme unter Rühren aufkochen, bis sie dick ist. • Den Topf von der Kochstelle nehmen und die Creme unter häufigem Rühren lauwarm abkühlen lassen. • Das Pflaumenpüree und die steif geschlagene Sahne unter die Creme ziehen. • Den Tortenboden dreimal waagerecht durchschneiden. 3 Böden zuerst dünn mit dem Fruchtaufstrich, dann üppig mit der Pflaumencreme bestreichen, wieder aufeinanderlegen und mit dem unbestrichenen Boden abdecken. • Den Tofu mit dem Orangen- und dem Zitronensaft sowie dem Granulat pürieren. Die steif geschlagene Sahne darunterziehen. • Die Torte rundherum mit etwa zwei Dritteln der Tofucreme überziehen. Die restliche Creme in Tupfen auf die Torte spritzen und mit den Pflaumen belegen.

Kokosnußtorte

Durch die Kühlzeit gut vorzubereiten

Für den Teig:

200 g Weizenvollkornmehl

50 g Zuckerrohrgranulat

abgeriebene Schale von

½ unbehandelten Zitrone

1 Prise Salz

100 g weiche Butter · 1 Ei

Zum Blindbacken:

Pergamentpapier und 150 g

beliebige Hülsenfrüchte

Für die Füllung:

abgeschälte Schale und Saft

von 1 unbehandelten Orange

150 g Kokosflocken · 1 Teel.

Agar-Agar (2 g) · 50 ccm

Wasser · 300 g Buttermilch

1 Eßl. Honig (30 g) · 1 Eßl.

Zitronensaft · 250 g Sahne

25 g Zuckerrohrgranulat

1 Eßl. Fruchtaufstrich ohne

Zuckerzusatz (30 g)

Zum Bestreuen:

50 g trockenes grobes

Vollkornbrot · 20 g Butter

25 g Zuckerrohrgranulat

25 g Kokosflocken

1 Teel. Zimtpulver

Braucht etwas Zeit

Bei 16 Stück pro Stück etwa:
1100 kJ/260 kcal · 4 g Eiweiß
14 g Fett · 27 g Kohlenhydrate
2 g Ballaststoffe

Vorbereitungszeit einschließlich
Ruhezeit: 1¼ Stunden
Backzeit: 30 Minuten
Fertigstellung einschließlich
Ruhezeit: 1½ Stunden
Kühlzeit: 5 Stunden

Für den Teig das Mehl, das Zuckerrohrgranulat, die Zitronenschale, das Salz, die Butter und das Ei mit den Knethaken des Handrührgerätes vermischen, bis die Masse krümelig ist. Den Teig dann mit den Händen rasch zusammenkneten, bis er glatt ist. • Eine Springform von 26 cm ⌀ mit dem Teig auskleiden, dabei einen etwa 5 cm hohen Rand formen. Den Teigboden mit einer Gabel mehrmals einstechen, damit später beim Backen die Luft entweichen kann. • Den Teigboden 1 Stunde kühlen. • Den Teig dann mit Pergamentpapier und mit den Hülsenfrüchten zum Blindbacken belegen. • Die Form auf den Rost in den kalten Backofen (Mitte) stellen. Den Backofen auf 200° (Umluft 180°, Gas Stufe 2½–3) schalten. Den Tortenboden etwa 30 Minuten backen, bis der Rand leicht gebräunt ist. • Den Teig herausnehmen und nach etwa 10 Minuten zum Erkalten auf ein Kuchengitter geben. • Für die Füllung die Orangenschale hacken. Die Orangenschale und den -saft mit den Kokosflocken vermischen. Die Flocken etwa 1 Stunde ziehen lassen. • Das Agar-Agar mit dem Wasser verrühren, in einen Topf geben. Einmal aufkochen und etwa 1 Minute kochen lassen. • Die Buttermilch mit dem Honig unter Rühren bei schwacher Hitze nur so lange erhitzen, bis der Honig gelöst ist. Nicht aufkochen lassen, sonst gerinnt die Buttermilch. • Das Agar-Agar und den Zitronensaft daruntermischen. Die Creme fast kalt werden lassen. • Die Sahne steif schlagen und mit dem Zuckerrohrgranulat und den Kokosflocken auf die Creme geben. Alles mit einem Schneebesen vorsichtig mischen. • Den Tortenboden mit dem Fruchtaufstrich bestreichen und mit der Creme füllen. • Die Torte zugedeckt etwa 5 Stunden kühlen, bis die Creme schnittfest ist. • Das Vollkornbrot fein reiben und in der heißen Butter bei schwacher bis mittlerer Hitze rösten. Das Zuckerrohrgranulat und die Kokosflocken unter Rühren etwa 1 Minute mitrösten. Die Brösel in einer Schüssel mit dem Zimt mischen und erkalten lassen. Die Torte vor dem Servieren damit bestreuen.

Mandeltorte

Eine festliche Torte, die jedem leicht gelingt

Für den Teig:
125 g Weizenvollkornmehl
75 g ungehäutete, gemahlene
Mandeln · 50 g Zuckerrohrgranulat · abgeriebene Schale
von ½ unbehandelten Zitrone
1 Prise Salz · 1 Ei · 100 g Butter
Zum Blindbacken:
Pergamentpapier und 150 g
beliebige Hülsenfrüchte
Für die Füllung:
250 g getrocknete
ungeschwefelte Bananen
etwas abgeriebene Schale und
den Saft von ½ unbehandelten
Orange · 200 g abgezogene
Mandeln · 400 ccm Milch
1 Teel. Agar-Agar (2 g)
50 ccm Wasser · 1 Eßl. Zitronensaft · 1 Eßl. Mandellikör, ersatzweise Orangensaft · 250 g Sahne
25 g Zuckerrohrgranulat
Zum Bestreuen:
25 g Pistazien · 25 g Zartbitterschokolade mit Sucanat

Gut vorzubereiten

Bei 16 Stück pro Stück etwa:
1500 kJ/360 kcal · 7 g Eiweiß
23 g Fett · 29 g Kohlenhydrate
2 g Ballaststoffe

Vorbereitungszeit einschließlich
Ruhezeit: 1¼ Stunden
Backzeit: 30 Minuten
Fertigstellung: 1 Stunde
Kühlzeit: 3 Stunden

Für den Teig alle Zutaten mit den Knethaken des Hand-rührgerätes vermischen. Dann mit den Händen rasch zu einem glatten Teig verkneten. • Eine Springform von 26 cm ∅ mit dem Teig auskleiden, dabei einen etwa 5 cm hohen Rand formen. Den Teigboden mit einer Gabel mehrmals einste-chen. • Den Teigboden 1 Stun-de kühlen. • Den Teig dann mit Pergamentpapier und mit den Hülsenfrüchten zum Blindbak-ken belegen. • Die Form auf den Rost in den kalten Back-ofen (Mitte) stellen. Den Ofen auf 180° (Umluft 160°, Gas Stu-fe 2–2½) schalten. Den Tor-tenboden etwa 30 Minuten backen, bis der Rand leicht gebräunt ist. • Den Teigboden herausnehmen und nach etwa 10 Minuten zum Erkalten auf ein Kuchengitter geben. • Für die Füllung die Bananen in Stücke schneiden, mit der Orangenschale und 3 Eßlöffeln Orangensaft vermischen und ziehen lassen, bis die Creme fertig ist. • Die Mandeln mit knapp der Hälfte der Milch in den Mixer geben und sehr fein zerkleinern. • Das Mandelmus mit der restlichen Milch verrüh-ren, in einem Topf bis knapp unter den Siedepunkt erhitzen und zugedeckt 30 Minuten ziehen lassen. • Das Agar-Agar mit dem Wasser in einem Topf verrühren. Einmal aufkochen, dann etwa 1 Minute kochen lassen. Mit dem Zitronensaft, dem restlichen Orangensaft und dem Mandellikör in das warme Mandelmus rühren. Das Mus erkalten lassen; das dauert im Kühlschrank etwa 10 Minu-ten. Das Mus soll nicht voll-kommen erstarren, sonst ver-bindet es sich nicht mehr mit der geschlagenen Sahne. • Die Sahne mit dem Zuckerrohrgra-nulat steif schlagen und unter die Mandelcreme ziehen. Die Bananen daruntermischen. • Die Creme in den kalten Tortenboden füllen. • Die Torte zugedeckt etwa 3 Stunden kühlen, bis die Mandelcreme schnittfest ist. • Die Pistazien mahlen, die Schokolade mit dem Gurkenhobel raspeln. Beide Zutaten auf die Torte streuen. • Die Torte mit einem scharfen, nach jedem Stück in heißes Wasser getauchten Messer aufschneiden.

71

Torte mit Bananencreme und Joghurtguß

Besonders schön sieht sie aus, wenn Sie sie erst 30 Minuten vor dem Servieren mit dem Guß überziehen

Für den Mürbeteig:
100 g Weizenvollkornmehl
60 g Zuckerrohrgranulat
50 g Butter · 1 Eßl. kaltes Wasser
Zum Ausrollen: Mehl

Für den Biskuitteig:
4 Eier · 1 Eßl. kaltes Wasser
75 g Zuckerrohrgranulat
120 g Weizenvollkornmehl
½ Teel. Weinsteinbackpulver

Für die Füllung:
¼ l Milch · 1 Prise Salz · 1 Ei
½ Teel. gemahlene Naturvanille
25 g Zuckerrohrgranulat
60 g feingemahlener Naturreis
etwas abgeriebene Schale und
den Saft von 1 unbehandelten
Zitrone · 2 reife Bananen (300 g)
200 g Joghurt · 100 g Sahne
1 Eßl. Fruchtaufstrich ohne
Zuckerzusatz (30 g)

Für den Guß:
½ Teel. Agar-Agar (1 g)
3 Eßl. Wasser · 250 g Joghurt
1 Eßl. Honig (30 g)

1 Eßl. ungesüßter Sanddornsirup (30 g)

Für die Form: Butter und
Pergamentpapier

Für Ungeübte

Bei 16 Stück pro Stück etwa:
910 kJ/220 kcal · 6 g Eiweiß
9 g Fett · 29 g Kohlenhydrate
2 g Ballaststoffe

Vorbereitungszeit einschließlich
Ruhezeit: 1½ Stunden
Backzeit: 50 Minuten
Fertigstellung: 30 Minuten

Für den Mürbeteig alle Zutaten zu einem glatten Teig
verkneten. • Den Boden einer
Springform von 26 cm Ø auf
ein feuchtes Tuch legen. • Den
Teig mit dem bemehlten Nudelholz auf dem Formboden ausrollen, einstechen und 1 Stunde
kühlen. • Inzwischen für den
Biskuit die Eier trennen. Die
Eiweiße mit dem Wasser steif

schlagen. • Das Granulat darunterschlagen, dann die Eigelbe
nacheinander darunterrühren.
Das gesiebte Mehl mit dem
Backpulver vermischt unter die
Masse ziehen. • Eine zweite
Springform von 26 cm Ø mit
gefettetem Pergamentpapier
auslegen. Den Biskuitteig darin
glattstreichen. • Die Form auf
den Rost in den kalten Backofen (unten) stellen. Den Ofen
auf 180° (Umluft 160°, Gas Stufe 2) schalten. Den Biskuit 30
Minuten backen. • Den Springformboden mit dem Mürbeteig
auf den Rost in den Backofen
(Mitte) legen. Den Ofen auf
200° (Umluft 180°, Gas Stufe
2½–3) schalten. Den Tortenboden etwa 20 Minuten bakken, bis er hellbraun ist. • Für
die Füllung die Milch mit dem
Salz bis knapp unter den Siedepunkt erhitzen. • Das Ei in
einem Topf mit der Vanille und
dem Zuckerrohrgranulat zu
einer dicken Creme aufschlagen. Den Reis und die Zitronen-

schale daruntermischen. Die
heiße Milch unter Rühren dazugießen und erhitzen, bis die
Masse dick ist. • Die Bananen
mit dem Zitronensaft zerdrük-
ken. Mit dem Joghurt unter die
abgekühlte Creme mischen. Die
steif geschlagene Sahne darunterziehen. • Den Mürbeteigboden mit dem Fruchtaufstrich
und etwa einem Viertel der
Creme bestreichen. Den Biskuitboden zweimal waagerecht
durchschneiden, mit der restlichen Creme füllen und zusam-
mengesetzt auf den Mürbeteigboden legen. • Für den Guß das
Agar-Agar mit dem Wasser verrühren, aufkochen und 1 Minute kochen lassen. Mit dem
Joghurt und dem Honig kräftig
verrühren. • Den Joghurtguß
von der Mitte der Torte zum
Rand hin verstreichen, so daß er
an den Seiten etwas herunterläuft. Den Sanddornsirup darüber träufeln.

Quarksahnetorte mit Trockenobst

Festliche Torte für den Winter

Für den Teig:
4 Eier · 2 Eßl. kaltes Wasser
90 g Zuckerrohrgranulat
160 g Weizenvollkornmehl
1 Teel. Weinsteinbackpulver
Für die Füllung:
200 g getrocknete ungeschwefelte Pflaumen, Feigen und Korinthen, gemischt
10 g Agar-Agar · ⅛ l Milch
1 kg Magerquark
1 gestrichener Teel. gemahlene Naturvanille
1 Prise Salz · abgeriebene Schale und Saft von ½ unbehandelten Zitrone · 75 g Zuckerrohrgranulat · 500 g Sahne
Zum Bestreuen:
50 g Pistazien (ersatzweise Haselnußkerne)
Für die Form: Butter und Pergamentpapier

Gut vorzubereiten

Bei 16 Stück pro Stück etwa:
1300 kJ/310 kcal · 13 g Eiweiß
14 g Fett · 29 g Kohlenhydrate
3 g Ballaststoffe

Vorbereitungszeit: 20 Minuten
Backzeit: 45 Minuten
Fertigstellung: 30 Minuten
Kühlzeit: 3 Stunden

Die Eier trennen. Die Eiweiße mit dem Wasser mit den Quirlen des Handrührgerätes steif schlagen. Das Granulat darunterschlagen. • Das Handrührgerät auf die niedrigste Schaltstufe stellen, die Eigelbe nacheinander unterrühren. Das Mehl mit dem Backpulver vermischt auf den Eischnee sieben. Alles mit einem Schneebesen vorsichtig mischen. • Eine Springform von 26 cm ⌀ mit gefettetem Pergamentpapier auslegen. Den Biskuitteig darin glattstreichen. • Die Form auf den Rost in den kalten Backofen (Mitte) stellen. Den Ofen auf 180° (Umluft 160°, Gas

Stufe 2) schalten. Den Biskuit etwa 45 Minuten backen. • Die Garprobe mit einem Holzstäbchen machen. Den garen Tortenboden auf einem Kuchengitter abkühlen lassen. • Für die Füllung das Trockenobst grob zerkleinern. • Das Agar-Agar mit 3 Eßlöffeln Milch glattrühren. • Die restliche Milch aufkochen. Das Agar-Agar hineinrühren und unter ständigem Rühren 1 Minute kochen lassen. • Den Quark mit der Agar-Agar-Milch, der Vanille, dem Salz, der Zitronenschale und dem -saft und dem Granulat verrühren. Die Sahne steif schlagen und unterziehen. • Etwa ein Drittel der Creme abnehmen und zum Überziehen der Torte beiseite stellen. Die restliche Creme mit dem Trockenobst mischen. • Den Biskuit halbieren. Die untere Hälfte auf eine Kuchenplatte legen und mit dem Rand der Springform umschließen. Die Creme mit Trockenobst auf

dem Tortenboden glattstreichen. Den zweiten Boden darauf legen. Die Torte 10 Minuten in den Kühlschrank stellen. • Den Springformrand vorsichtig abnehmen. Die Torte rundherum mit der zurückbehaltenen Quarkcreme bestreichen. • Die Pistazien oder die Haselnüsse grob hacken. Die Torte damit bestreuen und mindestens 3 Stunden in den Kühlschrank stellen.

Mein Tip: Zum Aufschneiden der Torte brauchen Sie ein scharfes, spitzes Messer, das Sie nach jedem Stück in kaltes Wasser tauchen. Stechen Sie zuerst die Messerspitze in die Mitte der Torte und schneiden Sie vorsichtig von innen nach außen: so läßt sich der obere Boden gut teilen, ohne daß die Füllung dabei zusammengedrückt wird.

Torte mit Schokoladenmousse

Der beliebten Prinzregententorte nachempfunden

Für den Teig:

125 g Tofu · ⅛ l Sojamilch

125 g weiche Butter

50 g Zuckerrohrgranulat

1 Prise Salz · abgeriebene Schale
und 2 Eßl. Saft von ½ unbehandelten Zitrone · 150 g
Weizenvollkornmehl · ½ Teel.
Weinsteinbackpulver · 100 g
feingehackte Walnußkerne

Für die Schokoladencreme:

150 g Tofu · 75 g Mascarpone

2 Eßl. Portwein, ersatzweise

1 Eßl. Orangensaft und

1 Eßl. Zitronensaft · 2 Eßl. Carob

1 Teel. Instant-Kaffeepulver

3 Eier · 50 g Zuckerrohrgranulat

250 g Sahne

Zum Bestreuen:

10 g Butter · 25 g gehackte
Walnußkerne · 25 g gehackte
Pistazien · 25 g Zuckerrohr-
granulat · ¼ Teel. Zimtpulver

Für den Formboden:

Butter und Mehl

**Teig ohne Eier
Braucht etwas Zeit**

Bei 16 Stück pro Stück etwa:
1200 kJ/290 kcal · 6 g Eiweiß
21 g Fett · 17 g Kohlenhydrate
2 g Ballaststoffe

Vorbereitungszeit: 30 Minuten
Backzeit: 1 Stunde und
50 Minuten
Ruhezeit: 8 Stunden
Fertigstellung: 50 Minuten

Für den Teig den Tofu mit der
Sojamilch pürieren. • Die
Butter, das Zuckerrohrgranulat
und das Salz mit den Quirlen
des Handrührgerätes verrühren, bis das Granulat nicht mehr
knirscht. Die Zitronenschale
und den -saft sowie eßlöffelweise den pürierten Tofu darunterrühren. Das Mehl mit dem
Backpulver mischen und nur so
lange darunterrühren, bis sich
alle Zutaten zu einem glatten
Teig verbunden haben. • Den
Boden einer Springform von

26 cm ⌀ fetten und mit Mehl
bestäuben. Etwa 2 Eßlöffel Teig
daraufstreichen und mit Walnüssen bestreuen. • Den Formboden auf den Rost in den kalten Backofen (Mitte) legen.
Den Backofen auf 175° (Umluft
150°, Gas Stufe 2) schalten.
Den Tortenboden etwa 20
Minuten backen, bis er hellbraun ist, dann sofort ablösen.
• Nacheinander etwa 9 weitere
Böden in jeweils 10 Minuten
backen. • Die Tortenböden
etwa 8 Stunden ruhen lassen.
• Für die Füllung den abgetropften Tofu mit dem Mascarpone und dem Portwein oder
der Saftmischung im Mixer
pürieren. • Die Masse mit dem
Carob und dem Kaffeepulver
vermischen. • Die Eier trennen.
Die Eigelbe mit dem Zuckerrohrgranulat und 2 Eßlöffeln
Sahne verrühren und über dem
Wasserbad zu einer dicken,
schaumigen Creme aufschlagen. • Die Tofucreme eßlöffelweise darunterschlagen. • Die

Schüssel mit der Creme in kaltes
Wasser mit einigen Eiswürfeln
stellen, und die Creme so lange
rühren, bis sie kalt ist. • Die
Eiweiße und die restliche Sahne
getrennt steif schlagen und
unter die Creme ziehen. • Die
Tortenböden jeweils dünn mit
Creme bestreichen und aufeinanderlegen. • Die Torte rundherum mit der restlichen Creme
bestreichen. • Zum Bestreuen
die Butter zerlassen, aber nicht
bräunen. Die Walnüsse und die
Pistazien darin unter ständigem
Rühren anrösten. Das Zuckerrohrgranulat und den Zimt daruntermischen. • Die Torte mit
der erkalteten Mischung
bestreuen.

Carobtorte

Saftig und fein wie eine Schokoladentorte

Für den Teig:
5 Eier · 2 Eßl. kaltes Wasser
80 g Zuckerrohrgranulat
80 g Weizenvollkornmehl
80 g feingemahlene Sonnenblumenkerne · 30 g Carob
½ Teel. Weinsteinbackpulver
Für die Creme:
¼ l Milch · 1 Prise Salz · 2 Eier
½ Teel. gemahlene Naturvanille
75 g Zuckerrohrgranulat
30 g Carob · 1 Teel. Instant-
Getreidekaffee
60 g Weizenvollkornmehl
1 Eßl. Zitronensaft
150 g Joghurt · 200 g Sahne
Zum Bestreuen:
¼ Carob-Tafel (25 g), ersatzweise Vollmilchschokolade
mit Sucanat
Für die Form: Butter und
Pergamentpapier

Für Ungeübte

Bei 16 Stück pro Stück etwa:
840 kJ/200 kcal · 7 g Eiweiß
10 g Fett · 20 g Kohlenhydrate
2 g Ballaststoffe

Vorbereitungszeit: 20 Minuten
Backzeit: 45 Minuten
Fertigstellung: 30 Minuten
Kühlzeit: 2 Stunden

Für den Teig die Eier trennen. Die Eiweiße mit dem Wasser mit den Quirlen des Handrühr-gerätes sehr steif schlagen. Das Zuckerrohrgranulat langsam einrieseln lassen und weiter-schlagen, bis der Eischnee glänzt. • Das Handrührgerät auf die niedrigste Schaltstufe stellen und die Eigelbe nacheinander nur so lange unterrühren, bis keine Eigelbspuren mehr in der Masse zu sehen sind. Das gesiebte Mehl mit den Sonnen-blumenkernen, dem Carob und dem Backpulver vermischt auf den Eischnee streuen. Alles mit einem Schneebesen vorsichtig vermischen. • Eine Springform

von 26 cm ⌀ mit gefettetem Pergamentpapier auslegen. Den Biskuitteig darin glattstrei-chen. • Die Form auf den Rost in den kalten Backofen (unten) stellen. Den Ofen auf 180° (Umluft 160°, Gas Stufe 2) schalten. Den Biskuit etwa 45 Minuten backen. • Die Gar-probe mit einem Holzstäbchen machen, den garen Torten-boden herausnehmen und auf einem Kuchengitter abkühlen lassen. • Für die Creme die Milch mit dem Salz bis knapp unter den Siedepunkt erhitzen. • Die Eier trennen. Die Eigelbe in einem Topf mit der Vanille, dem Zuckerrohrgranulat, dem Carob, dem Getreidekaffee und dem Mehl verrühren. Die heiße Milch unter ständigem Rühren dazugießen. Alles erhitzen und mit einem Schneebesen kräftig durchschlagen, bis die Masse glatt und dick wie Pudding ist. • Die Creme unter häufigem Umrühren erkalten lassen. Den Zitronensaft und den Joghurt

daruntermischen. • Die Eiweiße und die Sahne getrennt steif schlagen und darunterziehen. • Den Tortenboden waagerecht halbieren, mit etwa der Hälfte der Creme füllen und wieder zusammensetzen. Die Torte mit der restlichen Creme überzie-hen, in den Kühlschrank stellen und 2 Stunden durchziehen lassen. • Die Carob-Tafel grob raspeln und die Torte unmittel-bar vor dem Servieren damit bestreuen.

Brandteigring mit Carob-Eis

Eignet sich sehr gut als festliches Dessert

Für das Eis:

3 Eier · 75 g Zuckerrohrgranulat

1 gehäufter Eßl. Carob

1 Teel. ungesüßtes Kakaopulver

½ Teel. Instant-Kaffeepulver

½ Teel. gemahlene Naturvanille

abgeriebene Schale von

¼ unbehandelten Orange

1 Eßl. Orangensaft · 250 g Sahne

Für den Teig:

¼ l Wasser · 50 g Butter

1 Prise Salz · 150 g Weizen-

vollkornmehl · 4 Eier

1 Teel. Weinsteinbackpulver

Zum Verzieren:

100 g Zartbitterschokolade mit

Sucanat · 200 g Sahne

Für das Backblech:

Butter und Mehl

Für Ungeübte

Bei 12 Stück pro Stück etwa:
1300 kJ/310 kcal · 7 g Eiweiß
22 g Fett · 20 g Kohlenhydrate
4 g Ballaststoffe

Vorbereitungszeit einschließlich
Kühlzeit: 4 Stunden
Backzeit: 45 Minuten
Fertigstellung: 20 Minuten

Für das Eis die Eier mit dem Zuckerrohrgranulat, dem Carob, dem Kakao, dem Instant-Kaffee, der Vanille, der Orangenschale und dem -saft zu einer schaumigen Creme aufschlagen. Die Sahne steif schlagen und darunterziehen. • Die Creme zugedeckt im Gefrierfach 3 Stunden kühlen, dabei etwa alle 30 Minuten mit dem Schneebesen kräftig durchrühren. • Für den Teig das Wasser mit der Butter und dem Salz aufkochen und kochen lassen, bis die Butter geschmolzen ist. Das gesamte Mehl unter Rühren hineinschütten. Bei schwächster Hitze so lange weiterrühren, bis sich die Masse zu einem Kloß zusammenballt und sich am Boden des Topfes eine weißliche Schicht bildet. • Die Masse in eine Rührschüssel

geben. Mit den Knethaken des Handrührgerätes sofort 1 Ei unter den noch heißen Teig rühren, damit er geschmeidig bleibt. Den Teig lauwarm abkühlen lassen. Die restlichen Eier nacheinander mit den Knethaken des Handrührgerätes daruntermischen. Das Backpulver mit dem letzten Ei hinzufügen. • Ein Backblech fetten und mit Mehl bestäuben. • Den Teig in einen Spritzbeutel mit großer Tülle füllen. Einen Kreis von 12 möglichst gleich großen Windbeuteln auf das Blech spritzen; beim Backen gehen die Windbeutel auf, so daß sie sich berühren und einen Ring bilden. • Das Backblech in den kalten Backofen (Mitte) schieben. Den Ofen auf 190° (Umluft 170°, Gas Stufe 2½) schalten. Den Tortenring etwa 45 Minuten backen, bis er nicht mehr sichtbar aufgeht. Dabei während der ersten 20 Minuten die Backofentür nicht öffnen. • Den garen Tortenboden her-

ausnehmen, sofort vom Blech lösen und mit einem sehr scharfen Sägemesser waagerecht einmal durchschneiden. Auf einem Kuchengitter erkalten lassen. • Das Eis aus dem Gefrierfach nehmen und stehenlassen, bis der Guß zubereitet ist. • Die Schokolade in Stükke brechen, im heißen Wasserbad weich werden lassen und mit 3 Eßlöffeln Sahne glattrühren. Die restliche Sahne steif schlagen. • Das Eis mit einem Eßlöffel portionieren und auf dem unteren Tortenboden verteilen. Den oberen Boden darauf legen. • Die Torte mit dicken Schokolade- und Sahnetupfen verzieren und sofort servieren.

Joghurt-Eistorte mit Orangenlikör

Wird nicht gebacken

Für das Eis:
100 g Korinthen
6 Eßl. Orangenlikör · 4 Eier
50 g Zuckerrohrgranulat
½ Teel. gemahlene
Naturvanille · abgeriebene
Schale von ¼ unbehandelten
Orange · 300 g Sahne
300 g Joghurt
Für den Tortenboden:
25 g Butter · 1 Eßl. Honig (30 g)
100 g Vollkornzwieback
Zum Bestreuen:
25 g grob gehackte Pistazien

Raffiniert

Bei 16 Stück pro Stück etwa:
730 kJ/170 kcal · 4 g Eiweiß
11 g Fett · 15 g Kohlenhydrate
0,5 g Ballaststoffe

Vorbereitungszeit einschließlich
Quellzeit: 3 Stunden
Kühlzeit: 5 Stunden

Für das Eis die Korinthen mit dem Likör vermischt zugedeckt 3 Stunden ziehen lassen.
• Nach 1 Stunde die Eier mit dem Zuckerrohrgranulat, der Vanille und der Orangenschale zu einer dicken, schaumigen Creme aufschlagen. • Die Sahne steif schlagen. Zuerst den Joghurt, dann die Sahne unter die Eiercreme mischen. • Die Creme zugedeckt im Gefrierfach 1 Stunde kühlen. • Die Korinthen mit dem Likör, der noch nicht aufgesogen ist, daruntermischen. • Das Eis weitere 2 Stunden kühlen, dabei etwa alle 30 Minuten kräftig durchrühren. • Für den Tortenboden die Butter mit dem Honig zerlassen. Den Zwieback fein zerkleinern und mit der Butter-Honig-Mischung verkneten. • Das Eis in einer Savarinform von 26 cm ⌀ gut festdrücken. • Die Mischung für den Tortenboden darauf verteilen und ebenfalls festdrücken. • Alles weitere 2 Stunden im Gefriergerät kühlen. • Die Form herausnehmen und kurz in heißes Wasser tauchen. • Die Eistorte auf eine Platte stürzen und mit den Pistazien bestreut servieren.

Obstkuchen

Fruchtig-frisch, leicht bekömmlich und – falls gleich auf dem Blech gebacken – ideal für die große Tischrunde: lauter Vorzüge der beliebten Obstkuchen. Hier finden Sie das richtige für jede Gelegenheit: Preiswerte Blechkuchen mit Obst und butterzarten Streuseln. Beliebte Torten, die den Blickfang auf der sommerlichen Kaffeetafel bilden.

Klassisches Gebäck wie Schwarzwälder Kirsch und Neues aus der Vollwert-Bäckerei: Kosten Sie zum Beispiel mal eine üppige Buchweizentorte, gefüllt mit Himbeeren und Carob-Sahnecreme. Ob Sie lieber Zwetschgendatschi backen oder einen fruchtigen Strudel, eine knusprig-zarte Obstpie oder eine schnelle Wähe – geboten wird auf den folgenden Seiten (fast) alles. Übrigens können Sie die meisten saftigen Kuchen und erfrischenden Torten unabhängig von der Jahreszeit backen. Nutzen Sie beim Obst das Angebot der Saison: Den Johannisbeerkuchen mit Quark (Rezept Seite 92), der hier so appetitlich abgebildet ist, können Sie herbstlich mit Zwetschgen oder Quitten, winterlich mit Äpfeln und Rosinen zubereiten. Im Frühling schmeckt er gut mit Rhabarber und im Sommer mit so ziemlich allen sonnengereiften Früchten, die es auf dem Markt gibt.

Zwetschgendatschi

Schmeckt mit jedem vollreifen Obst

Für den Teig:

300 g Weizenvollkornmehl	
200 g Buchweizenmehl	
1 Würfel Hefe (42 g)	
1 Teel. Zuckerrohrgranulat	
¼ l Wasser · 200 g Seidentofu	
(siehe Tip) · 1 Teel. Salz	

Für den Belag:

2 kg vollreife Zwetschgen	
100 g Honig · ⅛ l ungesüßter	
Zwetschgensaft	

Für das Backblech: Butter

Teig ohne tierisches Eiweiß

Bei 20 Stück pro Stück etwa:
660 kJ/160 kcal · 4 g Eiweiß
1 g Fett · 32 g Kohlenhydrate
6 g Ballaststoffe

Vorbereitungszeit einschließlich
Ruhezeit: 1½ Stunden
Backzeit: 45 Minuten

Für den Teig die Mehlsorten in einer Schüssel mischen und in die Mitte eine Mulde drücken. Die Hefe zerkrümeln und in die Mulde geben. Das Zuckerrohrgranulat darüber streuen. • Das Wasser mit dem Seidentofu mischen und lauwarm erwärmen. • Etwa 4 Eßlöffel davon abnehmen, über die Hefe geben und alles vorsichtig mit etwas Mehl vom Rand verrühren, bis sich die Hefe aufgelöst hat und ein glatter Vorteig entstanden ist. • Den Vorteig zugedeckt bei Zimmertemperatur etwa 15 Minuten ruhen lassen, bis er sichtbar aufgegangen ist. • Die restliche Tofumischung und das Salz hinzufügen und alles mit den Knethaken des Handrührgerätes etwa 10 Minuten durcharbeiten, bis der Teig Blasen wirft und sich vom Schüsselrand löst. Da er zum Kneten mit der Hand zu weich ist, muß er wirklich gründlich durchgerührt werden. • Den Teig zugedeckt bei Zimmertemperatur etwa 45 Minuten gehen lassen, bis sich sein Volumen verdoppelt hat. • Für den Belag die Zwetschgen waschen, halbieren und entsteinen. • Ein Backblech mit Butter ausstreichen. Den Teig darauf ausrollen. Die Zwetschgen schuppenförmig darauf legen. • Das Backblech in den kalten Backofen (Mitte) schieben. Den Ofen auf 180° (Umluft 160°, Gas Stufe 2–2½) schalten. Den Kuchen etwa 45 Minuten backen. • Den garen Kuchen herausnehmen und auf dem Blech etwas auskühlen lassen. • Den Honig mit dem Zwetschgensaft verrühren und gegebenenfalls leicht erwärmen, bis der Honig flüssig ist. • Die Mischung auf den Zwetschgen verstreichen. • Den Kuchen in 20 Stücke schneiden, vom Blech lösen und auf einem Kuchengitter vollkommen erkalten lassen.

Mein Tip: Dieser Kuchen enthält weder tierisches Fett noch tierisches Eiweiß: Statt Butter und Eiern wird der Teig mit Seidentofu zubereitet. Seidentofu ist sehr weicher, fast flüssiger Tofu, der etwa die Konsistenz von Dickmilch hat. Kaufen können Sie ihn in manchen Reformhäusern sowie in Naturkostläden und asiatischen Lebensmittelgeschäften – allerdings nur in wirklich gut sortierten Läden. Ersatzweise nehmen Sie 100 g normalen Tofu, den Sie mit 100 ccm Sojamilch pürieren.

Johannisbeerkuchen mit Tofuguß

Schmeckt ofenfrisch am besten

Für den Teig:
200 g Schichtkäse · ⅛ l Milch
8 Eßl. Öl (80 g)
100 g Zuckerrohrgranulat
400 g Weizenvollkornmehl
½ Päckchen Weinstein- backpulver · 1 Teel. Zimtpulver
Für den Guß:
500 g Tofu · ¼ l Sojamilch
50 g Nußmus · abgeriebene Schale und Saft von
½ unbehandelten Zitrone
1 Teel. gemahlene Naturvanille
750 g rote Johannisbeeren
75 g Zuckerrohrgranulat
Für das Backblech: Butter

Für Ungeübte • Teig ohne Eier

Bei 20 Stück pro Stück etwa:
940 kJ/220 kcal · 7 g Eiweiß
10 g Fett · 26 g Kohlenhydrate
5 g Ballaststoffe

Vorbereitungszeit: 45 Minuten
Backzeit: 1 Stunde

Für den Teig den Schichtkäse, die Milch, das Öl, das Zuckerrohrgranulat und die Hälfte des Mehls mit den Knethaken des Handrührgerätes vermischen. • Das restliche Mehl mit dem Backpulver und dem Zimt mischen und mit den Händen unter den Teig kneten. • Ein Backblech fetten. Den Teig darauf ausrollen. • Für den Guß den Tofu mit der Sojamilch pürieren. Das Nußmus, die Zitronenschale und den -saft sowie die Vanille daruntermischen. • Die Masse auf dem Teigboden glattstreichen. • Die Johannisbeeren waschen und von den Stielen streifen. Die Beeren auf dem Guß verteilen und mit dem Granulat bestreuen. • Das Backblech in den kalten Backofen (Mitte) schieben. Den Ofen auf 200° (Umluft 180°, Gas Stufe 2½–3) schalten. Den Kuchen etwa 1 Stunde backen. • Die Garprobe mit einem Holzstäbchen machen und den garen Kuchen herausnehmen. Nach etwa 10 Minuten in Stücke schneiden und auf einem Kuchengitter erkalten lassen.

Müslikuchen mit Äpfeln

Ballaststoffreicher Kuchen, der mit jedem Obst schmeckt

Für den Teig:

300 g Müslimischung mit
Trockenobst und Nüssen (ohne
Zuckerzusatz)

¼ l lauwarmes Wasser

200 g Weizenvollkornmehl

1 Würfel Hefe (42 g)

1 Teel. Zuckerrohrgranulat

200 g Seidentofu (siehe Tip
Seite 80) · 1 Teel. Salz

Für den Belag:

1,5 kg säuerliche Äpfel

Saft von ½ Zitrone

125 g Sahne · 100 ccm Milch

100 g Zuckerrohrgranulat

100 g gehackte Walnußkerne

Für das Backblech: Butter

Für Ungeübte · Raffiniert

Bei 20 Stück pro Stück etwa:
900 kJ/210 kcal · 6 g Eiweiß
9 g Fett · 29 g Kohlenhydrate
3 g Ballaststoffe

Vorbereitungszeit einschließlich
Ruhezeit: 1½ Stunden
Backzeit: 1½ Stunden

Die Müslimischung mit dem Wasser (4 Eßlöffel zum Auflösen der Hefe zurückbehalten) vermischen und zugedeckt ziehen lassen, bis der Hefevorteig aufgegangen ist. • Für den Teig das Mehl in eine Schüssel geben und in die Mitte eine Mulde drücken. Die Hefe in die Mulde bröckeln. Das Zuckerrohrgranulat darüber streuen. Das zurückbehaltene Wasser hinzufügen und alles vorsichtig mit etwas Mehl vom Rand zu einem Vorteig verrühren. • Den Vorteig zugedeckt bei Zimmertemperatur etwa 15 Minuten ruhen lassen, bis er sichtbar aufgegangen ist. • Den Seidentofu lauwarm erwärmen und mit der gequollenen Müslimischung und dem Salz in die Schüssel geben. Alles mit den Knethaken des Handrührgerätes etwa 10 Minuten durch-

arbeiten, bis der Teig Blasen wirft und sich vom Schüsselrand löst. Der Teig ist zum Kneten zu weich, deshalb muß er wirklich gründlich durchgerührt werden. • Den Teig zugedeckt bei Zimmertemperatur etwa 45 Minuten gehen lassen, bis sich sein Volumen verdoppelt hat. • Für den Belag die Äpfel vierteln, vom Kerngehäuse befreien, schälen, grob raspeln und mit dem Zitronensaft vermischen, damit sie sich nicht zu stark verfärben. • Eine flache Backform oder ein Backblech mit Butter ausstreichen und mit dem Teig auskleiden (siehe Tip). Die Äpfel darauf verteilen. • Die Sahne mit der Milch und dem Zuckerrohrgranulat verquirlen und darüber gießen. Die Nüsse darüber streuen. • Die Backform oder das Backblech in den kalten Backofen (Mitte) schieben. Den Ofen auf 180° (Umluft 160°, Gas Stufe 2–2½) schalten. Den Kuchen etwa 1½ Stunden backen. • Die Gar-

probe mit einem Holzstäbchen machen, den garen Kuchen herausnehmen und auf dem Blech etwa 10 Minuten auskühlen lassen. Dann in Stücke schneiden und zum Erkalten auf ein Kuchengitter legen.

Mein Tip: Sehr weicher Hefeteig mit Vollkornmehl wird besonders locker. Er ist jedoch so klebrig, daß man ihn weder mit der Hand kneten noch auf dem Blech ausrollen kann. Geben Sie den Teigkloß auf das Blech und drücken Sie ihn mit den Fingerspitzen so auseinander, daß das Blech damit bedeckt ist. Die Finger jeweils in reichlich Mehl tauchen, sonst bleibt der Teig zu stark daran kleben.

Blechkuchen mit Sauerteig, Obst und Nüssen

Läßt sich auch in einer großen flachen Form backen

Für den Teig:
400 g Weizenvollkornmehl
100 g Roggenschrot · 1 Würfel
Hefe (42 g) · 1 Teel. Zucker-
rohrgranulat · ¼ l lauwarmes
Wasser · ½ Beutel zimmer-
warmer Sauerteig (75 g)
100 g gehackte Haselnußkerne
1 Teel. Salz
Für den Belag:
500 g Kürbisfleisch (geputzt
gewogen) · ⅛ l Wasser
abgeriebene Schale und Saft
von ½ Zitrone
1 Stück Zimtstange (5 cm lang)
250 g vollreife Zwetschgen
500 g Äpfel · 500 g Birnen
100 g Korinthen · 250 g Kürbis-,
Walnuß- und Sonnenblumen-
kerne, gemischt
Zum Bestreichen:
100 g Apfelkraut · 50 g Honig
Für das Backblech: Butter

Für Ungeübte · Teig ohne Eier

Bei 20 Stück pro Stück etwa:
1100 kJ/260 kcal · 8 g Eiweiß
10 g Fett · 36 g Kohlenhydrate
6 g Ballaststoffe

Vorbereitungszeit einschließlich
Ruhezeit: 1½ Stunden
Backzeit: 50 Minuten

Für den Teig das Mehl und den Schrot in einer Schüssel mischen und eine Mulde eindrücken. Die zerkrümelte Hefe und das Zuckerrohrgranulat hineingeben. Mit etwa 4 Eßlöffeln Wasser und etwas Mehl vom Rand zu einem Vorteig verrühren. • Den Vorteig zugedeckt bei Zimmertemperatur etwa 15 Minuten ruhen lassen, bis er sichtbar aufgegangen ist. • Das restliche Wasser, den Sauerteig, die Nüsse und das Salz hinzufügen und alles mit den Knethaken des Handrührgerätes etwa 10 Minuten durcharbeiten, bis der Teig Blasen wirft und sich vom Schüsselrand löst. Da er zum Kneten

mit der Hand zu weich ist, muß er wirklich gründlich durchgerührt werden. • Den Teig zugedeckt bei Zimmertemperatur etwa 45 Minuten gehen lassen, bis sich sein Volumen verdoppelt hat. • Inzwischen das Obst für den Belag vorbereiten: Den Kürbis in etwa 1 cm große Würfel schneiden. • Die Kürbiswürfel mit dem Wasser, der Zitronenschale und dem -saft sowie der Zimtstange einmal aufkochen, dann zugedeckt 5 Minuten auf der abgeschalteten Kochstelle ziehen lassen. • Den Kürbis abtropfen lassen. Die Dünstflüssigkeit dabei auffangen. Die Zimtstange wegwerfen. • Die Zwetschgen waschen, halbieren und entsteinen. Die Äpfel und die Birnen vierteln, schälen, vom Kerngehäuse befreien und in Schnitze teilen. • Eine flache Backform oder ein Backblech mit Butter ausstreichen und den Teig darauf ausrollen. • Den Kürbis, die Zwetschgen, die Äpfel und die

Birnen gemischt darauf verteilen. Die Korinthen darüber streuen. • Die Kerne grob hakken und ebenfalls über das Obst streuen. • Die Backform oder das Backblech in den kalten Backofen (Mitte) schieben. Den Ofen auf 180° (Umluft 160°, Gas Stufe 2–2½) schalten. Den Kuchen etwa 50 Minuten backen. • 5 bis 6 Eßlöffel Dünstflüssigkeit vom Kürbis abnehmen und mit dem Apfeldicksaft und dem Honig zu einem dünnflüssigen Guß verrühren. Den Guß gleichmäßig auf dem fertigen Kuchen verstreichen. • Den Kuchen im abgeschalteten Ofen bei geöffneter Backofentüre noch 10 Minuten nachziehen lassen. • Den Kuchen in 20 Stücke schneiden und zum Auskühlen auf ein Kuchengitter geben.

Apfelkuchen mit Zimtcreme und Nußstreuseln

Besonders feiner, dabei ganz preiswerter Kuchen

Für den Teig:
250 g Tofu · 10 Eßl. Milch
(150 ccm) · 10 Eßl. Öl (100 g)
75 g Zuckerrohrgranulat
450 g Weizenvollkornmehl
½ Päckchen Weinstein-
backpulver
Für die Creme:
⅜ l Milch · 1 Prise Salz
2 Eier · 25 g Zuckerrohrgranulat
50 g Weizenvollkornmehl
abgeriebene Schale von
½ unbehandelten Orange
Saft von 1 Orange
2 Teel. Zimtpulver · ¼ Teel.
Ingwerpulver · 125 g Sahne
Für die Streusel:
100 g Butter · 100 g gemahlene
Haselnußkerne · 75 g feingemahlener Grünkern
75 g Zuckerrohrgranulat
1 Teel. gemahlene Naturvanille
Für den Belag:
1 kg Äpfel (Boskop oder
Glockenapfel)

Saft von ½ Orange
100 g entsteinte unge-
schwefelte Trockenpflaumen
Für das Backblech: Butter

Braucht etwas Zeit

Bei 20 Stück pro Stück etwa:
1500 kJ/360 kcal · 7 g Eiweiß
19 g Fett · 39 g Kohlenhydrate
3 g Ballaststoffe

Vorbereitungszeit: 2 Stunden
Backzeit: 50 Minuten

Für den Teig den Tofu mit der Milch pürieren. Das Püree mit dem Öl, dem Zuckerrohrgranulat und der Hälfte des Mehls mit den Knethaken des Handrührgerätes verrühren. Das restliche Mehl mit dem Backpulver mischen und mit den Händen unter den Teig kneten. • Eine Backform oder ein Backblech mit Butter aus-streichen und mit dem Teig auslegen: Den Teigkloß von der Mitte des Bleches aus zuerst mit dem Nudelholz so gut wie möglich ausrollen, dann mit dem Handballen und den Fin-gerspitzen auch an die Kanten und in die Ecken des Bleches drücken. • Für die Zimtcreme die Milch mit dem Salz bis knapp unter den Siedepunkt erhitzen. • Die Eier mit dem Granulat in einem anderen Topf zu einer dicken, schaumigen Creme aufschlagen. Das Mehl daruntermischen. • Die Milch unter ständigem Schlagen dazugeben und die Masse auf-kochen, bis sie dick wie Pud-ding ist. • Die Creme von der Kochstelle nehmen und unter häufigem Umrühren erkalten lassen. Die Orangenschale und den -saft, das Zimt- und das Ingwerpulver daruntermischen. Die steif geschlagene Sahne darunterziehen. Die Creme auf dem Teigboden verteilen. • Für die Streusel die Butter zerlassen, aber nicht bräunen. • Die Nüs-se, den Grünkern, das Zucker-rohrgranulat und die Vanille in einer Schüssel mischen. Die Butter darüber träufeln und dabei alles mit einer Gabel zu Streuseln verkneten. • Für den Belag die Äpfel vierteln, schä-len, vom Kerngehäuse befreien und raspeln. Die Raspel mit dem Orangensaft mischen, damit sie sich nicht zu stark ver-färben. Die Pflaumen fein zer-kleinern und daruntermischen. Den Belag auf der Creme ver-teilen und mit den Streuseln bestreuen. • Die Backform oder das Backblech in den kalten Backofen (Mitte) schieben. Den Ofen auf 190° (Umluft 180°, Gas Stufe 2½) schalten. Den Kuchen etwa 50 Minuten bak-ken. • Die Garprobe mit einem Holzstäbchen machen, den garen Kuchen herausnehmen und auf dem Blech 10 Minuten auskühlen lassen. Den Kuchen in 20 Stücke schneiden und auf einem Kuchengitter vollkom-men erkalten lassen.

Aprikosenkuchen mit Quark und Streuseln

Schmeckt auch mit Beeren, Pfirsichen oder Zwetschgen

Für den Teig:
250 g Schichtkäse
10 Eßl. Milch (150 g)
10 Eßl. Öl (100 g)
75 g Zuckerrohrgranulat
400 g Roggenvollkornmehl
50 g vollfettes Sojamehl
1 Teel. Zimtpulver · ½ Päckchen
Weinsteinbackpulver
Für den Belag und die Streusel:
250 g Quark (20 %)
200 g Crème fraîche
100 g Zuckerrohrgranulat
1 Teel. Zimtpulver · 125 g Butter
175 g Roggenvollkornmehl
1,5 kg vollreife Aprikosen
Für das Backblech: Butter

Für Ungeübte

Bei 20 Stück pro Stück etwa:
1400 kJ/330 kcal · 8 g Eiweiß
18 g Fett · 36 g Kohlenhydrate
4 g Ballaststoffe

Vorbereitungszeit: 1¼ Stunden
Backzeit: 45 Minuten

Für den Teig den Schichtkäse, die Milch, das Öl, das Zuckerrohrgranulat und die Hälfte des Roggenmehls mit den Knethaken des Handrührgerätes verrühren. Das restliche Roggenmehl mit dem Sojamehl, dem Zimt und dem Backpulver mischen und mit den Händen unter den Teig kneten. • Eine Backform oder ein Backblech mit Butter ausstreichen und mit dem Teig auskleiden. Der Teig ist so weich, daß er sich nicht ausrollen läßt: Drükken Sie die Teigkugel erst möglichst flach. Dann von der Mitte des Bleches aus den Teig mit dem Handballen und den Fingerspitzen als Kuchenboden auf das Blech drücken. • Für den Belag den Quark mit der Crème fraîche, etwa 1 Eßlöffel Zuckerrohrgranulat und dem Zimt glattrühren. Die Masse auf den Teigboden streichen. • Für die Streusel die Butter bei schwacher Hitze zerlassen. • Das Mehl und den Rest des Zuckerrohrgranulats in einer Schüssel mischen. Die flüssige Butter in dünnem Strahl dazugießen und alles mit einer Gabel zu Streuseln verarbeiten. • Die Aprikosen waschen, abtrocknen, halbieren, entsteinen und mit der Höhlung nach unten auf der Quarkcreme verteilen. Die Streusel darüber geben. • Die Backform oder das Backblech in den kalten Backofen (Mitte) schieben. Den Kuchen bei 175° (Umluft 160°, Gas Stufe 2) etwa 45 Minuten backen, bis sich die Spitzen der Streusel bräunlich färben. • Den Kuchen herausnehmen, einige Minuten ruhen lassen, in 20 Stücke schneiden und auf einem Kuchengitter auskühlen lassen.

Mein Tip: Wie Hefegebäck schmecken auch Kuchen aus Quark-Öl-Teig am besten frisch, das heißt noch am Backtag. Wenn nicht alles gegessen wird, frieren Sie das Gebäck am besten ein. Im Tiefkühlgerät hält es sich etwa 6 Monate. Den Kuchen dann bei Zimmertemperatur auftauen lassen und nach Wunsch im heißen Backofen kurz aufbacken. Auch den ungebackenen Teig können Sie tiefgefrieren. Er sollte jedoch nach spätestens 3 Monaten verbraucht werden.

Obstpie

Der Plunderteig läßt sich gut einfrieren

Für den Teig:

500 g Weizenvollkornmehl

1 Würfel Hefe (etwa 42 g)

40 g Zuckerrohrgranulat

etwa ¼ l lauwarme Milch

250 g weiche Butter · 1 Ei

abgeriebene Schale von

½ unbehandelten Zitrone

1 Teel. Salz

Für die Füllung:

1 kg beliebiges Obst

50–75 g Zuckerrohrgranulat

150 g gemahlene Haselnuß-

kerne · 100 g Vollkornkekse

75 g Korinthen · 5 Eßl. Sahne

(75 g) · abgeriebene Schale von

½ unbehandelten Zitrone

1 Teel. Zimtpulver

Zum Bestreichen:

1 Eigelb · 2 Eßl. Milch

Braucht etwas Zeit

Bei 20 Stück pro Stück etwa:
1400 kJ/330 kcal · 6 g Eiweiß
19 g Fett · 32 g Kohlenhydrate
4 g Ballaststoffe

Vorbereitungszeit: 30 Minuten
Ruhezeit: 12 Stunden
Fertigstellung: 2½ Stunden
Backzeit: 45 Minuten

Für den Teig das Mehl in eine Schüssel geben und eine Mulde hineindrücken. Die zerkrümelte Hefe, 1 Teelöffel Granulat und 4 Eßlöffel Milch hineingeben und mit etwas Mehl vom Rand zu einem Vorteig verrühren. • Den Vorteig zugedeckt bei Zimmertemperatur etwa 15 Minuten ruhen lassen, bis er sichtbar aufgegangen ist. • Den Vorteig mit dem gesamten Mehl verrühren. 50 g Butter, den Rest der Milch und des Granulats, das Ei, die Zitronenschale und das Salz zum Teig geben. Mit den Knethaken des Handrührgerätes etwa 10 Minuten durcharbeiten. • Den Teig zugedeckt im Kühlschrank etwa 12 Stunden gehen lassen, bis sich sein Volumen verdoppelt hat. Die restliche Butter in Scheiben schneiden und eben-

falls kühlen. • Den aufgegangenen Teig zu einem Rechteck von etwa ¾ cm Dicke ausrollen. Die Hälfte der Teigplatte mit der Butter belegen. Die andere Hälfte darüber klappen und vorne leicht andrücken; die seitlichen Ränder offen lassen. Die Teigplatte so drehen, daß die »offenen« Seiten parallel zu Ihrem Körper liegen und zu einer länglichen, etwa ½ cm dicken Platte ausrollen. Beide Schmalseiten so nach innen schlagen, daß sie sich in der Mitte berühren. Die Platte falten, so daß vier Teiglagen übereinander liegen, 30 Minuten kühlen, erneut ausrollen, falten und kühlen. Diesen Vorgang noch dreimal wiederholen. • Das Obst vorbereiten und zerkleinern. Mit dem Granulat, den Nüssen, den zerbröckelten Keksen, den Korinthen, der Sahne, der Zitronenschale und dem Zimt mischen. • Eine ofenfeste Form von etwa 2,5 l Inhalt mit halbhohem Rand bereitstel-

len. • Den Teig etwa ½ cm dick ausrollen. Einen Deckel ausschneiden, der etwas größer sein muß als die Form. In die Mitte des Teigdeckels ein Loch schneiden, damit beim Backen der Dampf entweichen kann. • Den restlichen Teig ausrollen und die Form damit auskleiden. Das Obst hineinfüllen, den Deckel darauflegen und rundherum andrücken. • Das Eigelb mit der Milch verrühren. Die Pie damit bestreichen. • Die Form auf den Rost in den kalten Backofen (unten) stellen. Den Ofen auf 220° (Umluft 180°, Gas Stufe 3) schalten. Die Pie etwa 45 Minuten backen. • Die Pie in der Form – am besten nur lauwarm – abkühlen lassen.

Zwetschgentorte mit Nußhaube

Schmeckt auch mit Rhabarber, Aprikosen oder Johannisbeeren

Für den Teig:

200 g Weizenvollkornmehl
50 g Zuckerrohrgranulat
1 Prise Salz · 1 Eigelb
100 g Butter

Für die Füllung:

750 g Zwetschgen
1 Ei · 1 Eiweiß
100 g Zuckerrohrgranulat
abgeriebene Schale und Saft von ¼ unbehandelten Zitrone
1 Teel. gemahlene Naturvanille
100 g gemahlene Haselnuß-kerne

Für Ungeübte

Bei 12 Stück pro Stück etwa:
1100 kJ/260 kcal · 5 g Eiweiß
13 g Fett · 32 g Kohlenhydrate
6 g Ballaststoffe

Vorbereitungszeit einschließlich
Ruhezeit: 1½ Stunden
Backzeit: 1½ Stunden

Für den Teig alle Zutaten zu einem glatten Mürbeteig verkneten. • Eine Springform von 26 cm ∅ damit auskleiden, dabei einen 5 cm hohen Rand formen. Den Teigboden mit einer Gabel mehrmals einstechen und 1 Stunde kühlen. • Die Form auf den Rost in den kalten Backofen (Mitte) stellen. Den Backofen auf 180° (Umluft 160°, Gas Stufe 2–2½) schalten. Den Kuchenboden 15 Minuten vorbacken. • Für die Füllung die Zwetschgen vorbereiten, entsteinen und dachziegelartig auf dem vorgebackenen Kuchenboden verteilen. • Für den Guß das Ei trennen. Die Eiweiße steif schlagen. Das Granulat unter ständigem Schlagen dazugeben. • Das Eigelb, die Zitronenschale und den -saft sowie die Vanille daruntermischen. Die Nüsse vorsichtig unterziehen. • Den Guß auf den Zwetschgen glattstreichen. • Die Form wieder in den Backofen (unten) stellen. Den Kuchen in etwa 1¼ Stunden fertigbacken.

Kirschenstrudel mit Guß

Gut zum Tiefkühlen geeignet

Für den Teig:

300 g Weizenvollkornmehl

1 Prise Salz · 5 Eßl. Öl (50 g)

150 ccm lauwarmes Wasser

1 Eigelb

Für die Füllung:

600 g Kirschen · 400 g Sauerkirschen · 150 g altbackenes

Vollkornbrot · 40 g Butter

150 g Zuckerrohrgranulat

2 Teel. Zimtpulver

200 g Crème fraîche

50 g Mandelstifte

Für den Guß:

¼ l Milch · 1 Ei

1 Teel. gemahlene Naturvanille

abgeriebene Schale von

½ unbehandelten Zitrone

Zum Ausrollen: Mehl

Für die Form: Butter

Braucht etwas Zeit

Bei 12 Stück pro Stück etwa:
1600 kJ/380 kcal · 7 g Eiweiß
17 g Fett · 47 g Kohlenhydrate
3 g Ballaststoffe

Vorbereitungszeit einschließlich
Ruhezeit: 1¾ Stunden
Backzeit: 40 Minuten

Für den Strudelteig das Mehl
mit dem Salz, dem Öl, dem
Wasser und dem Eigelb verkneten. Der Teig muß weich und
glatt sein, darf aber nicht kleben. • Den Teig in zwei Portionen teilen, jeweils in Pergamentpapier wickeln und in
einem angewärmten Topf etwa
1 Stunde ruhen lassen. • Inzwischen für die Füllung die Kirschen und die Sauerkirschen
waschen, vorsichtig trockenreiben, von den Stielen zupfen
und entsteinen. Das Brot grob
reiben. • Die Butter in einem
kleinen Topf zerlassen, aber
nicht bräunen. Das Zuckerrohrgranulat mit dem Zimt mischen.
• Eine ofenfeste Form, in die
zwei Teigrollen nebeneinander
passen, mit Butter auspinseln.
• Ein Küchentuch dünn mit
Mehl bestäuben. Die erste
Teigportion darauf ganz dünn

ausrollen. Rundherum an den
Rändern mit den Fingerspitzen
ausziehen, so daß auch die
Ränder gleichmäßig dünn sind.
• Den ausgerollten Teig mit
etwas Butter bepinseln und
jeweils die Hälfte der beiden
Kirschensorten, des Brotes, des
Granulats, der Crème fraîche
und der Mandeln darauf verteilen. Am Rand jeweils 1 bis 2 cm
frei lassen, damit die Füllung
beim Aufrollen des Strudels
nicht herausquillt. • Die Teigplatte an den Schmalseiten
etwas einschlagen. Das
Küchentuch am unteren Rand
anheben, den Strudel mit Hilfe
des Tuches aufrollen, anheben
und vorsichtig in die Form gleiten lassen. • Das zweite Teigstück ebenso ausrollen, füllen,
aufrollen und in die Form
geben. • Beide Strudel mit der
restlichen Butter bestreichen.
• Die Form auf den Rost in den
kalten Backofen (Mitte) stellen.
Den Backofen auf 200° (Umluft
180°, Gas Stufe 2–2½) schal-

ten. Den Strudel 15 Minuten
backen. • Inzwischen die Milch
mit dem Ei, der Vanille und der
Zitronenschale verquirlen. Die
Mischung über die Strudel gießen. • Die Strudel noch einmal
etwa 25 Minuten backen.
Dabei immer wieder mit der
Flüssigkeit bestreichen, die sich
in der Form sammelt, damit die
Strudel braun und knusprig
werden. • Die Kirschenstrudel
heiß oder lauwarm servieren.

Zwetschgenrolle

Schmeckt ofenfrisch am besten

Für den Teig:

300 g Weizenvollkornmehl

150 g feingemahlener Hafer

1 Würfel Hefe (42 g)

40 g Zuckerrohrgranulat

etwa ⅛ l Milch · 50 g Butter

1 zimmerwarmes Ei · 1 Eigelb

abgeriebene Schale von

½ unbehandelten Zitrone

1 Teel. Salz

Für die Füllung:

700 g Zwetschgen

50 g weiche Butter

40 g Zuckerrohrgranulat

1 gestrichener Teel. gemahlene

Naturvanille · 1 Teel. Zimtpulver

Für die Arbeitsfläche: Mehl

Für die Fettpfanne und zum

Bestreichen: 50 g Butter

Für Ungeübte

Bei 12 Stück pro Stück etwa:
1300 kJ/310 kcal · 7 g Eiweiß
13 g Fett · 39 g Kohlenhydrate
6 g Ballaststoffe

Vorbereitungszeit einschließlich
Ruhezeit: 1¾ Stunden
Backzeit: 1 Stunde

Für den Teig die beiden
Mehlsorten in einer Schüssel
mischen und in die Mitte eine
Mulde drücken. Die Hefe zerkrümeln und in die Mulde
geben. Das Zuckerrohrgranulat
darüber streuen. • Die Milch
lauwarm erwärmen. Etwa
4 Eßlöffel davon abnehmen,
über die Hefe geben und alles
vorsichtig mit etwas Mehl vom
Rand verrühren, bis ein glatter
Vorteig entstanden ist. • Den
Vorteig zugedeckt bei Zimmertemperatur etwa 15 Minuten
ruhen lassen, bis er sichtbar
aufgegangen ist. • Inzwischen
die Butter in der restlichen
Milch bei schwacher Hitze zerlaufen lassen. Diese Mischung,
das Ei, das Eigelb, die Zitronenschale und das Salz zum Teig
geben und alles mit den Knethaken des Handrührgerätes
etwa 10 Minuten durcharbei-

ten, bis der Teig Blasen wirft
und sich vom Schüsselrand löst.
• Den Teig zugedeckt bei Zimmertemperatur etwa 45 Minuten gehen lassen, bis sich sein
Volumen verdoppelt hat.
• Inzwischen die Zwetschgen
waschen, trockentupfen, vierteln und entsteinen. • Den Teig
mit der Hand noch einmal kräftig durchkneten und in zwei
Portionen teilen. • Die erste
Portion auf der bemehlten
Arbeitsfläche etwa ½ cm dick
ausrollen und mit der Hälfte der
Butter bestreichen. Die Hälfte
der Zwetschgen darauf verteilen. Das Zuckerrohrgranulat mit
der Vanille und dem Zimt
mischen. Ebenfalls die Hälfte
davon über die Zwetschgen
streuen. • Die Fettpfanne des
Backofens mit Butter ausstreichen. Die Teigplatte vorsichtig
aufrollen und hineinlegen. • Die
zweite Teigportion ebenso verarbeiten und in die Fettpfanne
geben. • Die restliche Butter
zum Bestreichen zerlassen und

die Rollen damit bepinseln.
• Die Fettpfanne in den kalten
Backofen (unten) schieben.
Den Ofen auf 180° (Umluft
160°, Gas Stufe 2–2½) schalten. • Die Zwetschgenrollen
etwa 1 Stunde backen. Dabei
zum ersten Mal nach 30 Minuten, dann nach jeweils 10 Minuten mit dem Butter-Saftge-
misch bestreichen, das sich am
Boden der Fettpfanne sammelt.
• Die gebackenen Rollen in der
Form – am besten nur lauwarm
– abkühlen lassen. Auf jeden
Fall möglichst frisch servieren.

Heidelbeer-Aprikosen-Wähe

Nehmen Sie tiefgefrorenen Blätterteig, wenn es schnell gehen soll

Für den Teig:

150 g Roggenvollkornmehl	
60 g Zuckerrohrgranulat	
1 Prise Salz · 75 g Butter	
1½ Eßl. Wasser	

Für den Belag:

400 g Aprikosen · 200 g Heidelbeeren (Blaubeeren)	
100 g Walnußkerne	
100 g Sahne · ⅛ l Milch · 2 Eier	
90 g Zuckerrohrgranulat	
1 Teel. Zimtpulver	

Für Ungeübte

Bei 12 Stück pro Stück etwa:
1100 kJ/260 kcal · 5 g Eiweiß
15 g Fett · 28 g Kohlenhydrate
3 g Ballaststoffe

Vorbereitungszeit einschließlich
Ruhezeit: 1½ Stunden
Backzeit: 1 Stunde

Für den Teig alle Zutaten vermischen und mit den Händen zu einem glatten Mürbeteig verkneten. • Eine Springform von 26 cm ⌀ mit dem Teig auskleiden, dabei einen etwa 3 cm hohen Rand formen. Den Teigboden mit einer Gabel mehrmals einstechen. • Die Form in den Kühlschrank stellen und den Teigboden 1 Stunde kühlen. • Die Aprikosen waschen, abtrocknen, halbieren und entsteinen. Die Heidelbeeren verlesen, waschen und vorsichtig trockentupfen. • Die Aprikosenhälften sternförmig auf den Teigboden legen, die Heidelbeeren in den Zwischenräumen verteilen. Die Nüsse grob hacken und darüber streuen. • Die Form auf den Rost in den kalten Backofen (unten) stellen. Den Ofen auf 220° (Umluft 180°, Gas Stufe 3−4) schalten. Die Wähe 15 Minuten vorbacken. • Die Sahne mit der Milch, den Eiern, dem Zuckerrohrgranulat und dem Zimt verquirlen und über das Obst gießen. Die Wähe weitere 45 Minuten backen. • Die gebackene Wähe erst nach dem Abkühlen vom Springformboden lösen und auf eine Kuchenplatte geben.

Gestürzter Obstkuchen

Besonders saftig durch Holunderbeeren

200 g Zwetschgen	
1 große reife Birne (etwa 250 g)	
1 Eßl. Zitronensaft	
200 g Holunderbeeren	
25 g weiche Butter	
20 g Zuckerrohrgranulat	
Für den Teig:	
200 g weiche Butter	
80 g Zuckerrohrgranulat	
1 Prise Salz · 1 Teel. gemahlene	
Naturvanille · abgeriebene	
Schale und Saft von ½ unbe-	
handelten Zitrone · 3 Eier	
200 g Weizenvollkornmehl	
1 Teel. Weinsteinbackpulver	

Für Ungeübte

Bei 12 Stück pro Stück etwa:
1200 kJ/290 kcal · 5 g Eiweiß
18 g Fett · 25 g Kohlenhydrate
4 g Ballaststoffe

Vorbereitungszeit: 50 Minuten
Backzeit: 1½ Stunden

Die Zwetschgen waschen, abtrocknen, halbieren und entsteinen. Die Birne vierteln, vom Kerngehäuse befreien, schälen und in dünne Schnitze teilen. Die Birnenschnitze mit dem Zitronensaft vermischen, damit sie sich nicht zu stark verfärben. Den Holunder in einer mit kaltem Wasser gefüllten Schüssel mehrmals waschen und vorsichtig trockenschwenken. Die Beeren mit einer Gabel von den Dolden streifen. • Eine Springform von 26 cm ⌀ mit der Butter ausstreichen. Das Zuckerrohrgranulat darauf streuen. Das Obst auf dem Boden der Form verteilen. • Für den Teig die Butter, das Zuckerrohrgranulat, das Salz, die Vanille, die Zitronenschale und den -saft mit den Quirlen des Handrührgerätes auf der höchsten Schaltstufe verrühren, bis die Masse hellbraun und schaumig ist und das Granulat nicht mehr knirscht. • Die Eier nacheinander hinzufügen und nur so lange daruntermischen, bis keine Eigelbspuren mehr zu sehen sind. Das Mehl mit dem Backpulver gemischt in zwei Portionen hinzufügen und jeweils darunterrühren, bis sich alle Zutaten zu einem cremigen Teig verbunden haben. • Den Teig über dem Obst glattstreichen. • Die Form auf den Rost in den kalten Backofen (unten) stellen. Den Ofen auf 175° (Umluft 150°, Gas Stufe 2) schalten. Den Kuchen 1 Stunde backen. Den Backofen auf 150° (Umluft 140°, Gas Stufe 1½–2) zurückschalten und den Kuchen noch einmal etwa 30 Minuten backen. • Die Garprobe mit einem Holzstäbchen machen, den garen Kuchen herausnehmen und 10 Minuten in der Form stehenlassen. Den Kuchen stürzen und auf einem Kuchengitter vollkommen erkalten lassen.

Mein Tip: Holunder sollten Sie nicht unter fließendem Wasser waschen: Die Beeren sind sehr empfindlich und könnten durch den Wasserstrahl zerdrückt werden. Besser schwenken Sie die ganzen Dolden in einer Schüssel mit Wasser und schütteln sie danach vorsichtig trocken.

Johannisbeerkuchen mit Quark

Wer den Kuchen süßer mag, ersetzt die Beeren durch vollreife Pfirsiche

Für den Teig:

400 g Weizenvollkornmehl

1 Würfel Hefe (42 g)

1 Teel. Zuckerrohrgranulat

300 ccm lauwarmes Wasser

50 g Butter · ½ Teel. Salz

Für den Belag:

500 g Magerquark · ⅛ l Milch

3 Eier · 160 g Zuckerrohrgranulat · 1 Teel. gemahlene
Naturvanille · abgeriebene
Schale und Saft von
½ unbehandelten Zitrone
500 g rote Johannisbeeren

Für das Backblech: Butter

Braucht etwas Zeit

Bei 20 Stück pro Stück etwa:
700 kJ/170 kcal · 8 g Eiweiß
4 g Fett · 24 g Kohlenhydrate
4 g Ballaststoffe

Vorbereitungszeit einschließlich
Ruhezeit: 1¾ Stunden
Backzeit: 1½ Stunden

Für den Teig das Mehl in eine Schüssel geben und in die Mitte eine Mulde drücken. Die Hefe zerkrümeln und in die Mulde geben. Das Zuckerrohrgranulat darüber streuen. Etwa 5 Eßlöffel Wasser über die Hefe geben und alles vorsichtig mit etwas Mehl vom Rand verrühren, bis sich die Hefe aufgelöst hat und ein glatter Vorteig entstanden ist. • Den Vorteig zugedeckt bei Zimmertemperatur etwa 15 Minuten ruhen lassen, bis er sichtbar aufgegangen ist. • Die Butter in das restliche Wasser geben und bei schwacher Hitze darin zerlaufen lassen. • Den Vorteig und das Mehl mit den Knethaken des Handrührgerätes vermischen. Die Wasser-Butter-Mischung und das Salz hinzufügen. Alles mit den Knethaken des Handrührgerätes etwa 10 Minuten durcharbeiten, bis der Teig Blasen wirft und sich vom Schüsselrand löst. Da er zum Kneten mit der Hand zu weich ist, muß er wirklich gründlich durchgerührt werden. • Den Teig zugedeckt bei Zimmertemperatur etwa 45 Minuten gehen lassen, bis sich sein Volumen verdoppelt hat. • Für den Belag den Quark mit der Milch, den Eiern, 60 g Zuckerrohrgranulat, der Vanille, der Zitronenschale und dem -saft verrühren. • Die Johannisbeeren verlesen, waschen, mit einer Gabel von den Stielen streifen und sehr gut abtropfen lassen. • Ein Backblech mit Butter ausstreichen und mit dem Teig auslegen: Den Teigkloß in die Mitte des Bleches geben und mit Handballen und Fingerspitzen als Kuchenboden auf das Blech drücken. Dabei die Hände immer wieder in Mehl tauchen, damit der weiche Teig nicht an den Fingern klebt. Den Teig an den Seiten des Blechs nicht zu einem Rand hochdrücken; bei der langen Backzeit würde ein Teigrand zu stark bräunen. • Die Quarkmischung auf dem Teigboden glattstreichen. Die Johannisbeeren darauf verteilen und mit dem restlichen Zuckerrohrgranulat bestreuen. • Das Backblech in den kalten Backofen (Mitte) schieben. Den Ofen auf 180° (Umluft 160°, Gas Stufe 2) schalten und den Kuchen etwa 1½ Stunden backen. Er ist gar, wenn der Quarkbelag keine sichtbaren Blasen mehr wirft und leicht gebräunt ist. • Das Backblech herausnehmen und den Kuchen etwa 15 Minuten abkühlen lassen. Dann in Stücke schneiden und zum Erkalten auf ein Kuchengitter legen.

Brombeerkuchen mit Hirsestreuseln

Gelingt auch gut mit tiefgefrorenen Beeren

Für den Teig:

250 g Buchweizenmehl

250 g Weizenvollkornmehl

1 Würfel Hefe (42 g)

1 Teel. Zuckerrohrgranulat

100 g Tofu · ¼ l Wasser

100 ccm Sojamilch · ½ Teel.

Salz · abgeriebene Schale von

½ unbehandelten Zitrone

Für die Streusel:

100 g Hirse · 200 ccm Wasser

100 g Butter

50 g Weizenvollkornmehl

50 g Zuckerrohrgranulat

Für die Creme:

⅜ l Milch · 1 gehäufter Teel.

gemahlene Naturvanille

1 Prise Salz · 1 Stück Schale von

1 unbehandelten Zitrone

2 Eier · 50 g Zuckerrohrgranulat

50 g Weizenvollkornmehl

125 g Sahne · 500 g Brombeeren

Für das Backblech: Butter

Teig ohne Eier

Bei 20 Stück pro Stück etwa:
1000 kJ/240 kcal · 7 g Eiweiß
9 g Fett · 32 g Kohlenhydrate
4 g Ballaststoffe

Vorbereitungszeit einschließlich
Ruhezeit: 2 Stunden
Backzeit: 40 Minuten

Für den Teig die Mehlsorten in einer Schüssel mischen und eine Mulde hineindrücken. Die zerkrümelte Hefe und das Granulat dazugeben. • Den Tofu mit dem Wasser und der Sojamilch pürieren und lauwarm erwärmen. Etwa 4 Eßlöffel davon über die Hefe geben und alles vorsichtig mit etwas Mehl vom Rand zu einem Vorteig verrühren. • Den Vorteig zugedeckt bei Zimmertemperatur etwa 15 Minuten ruhen lassen, bis er sichtbar aufgegangen ist. • Die restliche Tofumischung, das Salz und die Zitronenschale hinzufügen und alles mit den Knethaken des Handrührgerätes etwa 10 Mi-nuten durcharbeiten, bis der Teig Blasen wirft und sich vom Schüsselrand löst. • Den Teig zugedeckt bei Zimmertemperatur etwa 45 Minuten gehen lassen, bis sich sein Volumen verdoppelt hat. • Für die Streusel die Hirse mit dem Wasser zum Kochen bringen und zugedeckt bei schwacher Hitze 40 Minuten ausquellen lassen, bis sie weich und ganz trocken ist. • Die Hirse abkühlen lassen. Die Butter zerlassen. • Das Mehl, das Zuckerrohrgranulat und die Hirse mit einer Gabel vermischen. Die Butter darüber träufeln und dabei alle Zutaten mit der Gabel zu Streuseln verkneten. • Für die Creme die Milch mit der Vanille, dem Salz und der Zitronenschale erhitzen, aber nicht aufkochen. • Die Eier trennen. Die Eigelbe mit dem Zuckerrohrgranulat in einen anderen Topf geben und schaumig schlagen. Das Mehl daruntermischen. • Die heiße Milch unter ständigem Weiter-schlagen dazugießen. Die Creme unter Rühren aufkochen, bis sie dick wie Pudding ist. Den Topf von der Kochstelle nehmen, in kaltes Wasser mit einigen Eiswürfeln stellen, und die Creme unter ständigem Rühren lauwarm abkühlen lassen. • Die Eiweiße und die Sahne getrennt steif schlagen und nacheinander unter die Creme ziehen. • Die Brombeeren verlesen, waschen und trockentupfen. • Ein Backblech fetten, den Teig darauf ausrollen und mit der Vanillecreme bestreichen. Zuerst die Beeren, dann die Streusel darüber verteilen. • Das Backblech in den kalten Backofen (Mitte) schieben. Den Ofen auf 180° (Umluft 160°, Gas Stufe 2–2½) schalten. Den Kuchen etwa 40 Minuten backen.

Saftige Sommerkuchen

Schmecken mit frischen oder tiefgekühlten Beeren

Grießkuchen mit Johannisbeeren

im Bild links

⅜ l Milch · 1 Prise Salz	
100 g Weizenvollkorngrieß	
750 g rote und schwarze	
Johannisbeeren gemischt	
50 g weiche Butter	
125 g Zuckerrohrgranulat	
1 Teel. gemahlene Naturvanille	
abgeriebene Schale und Saft	
von ½ unbehandelten Zitrone	
3 Eier · 300 g Magerquark	
50 g Weizenvollkornmehl	
1 Teel. Weinsteinbackpulver	
Für die Form: Butter	

Raffiniert

Bei 12 Stück pro Stück etwa:
860 kJ/200 kcal · 8 g Eiweiß
6 g Fett · 28 g Kohlenhydrate
5 g Ballaststoffe

Vorbereitungszeit: 1¼ Stunden
Backzeit: 1¼ Stunden

Die Milch mit dem Salz zum Kochen bringen. Den Grieß dazugeben, aufkochen und unter mehrmaligem Umrühren zugedeckt bei schwacher Hitze 10 Minuten quellen, dann lauwarm abkühlen lassen. • Die Beeren vorbereiten. • Für den Teig die Butter, das Granulat, die Vanille, die Zitronenschale und den -saft schaumig rühren. • Die Eier trennen. Die Eigelbe nacheinander unter die Buttermasse rühren. Den Grießbrei und den Quark eßlöffelweise daruntermischen. • Die Beeren auf den Teig geben. Die Eiweiße steif schlagen und auf die Beeren gleiten lassen. Das Mehl und das Backpulver mischen und darauf sieben. • Alles vorsichtig mit einem Kochlöffel mischen, bis es sich verbunden hat. • Eine Springform von 26 cm ⌀ fetten. Den Teig darin glattstreichen. • Die Form auf den Rost in den kalten Backofen (unten) stellen. Den Ofen auf 180° (Umluft 160°, Gas

Stufe 2) schalten. Den Kuchen etwa 1¼ Stunden backen.
• Die Garprobe mit einem Holzstäbchen machen. Den garen Kuchen nach dem Erkalten aus der Form lösen.

Maiskuchen mit Himbeeren

im Bild rechts

200 g weiche Butter	
125 g Zuckerrohrgranulat	
1 Prise Salz · abgeriebene	
Schale und Saft von	
½ unbehandelten Zitrone	
4 Eier · 125 g Maismehl	
125 g Weizenvollkornmehl	
½ Päckchen Weinsteinbackpulver · 300 g Himbeeren	
Für die Form: Butter	

Für Ungeübte

Bei 12 Stück pro Stück etwa:
1200 kJ/290 kcal · 5 g Eiweiß
17 g Fett · 27 g Kohlenhydrate
3 g Ballaststoffe

Vorbereitungszeit: 40 Minuten
Backzeit: 1½ Stunden

Die Butter, das Granulat, das Salz, die Zitronenschale und den -saft schaumig rühren. • Die Eier nacheinander darunterrühren. Die beiden Mehlsorten mit dem Backpulver gemischt darunterrühren. • Eine Springform von 26 cm ⌀ fetten. Den Teig darin glattstreichen.
• Die vorbereiteten Himbeeren auf dem Teig verteilen. • Die Form auf den Rost in den kalten Backofen (unten) stellen. Den Ofen auf 175° (Umluft 150°, Gas Stufe 2) schalten. Den Kuchen etwa 1½ Stunden backen.

Tofukuchen mit Heidelbeeren

Gut mit jedem vollreifen Obst

150 g weiche Butter
175 g Zuckerrohrgranulat
1 Prise Salz · 1 Teel. gemahlene
Naturvanille · abgeriebene
Schale und Saft von 1 unbe-
handelten Zitrone · 250 g Tofu
200 ccm kaltes Wasser
30 g vollfettes Sojamehl · 100 g
gemahlene Haselnußkerne
50 g Weizenvollkornmehl
1 Teel. Weinsteinbackpulver
150 g Heidelbeeren
(Blaubeeren)
Für die Form: Butter

Teig ohne Eier

Bei 12 Stück pro Stück etwa:
1100 kJ/260 kcal · 4 g Eiweiß
17 g Fett · 21 g Kohlenhydrate
1 g Ballaststoffe

Vorbereitungszeit: 50 Minuten
Backzeit: 1½ Stunden

Die Butter, das Zuckerrohr-granulat, das Salz, die Vanille, die Zitronenschale und den -saft mit den Quirlen des Handrührgerätes auf der höchsten Schaltstufe verrühren, bis die Masse schaumig ist. • Den Tofu mit dem Wasser pürieren, das Sojamehl daruntermischen. Alles eßlöffelweise unter die Buttermasse rühren. Die Hasel-nüsse und die Hälfte des Mehls mit dem Backpulver gemischt hinzufügen und darunterrüh-ren, bis sich alle Zutaten zu einem cremigen Teig verbun-den haben. • Die Heidelbeeren waschen, trockentupfen und im restlichen Mehl wälzen. Die Beeren mit einer Gabel locker unter den Teig ziehen. • Eine Springform von 26 cm Ø fetten. Den Teig darin glattstreichen. Die Form auf den Rost in den kalten Backofen (unten) stellen. Den Ofen auf 175° (Umluft 150°, Gas Stufe 2) schalten. Den Kuchen etwa 1½ Stunden backen. • Die Garprobe mit einem Holzstäbchen machen, den garen Kuchen herausneh-men und nach 10 Minuten zum Erkalten auf ein Kuchengitter geben.

Gedeckter Apfelkuchen

Ein beliebter Kuchen, der ganz frisch am besten schmeckt

Für den Teig:
250 g Weizenvollkornmehl
50 g Zuckerrohrgranulat
1 gestrichener Teel. gemahlene
Naturvanille · abgeriebene
Schale von ½ unbehandelten
Zitrone · 1 Prise Salz · 1 Ei
2 Eßl. Sahne (30 g)
100 g weiche Butter
Für die Füllung:
100 g entsteinte ungeschwe-
felte Trockenpflaumen
800 g säuerliche Äpfel
(Gravensteiner, Boskop oder
Cox Orange)
60 g Zuckerrohrgranulat
abgeriebene Schale und Saft
von ½ unbehandelten Zitrone
1 Teel. Zimtpulver
Zum Bestreichen:
2 Eßl. Apfelkraut (50 g)
1 Eßl. Zitronensaft · 25 g Butter

Preiswert

Bei 12 Stück pro Stück etwa:
1100 kJ/260 kcal · 4 g Eiweiß
11 g Fett · 36 g Kohlenhydrate
3 g Ballaststoffe

Vorbereitungszeit einschließlich
Ruhezeit: 1¾ Stunden
Backzeit: 50 Minuten

Für den Teig das Mehl, das Zuckerrohrgranulat, die Vanille, die Zitronenschale, das Salz, das Ei, die Sahne und die Butter mit den Knethaken des Handrührgerätes vermischen, bis die Masse krümelig ist. Den Teig mit den Händen rasch zusammenkneten, bis er glatt ist.
• Eine Springform von 26 cm ∅ mit zwei Dritteln des Teiges auskleiden, dabei einen etwa 3 cm hohen Rand formen. Den Teigboden mit einer Gabel mehrmals einstechen, damit später beim Backen die Luft entweichen kann. • Die Form in den Kühlschrank stellen, und den Teigboden 1 Stunde kühlen. Den restlichen Teig zwi-

schen zwei Blättern Pergamentpapier zu einer dünnen, möglichst runden Platte ausrollen und ebenfalls kühlen. • Inzwischen die Pflaumen grob zerkleinern. Die Äpfel vierteln, schälen und vom Kerngehäuse befreien. Die Viertel noch einmal teilen und mit den Pflaumen, dem Zuckerrohrgranulat, der Zitronenschale und dem -saft sowie dem Zimt in einem Topf einmal aufkochen. Die Äpfel zugedeckt bei schwacher Hitze 10 Minuten dünsten.
• Die Form mit dem Teigboden auf den Rost in den kalten Backofen (Mitte) stellen. Den Backofen auf 200° (Umluft 180°, Gas Stufe 2½–3) schalten. Den Kuchenboden 15 Minuten vorbacken. Den Backofen auf 180° (Umluft 160°, Gas Stufe 2–2½) zurückschalten. • Die Äpfel auf dem Teigboden verteilen. Die Teigplatte aus dem Kühlschrank nehmen, das eine Blatt Pergamentpapier abziehen. Die Platte mit der Teigseite nach unten

auf den Kuchen legen, das obere Blatt ebenfalls abziehen. Eventuell überstehende Teigreste leicht andrücken. • Die Form wieder in den Ofen (unten) stellen. Den Kuchen in etwa 35 Minuten fertigbacken.
• Den gebackenen Kuchen nach etwa 30 Minuten vorsichtig aus der Form lösen und auf ein Kuchengitter gleiten lassen.
• Das Apfelkraut mit dem Zitronensaft und der Butter unter Rühren bei schwacher Hitze nur so heiß werden lassen, daß die Butter zerläuft und sich mit den anderen Zutaten verbindet. Den Kuchen damit bestreichen und völlig erkalten lassen.

Apfelkuchen mit Marmeladenguß

Besonders fein, dabei ganz einfach zu machen

Für den Teig:

200 g Weizenvollkornmehl	
25 g Zuckerrohrgranulat	
1 Prise Salz · 1 Ei	
100 g weiche Butter	

Für den Belag:

600 g säuerliche Äpfel (Graven-
steiner, Boskop oder Cox
Orange) · 4 Eßl. Zitronensaft
1 reife Banane · 3 Eier
200 g Seidentofu (siehe Tip
Seite 80) · 100 g Fruchtaufstrich
ohne Zuckerzusatz
1 Eßl. Zuckerrohrgranulat
abgeriebene Schale von
½ unbehandelten Zitrone
1 gestrichener Teel. gemahlene
Naturvanille
30 g Weizenvollkornmehl
½ Teel. Weinsteinbackpulver

Raffiniert

Bei 12 Stück pro Stück etwa:
970 kJ/230 kcal · 6 g Eiweiß
10 g Fett · 27 g Kohlenhydrate
3 g Ballaststoffe

Vorbereitungszeit einschließlich
Ruhezeit: 1¼ Stunden
Backzeit: 1 Stunde und
10 Minuten

Für den Teig das Mehl, das Zuckerrohrgranulat, das Salz, das Ei und die Butter mit den Knethaken des Handrührgerätes vermischen, bis die Masse krümelig ist. Den Teig mit den Händen rasch zusammenkneten, bis er glatt ist. • Eine Springform von 26 cm ⌀ mit dem Teig auskleiden, dabei einen etwa 3 cm hohen Rand formen. Den Teigboden mit einer Gabel mehrmals einstechen, damit später beim Backen die Luft entweichen kann. • Die Form in den Kühlschrank stellen, und den Teigboden 1 Stunde kühlen. • Die Form auf den Rost in den kalten Backofen (Mitte) stellen. Den Backofen auf 200° (Umluft 180°, Gas Stufe 2½–3) schalten. Den Kuchenboden 15 Minuten vorbacken. Den Backofen auf 180°

(Umluft 160°, Gas Stufe 2–2½) zurückschalten. • Während der Kühlzeit den Belag vorbereiten: Die Äpfel vierteln, schälen, vom Kerngehäuse befreien und in nicht zu dünne Schnitze teilen. Die Apfelschnitze mit dem Zitronensaft vermischen, damit sie sich nicht verfärben. • Die Banane schälen und mit einer Gabel zerdrücken. • Die Eier trennen. Die Eigelbe mit der Banane, dem Seidentofu, dem Fruchtaufstrich, dem Zuckerrohrgranulat, der Zitronenschale und der Vanille verrühren. • Die Eiweiße sehr steif schlagen und auf die Masse gleiten lassen. Das gesiebte Mehl mit dem Backpulver vermischt darüber streuen. Alles mit einem Schneebesen vorsichtig mischen. • Die Apfelschnitze schuppenförmig auf dem vorgebackenen Kuchenboden verteilen. • Den Guß darauf glattstreichen. • Die Form auf den Rost in den Backofen (unten) stellen. Den Kuchen etwa

55 Minuten backen. • Die Garprobe mit einem Holzstäbchen machen, den garen Kuchen herausnehmen und in der Form 10 Minuten stehen lassen. Dann zum Abkühlen auf ein Kuchengitter geben.

Apfelkuchen mit Mandeln

Schmeckt auch mit Beeren, Pfirsichen, Birnen oder Zwetschgen

Für den Teig:

150 g weiche Butter

100 g Zuckerrohrgranulat

1 Teel. gemahlene Naturvanille

1 Prise Salz · abgeriebene

Schale und Saft von

½ unbehandelten Zitrone

175 g Weizenvollkornmehl

30 g vollfettes Sojamehl

1 Teel. Weinsteinbackpulver

etwa 150 ccm kaltes Wasser

Für den Belag:

750 g säuerliche Äpfel

(Gravensteiner, Boskop oder

Cox Orange) · Saft von

1 Zitrone · 25 g Butter

50 g Honig · 40 g Mandelstifte

Teig ohne Eier

Bei 12 Stück pro Stück etwa:
1100 kJ/260 kcal · 4 g Eiweiß
15 g Fett · 29 g Kohlenhydrate
2 g Ballaststoffe

Vorbereitungszeit: 40 Minuten
Backzeit: 1½ Stunden

Für den Teig die Butter, das Zuckerrohrgranulat, die Vanille, das Salz, die Zitronenschale und den -saft mit den Quirlen des Handrührgerätes auf der höchsten Schaltstufe verrühren, bis die Masse schaumig ist und das Granulat nicht mehr knirscht. • Das Mehl mit dem Sojamehl und dem Backpulver gemischt hinzufügen und darunterrühren. So viel Wasser darunterrühren, daß sich alle Zutaten zu einem cremigen Teig verbinden, der in langen Zapfen von den Quirlen des Handrührgerätes fällt.
• Den Teig ruhen lassen, bis die Äpfel vorbereitet sind. • Für den Belag die Äpfel halbieren und schälen. Das Kerngehäuse herausschneiden. Die Apfelhälften mit dem Zitronensaft beträufeln, damit sie sich nicht zu stark verfärben. • Eine Springform von 26 cm ⌀ mit der Butter ausstreichen. Den Honig in die Form träufeln und die Mandelstifte darin verteilen. • Die

Apfelhälften mit der Höhlung nach unten in die Form legen. Den Teig darüber glattstreichen. • Die Form auf den Rost in den kalten Backofen (unten) stellen. Den Ofen auf 175° (Umluft 150°, Gas Stufe 2) schalten. Den Kuchen etwa 1½ Stunden backen. • Die Garprobe mit einem Holzstäbchen machen. Den garen Kuchen herausnehmen und 10 Minuten in der Form stehenlassen. Den Springformrand mit einem Messer lösen und den Kuchen so auf ein Kuchengitter stürzen, daß der Belag nach oben kommt. Den Springformboden vorsichtig ablösen und den Kuchen vollkommen erkalten lassen.

Mein Tip: Wenn Sie den Kuchen lieber mit Eiern zubereiten, nehmen Sie 2 Eier der Gewichtsklasse 5 (50 bis 55 g). Beim Obst können Sie je nach Saison variieren; auch verschiedene Sorten gemischt schmek-

ken sehr gut: zum Beispiel Pfirsiche oder Aprikosen mit Heidelbeeren, Birnen mit Zwetschgen oder rote, schwarze und weiße Johannisbeeren. Verwenden Sie grundsätzlich vollreife Früchte und stimmen Sie bitte die Honigmenge auf die Süße des Obstes ab: je weniger Honig, desto besser.

Birnenkuchen mit Gewürzen

Saftiger Kuchen für den Herbst

150 g weiche Butter
100 g Zuckerrohrgranulat
je 1 Teel. gemahlene
Naturvanille, Zimt- und
Ingwerpulver · je ½ Teel.
gemahlenes Piment und Mazis
(Muskatblüte) · 1 Prise Salz
abgeriebene Schale und Saft
von ½ unbehandelten Zitrone
2 Eier · 100 g Weizen-
vollkornmehl · 75 g gemahlene
Hasel- oder Cashewnußkerne
1 Teel. Weinsteinbackpulver
etwa 5 Eßl. Milch (etwa 75 ccm)
750 g feste saftige Birnen
(Clapps Liebling oder Alexander
Lucas) · Saft von 1 kleinen
Zitrone · 50 g Birnenkraut
Für die Form: Butter

Raffiniert • Für Ungeübte

Bei 12 Stück pro Stück etwa:
1100 kJ/260 kcal · 4 g Eiweiß
16 g Fett · 23 g Kohlenhydrate
2 g Ballaststoffe

Vorbereitungszeit: 40 Minuten
Backzeit: 1½ Stunden

Die Butter, das Granulat, alle Gewürze, das Salz, die Zitronenschale und den -saft schaumig rühren. Die Eier nacheinander darunterrühren. • Das Mehl mit den Nüssen und dem Backpulver gemischt hinzufügen. So viel Milch darunterrühren, daß sich alle Zutaten zu einem cremigen Teig verbinden, der in langen Zapfen vom Rührgerät fällt. • Eine Springform von 26 cm ⌀ fetten. Den Teig darin glattstreichen. • Die Birnen halbieren, schälen, vom Kerngehäuse befreien und mit der Höhlung nach unten auf den Teig legen. • Den Zitronensaft mit dem Birnenkraut verrühren und die Birnen damit bestreichen. • Die Form auf den Rost in den kalten Backofen (unten) stellen. Den Ofen auf 175° (Umluft 150°, Gas Stufe 2) schalten. Den Kuchen etwa 1½ Stunden backen.

Zwetschgenkuchen mit Nüssen

Durch Roggenmehl besonders würzig

Für den Teig:

150 g weiche Butter

100 g Zuckerrohrgranulat

1 Prise Salz · 1 gestrichener

Teel. gemahlene Naturvanille

abgeriebene Schale von

½ unbehandelten Orange

4 Eier · 200 g Roggenvollkornmehl · 100 g gemahlene Haselnußkerne · ½ Teel. Zimtpulver

je 1 Messerspitze Piment und

geriebene Muskatnuß

½ Päckchen Weinsteinbackpulver · etwa 150 ccm Milch

Für den Belag:

100 g Müslimischung (ohne

Zuckerzusatz) · 75 ccm Milch

300 g Zwetschgen

Für die Form: Butter

Für Ungeübte

Bei 12 Stück pro Stück etwa:
1400 kJ/330 kcal · 7 g Eiweiß
20 g Fett · 29 g Kohlenhydrate
4 g Ballaststoffe

Vorbereitungszeit: 30 Minuten
Backzeit: 1½ Stunden

Für den Teig die Butter, das Zuckerrohrgranulat, das Salz, die Vanille und die Orangenschale mit den Quirlen des Handrührgerätes auf der höchsten Schaltstufe verrühren, bis die Masse schaumig ist und das Granulat nicht mehr knirscht. • Die Eier nacheinander nur so lange darunterrühren, bis keine Eispuren mehr im Teig zu sehen sind. • Das Mehl sieben, die Kleie entfernen. Das Mehl mit den Nüssen, dem Zimtpulver, dem Piment, dem Muskat und dem Backpulver vermischen. Diese Mischung zu der Buttermasse hinzufügen und nur so lange darunterrühren, bis sich alle Zutaten zu einem cremigen Teig verbunden haben. Nach und nach so viel Milch daruntermischen, daß der Teig in langen Zapfen von den Quirlen des Handrührgerätes fällt. • Eine Springform von 26 cm ⌀

fetten. Den Teig darin glattstreichen und ruhen lassen, bis der Belag vorbereitet ist. • Für den Belag die Müslimischung mit der Milch befeuchten. • Die Zwetschgen waschen, abtrocknen, halbieren und entsteinen. Die Hälften schuppenförmig auf den Teigboden legen. Die Müslimischung darüber verteilen. • Die Form auf den Rost in den kalten Backofen (unten) stellen. Den Ofen auf 175° (Umluft 150°, Gas Stufe 2) schalten. Den Kuchen etwa 1½ Stunden backen. • Die Garprobe mit einem Holzstäbchen machen. Den garen Kuchen herausnehmen und 10 Minuten in der Form stehenlassen. Den Kuchen herauslösen und zum Erkalten auf ein Kuchengitter geben.

Mein Tip: Roggenvollkornmehl braucht noch mehr Flüssigkeit als Weizenmehl; ganz exakt kann man die Menge – wie bei allen Teigen aus Vollkornmehl –

leider nicht angeben. Fügen Sie die Milch langsam zu und prüfen Sie zwischendurch immer wieder die Konsistenz des Teiges: Er soll zäh sein, nicht an den Quirlen haften bleiben, sondern langsam abreißen. Übrigens schadet etwas zuviel Flüssigkeit nicht; der Kuchen wird trotzdem lokker. Bei zu trockenem Teig dagegen ist auch der fertige Kuchen trocken.

Birnen-Mohn-Kuchen

Durch Quark-Öl-Teig sehr knusprig

Für den Teig:

100 g Schichtkäse · 4 Eßl. Milch (60 g) · 4 Eßl. Öl (40 g)

50 g Zuckerrohrgranulat

200 g Weizenvollkornmehl

1 Teel. Weinsteinbackpulver

1 Teel. Zimtpulver

Für die Füllung:

¼ l Milch · 50 g Zuckerrohrgranulat · abgeriebene Schale und Saft von 1 unbehandelten Zitrone · 1 Teel. gemahlene Naturvanille · 200 g gemahlener Mohn · 2 Eßl. Crème fraîche (30 g) · 500 g Birnen

Zum Bestreichen:

1 Eßl. Birnenkraut · Saft von 1 Orange · 25 g Butter

Zum Bestäuben:

nach Belieben Wildpfeilwurzelmehl

Für die Arbeitsfläche: Mehl

50 g gehackte Walnußkerne

Für die Form: Butter

Bei 12 Stück pro Stück etwa:
1300 kJ/310 kcal · 8 g Eiweiß
18 g Fett · 27 g Kohlenhydrate
3 g Ballaststoffe

Vorbereitungszeit: 40 Minuten
Backzeit: 1 Stunde und
5 Minuten

Für den Teig den Schichtkäse, die Milch, das Öl, das Zuckerrohrgranulat und die Hälfte des Mehls mit den Knethaken des Handrührgerätes verrühren. Das restliche Mehl mit dem Backpulver und dem Zimt mischen und mit den Händen unter den Teig kneten. • Für die Füllung die Milch mit dem Zuckerrohrgranulat, der Zitronenschale, 2 Eßlöffeln Zitronensaft und der Vanille einmal aufkochen. • Den Mohn hineinrühren, den Topf von der Kochstelle ziehen und den Mohn zugedeckt 5 Minuten quellen lassen. Die Crème fraîche daruntermischen. • Die Birnen vierteln, schälen, vom Kerngehäuse befreien und in Schnitze teilen. Die Schnitze mit dem restlichen Zitronensaft mischen, damit sie sich nicht zu stark verfärben. • Den Teig auf der bemehlten Arbeitsfläche etwa 3 mm dick zu einem Rechteck ausrollen. • Den Mohn auf den Teig streichen. Dabei rundherum einen etwa 1 cm breiten Rand lassen, damit die Füllung beim Aufrollen nicht herausquillt. Die Birnenschnitze auf dem Mohn verteilen und mit den Nüssen bestreuen. • Die Teigplatte von der Längsseite her aufrollen. Die Rolle in etwa 4 cm dicke Stücke schneiden. • Eine Springform von 26 cm ⌀ fetten. Die Scheiben nebeneinander aufrecht in die Form setzen, so daß die gerollten Seiten mit der Füllung zu sehen sind. • Die Form auf den Rost in den kalten Backofen (unten) stellen. Den Ofen auf 180° (Umluft 160°, Gas Stufe 2) schalten. Den Kuchen 50 Minuten bakken. • Das Birnenkraut, den Orangensaft und die Butter in einen Topf geben und bei schwacher Hitze unter Rühren erwärmen, bis die Butter geschmolzen ist und sich mit den anderen Zutaten verbunden hat. • Den Kuchen mit dieser Mischung bestreichen und weitere 15 Minuten bei 150° (Umluft 140°, Gas Stufe 1½–2) backen. • Die Garprobe mit einem Holzstäbchen machen. Den fertigen Kuchen herausnehmen und in der Form 10 Minuten stehenlassen. Zum Auskühlen auf ein Kuchengitter geben. Den erkalteten Kuchen nach Wunsch mit Wildpfeilwurzelmehl bestäuben.

Bunter Obstkuchen

Gelingt auch Ungeübten ganz leicht

Für den Teig:

200 g weiche Butter

80 g Zuckerrohrgranulat

1 Prise Salz

abgeriebene Schale und Saft
von ½ unbehandelten Zitrone

3 Eier (200 g)

100 g Weizenvollkornmehl

100 g feingemahlener Hafer

Für den Belag:

600 g Pfirsiche · 500 g Kirschen

Zum Bestäuben:

nach Belieben

Wildpfeilwurzelmehl

Für die Form: Butter

Preiswert

Bei 12 Stück pro Stück etwa:
1200 kJ/290 kcal · 5 g Eiweiß
17 g Fett · 27 g Kohlenhydrate
2 g Ballaststoffe

Vorbereitungszeit: 45 Minuten
Backzeit: 50 Minuten

Für den Teig die Butter, das Granulat, das Salz, die Zitronenschale und den -saft mit den Quirlen des Handrührgerätes schaumig rühren. • Die Eier nacheinander daruntermischen. Die beiden Mehlsorten gemischt darüber sieben und alles zu einem cremigen Teig verrühren. • Eine Springform von 26 cm Ø fetten. Den Teig darin glattstreichen. • Für den Belag die Pfirsiche häuten, halbieren und entsteinen. Die Pfirsichhälften mit der Höhlung nach unten auf den Teig legen. Die Kirschen waschen, entsteinen und neben den Pfirsichen verteilen. • Die Form auf den Rost in den kalten Backofen (unten) stellen. Den Ofen auf 180° (Umluft 160°, Gas Stufe 2–2½) schalten. Den Kuchen etwa 50 Minuten backen. • Die Garprobe mit einem Holzstäbchen machen. Den garen Kuchen herausnehmen und nach 10 Minuten auf einem Kuchengitter vollkommen erkalten lassen. Nach Wunsch mit Wildpfeilwurzelmehl bestäuben.

Obstkuchen mit Gitter

Mit der doppelten Zutatenmenge ein Blechkuchen für die große Kaffeetafel

Für den Teig:

100 g Weizenvollkornmehl

100 g feingemahlener Hafer

75 g Zuckerrohrgranulat

abgeriebene Schale von

½ unbehandelten Zitrone

1 Prise Salz · 1 Ei

1 Eigelb · 150 g weiche Butter

Für den Belag:

750 g gemischtes Obst der

Saison wie Birnen und

Zwetschgen, Nektarinen und

Pflaumen, Aprikosen und

Kirschen oder gemischte Beeren

100 g Müslimischung mit

Nüssen und Trockenobst (ohne

Zuckerzusatz)

80 g Zuckerrohrgranulat

abgeriebene Schale und Saft

von ½ unbehandelten Zitrone

Für die Glasur:

1 Eßl. Apfelkraut (30 g)

2 Eßl. Crème fraîche (30 g)

2 Eßl. Zitronensaft

1 Teel. zerlassene Butter

Zum Bestreichen: 1 Eiweiß

Zum Bestäuben:

nach Belieben

Wildpfeilwurzelmehl

Preiswert

Bei 12 Stück pro Stück etwa:
1400 kJ/330 kcal · 6 g Eiweiß
15 g Fett · 42 g Kohlenhydrate
4 g Ballaststoffe

Vorbereitungszeit einschließlich
Ruhezeit: 2 Stunden
Backzeit: 50 Minuten

Für den Teig die beiden Mehlsorten, das Granulat, die Zitronenschale, das Salz, das Ei, das Eigelb und die Butter mit den Knethaken des Handrührgerätes vermischen, bis die Masse krümelig ist. Den Teig mit den Händen rasch zusammenkneten, bis er glatt ist.
• Eine Springform von 26 cm ∅ mit zwei Dritteln des Teiges auskleiden, dabei einen etwa 3 cm hohen Rand formen. Den Teigboden mit einer Gabel mehrmals einstechen. • Die Form in den Kühlschrank stellen, und den Teigboden 1 Stunde kühlen. • Den restlichen Teig für das Gitter zu etwa bleistiftdicken Röllchen drehen. Die Röllchen ebenfalls kühlen.
• Inzwischen für den Belag das Obst vorbereiten: Die Birnen schälen und vom Kerngehäuse befreien. Die Zwetschgen, die Pflaumen, die Kirschen waschen, trockentupfen und entsteinen. Die Aprikosen und die Nektarinen mit kochendem Wasser überbrühen und häuten. • Das Obst in Stücke schneiden und mit der Müslimischung, dem Zuckerrohrgranulat, der Zitronenschale und dem -saft vermischen. • Für die Glasur das Apfelkraut, die Crème fraîche, den Zitronensaft und die Butter verrühren. • Den gekühlten Teigboden mit dem Eiweiß bestreichen; er wird dann selbst mit sehr saftigem Obst nicht zu weich. • Die Form mit dem Teigboden auf den Rost in den kalten Backofen (Mitte) stellen. Den Backofen auf 200° (Umluft 180°, Gas Stufe 2½–3) schalten. Den Kuchenboden 15 Minuten vorbacken. Den Backofen auf 180° (Umluft 160°, Gas Stufe 2–2½) zurückschalten. • Die Obstmischung auf dem Teigboden verteilen. Die Teigröllchen als Gitter darauf legen. Die gesamte Oberfläche des Kuchens mit der Glasur bestreichen. • Die Form wieder in den Ofen (unten) stellen. Den Kuchen in etwa 35 Minuten fertigbacken.
• Den gebackenen Kuchen herausnehmen und etwa 10 Minuten in der Form stehenlassen. Vorsichtig herauslösen und zum Erkalten auf ein Kuchengitter geben. Nach Wunsch mit Wildpfeilwurzelmehl bestäuben.

Gedeckter Quittenkuchen

Schmeckt ofenfrisch am besten

Für den Teig:

250 g Weizenvollkornmehl

50 g Zuckerrohrgranulat

1 Teel. gemahlene Naturvanille

1 Teel. Zimtpulver · abgeriebene

Schale von ½ unbehandelten

Zitrone · 1 Prise Salz

1 Ei · 2 Eßl. Sahne (30 g)

100 g weiche Butter

Für die Füllung:

1 kg Quitten · ⅛ l ungesüßter

Traubensaft · 100 g Korinthen

80 g Zuckerrohrgranulat

abgeriebene Schale und Saft

von ½ unbehandelten Zitrone

100 g Mandelblättchen

Zum Bestreichen:

1 Eßl. Honig (30 g)

2 Eßl. Sahne (30 g) · 25 g Butter

Für Ungeübte

Bei 12 Stück pro Stück etwa:
1500 kJ/360 kcal · 5 g Eiweiß
16 g Fett · 45 g Kohlenhydrate
9 g Ballaststoffe

Vorbereitungszeit einschließlich
Ruhezeit: 1¾ Stunden
Backzeit: 50 Minuten

Für den Teig das Mehl, das Zuckerrohrgranulat, die Vanille, das Zimtpulver, die Zitronenschale, das Salz, das Ei, die Sahne und die Butter mit den Knethaken des Handrührgerätes vermischen, bis die Masse krümelig ist. Den Teig mit den Händen rasch zusammenkneten, bis er glatt ist. • Eine Springform von 26 cm ⌀ mit zwei Dritteln des Teiges auskleiden, dabei einen etwa 3 cm hohen Rand formen. Den Teigboden mit einer Gabel mehrmals einstechen, damit später beim Backen die Luft entweichen kann. • Die Form in den Kühlschrank stellen, und den Teigboden 1 Stunde kühlen. Den restlichen Teig zwischen zwei Blättern Pergamentpapier zu einer dünnen, möglichst runden Platte ausrollen und ebenfalls kühlen. Nach

Wunsch aus den Teigresten beliebige Motive ausstechen und später auf den Teigdeckel geben. • Inzwischen für die Füllung die Quitten mit einem feuchten Tuch abreiben, vierteln, schälen, vom Kerngehäuse befreien und in dünne Schnitze teilen. • Die Schnitze mit dem Traubensaft, den Korinthen, dem Zuckerrohrgranulat, der Zitronenschale und dem -saft einmal aufkochen und etwa 10 Minuten zugedeckt bei schwacher Hitze dünsten. • Die Quitten abgießen – die Dünstflüssigkeit auffangen –, abtropfen lassen und mit den Mandelblättchen mischen. • Die Form mit dem Teigboden auf den Rost in den kalten Backofen (Mitte) stellen. Den Backofen auf 200° (Umluft 180°, Gas Stufe 2½–3) schalten. Den Kuchenboden 15 Minuten vorbacken. Den Backofen auf 180° (Umluft 160°, Gas Stufe 2–2½) zurückschalten. • Die Quitten auf dem Teigboden verteilen.

Von der Teigplatte das eine Blatt Pergamentpapier abziehen. Die Platte mit der Teigseite nach unten auf den Kuchen legen, das obere Blatt ebenfalls abziehen. Eventuell überstehende Teigreste leicht andrükken. • Die Form wieder in den Ofen (unten) stellen. Den Kuchen in etwa 35 Minuten fertigbacken. • Den gebackenen Kuchen nach etwa 10 Minuten vorsichtig aus der Form lösen und auf ein Kuchengitter gleiten lassen. • Den Honig mit der Sahne und der Butter unter Rühren nur so heiß werden lassen, bis die Butter zerlaufen ist und sich mit den anderen Zutaten verbunden hat. Den Kuchen damit bestreichen und vollkommen erkalten lassen.

Quittenkuchen mit Weinguß

Feiner, saftiger Kuchen für den Spätherbst

Für den Teig:

150 g Weizenvollkornmehl

60 g Zuckerrohrgranulat

1 Prise Salz · 75 g weiche Butter

1½ Eßl. kaltes Wasser

Für den Belag:

500 g Quitten · ⅛ l trockener Weißwein · 30 g Zuckerrohrgranulat · 1 Stück Schale und den Saft von ½ unbehandelten Orange · 100 g Sonnenblumenkerne · 2 Eier · 2 Eßl. Crème fraîche (30 g) · 1 Teel. Zimtpulver 1 Eßl. Honig (30 g)

Raffiniert

Bei 12 Stück pro Stück etwa:
940 kJ/220 kcal · 5 g Eiweiß
10 g Fett · 25 g Kohlenhydrate
5 g Ballaststoffe

Vorbereitungszeit einschließlich
Ruhezeit: 1½ Stunden
Backzeit: 45 Minuten

Für den Teig das Mehl, das Zuckerrohrgranulat, das Salz, die Butter und das Wasser mit den Knethaken des Handrührgerätes vermischen, bis die Masse krümelig ist. Den Teig mit den Händen rasch zusammenkneten, bis er glatt ist.
• Eine Springform von 26 cm ∅ mit dem Teig auskleiden, dabei einen etwa 3 cm hohen Rand formen. Den Teigboden mit einer Gabel mehrmals einstechen, damit später beim Backen die Luft entweichen kann. • Die Form in den Kühlschrank stellen, und den Teigboden 1 Stunde kühlen. • Inzwischen die Quitten vierteln, schälen, waschen, vom Kerngehäuse befreien und in etwa 1 cm dicke Spalten schneiden. • Den Wein mit dem Zuckerrohrgranulat, der Orangenschale und dem -saft einmal aufkochen. Die Quitten darin zugedeckt bei schwacher Hitze etwa 5 Minuten dünsten. Dann aus dem Sud nehmen und abtropfen lassen. Den Saft

dabei auffangen. Die Dünstflüssigkeit lauwarm abkühlen lassen. Die Orangenschale entfernen. • Die Sonnenblumenkerne auf den Teigboden streuen. • Die Form auf den Rost in den kalten Backofen (Mitte) stellen. Den Ofen auf 220° (Umluft 180°, Gas Stufe 3–4) schalten. Den Teigboden 15 Minuten vorbacken. • Die Quitten schuppenförmig auf den Teigboden legen. Die Dünstflüssigkeit mit den Eiern und der Crème fraîche verquirlen und über die Quitten gießen. • Den Ofen auf 180° (Umluft 160°, Gas Stufe 2–2½) zurückschalten. Die Form wieder in den Backofen (unten) stellen. Den Kuchen weitere 30 Minuten backen. • Den Honig mit dem Zimt verrühren. • Den garen Kuchen damit bestreichen und noch 10 Minuten im abgeschalteten Ofen bei geöffneter Backofentür stehenlassen. • Den Rand der Springform abnehmen. Den Kuchen

auf dem Bodenblech abkühlen lassen, dann erst auf eine Kuchenplatte geben.

Mein Tip: Wenn Sie keine Quitten (gibt es im Spätherbst auf Wochenmärkten und in gut sortierten Gemüseläden) bekommen, können Sie den Kuchen auch mit Kürbis, Äpfeln oder Birnen zubereiten.

Hirsekuchen mit Aprikosen

Schmeckt auch mit Kirschen oder Beeren

Für den Teig:

¼ l Milch · 1 Prise Salz

125 g Hirse · 50 g weiche Butter

80 g Zuckerrohrgranulat

1 Teel. gemahlene Naturvanille

abgeriebene Schale von

½ unbehandelten Zitrone

3 Eier · 375 g Magerquark

50 g Weizenvollkornmehl

1 Teel. Weinsteinback-

pulver (4 g) · nach Wunsch 25 g

Pistazien oder Cashewnußkerne

Für den Belag:

20 g Butter · 1 Eßl. Birnen-

kraut (30 g) · 800 g vollreife

Aprikosen · 1 Eßl. Zitronensaft

Raffiniert

Bei 12 Stück pro Stück etwa:
960 kJ/230 kcal · 9 g Eiweiß
9 g Fett · 27 g Kohlenhydrate
3 g Ballaststoffe

Vorbereitungszeit: 1 Stunde
Backzeit: 1 Stunde und
10 Minuten

Die Milch mit dem Salz aufkochen. Die Hirse unter Rühren hineinstreuen, erneut aufkochen und zugedeckt bei schwächster Hitze in etwa 40 Minuten ausquellen und sehr weich werden lassen. Den Hirsebrei dabei immer wieder umrühren, damit er nicht zu stark anliegt. • Den Topf von der Kochstelle ziehen und die Hirse lauwarm abkühlen lassen. • Für den Belag die Butter schmelzen, aber nicht bräunen. • Eine Springform von 26 cm ⌀ mit etwas Butter ausstreichen. • Die restliche Butter mit dem Birnenkraut verrühren. • Die Aprikosen mit kochendem Wasser übergießen und kurz darin ziehen lassen, kalt abschrecken und häuten. Die Aprikosen halbieren und entsteinen. • Das Buttergemisch in der Springform verteilen, die Aprikosenhälften mit der Höhlung nach oben nebeneinander in die Form legen und mit dem Zitronensaft beträufeln. • Für den Teig die Butter, das Zuckerrohrgranulat, die Vanille und die Zitronenschale mit den Quirlen des Handrührgerätes schaumig rühren. • Die Eier trennen. Die Eigelbe nacheinander unter die Masse rühren. Den Hirsebrei und den Quark abwechselnd eßlöffelweise daruntermischen. • Die Eiweiße sehr steif schlagen: Ein Messerschnitt muß im Eischnee sichtbar bleiben und darf nicht wieder verfließen. Den Eischnee auf den Teig geben. • Das Mehl gegebenenfalls sieben, um die Kleie zu entfernen; für diesen Kuchen muß das Mehl auch sehr fein gemahlen sein. Das Mehl mit dem Backpulver mischen und über den Eischnee streuen. • Alles mit einem Schneebesen vorsichtig mischen. • Den Teig über den Aprikosen glattstreichen. • Die Form auf den Rost in den kalten Backofen (unten) stellen. Den Ofen auf 180° (Umluft 160°, Gas Stufe 2) schalten. Den Kuchen 1 Stunde und 10 Minuten backen. Die Garprobe mit einem Holzstäbchen machen. Den garen Kuchen herausnehmen und in der Form 10 Minuten stehenlassen. • Den Springformrand entfernen. Den Kuchen mit der Teigschicht nach unten auf ein Kuchengitter stürzen und auskühlen lassen. • Nach Wunsch die Pistazien oder die Cashewnußkerne hacken, und den Kuchen vor dem Servieren damit bestreuen.

Reistorte mit Pfirsichen

Besonders saftige Sommertorte

Für den Teig:

150 g Weizenvollkornmehl

60 g Zuckerrohrgranulat

1 Prise Salz · 75 g weiche Butter

1½ Eßl. kaltes Wasser

Für den Belag:

125 g Naturreis · 1 Prise Salz

½ l Wasser · 75 g Zuckerrohrgranulat · abgeriebene Schale
und Saft von ½ unbehandelten
Zitrone · 1 Teel. gemahlene
Naturvanille · 1 Teel. Zimtpulver

3 Eier · 200 g Sahne

800 g vollreife Pfirsiche

Raffiniert

Bei 12 Stück pro Stück etwa:
1000 kJ/240 kcal · 5 g Eiweiß
12 g Fett · 31 g Kohlenhydrate
2 g Ballaststoffe

Vorbereitungszeit einschließlich
Ruhezeit: 1¼ Stunden
Backzeit: 1 Stunde

Für den Teig das Mehl, das Zuckerrohrgranulat, das Salz, die Butter und das Wasser mit den Knethaken des Handrührgerätes vermischen, bis die Masse krümelig ist. Den Teig mit den Händen rasch zusammenkneten, bis er glatt ist.
• Eine Springform von 26 cm Ø mit dem Teig auskleiden, dabei einen etwa 3 cm hohen Rand formen. Den Teigboden mit einer Gabel mehrmals einstechen, damit später beim Bakken die Luft entweichen kann.
• Die Form in den Kühlschrank stellen, und den Teigboden 1 Stunde kühlen. • Inzwischen für den Belag den Reis mit dem Salz und dem Wasser zum Kochen bringen und zugedeckt bei schwächster Hitze in etwa 45 Minuten körnig ausquellen lassen. • Den Reis etwas abkühlen lassen. • Währenddessen den Tortenboden vorbacken: Die Form auf den Rost in den kalten Backofen (Mitte) stellen. Den Backofen auf 200°

(Umluft 180°, Gas Stufe 2½–3) schalten. Den Tortenboden 10 Minuten backen. Den Backofen auf 175° (Umluft 160°, Gas Stufe 2–2½) zurückschalten. • Das Zuckerrohrgranulat, die Zitronenschale und den -saft, die Vanille und den Zimt unter den Reis mischen. • Die Eier trennen. Die Eigelbe ebenfalls unter die Reismasse rühren. • Die Eiweiße und die Sahne getrennt sehr steif schlagen und nacheinander darunterziehen. • Die Pfirsiche häuten, halbieren und entsteinen. Die Hälften mit der Höhlung nach unten auf dem vorgebackenen Tortenboden verteilen. Die Reismasse darüber glattstreichen. • Die Form wieder auf den Rost in den Backofen (unten) stellen. Die Reistorte etwa 50 Minuten backen. • Die Garprobe mit einem Holzstäbchen machen, die gare Torte im abgeschalteten Backofen 10 Minuten stehenlassen, herausnehmen und

erst nach dem Auskühlen aus der Form lösen.

Mein Tip: Statt Reis können Sie auch Hirse oder Buchweizen nehmen; die Pfirsiche lassen sich durch Zwetschgen, Kirschen oder – im Winter – durch Ananas und Orangen ersetzen. Mit Buchweizen bekommt die Torte einen herben, leicht bitteren Geschmack. Als zusätzliches Aroma schmecken Orangensaft und -schale.

Kirschtorte nach Schwarzwälder Art

Eine vollwertige Abwandlung der berühmten Torte

Für den Teig:

6 Eier · 4 Eßl. kaltes Wasser

90 g Zuckerrohrgranulat

150 g Weizenvollkornmehl

30 g Carob

1 Teel. ungesüßtes Kakaopulver

1 Teel. Weinsteinbackpulver

Für die Füllung:

500 g Kirschen · 200 g Sauerkirschen · 50 g Zuckerrohrgranulat · 4 Teel. Agar-Agar (8 g)

¼ l ungesüßter Kirschsaft

500 g Sahne · 1 Teel. gemahlene
Naturvanille · ½ Eßl. Zuckerrohrgranulat

Zum Tränken:

150 ccm ungesüßter Kirschsaft

1 Eßl. ungesüßter Sanddornsirup (30 g)

Zum Garnieren:

½ Carob-Tafel (50 g), ersatzweise 25 g Zartbitterschokolade
mit Sucanat

Für die Form:

Butter und Pergamentpapier

Braucht etwas Zeit

Bei 16 Stück pro Stück etwa:
1000 kJ/240 kcal · 5 g Eiweiß
13 g Fett · 28 g Kohlenhydrate
2 g Ballaststoffe

Vorbereitungszeit: 30 Minuten
Backzeit: 50 Minuten
Fertigstellung: 1 Stunde

Für den Teig die Eier trennen. Die Eiweiße und das Wasser mit den Quirlen des Handrühr-gerätes steif schlagen. Das Zuk-kerrohrgranulat einrieseln las-sen und weiterschlagen, bis der Eischnee glänzt. • Das Hand-rührgerät auf die niedrigste Schaltstufe stellen, die Eigelbe nacheinander darunterrühren. • Das Mehl mit dem Carob, dem Kakaopulver und dem Backpul-ver vermischt auf den Eischnee sieben. Alles mit einem Schnee-besen vorsichtig zu einer cremi-gen, luftigen Masse vermi-schen. • Eine Springform von 26 cm ⌀ mit gefettetem Perga-

mentpapier auslegen. Den Bis-kuitteig darin glattstreichen.
• Die Form auf den Rost in den kalten Backofen (Mitte) stellen. Den Ofen auf 180° (Umluft 160°, Gas Stufe 2) schalten. Den Biskuit etwa 50 Minuten backen. • Die Garprobe mit einem Holzstäbchen machen, den fertigen Tortenboden her-ausnehmen und nach etwa 10 Minuten zum Erkalten auf ein Kuchengitter geben. • Für die Füllung die Kirschen und die Sauerkirschen waschen, von den Stielen zupfen und entstei-nen. 16 Kirschen zum Garnie-ren der Torte beiseite legen. Die restlichen Kirschen und die Sau-erkirschen mit dem Zuckerrohr-granulat mischen. • Das Agar-Agar mit 2 Eßlöffeln Kirschsaft verrühren. • Den restlichen Saft einmal aufkochen. Das Agar-Agar hinzugeben und unter ständigem Rühren 1 Minute kochen lassen. Das Agar-Agar mit den Kirschen und den Sau-erkirschen mischen. • Die Sahne

mit der Vanille steif schlagen. Das Zuckerrohrgranulat darun-terziehen. • Den Biskuitboden zweimal waagerecht durch-schneiden. • Den Kirschsaft mit dem Sanddornsirup verrühren und die Tortenböden damit tränken. • Etwa die Hälfte der Kirschenmischung auf dem unteren Tortenboden verteilen und dünn mit Sahne bestrei-chen. Den zweiten Boden dar-auf legen, ebenso füllen und mit dem letzten Boden abdek-ken. • Die Torte rundherum mit Sahne bestreichen. Mit Sahne-tupfen, den übrigbehaltenen Kirschen und der geraspelten Carob-Tafel garnieren.

Brombeertorte mit Quarksahne

Feine Sommertorte, die jedoch auch mit tiefgefrorenen Beeren gut gelingt

Für den Teig:

25 g Butter · 2 Eier

1 Eßl. kaltes Wasser

50 g Zuckerrohrgranulat

abgeriebene Schale von
½ unbehandelten Zitrone

40 g Weizenvollkornmehl

40 g gemahlene Haselnußkerne

½ Teel. Weinsteinbackpulver

Für den Belag:

1 Ei · 125 g Magerquark

abgeriebene Schale von
½ unbehandelten Zitrone

1 Teel. gemahlene Naturvanille

80 g Zuckerrohrgranulat

200 g Sahne

400 g Brombeeren

Für die Form: Butter

Raffiniert

Bei 12 Stück pro Stück etwa:
800 kJ/190 kcal · 5 g Eiweiß
11 g Fett · 17 g Kohlenhydrate
3 g Ballaststoffe

Vorbereitungszeit: 30 Minuten
Backzeit: 35 Minuten
Fertigstellung: 30 Minuten

Für den Teig die Butter bei schwacher Hitze schmelzen und wieder lauwarm abkühlen lassen. • Die Eier trennen. Die Eiweiße und das Wasser mit den Quirlen des Handrührgerätes sehr steif schlagen. Die Festigkeit des Eischnees mit einem Messer prüfen: Das Messer durch den Schnee ziehen. Dabei muß der Schnitt sichtbar bleiben, und die Konturen dürfen nicht mehr verfließen. • Das Zuckerrohrgranulat mit der Zitronenschale vermischt langsam einrieseln lassen und weiterschlagen, bis der Eischnee glänzt. • Das Handrührgerät auf die niedrigste Schaltstufe stellen. Die Eigelbe nacheinander nur so lange unterrühren, bis keine Eigelbspuren mehr in der Masse zu sehen sind. Das gesiebte Mehl mit den Nüssen und dem Back-pulver vermischen und auf den Eischnee streuen. Alles mit einem Schneebesen vorsichtig darunterziehen, bis sich die Zutaten zu einer cremigen, luf-tigen Masse verbunden haben. Tropfenweise die flüssige Butter darunterziehen. Dabei nicht kräftig rühren, damit die Luft in der Biskuitmasse bleibt und der Tortenboden beim Backen rich-tig aufgeht. • Eine Obsttorten-bodenform von 28 cm ∅ mit Butter ausfetten. Den Teig dar-in glattstreichen. • Die Form auf den Rost in den kalten Back-ofen (Mitte) stellen. Den Back-ofen auf 180° (Umluft 160°, Gas Stufe 2–2½) schalten. Den Tortenboden etwa 35 Minuten backen. • Die Garprobe mit einem Holzstäbchen machen, den garen Tortenboden heraus-nehmen, nach etwa 10 Minu-ten aus der Form lösen und zum Erkalten auf ein Kuchengitter geben. • Für den Belag das Ei trennen. Das Eigelb mit dem Quark, der Zitronenschale, der Vanille und etwa der Hälfte des Zuckerrohrgranulats verrühren. • Das Eiweiß und die Sahne getrennt sehr steif schlagen. Das Eiweiß und etwa zwei Drit-tel der Sahne unter die Quark-creme ziehen. • Die Creme auf den Tortenboden streichen. • Die Brombeeren verlesen, waschen, vorsichtig trocken-tupfen, auf den Quark geben und mit dem restlichen Zucker-rohrgranulat bestreuen. Die restliche Sahne in einen Spritz-beutel füllen und die Torte mit Sahnetupfen verzieren.

Kirschtorte mit Quark

Schmeckt mit frischen oder eingemachten Früchten

Für den Teig:

150 g Weizenvollkornmehl	
60 g Zuckerrohrgranulat	
75 g Butter	
1½ Eßl. kaltes Wasser	

Für den Belag:

250 g Tofu · 250 g Magerquark
2 Eier · 40 g Zuckerrohrgranulat
abgeriebene Schale und Saft
von ½ unbehandelten Zitrone
1 Teel. gemahlene Naturvanille
1 Teel. Zimtpulver
2 Teel. Carob
500 g Kirschen

Für Ungeübte

Bei 12 Stück pro Stück etwa:
820 kJ/200 kcal · 7 g Eiweiß
8 g Fett · 24 g Kohlenhydrate
2 g Ballaststoffe

Vorbereitungszeit einschließlich
Ruhezeit: 1½ Stunden
Backzeit: 1½ Stunden

Für den Teig alle Zutaten zu einem glatten Mürbeteig verkneten. • Eine Springform von 26 cm ⌀ damit auskleiden und einen etwa 3 cm hohen Rand formen. Den Teigboden mehrmals einstechen und 1 Stunde kühlen. • Die Form auf den Rost in den kalten Backofen (Mitte) stellen. Den Backofen auf 200° (Umluft 180°, Gas Stufe 2½–3) schalten. Den Kuchenboden 15 Minuten vorbacken. Den Backofen auf 175° (Umluft 160°, Gas Stufe 2–2½) zurückschalten. • Für den Belag den Tofu mit dem Quark pürieren. • Die Eier trennen. Die Eigelbe, das Granulat, die Zitronenschale und den -saft, die Vanille, den Zimt und das Carob daruntermischen. Die steif geschlagenen Eiweiße darunterziehen. • Zuerst die Tofucreme, dann die gewaschenen, trockengetupften und entsteinten Kirschen auf dem vorgebackenen Kuchenboden verteilen. • Die Form in den Backofen (unten) stellen. Den Kuchen in etwa 1¼ Stunden fertigbacken. • Die Garprobe mit einem Holzstäbchen machen. Den Kuchen bei geöffneter Backofentüre 10 Minuten stehenlassen.

Stachelbeerkuchen mit Nüssen

Im Frühjahr gut mit Rhabarber

Für den Teig:

200 g Weizenvollkornmehl

25 g Zuckerrohrgranulat

1 Prise Salz · 1 Ei · 100 g Butter

Für den Belag:

700 g Stachelbeeren

100 g Zuckerrohrgranulat

1 Ei · 100 g Crème fraîche

125 g gemahlene Walnußkerne

Für Ungeübte · Raffiniert

Bei 12 Stück pro Stück etwa:
1200 kJ/290 kcal · 5 g Eiweiß
18 g Fett · 27 g Kohlenhydrate
4 g Ballaststoffe

Vorbereitungszeit einschließlich
Ruhezeit: 1½ Stunden
Backzeit: 40 Minuten

Für den Teig alle Zutaten zu einem glatten Mürbeteig verkneten. • Eine Springform von 26 cm Ø damit auskleiden und einen etwa 3 cm hohen Rand formen. Den Teigboden einige Male einstechen und 1 Stunde kühlen. • Die Form auf den Rost in den kalten Backofen (Mitte) stellen. Den Ofen auf 200° (Umluft 180°, Gas Stufe 2½–3) schalten. Den Teigboden 10 Minuten vorbacken. • Die Stachelbeeren waschen, trockentupfen, auf dem Kuchenboden verteilen und mit der Hälfte des Zuckerrohrgranulats bestreuen. • Das Ei trennen. Das Eigelb mit dem restlichen Granulat, der Crème fraîche und den Nüssen verrühren. Das Eiweiß steif schlagen und darunterziehen. Die Masse über den Stachelbeeren verteilen. • Die Form wieder auf den Rost in den Backofen (unten) stellen. Den Kuchen weitere 30 Minuten backen.

Rhabarbertorte mit Sahnehaube

Gelingt auch Ungeübten ganz leicht

Für den Teig:

200 g Weizenvollkornmehl

50 g Zuckerrohrgranulat

1 Prise Salz · 1 Ei · 100 g Butter

Für den Belag:

600 g Rhabarber

200 g Korinthen · 1 Stück Schale
von 1 unbehandelten Zitrone

75 g Honig · 200 g Sahne

100 g gemahlene Nußkerne

1 Eßl. Zuckerrohrgranulat

Zum Blindbacken:

Pergamentpapier und etwa

150 g beliebige Hülsenfrüchte

Gut vorzubereiten

Bei 12 Stück pro Stück etwa:
1400 kJ/330 kcal · 5 g Eiweiß
18 g Fett · 35 g Kohlenhydrate
4 g Ballaststoffe

Vorbereitungszeit einschließlich
Ruhezeit: 1¼ Stunden
Backzeit: 30 Minuten
Fertigstellung: 30 Minuten

Für den Teig alle Zutaten zu einem glatten Mürbeteig verkneten. • Eine Springform von 26 cm Ø damit auskleiden, dabei einen etwa 3 cm hohen Rand formen. Den Teigboden mehrmals einstechen und 1 Stunde kühlen. • Den Teigboden mit Pergamentpapier und Hülsenfrüchten zum Blindbacken belegen. • Die Form auf den Rost in den kalten Backofen (Mitte) stellen. Den Backofen auf 180° (Umluft 160°, Gas Stufe 2–2½) schalten. Den Kuchenboden etwa 30 Minuten backen, bis der Rand leicht gebräunt ist. Herausnehmen und erkalten lassen. • Für den Belag den Rhabarber waschen, in Stücke schneiden und mit den Korinthen und der Zitronenschale 10 Minuten dünsten. • Abgekühlt mit dem Honig mischen und in den Kuchenboden füllen. • Die steif geschlagene Sahne mit den Nüssen und dem Zuckerrohrgranulat vermischen und darauf verteilen.

Johannisbeertorte mit Vanillecreme

Der Tortenboden läßt sich vorab backen und einfrieren

Für den Teig:

100 g weiche Butter

50 g Zuckerrohrgranulat

1 Prise Salz · 2 Eßl. Zitronensaft

abgeriebene Schale von

½ unbehandelten Zitrone

100 g Seidentofu (siehe Tip

Seite 80) · 100 g Weizenvoll-

kornmehl · ½ Teel. Weinstein-

backpulver

Für die Creme:

5 g Agar-Agar · 1½ Eßl. kaltes

Wasser · ¼ l Milch · 50 g Zucker-

rohrgranulat · 1 Teel. gemahlene

Naturvanille · abgeriebene

Schale von ½ unbehandelten

Zitrone · 125 g Sahne

Für den Belag:

600 g rote und schwarze

Johannisbeeren oder 2 Pakete

gemischte tiefgefrorene Beeren

(600 g)

Für die Form: Butter

Teig ohne Eier

Bei 16 Stück pro Stück etwa:
640 kJ/150 kcal · 2 g Eiweiß
9 g Fett · 15 g Kohlenhydrate
4 g Ballaststoffe

Vorbereitungszeit: 20 Minuten
Backzeit: 40 Minuten
Fertigstellung: 40 Minuten
Kühlzeit: 30 Minuten

Für den Teig die Butter, das Zuckerrohrgranulat und das Salz mit den Quirlen des Handrührgerätes verrühren, bis die Masse schaumig ist und das Zuckerrohrgranulat nicht mehr knirscht. Den Zitronensaft und die -schale sowie eßlöffelweise den Tofu darunterrühren. Das Mehl mit dem Backpulver mischen und nur so lange unterrühren, bis sich alle Zutaten zu einem glatten Teig verbunden haben. • Eine Obsttortenbodenform von 28 cm Ø fetten. Den Teig darin glattstreichen. • Die Form auf den Rost in den kalten Backofen (Mitte) stellen. Den Ofen auf 180° (Umluft 160°, Gas Stufe 2) schalten und den Tortenboden etwa 40 Minuten backen. • Die Garprobe mit einem Holzstäbchen machen. Den garen Kuchen herausnehmen und 10 Minuten in der Form stehenlassen. Dann zum Abkühlen auf ein Kuchengitter geben. • Für die Creme das Agar-Agar mit dem Wasser glattrühren. • Die Milch mit dem Zuckerrohrgranulat, der Vanille und der Zitronenschale einmal aufkochen. Das angerührte Agar-Agar daruntermischen und 1 Minute kochen. • Den Topf von der Kochstelle ziehen und die Masse unter häufigem Umrühren erkalten lassen. • Die Sahne steif schlagen und unter die Vanillecreme mischen. Die Vanillecreme auf dem Tortenboden glattstreichen. • Die Johannisbeeren verlesen, waschen, trockentupfen und von den Stielen streifen. Tiefgefrorene Beeren auftauen lassen. • Die Beeren auf der Vanillecreme verteilen. • Die

Torte vor dem Servieren 30 Minuten kühlen.

Mein Tip: Wenn Sie den Kuchen ganz ohne tierisches Eiweiß zubereiten wollen, füllen Sie ihn mit Tofu-Fruchtcreme (siehe »Mohntorte mit Tofucreme«, Rezept Seite 65). Diese Creme wird mit Orangenschale gewürzt. Wenn Sie keine unbehandelten Früchte bekommen (es gibt sie im Sommer nicht zu kaufen), nehmen Sie statt dessen Zitronenschale.

Bananentorte mit Kiwis

Eine üppige, festliche Torte für Herbst und Winter

Für den Teig:

2 reife Bananen (etwa 300 g)

Saft von 1 Orange · 6 Eier

1 Prise Salz

100 g Zuckerrohrgranulat

2 Eßl. Magerjoghurt (30 g)

100 g Roggenvollkornmehl

50 g vollfettes Sojamehl

200 g gemahlene Haselnuß-kerne · 2 Eßl. Carob · 1 Teel. ungesüßtes Kakaopulver

1 Teel. Weinsteinbackpulver

Für die Füllung und zum Überziehen:

150 g Tofu · 3 Eßl. ungesüßter Mehrfruchtsaft · 2 Eßl. Milch

½ Eßl. Honig (15 g)

2 Eßl. Carob · 1 Ei · 200 g Sahne

5 Kiwis (etwa 500 g)

Für die Form: Butter und Mehl

Braucht etwas Zeit

Bei 16 Stück pro Stück etwa:
1100 kJ/260 kcal · 8 g Eiweiß
16 g Fett · 22 g Kohlenhydrate
2 g Ballaststoffe

Vorbereitungszeit: 30 Minuten
Backzeit: 1 Stunde und
25 Minuten
Fertigstellung: 40 Minuten

Die Bananen schälen, mit dem Orangensaft beträufeln und ganz fein zerdrücken. • Die Eier trennen. Die Eiweiße mit dem Salz mit den Quirlen des Handrührgerätes sehr steif schlagen. Das Zuckerrohrgranulat langsam einrieseln lassen und weiterschlagen, bis der Eischnee glänzt. • Das Handrührgerät auf die niedrigste Schaltstufe stellen, eßlöffelweise den Joghurt, dann die Eigelbe nacheinander nur so lange darunterrühren, bis keine Eigelbspuren mehr in der Masse zu sehen sind. • Das Roggen- und das Sojamehl mit den Nüssen, dem Carob, dem Kakao und dem Backpulver mischen und abwechselnd mit den zerdrückten Bananen nach und nach unter die Masse ziehen. Dabei mit dem Schneebesen arbeiten,

denn der Teig darf jetzt nicht mehr stark gerührt werden, sonst entweicht zuviel Luft und der Kuchen könnte nicht hoch genug aufgehen. • Eine Springform von 26 cm ⌀ fetten und mit Mehl ausstreuen. Den Teig darin glattstreichen. • Die Form auf den Rost in den kalten Backofen (Mitte) stellen. Den Ofen auf 175° (Umluft 160°, Gas Stufe 2) schalten. Den Tortenboden etwa 1 Stunde und 25 Minuten backen. • Die Garprobe mit einem Holzstäbchen machen. Den fertigen Kuchen im abgeschalteten Ofen bei geschlossener Backofentüre weitere 10 Minuten stehenlassen. • Den Kuchen herausnehmen und nach etwa 10 Minuten zum Erkalten auf ein Kuchengitter geben. • Für die Füllung den Tofu mit dem Saft, der Milch und dem Honig pürieren. Das Carob daruntermischen. • Das Ei trennen. Das Eigelb mit 1 Eßlöffel Sahne über dem warmen Wasserbad zu

einer dicken, schaumigen Creme aufschlagen. • Die Tofucreme eßlöffelweise darunterrühren. Das Eiweiß und die Sahne getrennt steif schlagen und unter die Creme ziehen. • Den Tortenboden waagerecht halbieren, mit etwa einem Drittel der Tofucreme füllen und mit der restlichen Creme überziehen. • Die Kiwis schälen, in Scheiben schneiden und die Torte damit belegen. Die Torte nach Wunsch am Rand mit gehackten Nüssen bestreuen.

Obstsalattorte

Das Obst je nach Saison wählen

Für den Teig:

2 Eier · 1 Eßl. kaltes Wasser

50 g Zuckerrohrgranulat

abgeriebene Schale von

½ unbehandelten Zitrone

40 g Weizenvollkornmehl

40 g feingemahlene Hirse

½ Teel. Weinsteinbackpulver

Für den Belag:

1 gehäufter Teel. Agar-Agar

(3 g) · ⅛ l Milch · 150 g Joghurt

25 g Zuckerrohrgranulat

1 Eßl. Zitronensaft

125 g Sahne · je 1 Banane,

Orange und Apfel (etwa 700 g)

2 Kiwis (etwa 200 g)

25 g Sonnenblumenkerne

25 g Korinthen

Für die Form: Butter

Für Ungeübte

Bei 12 Stück pro Stück etwa:
720 kJ/170 kcal · 4 g Eiweiß
7 g Fett · 23 g Kohlenhydrate
2 g Ballaststoffe

Vorbereitungszeit: 30 Minuten
Backzeit: 35 Minuten
Fertigstellung: 30 Minuten
Kühlzeit: 30 Minuten

Für den Teig die Eier trennen. Die Eiweiße und das Wasser mit den Quirlen des Handrührgerätes sehr steif schlagen. Die Festigkeit des Eischnees mit einem Messer prüfen: Das Messer durch den Schnee ziehen. Dabei muß der Schnitt sichtbar bleiben, und die Konturen dürfen nicht mehr verfließen. Das Zuckerrohrgranulat langsam einrieseln lassen und weiterschlagen, bis der Eischnee glänzt. • Das Handrührgerät auf die niedrigste Schaltstufe stellen. Die Zitronenschale und die Eigelbe nacheinander nur so lange unterrühren, bis keine Eigelbspuren mehr in der Masse zu sehen sind. • Die beiden Mehlsorten mit dem Backpulver gemischt auf den Eischnee sieben. Alles mit einem Schneebesen vorsichtig darunterziehen, bis sich die Zutaten zu einer cremigen, luftigen Masse verbunden haben. Dabei nicht kräftig rühren, sonst entweicht die Luft teilweise wieder aus der Masse, und der Biskuit könnte beim Backen nicht richtig aufgehen. • Eine Obsttortenbodenform von 28 cm ∅ fetten. Den Teig darin glattstreichen. • Die Form auf den Rost in den kalten Backofen (Mitte) stellen. Den Backofen auf 180° (Umluft 160°, Gas Stufe 2–2½) schalten. Den Tortenboden etwa 35 Minuten backen. • Die Garprobe mit einem Holzstäbchen machen. Den garen Tortenboden herausnehmen, nach etwa 10 Minuten aus der Form lösen und zum Erkalten auf ein Kuchengitter geben. • Für den Belag das Agar-Agar mit 2 Eßlöffeln Milch glattrühren. • Die restliche Milch aufkochen, das Agar-Agar daruntermischen und unter ständigem Rühren 1 Minute kochen lassen. • Den Joghurt, das Zucker- rohrgranulat und den Zitronensaft mit einem Schneebesen verrühren. Das etwas abgekühlte Agar-Agar kräftig darunterschlagen. • Die Sahne steif schlagen und unter die Creme ziehen. • Das Obst schälen und in mundgerechte Stücke schneiden. Mit den Sonnenblumenkernen und den Korinthen vermischen und auf den erkalteten Tortenboden geben. Die Joghurtcreme darüber verteilen. • Die Torte vor dem Servieren etwa 30 Minuten kühlen.

Brottorte mit Zwetschgen und Sprossen

Raffinierte Torte mit vielen Ballaststoffen

Für den Teig:

20 g Weizen · 500 g Zwetschgen
100 g altbackenes Vollkornbrot
30 g vollfettes Sojamehl
knapp ⅛ l kaltes Wasser · 3 Eier
100 g Zuckerrohrgranulat
abgeriebene Schale von
1 unbehandelten Zitrone
150 g gemahlene Haselnuß-
kerne · 1 Teel. gemahlene
Naturvanille · 1 Teel. Zimtpulver
1 Eßl. Carob · ½ Päckchen
Weinsteinbackpulver

Zum Garnieren:

200 g Sahne · 10 g Zuckerrohrgranulat · 50 g Pistazien
8 Zwetschgen · 1 Eßl. Carob

Für die Form:

Butter und Pergamentpapier

Braucht etwas Zeit

Bei 16 Stück pro Stück etwa:
900 kJ/210 kcal · 5 g Eiweiß
13 g Fett · 19 g Kohlenhydrate
4 g Ballaststoffe

Keimzeit der Sprossen: 3½ Tage
Vorbereitungszeit: 50 Minuten
Backzeit: 1 Stunde 20 Minuten
Fertigstellung: 25 Minuten

Die Weizenkörner mit Was-
ser übergießen und etwa
8 Stunden einweichen. • Das
Wasser abgießen und die Körner 3 Tage keimen lassen.
Dabei täglich einmal wässern.
• Die Sprossen abspülen und
abtropfen lassen. Die Zwetschgen waschen, vierteln und entsteinen. Das Brot fein reiben.
Das Sojamehl mit dem Wasser
glattrühren. • Die Eier trennen.
Die Eiweiße mit den Quirlen des
Handrührgerätes sehr steif
schlagen. Das Zuckerrohrgranulat langsam dazugeben und
weiterschlagen, bis der Eischnee
glänzt. • Das Handrührgerät auf
die niedrigste Schaltstufe stellen, und die Eigelbe nacheinander nur so lange unterrühren,
bis keine Eigelbspuren mehr in
der Masse zu sehen sind. Eßlöffelweise das angerührte Soja-

mehl sowie die Zitronenschale
daruntermischen. • Das Brot mit
den Haselnüssen, der Vanille,
dem Zimt, dem Carob und dem
Backpulver mischen, auf die
Eiermasse streuen und mit
einem Schneebesen vorsichtig
darunterziehen. Zum Schluß die
Sprossen und die Zwetschgen
daruntermischen. • Eine Springform von 26 cm ∅ mit gefettetem Pergamentpapier auslegen.
Den Teig darin glattstreichen.
• Die Form auf den Rost in den
kalten Backofen (unten) stellen.
Den Ofen auf 180° (Umluft
160°, Gas Stufe 2) schalten. Die
Torte etwa 1 Stunde und 20 Minuten backen. • Die Garprobe
mit einem Holzstäbchen machen. Die fertige Torte herausnehmen, in der Form 10 Minuten stehenlassen, herauslösen,
auf ein Kuchengitter stürzen
und vollkommen erkalten lassen. • Für die Garnierung die
Sahne steif schlagen. Das Zuk-
kerrohrgranulat daruntermischen. • Die Sahne mit einer

Palette oder einem langen,
biegsamen Messer auf die Torte
streichen und dabei mit kurzen
Drehbewegungen der Palette
zu Spitzen hochziehen. • Die
Pistazien mittelfein hacken und
auf die Torte streuen. Die
Zwetschgen waschen, abtrocknen und halbieren, die Steine
dabei entfernen. Die Zwetsch-
genhälften mit der Höhlung
nach unten rundherum an den
Rand der Torte setzen. • Die
Torte erst unmittelbar vor dem
Servieren mit dem Carob
bestäuben.

Pfirsich-Johannisbeer-Kuchen

Saftiger Sommerkuchen, der mit jedem vollreifen Obst schmeckt

Für den Teig:

150 g weiche Butter

100 g Zuckerrohrgranulat

1 Teel. gemahlene Naturvanille

1 Prise Salz · abgeriebene

Schale und Saft von

½ unbehandelten Zitrone

175 g Weizenvollkornmehl

30 g vollfettes Sojamehl

1 Teel. Weinsteinbackpulver

100 ccm kaltes Wasser

1–2 Eßl. Milch

Für den Belag:

400 g Pfirsiche · 200 g rote

Johannisbeeren · 50 g Frucht-

aufstrich ohne Zuckerzusatz

1 Eßl. Honig (30 g)

50 g Sonnenblumenkerne

Für die Form:

Pergamentpapier und Butter

Teig ohne Eier

Bei 12 Stück pro Stück etwa:
1000 kJ/240 kcal · 4 g Eiweiß
13 g Fett · 27 g Kohlenhydrate
4 g Ballaststoffe

Vorbereitungszeit: 50 Minuten
Backzeit: 1½ Stunden

Die Butter, das Zuckerrohr-granulat, die Vanille, das Salz, die Zitronenschale und den -saft mit den Quirlen des Handrührgerätes auf der höchsten Schaltstufe verrühren, bis die Masse schaumig ist und das Granulat nicht mehr knirscht. • Das Mehl mit dem Sojamehl und dem Backpulver gemischt hinzufügen und darunterrühren, bis sich alle Zutaten miteinander verbunden haben. Das Wasser und so viel Milch daruntermischen, daß der Teig in langen Zapfen von den Quirlen fällt. • Eine Springform von 26 cm ∅ mit Pergament auslegen und dieses fetten. Den Teig darin glattstreichen und ruhen lassen, bis der Belag vorbereitet ist. • Für den Belag die Pfirsiche mit kochendem Wasser übergießen, kurz darin ziehen lassen, kalt abschrecken, häuten und halbieren. Die Steine her-

auslösen. Die Pfirsichhälften mit der Höhlung nach oben auf dem Teig verteilen. • Die Johannisbeeren verlesen, waschen, trockentupfen, mit einer Gabel von den Stielen streifen und ebenfalls auf den Teigboden geben. • Den Fruchtaufstrich und den Honig vermischen und über das Obst träufeln. Die Sonnenblumenkerne darüber streuen. • Die Form auf den Rost in den kalten Backofen (unten) stellen. Den Ofen auf 175° (Umluft 160°, Gas Stufe 2) schalten. Den Kuchen etwa 1½ Stunden backen. • Die Garprobe mit einem Holzstäbchen machen. Den garen Kuchen herausnehmen und 30 Minuten in der Form stehenlassen. Dann herauslösen (siehe Tip) und auf einer Kuchenplatte vollkommen erkalten lassen.

Mein Tip: Dieser Kuchen ist weich und durch die vielen Früchte sehr saftig; es genügt deshalb nicht, die Form nur ein-

zufetten: Der Kuchen würde beim Ablösen vom Springform-boden zerbrechen. Kleiden Sie den Boden der Form vor dem Einfüllen des Teiges mit Papier aus. Nach dem Backen den Kuchen 30 Minuten in der Form auskühlen lassen. Dann den Springformrand abnehmen, den Kuchen auf einen Teller stürzen, Springformboden und Papier entfernen. Jetzt mit der »richtigen« Seite, das heißt den Früchten nach oben auf eine Kuchenplatte stürzen.

Pfirsichwähe

Der Teig taut auf, während Sie die Füllung zubereiten

1 Paket tiefgefrorener
Blätterteig mit Vollkornmehl
(Reformhaus; 300 g)
100 g Magerquark
100 g Sahne · 3 Eßl. Milch
1 Eigelb · 40 g Zuckerrohrgranulat · 400 g Pfirsche
40 g Mandelstifte
1 Eßl. Aprikosenaufstrich ohne
Zuckerzusatz (30 g)
Für die Arbeitsfläche: Mehl

Schnell

Bei 6 Stück pro Stück etwa:
1500 kJ/360 kcal · 8 g Eiweiß
23 g Fett · 34 g Kohlenhydrate
1 g Ballaststoffe

Vorbereitungszeit einschließlich
Auftauzeit: 30 Minuten
Backzeit: 30 Minuten

Die Teigplatten nebeneinander legen und auftauen
lassen. • Für den Belag den
Quark mit der Sahne, der Milch,
dem Eigelb und dem Granulat
vermischen. Die Pfirsiche häuten, halbieren und entsteinen.
• Die Teigplatten aufeinanderlegen und auf der bemehlten
Arbeitsfläche zu einem Quadrat
von etwa 30 cm Kantenlänge
ausrollen. • Den Teigboden auf
ein kalt abgespültes Backblech
legen und die Ränder etwa
2 cm breit zur Mitte hin um-
klappen, damit die Füllung
beim Backen nicht auslaufen
kann. • Die Füllung auf dem
Teig verteilen, die Pfirsichhälften mit der Höhlung nach
unten darauf legen. Die Mandelstifte darüber streuen. • Den
Aprikosenaufstrich leicht erwärmen, damit er geschmeidig ist.
Die Pfirsiche damit bestreichen.
• Das Backblech in den kalten
Backofen (Mitte) schieben. Den
Ofen auf 200° (Umluft 180°,
Gas Stufe 3) schalten. Die Wähe
etwa 30 Minuten backen.

Aprikosenwähe

Ein schneller Kuchen, der auch Ungeübten leicht gelingt

1 Paket tiefgefrorener
Blätterteig mit Vollkornmehl
(Reformhaus; 300 g)
750 g vollreife Aprikosen
50 g Pistazien · 50 g Butter
75 g Apfelkraut
50 g Honig · 2 Eßl. Zitronensaft
Für die Arbeitsfläche: Mehl

Raffiniert

Bei 6 Stück pro Stück etwa:
1700 kJ/400 kcal · 5 g Eiweiß
24 g Fett · 40 g Kohlenhydrate
3 g Ballaststoffe

Vorbereitungszeit einschließlich
Auftauzeit: 30 Minuten
Backzeit: 30 Minuten

Den Blätterteig auftauen lassen. • Die Aprikosen häu-
ten, halbieren und entsteinen.
Die Pistazien hacken. Die Butter und das Apfelkraut in die
Fettpfanne des Backofens
geben und in den Ofen schieben. Sobald die Butter zerlaufen
ist, die Butter und das Apfelkraut vermischen. • Die Aprikosen mit der Höhlung nach oben
in die Fettpfanne legen und mit
den Pistazien bestreuen. • Die
Teigplatten so aneinanderle-
gen, daß sie sich an den Rändern berühren und auf der
bemehlten Arbeitsfläche zu
einem Rechteck ausrollen, das
etwas größer als die Fettpfanne
sein sollte. • Die Teigplatte
mehrmals einstechen und auf
die Aprikosen legen, aber nicht
andrücken. • Die Fettpfanne in
den kalten Backofen (Mitte)
schieben. Den Ofen auf 200°
(Umluft 180°, Gas Stufe 3)
schalten. • Die Wähe etwa
30 Minuten backen. • Die
Wähe leicht abkühlen lassen,
in Stücke schneiden und auf
Tellern anrichten. • Den Honig
mit dem Zitronensaft mischen.
Jede Portion damit beträufeln.

Buchweizentorte mit Himbeeren

Eine festliche Torte, die mit allen frischen Beeren schmeckt

Für den Teig:
6 Eier · 4 Eßl. kaltes Wasser
100 g Zuckerrohrgranulat
100 g Buchweizenmehl
60 g Weizenvollkornmehl
30 g Carob · 1 Teel. Weinsteinbackpulver
Für die Creme:
10 g Agar-Agar · 2 Eßl. kaltes
Wasser · 700 ccm Milch
50 g Zuckerrohrgranulat
2 Eßl. Carob · 1 Teel. ungesüßtes
Kakaopulver · 1 Teel. Zimtpulver
1 Prise Salz · abgeriebene Schale
von 1 unbehandelten Zitrone
200 g Sahne · 1 Teel. gemahlene
Naturvanille · 500 g Himbeeren
⅛ l ungesüßter Mehrfruchtsaft
½ Eßl. Honig (15 g)
Für die Form:
Butter und Pergamentpapier

Braucht etwas Zeit

Bei 16 Stück pro Stück etwa:
830 kJ/200 kcal · 6 g Eiweiß

9 g Fett · 24 g Kohlenhydrate
3 g Ballaststoffe

Vorbereitungszeit: 30 Minuten
Backzeit: 50 Minuten
Fertigstellung: 45 Minuten

Für den Teig die Eier trennen.
Die Eiweiße und das Wasser
mit den Quirlen des Handrührgerätes sehr steif schlagen. Das
Zuckerrohrgranulat langsam
einrieseln lassen und weiterschlagen, bis der Eischnee
glänzt. • Das Handrührgerät auf
die niedrigste Schaltstufe stellen
und die Eigelbe nacheinander
darunterrühren. Die beiden
Mehlsorten gegebenenfalls sieben, mit dem Carob und dem
Backpulver mischen und auf
den Eischnee geben. Alles mit
einem Schneebesen vorsichtig
mischen. • Eine Springform von
26 cm ⌀ mit gefettetem Pergamentpapier auslegen. Den Biskuitteig darin glattstreichen.
• Die Form auf den Rost in den
kalten Backofen (unten) stellen.

Den Ofen auf 180° (Umluft
160°, Gas Stufe 2) schalten.
Den Biskuit etwa 50 Minuten
backen. • Die Garprobe mit
einem Holzstäbchen machen.
Den garen Tortenboden herausnehmen, nach etwa 10 Minuten auf ein Kuchengitter
stürzen und vollkommen erkalten lassen. • Für die Füllung das
Agar-Agar mit dem Wasser verrühren. • Von der Milch etwa
⅛ l abnehmen und mit dem
Zuckerrohrgranulat, dem
Carob, dem Kakaopulver und
dem Zimtpulver verrühren.
• Die restliche Milch mit dem
Salz und der Zitronenschale einmal aufkochen. Das Agar-Agar
darunterrühren und 1 Minute
kochen lassen. • Den Topf von
der Kochstelle ziehen und die
angerührte Milch mit einem
Schneebesen darunterschlagen.
• Die Masse unter häufigem
Umrühren erkalten lassen.
• Die Sahne mit der Vanille steif
schlagen und mit einem Schneebesen unter die Creme ziehen.

• Die Himbeeren verlesen.
• Den Fruchtsaft leicht erwärmen, den Honig hinzugeben
und unter Rühren flüssig werden lassen. • Den Biskuitboden
zweimal waagerecht durch-
schneiden. Den unteren Tortenboden dünn mit der Creme
bestreichen und mit etwa
einem Drittel der Himbeeren
belegen. Den zweiten Boden
darauf legen, mit der Saft-
Mischung tränken, mit etwa
einem Drittel der verbliebenen
Creme bestreichen und mit
einem weiteren Drittel Himbeeren belegen. Die Torte mit dem
letzten Boden abdecken, diesen
ebenfalls tränken und die Torte
rundherum üppig mit der restlichen Creme bestreichen. Mit
den restlichen Himbeeren und
eventuell Minzeblättchen
garnieren.

Traubentorte mit Pfirsichcreme

Gut vorzubereiten, weil man den Tortenboden vorab backen kann

Für den Teig:

200 g Weizenvollkornmehl

50 g Zuckerrohrgranulat

abgeriebene Schale von

½ unbehandelten Zitrone

1 Prise Salz · 1 Ei · 100 g Butter

Für den Belag:

500 g vollreife Pfirsiche

250 g Tofu · 1 Eßl. Honig (30 g)

1 Eßl. Zitronensaft

200 g Sahne · 600 g weiße oder

blaue Weintrauben

Zum Blindbacken:

Pergamentpapier und etwa

150 g beliebige Hülsenfrüchte

Raffiniert • Für Ungeübte

Bei 12 Stück pro Stück etwa:
1100 kJ/260 kcal · 5 g Eiweiß
14 g Fett · 30 g Kohlenhydrate
2 g Ballaststoffe

Vorbereitungszeit einschließlich
Ruhezeit: 1½ Stunden
Backzeit: 30 Minuten
Fertigstellung: 30 Minuten

Für den Teig alle Zutaten zu einem glatten Mürbeteig verkneten. Eine Springform von 26 cm ⌀ damit auskleiden und einen etwa 3 cm hohen Rand formen. Den Teigboden mit einer Gabel mehrmals einstechen und 1 Stunde kühlen.
• Den Teigboden mit Pergamentpapier und Hülsenfrüchten zum Blindbacken belegen.
• Die Form auf den Rost in den kalten Backofen (Mitte) stellen. Den Backofen auf 180° (Umluft 160°, Gas Stufe 2–2½) schalten. Den Kuchenboden etwa 30 Minuten backen, bis der Rand leicht gebräunt ist. • Herausnehmen und zum Erkalten auf ein Kuchengitter geben. •
Für den Belag die Pfirsiche häuten, halbieren, entsteinen und mit dem Tofu, dem Honig und dem Zitronensaft pürieren. Die steif geschlagene Sahne darunterziehen. • Die Creme auf dem Kuchenboden glattstreichen. Die gewaschenen Weintrauben von den Stielen zupfen und darauf verteilen.

Rhabarbertorte

Üppige Frühjahrstorte, die jedem leicht gelingt

Für den Teig:

4 Eier · 1 Eßl. kaltes Wasser

60 g Zuckerrohrgranulat

100 g Weizenvollkornmehl

50 g feingemahlener Naturreis

1 Teel. Weinsteinbackpulver

Für die Füllung:

¼ l Milch · 1 Teel. gemahlene

Naturvanille · 1 Prise Salz

abgeriebene Schale von

¼ unbehandelten Zitrone

2 Eier · 50 g Zuckerrohrgranulat

50 g Weizenvollkornmehl

500 g Rhabarber

150 g Korinthen · 125 g Sahne

Zum Überziehen:

200 g Sahne · 75 g gemahlene

Mandeln · 1 Eßl. Honig (30 g)

Für die Form:

Butter und Pergamentpapier

Raffiniert

Bei 16 Stück pro Stück etwa:

980 kJ/230 kcal · 6 g Eiweiß

12 g Fett · 25 g Kohlenhydrate

3 g Ballaststoffe

Vorbereitungszeit: 30 Minuten
Backzeit: 45 Minuten
Fertigstellung: 45 Minuten

Für den Teig die Eier trennen. Die Eiweiße und das Wasser mit den Quirlen des Handrührgerätes sehr steif schlagen. Das Zuckerrohrgranulat langsam einrieseln lassen und weiterschlagen, bis der Eischnee glänzt. • Das Handrührgerät auf die niedrigste Schaltstufe stellen, und die Eigelbe nacheinander nur so lange unterrühren, bis keine Eigelbspuren mehr in der Masse zu sehen sind. • Das Mehl mit dem Reis und dem Backpulver vermischt auf den Eischnee sieben. Alles mit einem Schneebesen vorsichtig mischen, bis sich die Zutaten zu einem cremigen, luftigen Teig verbunden haben. Dabei nicht kräftig rühren, sonst entweicht die Luft teilweise wieder aus der Masse, und der Biskuit könnte beim Backen nicht richtig aufgehen. • Eine Springform von

26 cm ⌀ mit gefettetem Pergamentpapier auslegen. Den Biskuitteig darin glattstreichen. • Die Form auf den Rost in den kalten Backofen (unten) stellen. Den Ofen auf 180° (Umluft 160°, Gas Stufe 2–2½) schalten. Den Biskuitboden etwa 45 Minuten backen. • Die Garprobe mit einem Holzstäbchen machen. Den fertigen Tortenboden herausnehmen, nach etwa 10 Minuten aus der Form lösen und auf einem Kuchengitter erkalten lassen. • Für die Füllung die Milch mit der Vanille, dem Salz und der Zitronenschale bis knapp unter den Siedepunkt erhitzen. • Die Eier trennen. Die Eigelbe mit dem Zuckerrohrgranulat in einem anderen Topf sehr schaumig schlagen. Das Mehl daruntermischen. Die heiße Milch unter ständigem Weiterschlagen dazugießen. Die Creme unter Rühren aufkochen, bis sie dick wie Pudding ist. • Den Rhabarber putzen, waschen, in finger-

breite Stücke schneiden und mit den Korinthen in einem gut schließenden Topf einmal aufkochen und zugedeckt bei schwacher Hitze 5 Minuten dünsten. • Den Rhabarber mit der Flüssigkeit unter die Creme mischen und erkalten lassen. • Die Eiweiße und die Sahne getrennt steif schlagen und unter die Rhabarbercreme ziehen. • Den Tortenboden ein- oder zweimal waagerecht durchschneiden, mit der Rhabarbermasse füllen und wieder zusammensetzen. • Die Sahne steif schlagen. Die Mandeln und den Honig mit einer Gabel darunterziehen. Die Torte rundherum damit bestreichen.

Ananastorte mit Kokosflocken

Raffinierte Wintertorte mit vielen Nährstoffen

Für den Teig:

200 g weiche Butter

50 g Zuckerrohrgranulat

abgeriebene Schale von ½ unbehandelten Zitrone

1 Prise Salz · 4 Eier

75 g Weizenvollkornmehl

100 g gemahlene Haselnuß- kerne · 1 geriebene Carob-Tafel (100 g), ersatzweise Vollmilch- schokolade mit Sucanat

1 Teel. Weinsteinbackpulver

Für die Füllung:

125 g Doppelrahmfrischkäse

125 g Magerquark · 100 g saure Sahne · 50 g flüssiger Honig

abgeriebene Schale von ½ unbehandelten Orange

½ Teel. gemahlene Naturvanille

250 g Sahne · 40 g Kokosflocken

1 Ananas (etwa 700 g)

50 g Fruchtaufstrich ohne Zuckerzusatz · 2 Eßl. Orangen- saft · eventuell 25 g Pistazien

Für die Form: Butter und Mehl

Für Ungeübte

Bei 16 Stück pro Stück etwa: 1500 kJ/360 kcal · 7 g Eiweiß 27 g Fett · 21 g Kohlenhydrate 3 g Ballaststoffe

Vorbereitungszeit: 30 Minuten
Backzeit: 40 Minuten
Fertigstellung: 40 Minuten

Für den Teig die Butter mit dem Zuckerrohrgranulat, der Zitronenschale und dem Salz schaumig rühren. • Die Eier trennen. Die Eigelbe nachein- ander unter die Buttermasse rühren. • Die Eiweiße steif schlagen und darauf geben. Das Mehl, die Nüsse, die Carob-Tafel und das Backpul- ver mischen und auf den Eischnee streuen. Alles mit einem Schneebesen vermi- schen. • Eine Springform von 26 cm ⌀ fetten und mit Mehl ausstreuen. Den Teig darin glattstreichen. • Die Form auf den Rost in den kalten Back-

ofen (unten) stellen. Den Ofen auf 180° (Umluft 160°, Gas Stufe 2–2½) schalten. Den Tortenboden etwa 40 Minuten backen. • Die Garprobe mit einem Holzstäbchen machen. Den Tortenboden herausneh- men, nach etwa 10 Minuten aus der Form lösen und zum Erkalten auf ein Kuchengitter geben. • Für die Füllung den Frischkäse mit dem Quark, der sauren Sahne, dem Honig, der Orangenschale und der Vanille verrühren. • Die Sahne steif schlagen. Etwa zwei Drittel davon sowie die Kokosflocken unter die Quarkcreme ziehen. • Die Ananas in etwa 1 cm dicke Scheiben schneiden, schälen und mit dem inneren härteren Kern in Stücke teilen. • Den Tortenboden waagerecht halbieren. • Den Fruchtaufstrich mit dem Orangensaft verrühren und den unteren Boden damit bestreichen. Etwa die Hälfte der Quarkcreme darauf glattstrei- chen und mit zwei Dritteln der

Ananas belegen. Den oberen Boden darauf legen und leicht andrücken. Die Torte rundher- um mit der restlichen Quark- creme überziehen. • Den Rest der Sahne in einen Spritzbeutel füllen. Die Torte mit Sahnetup- fen verzieren und mit dem Rest der Ananasstückchen belegen. • Nach Wunsch die Pistazien fein hacken und auf die Torte streuen.

Mein Tip: Den inneren, härte- ren Kern von Ananas sollten Sie bei Torten, Desserts und allen anderen Gerichten immer mitverwenden. Er schmeckt ebenso gut wie das weiche äußere Fleisch und enthält reichlich Ballaststoffe.

Savarin mit Himbeersahne

Auch als feines Dessert geeignet

Für den Teig:

300 g Weizenvollkornmehl

100 g feingemahlener Hafer

1 Würfel Hefe (42 g)

25 g Zuckerrohrgranulat

¼ l lauwarme Milch

100 g Butter · 1 Ei

100 g gemahlene Mandeln

abgeriebene Schale von

¼ unbehandelten Zitrone

1 Teel. Salz

Zum Tränken:

200 ccm ungesüßter Apfelsaft

Saft von 1 Orange

2 Eßl. Zitronensaft

1 Eßl. Honig (30 g)

½ Eßl. Aprikosenaufstrich

ohne Zuckerzusatz (15 g)

Für die Füllung:

⅜ l Milch · 1 Prise Salz

2 Eier · 50 g flüssiger Honig

50 g Weizenvollkornmehl

300 g Himbeeren, ersatzweise

1 Paket tiefgefrorene

Himbeeren (300 g)

Saft und abgeriebene Schale

von ½ unbehandelten Zitrone

200 g Sahne

1 Teel. gemahlene Naturvanille

Für die Form: Butter und Mehl

Raffiniert

Bei 20 Stück pro Stück etwa:
1000 kJ/240 kcal · 6 g Eiweiß
13 g Fett · 24 g Kohlenhydrate
3 g Ballaststoffe

Vorbereitungszeit einschließlich
Ruhezeit: 1½ Stunden
Backzeit: 45 Minuten
Fertigstellung: 40 Minuten

Für den Teig die beiden
Mehlsorten in einer Schüssel
mischen und eine Mulde hineindrücken. Die zerkrümelte
Hefe, 1 Teelöffel Zuckerrohrgranulat und etwa 4 Eßlöffel
Milch darin mit etwas Mehl zu
einem Vorteig verrühren. • Den
Vorteig zugedeckt bei Zimmertemperatur etwa 15 Minuten

ruhen lassen. • Die Butter in der
restlichen Milch zerlaufen lassen. Diese Mischung, den Rest
des Zuckerrohrgranulats, das Ei,
die Mandeln, die Zitronenschale und das Salz in die Schüssel
geben und alles mit den Knethaken des Handrührgerätes
etwa 10 Minuten durcharbeiten, bis der Teig Blasen wirft
und sich vom Schüsselrand löst.
• Den Teig zugedeckt bei Zimmertemperatur etwa 45 Minuten gehen lassen, bis sich sein
Volumen verdoppelt hat. • Eine
Savarin- oder Napfkuchenform
fetten und mit Mehl ausstäuben. Den Teig hineinfüllen.
• Die Form auf den Rost in den
kalten Backofen (unten) stellen.
Den Ofen auf 200° (Umluft
180°, Gas Stufe 3) schalten.
Den Savarin etwa 45 Minuten
backen. • Die Garprobe mit
einem Holzstäbchen machen.
Den garen Kuchen herausnehmen und nach etwa 10 Minuten auf eine Platte stürzen.
• Während der Savarin backt,

alle Säfte mit dem Honig und
dem Aprikosenaufstrich unter
Rühren erwärmen. • Den heißen Savarin mit einem Holzstäbchen rundherum einstechen und mit der Saftmischung
tränken. Den Savarin erkalten
lassen. • Für die Füllung die
Milch mit dem Salz erhitzen.
• Die Eier mit dem Honig in
einem Kochtopf schaumig
schlagen. Das Mehl daruntermischen. Die heiße Milch unter
ständigem Weiterschlagen
dazugießen. Die Creme unter
Rühren aufkochen, bis sie dick
wie Pudding ist. Die Creme
unter Rühren lauwarm abkühlen lassen. • Die Himbeeren verlesen. Die Hälfte davon mit
dem Zitronensaft zerdrücken
und unter die Creme mischen.
• Die Sahne mit der Zitronenschale und der Vanille steif
schlagen und unter die Himbeercreme ziehen. • Den Savarin vor dem Servieren mit der
Himbeercreme füllen und mit
dem Rest der Beeren garnieren.

Flockentorte mit Kirschen und Carobschaum

Muß gleich nach der Zubereitung serviert werden

Für den Teig:

300 ccm Wasser · 50 g Butter

1 Prise Salz · 150 g Weizen-vollkornmehl · 4 Eier

1 Teel. Weinsteinbackpulver

Für die Füllung:

150 g Tofu · 2 Eßl. Orangenlikör oder -saft · 2 Eßl. Milch

2 Eßl. Carob

1 Teel. Instant-Getreidekaffee

1 Ei · 40 g Zuckerrohrgranulat

200 g Sahne · 500 g Kirschen

1 Eßl. flüssiger Honig

Für die Form: Butter und Mehl

Preiswert • Raffiniert

Bei 12 Stück pro Stück etwa:
940 kJ/220 kcal · 6 g Eiweiß
13 g Fett · 21 g Kohlenhydrate
2 g Ballaststoffe

Vorbereitungszeit: 40 Minuten
Backzeit: 40 Minuten
Fertigstellung: 40 Minuten

Das Wasser mit der Butter und dem Salz aufkochen und kochen lassen, bis die Butter zerlaufen ist. Das gesamte Mehl unter Rühren hineinschütten. • Bei schwächster Hitze so lange weiterrühren, bis sich die Masse zu einem Kloß zusammengeballt und sich am Boden des Topfes eine weißliche Schicht bildet. • Die Masse in eine Rührschüssel geben. 1 Ei sofort mit den Knethaken des Handrührgerätes unter den noch heißen Teig rühren, damit er geschmeidig bleibt. • Den Teig lauwarm abkühlen lassen. Die restlichen Eier nacheinander mit den Knethaken des Handrührgerätes daruntermischen. Das Backpulver mit dem letzten Ei hinzufügen. • Den Boden einer Springform von 26 cm ⌀ fetten und mit Mehl bestäuben. Ein Drittel des Teiges darauf verstreichen. • Den ersten Tortenboden auf dem Rost in den kalten Backofen (Mitte) schieben. Den Ofen auf 180°

(Umluft 160°, Gas Stufe 2) schalten. Den Tortenboden etwa 20 Minuten backen. Dabei während der ersten 10 Minuten die Backofentür nicht öffnen, sonst geht der Boden nicht hoch genug auf. • Den garen Tortenboden herausnehmen, sofort ablösen und auf ein Kuchengitter legen. • Den Springformboden erneut fetten und mit Mehl bestäuben, das zweite Drittel des Teiges darauf verstreichen und diesen Boden etwa 10 Minuten bakken. • Aus dem restlichen Teig den dritten Tortenboden ebenfalls etwa 10 Minuten backen, ablösen und erkalten lassen. • Für die Füllung den Tofu mit dem Orangenlikör oder dem -saft und der Milch pürieren. Das Carob und den Kaffee daruntermischen. • Das Ei trennen. Das Eigelb mit dem Zuckerrohrgranulat und 2 Eßlöffeln Sahne über dem warmen Wasserbad zu einer dicken, schaumigen Creme aufschlagen. Die Tofu-

creme eßlöffelweise daruntderrühren. • Das Eiweiß und die Sahne getrennt steif schlagen und unter die erkaltete Creme ziehen. • Die Creme zugedeckt kühlen, bis die Kirschen vorbereitet sind. • Die Kirschen waschen, trockentupfen, von den Stielen zupfen und entsteinen. • Den ersten Tortenboden mit Creme bestreichen und mit etwa einem Drittel der Kirschen belegen. • Den zweiten Boden darauflegen und ebenso füllen. Den dritten Boden auflegen, mit der restlichen Creme überziehen und mit dem Rest der Kirschen garnieren. Den Honig in einem zarten Filigranmuster darüberträufeln. • Die Torte sofort servieren, sonst werden die Böden weich.

123

Biskuitrolle mit Avocadocreme

Feines Gebäck zum Tee

Für den Teig:

4 Eier · 1 Eßl. kaltes Wasser

60 g Zuckerrohrgranulat

2 Eigelb

120 g Weizenvollkornmehl

Für die Füllung:

1 Orange · Schale und Saft von

1 unbehandelten Orange

2 reife Avocados (etwa 500 g)

4 Eßl. Orangenlikör,
ersatzweise Orangensaft

250 g Sahne · 1 Eßl. Honig
(30 g) · 50 g Pistazien

Für das Backblech:

Butter und Pergamentpapier

Raffiniert

Bei 16 Stück pro Stück etwa:
870 kJ/210 kcal · 5 g Eiweiß
15 g Fett · 13 g Kohlenhydrate
2 g Ballaststoffe

Vorbereitungszeit: 30 Minuten
Backzeit: 20 Minuten
Fertigstellung: 30 Minuten

Für den Teig die Eier trennen. Die Eiweiße mit dem Wasser mit den Quirlen des Handrührgerätes steif schlagen. Das Zuckerrohrgranulat langsam einrieseln lassen und weiterschlagen, bis der Eischnee glänzt. • Das Handrührgerät auf die niedrigste Schaltstufe stellen, alle Eigelbe nacheinander darunterrühren. Das Mehl auf die Masse sieben und mit einem Schneebesen vorsichtig darunterziehen. • Ein Backblech mit gefettetem Pergamentpapier auslegen. Den Teig darauf glattstreichen. • Das Backblech in den kalten Backofen (Mitte) schieben. Den Ofen auf 200° (Umluft 180°, Gas Stufe 3) schalten. Den Biskuit etwa 20 Minuten backen. Die Garprobe durch leichtes Berühren mit dem Finger machen. • Die fertige Biskuitplatte herausnehmen und so auf ein feuchtes Küchentuch stürzen, daß das anhaftende Papier oben liegt. Ein zweites feuchtes Küchentuch auf der Biskuitplatte ausbreiten. Das Papier nach dem Erkalten des Biskuits vorsichtig abziehen. • Für die Füllung die Orange schälen und zuerst in die Filets teilen, dann in dünne Scheiben schneiden. Den Saft dabei auffangen. Die zweite Orange heiß waschen und abtrocknen. Die Orange langsam über die Gemüsereibe ziehen, so daß die Schale in langen, feinen Streifen abgeschält wird (oder die Orangenschale mit einem Ziselierer in langen »Locken« abschneiden). Die Schalenstreifen zum Garnieren der Biskuitrolle beiseite legen. Die Orange auspressen. • Die Avocados halbieren, von den Kernen befreien, schälen und mit dem Orangensaft, dem Orangenlikör, der Sahne und dem Honig pürieren. • Die Biskuitplatte mit etwa zwei Dritteln der Creme bestreichen, mit Hilfe des zweiten Tuches wie einen Strudel aufrollen und auf eine Kuchenplatte gleiten lassen. Die Rolle mit der restlichen Creme überziehen. • Die Pistazien mit dem Wiegemesser grob zerkleinern und mit der Orangenschale über die Biskuitrolle streuen. • Die Biskuitrolle ganz frisch servieren.

<u>Mein Tip:</u> Reife Avocados erkennen Sie durch Fingerdruck: Die Früchte müssen sich vor allem am Stielansatz leicht eindrücken lassen (ähnlich wie ein reifer Pfirsich). Dann hat das Fruchtfleisch etwa die Konsistenz von Butter, weist noch keine dunklen Stellen auf und läßt sich leicht verarbeiten. Noch harte, also unreife Avocados wickelt man in Zeitungspapier ein. Sie reifen bei normaler Zimmertemperatur nach.

Nußbiskuitrolle mit Stachelbeeren

Durch die leichte Füllung besonders gut bekömmlich

Für den Teig:

4 Eier · 1 Eßl. kaltes Wasser

60 g Zuckerrohrgranulat

2 Eigelb

50 g Weizenvollkornmehl

70 g gemahlene Haselnußkerne

Für die Füllung:

300 g Stachelbeeren

90 g Honig · 8 g Agar-Agar

150 ccm ungesüßter Apfelsaft

300 g Buttermilch

1 Eßl. Zitronensaft

150 g Sahne · 1 gestrichener

Teel. gemahlene Naturvanille

abgeriebene Schale von

¼ unbehandelten Zitrone

Für das Backblech:

Butter und Pergamentpapier

Raffiniert

Bei 16 Stück pro Stück etwa:
630 kJ/150 kcal · 4 g Eiweiß
8 g Fett · 15 g Kohlenhydrate
1 g Ballaststoffe

Vorbereitungszeit: 30 Minuten
Backzeit: 20 Minuten
Fertigstellung: 1 Stunde

Für den Teig die Eier trennen. Die Eiweiße und das Wasser mit den Quirlen des Handrührgerätes sehr steif schlagen. Das Zuckerrohrgranulat langsam einrieseln lassen und weiterschlagen, bis der Eischnee glänzt. • Das Handrührgerät auf die niedrigste Schaltstufe stellen, und alle Eigelbe nacheinander nur so lange unterrühren, bis keine Eigelbspuren mehr in der Masse zu sehen sind. Das Mehl sieben, mit den Nüssen mischen und auf den Eischnee streuen. Alles mit einem Schneebesen vorsichtig mischen, bis sich die Zutaten zu einem cremigen, luftigen Teig verbunden haben. Dabei nicht kräftig rühren, sonst entweicht die Luft teilweise wieder aus der Masse, und der Biskuit könnte beim Backen nicht richtig aufgehen. • Ein Backblech mit gefettetem Pergamentpapier auslegen. Den Biskuitteig darauf glattstreichen. • Das Backblech in den kalten Backofen (Mitte) schieben. Den Ofen auf 200° (Umluft 180°, Gas Stufe 3) schalten. Den Biskuit etwa 20 Minuten backen. • Die Garprobe durch leichte Berührung mit dem Finger machen. • Die gare Biskuitplatte herausnehmen und mit dem anhaftenden Papier nach oben auf ein feuchtes Küchentuch stürzen. Ein zweites feuchtes Küchentuch darüber ausbreiten. Die Platte erkalten lassen, das Papier dann abziehen. • Für die Füllung die Stachelbeeren verlesen, waschen und trockentupfen. Die Stiel- und die Blütenansätze abknipsen. • Die Beeren mit etwa zwei Dritteln des Honigs mischen und ziehen lassen, bis die Creme zubereitet ist. • Für die Creme das Agar-Agar mit 3 Eßlöffeln Apfelsaft verrühren. • Den restlichen Saft zum Kochen bringen, das Agar-Agar hinzufügen und unter ständigem Rühren 1 Minute kochen, dann lauwarm abkühlen lassen. • Die Buttermilch, den Zitronensaft und den restlichen Honig daruntermischen. • Die Creme zugedeckt kühlen, bis sie etwa die Konsistenz von Joghurt hat. • Die Sahne steif schlagen, mit der Vanille und der Zitronenschale mischen und unter die Creme ziehen. • Etwa die Hälfte der Creme mit den Beeren mischen und auf die Biskuitplatte streichen. Die Platte aufrollen und rundherum mit der restlichen Creme überziehen.

Biskuitrolle mit Himbeeren und Tofucreme

Gelingt auch Ungeübten ganz leicht

Für den Teig:

| 4 Eier · 1 Eßl. kaltes Wasser |
| 60 g Zuckerrohrgranulat |
| 2 Eigelb |
| 100 g Weizenvollkornmehl |

Für die Füllung:

| 750 g Himbeeren · 250 g Tofu |
| Saft von 1 Orange |
| 1 Eßl. Honig (30 g) |

Für das Backblech:

| Butter und Pergamentpapier |

Schnell

Bei 16 Stück pro Stück etwa:
450 kJ/110 kcal · 5 g Eiweiß
3 g Fett · 14 g Kohlenhydrate
3 g Ballaststoffe

Vorbereitungszeit: 25 Minuten
Backzeit: 20 Minuten
Fertigstellung: 25 Minuten

Für den Teig die Eier trennen. Die Eiweiße mit dem Wasser mit den Quirlen des Handrührgerätes steif schlagen. Das Granulat darunterschlagen. • Das Handrührgerät auf die niedrigste Schaltstufe stellen. Alle Eigelbe nacheinander darunterrühren. Das gesiebte Mehl mit einem Schneebesen darunterziehen. • Ein Backblech mit gefettetem Pergamentpapier auslegen. Den Biskuitteig darauf glattstreichen. • Das Backblech in den kalten Backofen (Mitte) schieben. Den Ofen auf 200° (Umluft 180°, Gas Stufe 3) schalten. Den Biskuit etwa 20 Minuten backen. • Die Garprobe durch Berührung machen. Die fertige Teigplatte auf ein feuchtes Küchentuch stürzen, mit einem feuchten Tuch bedecken und erkalten lassen. Das Papier abziehen. • Für die Füllung die Himbeeren verlesen. Die Hälfte davon zum Garnieren beiseite legen, den Rest mit dem abgetropften Tofu, dem Orangensaft und dem Honig im Mixer pürieren. • Die Biskuitplatte mit etwa der Hälfte der Creme bestreichen, aufrollen, mit der restlichen Creme überziehen und mit den Himbeeren verzieren.

Biskuitrolle mit Pfirsichen und Ahornsahne

Festliches Gebäck für die sommerliche Kaffeetafel

Für den Teig:

4 Eier · 1 Eßl. kaltes Wasser

60 g Zuckerrohrgranulat

2 Eigelb

100 g Roggenvollkornmehl

Für die Füllung:

500 g vollreife Pfirsiche

2 Eßl. Zitronensaft · 200 g Sahne

1 gestrichener Teel. gemahlene

Naturvanille · abgeriebene

Schale von ¼ unbehandelten

Zitrone · 2 Eßl. Ahornsirup

oder Honig (60 g)

Für das Backblech:

Butter und Pergamentpapier

Raffiniert

Bei 16 Stück pro Stück etwa:
540 kJ/130 kcal · 3 g Eiweiß
7 g Fett · 14 g Kohlenhydrate
1 g Ballaststoffe

Vorbereitungszeit: 30 Minuten
Backzeit: 20 Minuten
Fertigstellung: 20 Minuten
Ruhezeit: 30 Minuten

Für den Teig die Eier trennen. Die Eiweiße mit dem Wasser mit den Quirlen des Handrührgerätes sehr steif schlagen. Das Zuckerrohrgranulat langsam einrieseln lassen und dabei auf der höchsten Schaltstufe weiterschlagen, bis der Eischnee glänzt. • Das Handrührgerät auf die niedrigste Schaltstufe stellen und alle Eigelbe nacheinander nur so lange darunterrühren, bis keine Eigelbspuren mehr in der Masse zu sehen sind. Das Roggenmehl darauf sieben und mit einem Schneebesen vorsichtig darunterziehen. • Ein Backblech mit gefettetem Pergamentpapier auslegen. Den Biskuitteig darauf glattstreichen. • Das Backblech in den kalten Backofen (Mitte) schieben. Den Ofen auf 200° (Umluft 180°, Gas Stufe 3) schalten. Den Biskuit etwa 20 Minuten backen. • Die Garprobe durch leichte Berührung mit dem Finger machen. Die fertige Biskuitplatte herausnehmen und mit dem anhaftenden Papier nach oben auf ein feuchtes Küchentuch stürzen. Ein zweites feuchtes Tuch darauf ausbreiten. Die Platte erkalten lassen. • Währenddessen für die Füllung die Pfirsiche mit kochendem Wasser übergießen und kurz darin ziehen lassen. Die Pfirsiche kalt abschrecken, häuten, halbieren und entsteinen. Die Hälften in Schnitze teilen und in einer Schüssel mit dem Zitronensaft mischen. • Die Sahne mit der Vanille und der Zitronenschale steif schlagen. Die Pfirsiche und 1 Eßlöffel Ahornsirup locker daruntermischen. • Das feuchte Küchentuch vom Biskuit entfernen, das Pergamentpapier vorsichtig abziehen. • Etwa zwei Drittel der Pfirsichsahne auf der Biskuitplatte verteilen, dabei an den Breitseiten der Platte einen etwa 2 cm breiten Rand lassen, damit die Füllung beim Aufrollen nicht herausquillt. • Die Platte mit Hilfe des Küchentuchs von der Breitseite her auf- rollen und auf eine Kuchenplatte gleiten lassen. • Die restliche Pfirsichsahne locker auf der Rolle verteilen. Den Rest des Ahornsirups in einem zarten Filigranmuster darüber träufeln. • Die Biskuitrolle vor dem Servieren 30 Minuten durchziehen lassen.

Kleingebäck und Plätzchen

Auf dem Foto hier finden Sie schon einiges von dem versammelt, was Ihnen dieses Kapitel bietet. Wie wärs zum Beispiel mit kleinen Himbeertörtchen – knusprige Mürbeteigböden, gefüllt mit erfrischender Joghurtcreme und vollreifen, duftenden Beeren (Rezept Seite 147). Haben Sie Lust auf Frühstücksgebäck, wie man es in Frankreich mag? Dann wählen Sie Croissants (Rezept Seite 130) oder Brioches (Rezept Seite 131) – buttrige Köstlichkeiten, die mit Vollkornmehl höchst aromatisch schmecken. Und mit vollwertigen Keksen brauchen Sie nicht bis Weihnachten zu warten: Backen Sie die fein gewürzten Butterplätzchen, gefüllt mit Nußmus oder Fruchtaufstrich (Rezept Seite 156) ruhig zu jeder Jahreszeit. Gefüllte Plätzchen (Rezept Seite 159) sind ein besonders feines und zartes Gebäck, das zu Tee und Kaffee gleichermaßen paßt. Dunkle Haferflockenschnitten (Rezept Seite 164) sollten Sie probieren, wenn Sie es gerne kernig mögen: Flocken und Kokosflocken sorgen für kräftigen Biß. Aber blättern Sie weiter und lassen Sie sich anregen von der Fülle an vollwertigen Kleinigkeiten, die ich auf den folgenden Seiten für Sie zusammengestellt habe.

Croissants und Marmeladenhörnchen

Knuspriges Gebäck fürs Frühstück

Für den Teig:

500 g Weizenvollkornmehl

1 Würfel Hefe (42 g)

40 g Zuckerrohrgranulat

etwa ¼ l lauwarme Milch

250 g Butter · 1 Ei

abgeriebene Schale von

½ unbehandelten Zitrone

½ Teel. Salz

Für die Marmeladenhörnchen:

125 g Fruchtaufstrich ohne

Zuckerzusatz

15 g Zuckerrohrgranulat

25 g gehackte Pistazien

abgeriebene Schale und Saft

von ½ unbehandelten Orange

Zum Bestreichen:

1 Eigelb · 2 Eßl. Milch

Gut vorzubereiten

Bei 16 Stück pro Stück etwa:
1200 kJ/290 kcal · 6 g Eiweiß
16 g Fett · 27 g Kohlenhydrate
4 g Ballaststoffe

Vorbereitungszeit: 40 Minuten
Ruhezeit: 12 Stunden
Fertigstellung: 2½ Stunden
Backzeit insgesamt: 55 Minuten

Für den Teig das Mehl in eine Schüssel geben und in die Mitte eine Mulde drücken. Die zerkrümelte Hefe und das Zuckerrohrgranulat darin mit 4 Eßlöffeln Milch und etwas Mehl vom Rand zu einem Vorteig verrühren. Den Vorteig zugedeckt bei Zimmertemperatur etwa 15 Minuten ruhen lassen, bis er sichtbar aufgegangen ist. • Inzwischen 50 g Butter in der restlichen Milch bei schwacher Hitze zerlaufen lassen. Diese Mischung, das Ei, die Zitronenschale und das Salz zum Teig geben. Mit den Knethaken des Handrührgerätes etwa 10 Minuten durcharbeiten, bis der Teig Blasen wirft und sich vom Schüsselrand löst. • Den Teig zugedeckt im Kühlschrank etwa 12 Stunden gehen lassen, bis sich sein Volu-

men verdoppelt hat. Die restliche Butter in Scheiben schneiden und ebenfalls kühlen. • Den aufgegangenen Teig zu einem Rechteck von etwa ¾ cm Dicke ausrollen. Die eine Hälfte der Teigplatte mit der Butter belegen. Die andere Hälfte darüber klappen und vorne leicht andrücken. Die Teigplatte so drehen, daß die »offenen« Seiten parallel zu Ihrem Körper liegen und zu einer länglichen, etwa ½ cm dicken Platte ausrollen. Beide Schmalseiten so nach innen schlagen, daß sie sich in der Mitte berühren. Die Platte noch einmal zusammenfalten, so daß der Teig in vier Lagen übereinander liegt. • Den Teig 30 Minuten kühlen, dann noch dreimal ausrollen, falten und kühlen. • Während der Kühlzeiten alle Zutaten für die Marmeladenhörnchen miteinander vermischen. • Den Teig zu einer etwa 40 cm langen und 20 cm breiten Platte ausrollen. • Die Platte in Quadrate, diese

in Dreiecke teilen. • Für die Croissants die Dreiecke von den Breitseiten her aufrollen, zu Hörnchen biegen und auf ein kalt abgespültes Backblech legen. • Für die Marmeladenhörnchen jeweils etwa 1 Eßlöffel Füllung in die Mitte der Dreiecke geben, ebenfalls aufrollen, formen und auf ein abgespültes Blech legen. • Das Eigelb mit der Milch verrühren und alle Hörnchen damit bestreichen. • Das Blech mit den Marmeladenhörnchen (die Croissants bis zum Backen kühlen) in den kalten Backofen (Mitte) schieben. Den Ofen auf 200° (Umluft 180°, Gas Stufe 2½–3) schalten. Die Marmeladenhörnchen etwa 30 Minuten, die Croissants danach etwa 25 Minuten backen, bis sie hellbraun sind.

Brioches, ungefüllt und gefüllt

Schmecken gut zum Frühstück oder zum Tee

Für den Teig:

500 g Weizenvollkornmehl

1 Würfel Hefe (42 g)

1 Eßl. Zuckerrohrgranulat (15 g)

⅛ l Milch · 175 g Butter

4 zimmerwarme Eier

abgeriebene Schale von

½ unbehandelten Zitrone

½ Teel. Salz

Für die Füllung:

20 g Vollkornkekse

50 g Pflaumenmus ohne

Zuckerzusatz

1 Eßl. Orangensaft

Zum Bestreichen:

1 Eigelb · 2 Eßl. Milch

Zum Formen: Mehl

Für die Förmchen:

Butter und Mehl

Für Ungeübte

Bei 10 Stück pro Stück etwa:
1600 kJ/380 kcal · 10 g Eiweiß
20 g Fett · 36 g Kohlenhydrate
5 g Ballaststoffe

Vorbereitungszeit einschließlich
Ruhezeit: 1¾ Stunden
Backzeit: 30 Minuten

Für den Teig das Mehl in eine Schüssel geben und in die Mitte eine Mulde drücken. Die Hefe hineinkrümeln, 1 Teelöffel Zuckerrohrgranulat darüber streuen. • Die Milch lauwarm erwärmen, 3 Eßlöffel davon über die Hefe geben und alles mit etwas Mehl vom Rand zu einem Vorteig verrühren. • Den Vorteig zugedeckt bei Zimmertemperatur etwa 15 Minuten gehen lassen. • Die Butter in der restlichen Milch bei schwacher Hitze zerlaufen lassen. Diese Mischung, das restliche Zuckerrohrgranulat, die Eier, die Zitronenschale und das Salz hinzufügen und mit den Knethaken des Handrührgerätes etwa 10 Minuten durcharbeiten, bis der Teig Blasen wirft und sich vom Schüsselrand löst. • Den Teig zugedeckt bei Zimmertemperatur etwa 45 Minuten gehen las-

sen, bis sich sein Volumen verdoppelt hat. • Für die Füllung die fein zerkrümelten Kekse, das Pflaumenmus und den Orangensaft vermischen. • Den Teig mit bemehlten Händen in 10 Portionen teilen. Jede Portion zu je einer großen und einer kleinen Kugel formen. • Alle großen Kugeln in gefettete, mit Mehl ausgestreute Brioche-Förmchen oder Porzellantassen geben. Auf fünf dieser Brioche fünf kleine Kugeln setzen. • In die restlichen Brioche mit einem in Mehl getauchten Finger tiefe Mulden drücken. Die Füllung in den Mulden verteilen und die restlichen kleinen Kugeln darauf setzen. • Alle Brioche zugedeckt bei Zimmertemperatur weitere 15 Minuten gehen lassen. • Das Eigelb mit der Milch verrühren, die Brioches damit bestreichen. • Die Förmchen oder die Tassen auf den Rost in den kalten Backofen (Mitte) stellen. Den Ofen auf 200° (Umluft 180°, Gas

Stufe 2½–3) schalten. Die Brioches etwa 30 Minuten backen, bis sie hellbraun sind. • Bei einem ungefüllten Brioche die Garprobe mit einem Holzstäbchen machen. Das fertige Gebäck herausnehmen und nach etwa 10 Minuten aus den Förmchen stürzen. Auf einem Kuchengitter gerade eben abkühlen lassen und ganz frisch servieren.

Apfeltaschen

Der Teig läßt sich gut einfrieren

Für den Teig:

150 g Tofu · 1 Eßl. Milch

150 g Weizenvollkornmehl

1 Prise Salz · 150 g kalte Butter

Für die Füllung:

50 g Korinthen

2 Eßl. ungesüßter Apfelsaft

100 g Cashewnußkerne

500 g säuerliche Äpfel (Cox

Orange oder Glockenapfel)

abgeriebene Schale und Saft

von ½ unbehandelten Zitrone

75 g Zuckerrohrgranulat

je ½ Teel. gemahlene Natur-

vanille, Zimt- und Ingwerpulver

Zum Bestreichen:

1 Eiweiß · 1 Eigelb · 2 Eßl. Milch

1 Eßl. Apfelkraut (30 g) · 1 Eßl.

Zitronensaft · 1 Teel. Honig

Für Ungeübte

Bei 6 Stück pro Stück etwa:
2200 kJ/520 kcal · 11 g Eiweiß
36 g Fett · 50 g Kohlenhydrate
5 g Ballaststoffe

Vorbereitungszeit einschließlich
Ruhezeit: 4½ Stunden
Backzeit insgesamt: 35 Minuten

Für den Teig den abgetropften Tofu mit der Milch
pürieren und mit dem Mehl in
eine Schüssel geben. Das Salz
und die in Stücke geschnittene
Butter hinzufügen. Alles mit
den Händen zusammenkneten
und möglichst rasch zu einem
glatten Teig verarbeiten. • Den
Teig zu einem Block formen
und 30 Minuten kühlen. • Den
Teig zwischen zwei Blättern
Pergamentpapier zu einem
länglichen Rechteck von etwa
¾ cm Dicke ausrollen. Beide
Schmalseiten der Teigplatte zur
Mitte hin einschlagen, so daß
sich die Kanten berühren. Das
Teigstück jetzt locker wie ein
Buch zusammenklappen, so
daß vier Teigschichten überein-
ander liegen. Die »offenen«
Seiten nicht andrücken. Das
Pergamentpapier abziehen.
• Den Teig 30 Minuten kühlen.

Die Teigplatte so auf die
Arbeitsfläche legen, daß die
»offenen« Seiten parallel zu
Ihrem Körper liegen und zu
einer länglichen, etwa ½ cm
dicken Platte ausrollen. Dabei
den Teig nicht zusammenpressen, sondern eher auseinanderklopfen. Die Platte erneut so
falten, daß der Teig in vier
Lagen übereinander liegt. • Den
Teig 30 Minuten kühlen und
noch dreimal wie beschrieben
ausrollen, falten und kühlen.
• Während der Kühlzeiten die
Füllung zubereiten: Die Korinthen in dem Apfelsaft einweichen. Die Nüsse grob hacken.
Die Äpfel vierteln, vom Kerngehäuse befreien, schälen und
raspeln. • Die Korinthen, die
Nüsse, die Zitronenschale und
den -saft, das Granulat und die
Gewürze daruntermischen.
• Den Teig etwa ½ cm dick ausrollen und in Quadrate von
etwa 10 cm Kantenlänge
schneiden. • Die Füllung auf
den Teigstücken verteilen, die

Ränder mit dem Eiweiß bestreichen. Die Teigstücke zusammenklappen und an den Rändern gut andrücken. • Die
Apfeltaschen auf kalte Backbleche legen und weitere 30 Minuten kühlen. • Das Eigelb mit
der Milch verquirlen, die Apfeltaschen damit bestreichen.
• Das erste Blech in den kalten
Backofen (Mitte) schieben. Den
Ofen auf 200° (Umluft 180°,
Gas Stufe 2½–3) schalten. Die
Apfeltaschen auf dem ersten
Blech etwa 20 Minuten, die auf
dem folgenden Blech etwa
15 Minuten backen und nach
dem Backen sofort vom Blech
lösen. • Das Apfelkraut mit dem
Zitronensaft und dem Honig
verrühren. Die heißen Apfeltaschen damit bestreichen.

Nußschnecken

Durch den Plunderteig besonders knusprig

Für den Teig:

250 g Weizenvollkornmehl

250 g feingemahlener Dinkel

1 Würfel Hefe (42 g)

40 g Zuckerrohrgranulat

etwa ¼ l lauwarme Milch

250 g Butter · 1 Ei · abgeriebene
Schale von ½ unbehandelten
Zitrone · ½ Teel. Salz

Für die Füllung:

250 g gemahlene
Haselnußkerne

25 g Zuckerrohrgranulat

1 Eiweiß · 1 Eßl. Sahne (15 g)

je ¼ Teel. gemahlene
Naturvanille und Zimtpulver
abgeriebene Schale und Saft
von ½ unbehandelten Orange

Zum Bestreichen:

25 g Apfelkraut · 1 Teel. Honig
1 Teel. Butter

Braucht etwas Zeit

Bei 20 Stück pro Stück etwa:
1200 kJ/290 kcal · 6 g Eiweiß

20 g Fett · 23 g Kohlenhydrate
2 g Ballaststoffe

Vorbereitungszeit: 30 Minuten
Ruhezeit: 12 Stunden
Fertigstellung: 2¾ Stunden
Backzeit insgesamt: 55 Minuten

Für den Teig die beiden
Mehlsorten in eine Schüssel
geben und eine Mulde hineindrücken. Die zerkrümelte Hefe
und 1 Teelöffel Zuckerrohrgranulat darin mit 4 Eßlöffeln
Milch und etwas Mehl vom
Rand zu einem Vorteig verrühren. • Den Vorteig zugedeckt
bei Zimmertemperatur etwa
15 Minuten ruhen lassen.
• Inzwischen 50 g Butter in der
restlichen Milch zerlaufen lassen. Mit dem restlichen Granulat, dem Ei, der Zitronenschale
und dem Salz zum Teig geben.
Mit den Knethaken des Handrührgerätes etwa 10 Minuten
durcharbeiten, bis der Teig Blasen wirft. • Den Teig zugedeckt
im Kühlschrank etwa 12 Stun-

den gehen lassen, bis sich sein
Volumen verdoppelt hat. Die
restliche Butter in Scheiben
schneiden und ebenfalls kühlen. • Den aufgegangenen Teig
zu einem Rechteck von etwa
¾ cm Dicke ausrollen. Die eine
Hälfte der Teigplatte mit der
Butter belegen. Die andere
Hälfte darüber klappen und nur
vorne andrücken. Die Teigplatte so drehen, daß die »offenen«
Seiten parallel zu Ihrem Körper
liegen und zu einer länglichen,
etwa ½ cm dicken Platte ausrollen. Beide Schmalseiten so
nach innen schlagen, daß sie
sich in der Mitte berühren. Die
Platte noch einmal zusammenfalten, so daß der Teig in vier
Lagen übereinander liegt. • Den
Teig 30 Minuten kühlen, erneut
in Richtung der »offenen« Seiten ausrollen, falten und kühlen. Diesen Vorgang noch zweimal wiederholen. • Während
der Kühlzeiten alle Zutaten für
die Füllung vermischen. • Den
Teig zu einer doppelt so langen

wie breiten Platte ausrollen,
die etwa 2 mm dick sein sollte.
• Die Nußfüllung darauf streichen; rundherum am Rand
etwa fingerbreit freilassen. • Die
Platte von einer Breitseite her
bis zur Mitte aufrollen, dann
von der anderen Breitseite
ebenfalls bis zur Mitte rollen.
• Die Rolle in etwa 2 cm dicke
Scheiben schneiden. Die
Schnecken auf zwei kalt abgespülte Backbleche legen. • Das
erste Backblech in den kalten
Backofen (Mitte) schieben. Den
Ofen auf 200° (Umluft 180°,
Gas Stufe 2½–3) schalten. Die
Nußschnecken etwa 30 Minuten backen, bis sie hellbraun
sind. • Die Schnecken auf dem
zweiten Blech etwa 25 Minuten
backen. • Zum Bestreichen alle
Zutaten in einem Topf unter
Rühren leicht erwärmen, bis sie
sich miteinander verbunden
haben. • Die Nußschnecken
damit bestreichen.

Gefüllte Blätterteigschnitten

Schmecken ganz frisch am besten

Shortbread mit Nüssen

Spezialität aus England, die gut zum Tee schmeckt

1 Paket tiefgefrorener
Blätterteig mit Vollkornmehl
(Reformhaus; 300 g)
Zum Bestreuen:
100 g Zuckerrohrgranulat
1 Teel. Zimtpulver
Für die Füllung:
250 g Magerquark
50 g Honig
125 g Sahne
250 g Sauerkirschen
25 g geriebene Vollmilch-
schokolade mit Sucanat
Für die Arbeitsfläche: Mehl

Für Ungeübte

Bei 5 Stück pro Stück etwa:
2100 kJ/500 kcal · 11 g Eiweiß
25 g Fett · 60 g Kohlenhydrate
1 g Ballaststoffe

Vorbereitungszeit einschließlich
Auftauzeit: 30 Minuten
Backzeit: 30 Minuten
Fertigstellung: 20 Minuten

Den Blätterteig auftauen lassen. • Die Blätterteigplatten jeweils halbieren und auf Mehl zu dünnen Rechtecken ausrollen. Das anhaftende Mehl abklopfen, und die Schnitten auf ein kalt abgespültes Backblech legen. • Das Zuckerrohrgranulat mit dem Zimt vermischen und die Schnitten damit bestreuen. • Das Backblech in den kalten Backofen (Mitte) schieben. Den Ofen auf 200° (Umluft 180°, Gas Stufe 3) schalten. Die Schnitten etwa 30 Minuten backen, dann abkühlen lassen. • Für die Füllung den Quark mit dem Honig verrühren. Die steif geschlagene Sahne, die gewaschenen, entsteinten Sauerkirschen und die Schokolade darunterziehen. • Die Füllung auf fünf der Schnitten verteilen, die restlichen Schnitten darauf legen. • Die Schnitten sofort servieren.

Für den Teig:
100 g Zuckerrohrgranulat
50 g Maisgrieß
200 g Weizenvollkornmehl
50 g gemahlene Haselnußkerne
1 Prise Salz
200 g weiche Butter
Zum Bestreichen:
1 Eigelb · 2 Eßl. Milch
Zum Bestreuen:
75 g gehackte Haselnußkerne
Für das Backblech: Butter

Für Ungeübte

Bei 8 Stück pro Stück etwa:
1940 kJ/460 kcal · 6 g Eiweiß
32 g Fett · 35 g Kohlenhydrate
3 g Ballaststoffe

Vorbereitungszeit einschließlich
Ruhezeit: 2½ Stunden
Backzeit: 30 Minuten

Das Zuckerrohrgranulat und den Maisgrieß mehlfein mahlen. Beide Zutaten mit dem Mehl, den Nüssen, dem Salz und der Butter zuerst mit den Knethaken des Handrührgerätes vermischen, dann mit den Händen rasch zu einem glatten Teig verkneten. • Ein Backblech fetten. Den Teig darauf zuerst mit dem Handballen, dann mit den Fingerspitzen zu einem Rechteck auseinanderdrücken. • Den Teig 2 Stunden kühlen. • Das Eigelb mit der Milch verquirlen, die Teigplatte damit bestreichen und mit den gehackten Nüssen bestreuen. • Das Backblech in den kalten Backofen (Mitte) schieben. Den Backofen auf 180° (Umluft 160°, Gas Stufe 2–2½) schalten. Das Shortbread etwa 30 Minuten backen, bis es leicht gebräunt ist. • Das Shortbread herausnehmen, nach etwa 15 Minuten mit einem scharfen Messer in 8 Stücke teilen, vom Blech lösen und auf einem Kuchengitter erkalten lassen.

Gefüllte Hirseküchlein

Feines Teegebäck

Für den Teig:
125 g Butter · 2 Eier
75 g Zuckerrohrgranulat
1 Prise Salz · ½ Teel.
gemahlene Naturvanille
abgeriebene Schale von
½ unbehandelten Zitrone
100 g Weizenvollkornmehl
100 g feingemahlene Hirse
½ Teel. Weinsteinbackpulver
Für die Füllung:
2 Eßl. Nußmus (50 g)
1 Eßl. Sahne · Saft von ½ Zitrone
1 Teel. Honig
Für die Backbleche:
Butter und Mehl

Für Ungeübte

Bei 6 Stück pro Stück etwa:
1900 kJ/450 kcal · 8 g Eiweiß
29 g Fett · 37 g Kohlenhydrate
3 g Ballaststoffe

Vorbereitungszeit: 40 Minuten
Backzeit insgesamt: 35 Minuten

Für den Teig die Butter zerlassen – sie darf dabei nicht braun werden – und wieder lauwarm abkühlen lassen. • Die Eier mit dem Granulat, dem Salz, der Vanille und der Zitronenschale so lange mit den Quirlen des Handrührgerätes verrühren, bis die Masse hellbeige und sehr locker ist. • Das Mehl mit der Hirse und dem Backpulver mischen. Abwechselnd mit der flüssigen Butter bei mittlerer Schaltstufe unter die Eiermasse rühren, bis sich alle Zutaten zu einem cremigen Teig verbunden haben. • Zwei Backbleche fetten und mit Mehl bestäuben. • Den Teig in 12 Häufchen auf die Bleche setzen. • Das erste Blech in den kalten Backofen (Mitte) schieben. Den Ofen auf 200° (Umluft 180°, Gas Stufe 2½–3) schalten und die Küchlein etwa 20 Minuten backen. • Die Küchlein auf dem zweiten Blech etwa 15 Minuten backen. • Das Nußmus mit der Sahne, dem Zitronensaft und dem Honig verrühren. Die Küchlein an der Unterseite damit bestreichen und jeweils 2 Küchlein zusammensetzen.

Hahnenkämme und Kokosbrezen

Sollten möglichst frisch serviert werden

Für den Teig:

400 g Schichtkäse · ¼ l Milch

140 g Öl · 200 g Zuckerrohrgranulat · 800 g Weizen-
vollkornmehl · 1 Päckchen
Weinsteinbackpulver

Für die Hahnenkämme:

250 g Tofu · ⅛ l Sojamilch

50 g Korinthen

50 g Zuckerrohrgranulat

abgeriebene Schale und Saft
von ½ unbehandelten Zitrone

1 Teel. gemahlene Naturvanille

Für die Kokosbrezen:

½ Carob-Tafel (50 g)

3 entsteinte ungeschwefelte
Trockenpflaumen

100 g Kokosflocken

30 g Zuckerrohrgranulat

abgeriebene Schale und Saft
von 1 kleinen unbehandelten
Orange · ½ Teel. Zimtpulver

1 Messerspitze Ingwerpulver

Zum Bestreichen:

2 Eigelb · 4 Eßl. Milch · 1 Eiweiß

Für die Arbeitsfläche: Mehl

Für die Backbleche: Butter

Raffiniert

Bei 12 Hahnenkämmen pro Stück
etwa: 1100 kJ/260 kcal
8 g Eiweiß · 8 g Fett · 37 g Kohlenhydrate · 3 g Ballaststoffe
Bei 9 Kokosbrezen pro Stück
etwa: 1600 kJ/380 kcal
10 g Eiweiß · 15 g Fett
53 g Kohlenhydrate
6 g Ballaststoffe

Vorbereitungszeit: 1½ Stunden
Backzeit insgesamt: 45 Minuten

Für den Teig den Schichtkäse,
die Milch, das Öl, das Zuk-
kerrohrgranulat und die Hälfte
des Mehls mit den Knethaken
des Handrührgerätes vermengen. Das restliche Mehl mit
dem Backpulver mischen und
mit den Händen unter den Teig
kneten. • Für die Hahnenkämme den Tofu mit der Sojamilch
pürieren und mit allen anderen
Zutaten vermischen. • Für die
Kokosbrezen die Carob-Tafel
mit den Pflaumen im Blitzhak-
ker mittelfein zerkleinern und
ebenfalls mit allen restlichen
Zutaten vermischen. • Zum
Bestreichen die Eigelbe mit der
Milch verquirlen. • Den Teig in
zwei Portionen teilen. Für die
Hahnenkämme die erste Portion auf Mehl etwa ½ cm dick
ausrollen und in etwa 10 mal
12 cm große Stücke schneiden.
Die Tofufüllung auf die Mitte
der Teigstücke verteilen. Jeweils
eine Seite der Teigstücke mit
dem Eiweiß bestreichen. Die
gegenüberliegende Seite darüber klappen, etwas andrücken
und in gleichmäßigen Abständen etwa fingerbreit einschneiden. Die Hahnenkämme so
auseinanderbiegen, daß die
Einschnitte wie die Zinken eines
Kammes aussehen. • Ein Backblech fetten und die Hahnenkämme darauf legen. Mit der
Eiermilch bestreichen. • Das
Backblech in den kalten Back-

ofen (Mitte) schieben. Den
Ofen auf 200° (Umluft 180°,
Gas Stufe 2½−3) schalten. Die
Hahnenkämme etwa 25 Minu-
ten backen. • Inzwischen die
zweite Teigportion etwa messerrückendick zu einer Platte
von etwa 30 mal 45 cm ausrollen. Die eine Hälfte der Teigplatte mit der Kokosfüllung
bestreichen, die andere Hälfte
darüber klappen. • Die Teigplatte in etwa 2 cm breite Streifen schneiden. Die Streifen zu
Brezen formen. • Die Brezen
ebenfalls mit der Eiermilch
bestreichen und auf einem
gefetteten Backblech etwa
20 Minuten backen.

Mohrenköpfe

Schmecken Kindern besonders gut

Für den Teig:

2 Eier · 3 Eßl. kaltes Wasser

50 g Zuckerrohrgranulat

½ Teel. gemahlene Naturvanille

40 g Weizenvollkornmehl

30 g feingemahlene Hirse

½ Teel. Weinsteinbackpulver

Für die Füllung:

50 g Fruchtaufstrich ohne

Zuckerzusatz

50 g Magerquark

1 Teel. ungesüßter

Sanddornsirup · 125 g Sahne

25 g Zuckerrohrgranulat

abgeriebene Schale von

¼ unbehandelten Zitrone

Zum Überziehen:

100 g Zartbitterschokolade mit

Sucanat · 3 Eßl. Sahne (45 g)

1 Teel. ungesüßtes Kakaopulver

Zum Backen: Butter und

Pergamentpapier

Für Ungeübte

Bei 6 Stück pro Stück etwa:
1400 kJ/330 kcal · 7 g Eiweiß
18 g Fett · 35 g Kohlenhydrate
7 g Ballaststoffe

Vorbereitungszeit: 30 Minuten
Backzeit: 25 Minuten
Fertigstellung: 40 Minuten

Sechs Porzellantassen von etwa 200 ccm Inhalt mit gefettetem Pergamentpapier auslegen (siehe Seite 22). • Für den Teig die Eier trennen. Die Eiweiße mit dem Wasser mit den Quirlen des Handrührgerätes steif schlagen. Das Zuckerrohrgranulat mit der Vanille vermischt dazugeben und weiterschlagen, bis der Eischnee glänzt. • Das Handrührgerät auf die niedrigste Schaltstufe stellen. Die Eigelbe nacheinander darunterrühren. Das Mehl mit der Hirse und dem Backpulver vermischen, auf die Masse sieben und mit einem Schneebesen vorsichtig darunterziehen. • Den Teig in die Tassen füllen.

• Die Tassen auf den Rost in den kalten Backofen (Mitte) stellen. Den Ofen auf 180° (Umluft 160°, Gas Stufe 2–2½) schalten. Die Mohrenköpfe etwa 25 Minuten backen, bis sie hellgelb sind. • Die Garprobe durch Berührung mit dem Finger machen. Die Mohrenköpfe herausnehmen und 10 Minuten in den Tassen ruhen lassen. Die Mohrenköpfe am Rand mit einem Messer lösen, auf ein Kuchengitter stürzen, das Papier abziehen und das Gebäck erkalten lassen. • Die Mohrenköpfe einmal waagerecht halbieren und die unteren Hälften mit dem Fruchtaufstrich bestreichen. • Den Quark mit dem Sanddornsirup und 1 Eßlöffel Sahne glattrühren. • Die restliche Sahne steif schlagen, mit dem Zuckerrohrgranulat und der Zitronenschale vermischen und unter die Quarkcreme ziehen. • Die Mohrenköpfe mit der Creme füllen und wieder zusammensetzen. • Die Scho-

kolade in Stücke brechen und im Wasserbad schmelzen. Dann mit der Sahne und dem Kakao verrühren. • Die Mohrenköpfe mit der Glasur überziehen und auf ein Kuchengitter legen.
• Die Glasur erstarren lassen.
• Die Mohrenköpfe möglichst frisch servieren.

Obsttörtchen mit Sahne

Gut vorzubereiten, da Sie die Böden vorab backen können

Für den Teig:
50 g Zuckerrohrgranulat
100 g weiche Butter · 1 Prise Salz
abgeriebene Schale von
½ unbehandelten Zitrone
2 Eier · 200 g Weizenvollkornmehl · etwa 4 Eßl. Milch
Für die Füllung:
250 g beliebiges, vollreifes Obst
wie Pfirsiche, Aprikosen,
Kirschen oder Zwetschgen
(geputzt und entsteint
gewogen) · ⅛ l trockener
Weißwein oder ungesüßter
Fruchtsaft · 10 g Agar-Agar
1 Eßl. kaltes Wasser · 200 g
Sahne · je 1 Prise gemahlene
Naturvanille und Zimtpulver
50 g Zuckerrohrgranulat
300 g Erdbeeren, Himbeeren
oder 1 Paket gemischte
tiefgefrorene Beeren (300 g)
Für die Förmchen:
Butter und Mehl

Für Ungeübte

Bei 12 Stück pro Stück etwa:
1000 kJ/240 kcal · 4 g Eiweiß
14 g Fett · 24 g Kohlenhydrate
2 g Ballaststoffe

Vorbereitungszeit: 20 Minuten
Backzeit insgesamt:
55 Minuten–1 Stunde und
20 Minuten
Fertigstellung: 40 Minuten

Für den Teig das Zuckerrohrgranulat, die Butter, das Salz
und die Zitronenschale mit den
Quirlen des Handrührgerätes
verrühren, bis die Masse schaumig und beigefarben ist. • Die
Eier nacheinander nur so lange
darunterrühren, bis keine Eispuren mehr zu sehen sind. Das
Mehl auf die Masse sieben und
darunterrühren, bis sich alle
Zutaten zu einem glatten Teig
verbunden haben. So viel Milch
daruntermischen, daß der Teig
in langen Zapfen von den Quirlen des Handrührgerätes fällt.

• 12 Obstkuchenförmchen von
je 12 cm ⌀ mit reichlich Butter
ausstreichen und mit Mehl ausstäuben. Den Teig hineinfüllen.
• 4 bis 6 Förmchen auf den Rost
in den kalten Backofen (Mitte)
stellen. Den Ofen auf 200°
(Umluft 180°, Gas Stufe 2½–3)
schalten. Die Törtchen etwa
30 Minuten backen, bis sie hellbraun sind. • Die Garprobe mit
einem Holzstäbchen machen.
Die gebackenen Törtchen herausnehmen. • Die restlichen
Förmchen gleichzeitig oder in
zwei Backvorgängen auf den
Rost stellen und etwa 25 Minuten backen. • Die gebackenen
Törtchen nach etwa 10 Minuten zum Erkalten auf ein
Kuchengitter geben. • Für die
Füllung das Obst mit 2 Eßlöffeln Wein oder Saft pürieren.
• Den restlichen Wein zum
Kochen bringen. Das Agar-
Agar mit dem Wasser verrühren, in die kochende Flüssigkeit
mischen und etwa 1 Minute
kochen. Dann mit dem Obst-

püree vermischen. Die Masse
lauwarm abkühlen lassen. • Die
Sahne steif schlagen. Mit der
Vanille, dem Zimt und etwa der
Hälfte des Granulats vermischen und mit einem Schneebesen unter das Püree ziehen.
• Die Beeren verlesen, gegebenenfalls waschen und vorsichtig
trockentupfen. Tiefgefrorene
Beeren auftauen lassen. • Einige
größere Früchte zum Garnieren
beiseite legen, die anderen mit
dem restlichen Granulat mit
einer Gabel locker unter die
Creme mischen. • Die Törtchen
mit der Beerencreme füllen, mit
den zurückbehaltenen Beeren
garnieren und sofort anrichten.

Brandteigkränze mit Kaffeecreme

Schmecken ganz frisch am besten

Für den Teig:

300 ccm Wasser · 50 g Butter

1 Prise Salz · 150 g Weizenvollkornmehl · 4 Eier

1 Teel. Weinsteinbackpulver

Für die Creme:

⅜ l Milch · 1 gehäufter Eßl.

Getreidekaffee · 2 Teel.

Naturvanille · 1 Prise Salz

abgeriebene Schale von

¼ unbehandelten Zitrone

2 Eier · 50 g flüssiger Honig

1 Teel. Instant-Kaffeepulver

50 g Weizenvollkornmehl

125 g Sahne

Zum Bestreichen:

50 g Fruchtaufstrich ohne

Zuckerzusatz

Zum Bestäuben:

Wildpfeilwurzelmehl

Für die Backbleche:

Butter und Mehl

Für Ungeübte · Raffiniert

Bei 10 Stück pro Stück etwa:
1000 kJ/240 kcal · 8 g Eiweiß
14 g Fett · 20 g Kohlenhydrate
2 g Ballaststoffe

Vorbereitungszeit: 30 Minuten
Backzeit insgesamt: 1¼ Stunden
Fertigstellung: 35 Minuten

Das Wasser mit der Butter und dem Salz aufkochen, bis die Butter geschmolzen ist. Das gesamte Mehl unter Rühren hineinschütten. • Bei schwächster Hitze so lange weiterrühren, bis sich die Masse zu einem Kloß zusammenballt und sich am Boden des Topfes eine weißliche Schicht bildet. • Die Masse in eine Rührschüssel geben. 1 Ei sofort mit den Knethaken des Handrührgerätes unter den noch heißen Teig rühren. • Den Teig lauwarm abkühlen lassen. Die restlichen Eier nacheinander mit den Knethaken des Handrührgerätes daruntermischen. Das Backpulver mit dem letzten Ei hinzu-

fügen. • Zwei Backbleche fetten und mit Mehl bestäuben. • Den Teig in einen Spritzbeutel füllen und als Kränze von etwa 5 cm ⌀ auf die Bleche spritzen; dabei mindestens handbreite Abstände lassen, denn die Kränze dehnen sich beim Backen aus. • Das erste Backblech in den kalten Backofen (Mitte) schieben. Den Ofen auf 180° (Umluft 160°, Gas Stufe 2) schalten. Die Kränze etwa 40 Minuten backen. Dabei während der ersten 20 Minuten die Backofentür nicht öffnen, sonst fällt das Gebäck zusammen. • Sobald die Kränze nicht mehr sichtbar aufgehen, sind sie gar. • Die Kränze auf dem zweiten Blech etwa 35 Minuten backen. • Die gebackenen Kränze sofort ablösen und noch heiß auseinanderschneiden. • Für die Creme die Milch mit dem Getreidekaffee aufkochen und etwa 5 Minuten ziehen lassen. • Die Milch durch ein feines Sieb gießen und mit der Vanille, dem Salz und der

Zitronenschale erneut erhitzen, aber nicht mehr aufkochen.
• Die Eier trennen. Die Eigelbe mit dem Honig und dem Instantkaffee in einem Topf sehr schaumig schlagen. Das Mehl daruntermischen. Die heiße Milch unter ständigem Weiterschlagen dazugießen. • Die Creme unter Rühren aufkochen, bis sie dick wie Pudding ist. • Den Topf von der Kochstelle nehmen, in kaltes Wasser mit einigen Eiswürfeln stellen, und die Creme unter ständigem Rühren lauwarm abkühlen lassen. • Die Eiweiße und die Sahne getrennt steif schlagen und nacheinander unter die Creme ziehen. • Die Kränze mit der Creme füllen, zusammensetzen und mit dem Fruchtaufstrich bestreichen. • Die Kränze mit Wildpfeilwurzelmehl bestäuben und sofort servieren.

Orangenschnitten

Feines, leichtes Gebäck für die winterliche Kaffeetafel

Für den Teig:

250 g Butter · 4 Eier

100 g Zuckerrohrgranulat

1 Prise Salz · 1 Teel. gemahlene

Naturvanille · abgeriebene

Schale von ½ unbehandelten

Zitrone · 2 Eßl. Zitronensaft

200 g gemahlene Walnußkerne

50 g gemahlene Pistazien

75 g gehackte Kürbiskerne

½ fein geriebene Carob-Tafel

(50 g) · 125 g Weizenvollkorn-

mehl · 25 g feingemahlene Hirse

1 Teel. ungesüßtes Kakaopulver

½ Päckchen Weinstein-

backpulver · 100 g Buttermilch

Für die Creme:

½ l Milch · ½ Teel. gemahlene

Naturvanille · 1 Prise Salz

3 Eier · 50 g Zuckerrohrgranulat

100 g Weizenvollkornmehl

Saft von 2 Orangen

abgeriebene Schale von

1 unbehandelten Orange

250 g Sahne · 500 g Orangen

30 g gemahlene Walnußkerne

Für das Backblech:

Butter und Mehl

Raffiniert

Bei 20 Stück pro Stück etwa:
1650 kJ/390 kcal · 9 g Eiweiß
29 g Fett · 24 g Kohlenhydrate
3 g Ballaststoffe

Vorbereitungszeit: 1 Stunde
Backzeit: 20 Minuten
Fertigstellung: 45 Minuten

Für den Teig die Butter zerlassen, dabei nicht bräunen,
und wieder lauwarm abkühlen
lassen. • Die Eier mit dem Granulat verrühren, bis die Masse
hellbeige und dickflüssig ist; das
dauert etwa 5 Minuten. • Das
Salz, die Vanille, die Zitronenschale und den -saft daruntermischen. • Die Nüsse, die Pistazien und die Kürbiskerne mit
der Carob-Tafel, den beiden
Mehlsorten, dem Kakao und

dem Backpulver mischen.
Abwechselnd mit der flüssigen
Butter und der Buttermilch bei
niedrigster Schaltstufe unter die
Eiermasse rühren, bis sich alle
Zutaten verbunden haben. • Ein
Backblech fetten und mit Mehl
bestreuen. Den Teig darauf
glattstreichen. • Das Backblech
in den kalten Backofen (Mitte)
schieben. Den Ofen auf 200°
(Umluft 180°, Gas Stufe 3)
schalten. Die Teigplatte etwa
20 Minuten backen. • Die Garprobe mit einem Holzstäbchen
machen. Die fertige Teigplatte
etwa 10 Minuten auf dem
Blech abkühlen lassen. Die Platte in 20 Stücke schneiden und
diese zum Erkalten auf ein
Kuchengitter legen. • Für die
Creme die Milch mit der Vanille
und dem Salz erhitzen, aber
nicht aufkochen. • Die Eier mit
dem Granulat in einem Kochtopf schaumig schlagen. Das
Mehl daruntermischen. Die heiße Milch unter ständigem Weiterschlagen dazugießen. Die

Creme unter Rühren aufko-
chen, bis sie dick wie Pudding
ist. • Den Topf von der Kochstelle nehmen. Die Creme unter
häufigem Rühren lauwarm
abkühlen lassen. • Den Saft und
die Schale der Orange daruntermischen. Die Sahne steif
schlagen und unter die Creme
ziehen. • Die Schnitten mit
einem scharfen Messer waagerecht halbieren. • Die Orangen
schälen und in Stücke schneiden. Die Hälfte davon mit etwa
zwei Dritteln der Creme mischen und auf den unteren
Hälften der Schnitten verteilen.
Die oberen Hälften darauf
legen, mit dem Rest der Creme
und mit den übrigen Orangen-
stücken garnieren. Mit den
Walnüssen bestreuen.

Biskuitomeletts mit Obst

Schmecken auch gut als üppiges Dessert

Für den Teig:

2 Eier · 1 Eßl. kaltes Wasser

50 g Zuckerrohrgranulat

½ Teel. gemahlene
Naturvanille · 2 Eigelb

50 g Weizenvollkornmehl

50 g feingemahlener Naturreis

Für die Füllung:

300 g vollreife Pfirsiche

300 g Erdbeeren

2 Eßl. Orangenlikör, ersatzweise
Orangensaft · 250 g Sahne

1 Eßl. flüssiger Honig (30 g)

1 Teel. Zuckerrohrgranulat

Für das Backblech:

Butter und Mehl

Schnell

Bei 4 Stück pro Stück etwa:
2000 kJ/480 kcal · 10 g Eiweiß
28 g Fett · 49 g Kohlenhydrate
3 g Ballaststoffe

Vorbereitungszeit: 20 Minuten
Backzeit: 15 Minuten
Fertigstellung: 40 Minuten

Die Eier trennen. Die Eiweiße mit dem Wasser mit den Quirlen des Handrührgerätes steif schlagen. Das Zuckerrohrgranulat mit der Vanille vermischt dazugeben und weiterschlagen, bis der Eischnee glänzt. • Das Handrührgerät auf die niedrigste Schaltstufe stellen und alle Eigelbe nacheinander darunterrühren. Das Mehl mit dem Reis vermischen, auf die Masse sieben und mit einem Schneebesen vorsichtig darunterziehen. • Ein Backblech fetten und mit Mehl bestäuben. Den Teig in vier möglichst gleich großen Kreisen darauf streichen. • Das Backblech in den kalten Backofen (Mitte) schieben. Den Ofen auf 220° (Umluft 180°, Gas Stufe 3–4) schalten. Die Omeletts etwa 15 Minuten backen, bis sie hellgelb sind. • Die Garprobe durch Berührung mit dem Finger machen. • Die fertigen Omeletts sofort herausnehmen, damit sie nicht zu trocken wer-

den; sie könnten sonst beim Zusammenklappen brechen. • Die Omeletts vom Blech lösen, auf ein feuchtes Küchentuch legen und einmal zusammenklappen. Ein zweites Küchentuch unter kaltes Wasser halten, sehr gut auswringen und über die Omeletts breiten: so lassen sie sich später wieder aufklappen, ohne dabei zu brechen. Die Omeletts erkalten lassen. • Für die Füllung die Pfirsiche häuten und würfeln, dabei die Steine entfernen. Die Erdbeeren waschen, trockentupfen, von den Stielen zupfen und gegebenenfalls halbieren oder vierteln. Das Obst mit dem Orangenlikör vermischen. • Die Sahne steif schlagen. Etwa zwei Drittel davon mit dem Obst und dem Honig locker vermischen. • Die Omeletts auf eine Kuchenplatte legen, auseinanderklappen, mit der Obstsahne füllen und wieder zusammenfalten. • Die restliche Sahne mit dem Zuckerrohrgranulat vermi-

schen und in einen Spritzbeutel füllen. Die Biskuitomeletts mit Sahnetupfen verzieren und sofort servieren.

Mein Tip: Wirklich reife Pfirsiche kann man häuten, ohne sie vorher mit kochendem Wasser zu übergießen. Die Haut läßt sich mit einem spitzen kleinen Messer ganz leicht abziehen.

Eiernestchen

Für das Osterfrühstück

Für den Teig:

300 g Weizenvollkornmehl
½ Würfel Hefe (etwa 20 g)
1 Teel. Zuckerrohrgranulat
etwa 200 ccm Milch
25 g Butter · 1 Messerspitze
Safranfäden · 1 zimmerwarmes
Eigelb · abgeriebene Schale
von ½ unbehandelten Zitrone
¼ Teel. Salz
Zum Belegen: 8 Eier
Zum Bestreichen:
1 Eßl. Butter (15 g)
Zum Formen und für die
Arbeitsfläche: Mehl
Für das Backblech: Butter

Für Ungeübte · Raffiniert

Bei 8 Stück pro Stück etwa:
1200 kJ/290 kcal · 13 g Eiweiß
13 g Fett · 25 g Kohlenhydrate
3 g Ballaststoffe

Vorbereitungszeit einschließlich
Ruhezeit: 1¾ Stunden
Backzeit: 30 Minuten

Für den Teig das Mehl in eine Schüssel geben und eine Mulde hineindrücken. Die zerkrümelte Hefe und das Zuckerrohrgranulat hineingeben. • Die Milch lauwarm erwärmen. Etwa 4 Eßlöffel davon abnehmen, über die Hefe geben und alles vorsichtig mit etwas Mehl vom Rand verrühren, bis sich die Hefe aufgelöst hat und ein glatter Vorteig entstanden ist. • Den Vorteig zugedeckt bei Zimmertemperatur etwa 15 Minuten ruhen lassen, bis er sichtbar aufgegangen ist. • Die restliche Milch mit der Butter und dem zerriebenen Safran bei schwacher Hitze erwärmen, bis die Butter darin zerlaufen ist. • Den Vorteig mit dem Mehl verrühren. Die Milch-Butter-Mischung, das Eigelb, die Zitronenschale und das Salz hinzufügen und alles mit den Knethaken des Handrührgerätes etwa 10 Minuten durcharbeiten, bis der Teig Blasen wirft und sich vom Schüsselrand löst.

• Den Teig zugedeckt bei Zimmertemperatur etwa 45 Minuten gehen lassen, bis sich sein Volumen verdoppelt hat. • Die Arbeitsfläche mit reichlich Mehl bestreuen. Den Teig daraufgeben, mit den Händen noch einmal kräftig durchkneten und in acht Portionen teilen. Jede Portion zu einer Rolle von etwa 50 cm Länge formen. Jede Rolle wie eine Spirale drehen und um 1 Ei legen. • Ein Backblech fetten. Die Eiernestchen darauf legen und weitere 15 Minuten gehen lassen. • Inzwischen die Butter zum Bestreichen in einen Topf geben und bei schwacher Hitze zerlassen; sie darf dabei nicht braun werden. • Die Eiernestchen mit der Butter bestreichen. • Das Backblech in den kalten Backofen (Mitte) schieben. Den Ofen auf 180° (Umluft 160°, Gas Stufe 2–2½) schalten. Die Nestchen etwa 30 Minuten backen. • An der Seite eines der Nestchen die Garprobe mit einem Holzstäb-

chen machen. Die garen Nestchen auf ein Kuchengitter legen. Die Eier sofort herausnehmen, kalt abschrecken und gut abtrocknen. Nach Wunsch bemalen oder färben und erkaltet wieder in die Nestchen setzen.

Mein Tip: Sie können die Teigportionen auch zu bleistiftdünnen Strängen formen, diese zu Zöpfen flechten und um die Eier legen.

Gefüllte Hefeschnecken

Schmecken gerade abgekühlt am besten

Für den Teig:

300 g Weizenvollkornmehl

½ Würfel Hefe (etwa 20 g)

30 g Zuckerrohrgranulat

180 ccm Milch · 75 g Butter

2 zimmerwarme Eier

abgeriebene Schale von

½ unbehandelten Zitrone

½ Teel. Salz

Für die Creme:

150 ccm Milch

1 Teel. gemahlene Naturvanille

1 Prise Salz · etwas Schale von

¼ unbehandelten Zitrone

1 Ei · 20 g Zuckerrohrgranulat

25 g Weizenvollkornmehl

5 Eßl. Sahne (75 g)

Für den Belag:

50 g Butter · 100 g Mandelstifte

50 g Honig · 2 Eßl. Sahne (30 g)

500 g säuerliche Äpfel (Cox

Orange oder Boskop)

2 Eßl. Zitronensaft

Für die Arbeitsfläche: Mehl

Für das Backblech: Butter

Preiswert

Bei 12 Stück pro Stück etwa:
1400 kJ/330 kcal · 8 g Eiweiß
20 g Fett · 33 g Kohlenhydrate
3 g Ballaststoffe

Vorbereitungszeit einschließlich
Ruhezeit: 1¾ Stunden
Backzeit: 25 Minuten

Für den Teig das Mehl in eine Schüssel geben und in die Mitte eine Mulde drücken. Die Hefe hineinkrümeln, 1 Teelöffel Zuckerrohrgranulat darüber streuen. • Die Milch lauwarm erwärmen, 3 Eßlöffel davon über die Hefe geben und alles mit etwas Mehl vom Rand zu einem Vorteig verrühren. • Den Vorteig zugedeckt bei Zimmertemperatur etwa 15 Minuten gehen lassen. • Die Butter in der restlichen Milch zerlaufen lassen. Diese Mischung, das restliche Granulat, die Eier, die Zitronenschale und das Salz hinzufügen und alles mit den Knethaken des Handrührgerätes etwa 10 Minuten durcharbeiten, bis der Teig Blasen wirft und sich vom Schüsselrand löst. • Den Teig zugedeckt bei Zimmertemperatur etwa 45 Minuten gehen lassen, bis sich sein Volumen verdoppelt hat. • Für die Füllung die Milch mit der Vanille, dem Salz und der Zitronenschale erhitzen. • Das Ei mit dem Zuckerrohrgranulat in einem Kochtopf schaumig schlagen. Das Mehl daruntermischen. Die heiße Milch unter ständigem Weiterschlagen dazugießen. Die Creme unter Rühren aufkochen, bis sie dick wie Pudding ist. Die Creme unter häufigem Umrühren abkühlen lassen. • Die Sahne steif schlagen und darunterziehen. • Für den Belag die Butter mit den Mandeln, dem Honig und der Sahne unter Rühren aufkochen und ebenfalls abkühlen lassen. • Den Teig auf reichlich Mehl mit der bemehlten Nudelrolle zu einer Platte von etwa ½ cm Dicke ausrollen. • Die Mandelmischung darauf verteilen. Die Platte von der Breitseite her aufrollen und in 12 Scheiben schneiden. • Ein Backblech fetten. Die Scheiben darauf legen, in der Mitte jeweils etwas eindrücken und gehen lassen, bis die Äpfel vorbereitet sind. • Die Äpfel vierteln, schälen, vom Kerngehäuse befreien, in Schnitze teilen und mit dem Zitronensaft vermischen. • Die Vanillecreme und die Äpfel auf den Hefeschnecken verteilen. • Das Backblech in den kalten Backofen (Mitte) schieben. Den Ofen auf 200° (Umluft 180°, Gas Stufe 2½–3) schalten. Die Hefeschnecken etwa 25 Minuten backen.

Windbeutel mit Himbeercreme

Frisch schmecken sie am besten

Für den Teig:

300 ccm Wasser · 50 g Butter

1 Prise Salz · 150 g Weizenvollkornmehl · 4 Eier

1 Teel. Weinsteinbackpulver

Für die Creme:

300 g Himbeeren, frisch oder
tiefgefroren · 6 g Agar-Agar

1 Eßl. kaltes Wasser

1 Eßl. Zitronensaft · 75 g Honig

150 g Joghurt · 250 g Sahne

1 Teel. gemahlene Naturvanille

Für die Backbleche:

Butter und Mehl

Für Ungeübte • Schnell

Bei 16 Stück pro Stück etwa:
640 kJ/150 kcal · 4 g Eiweiß
10 g Fett · 12 g Kohlenhydrate
2 g Ballaststoffe

Vorbereitungszeit: 30 Minuten
Backzeit insgesamt: 1¼ Stunden
Fertigstellung: 30 Minuten

Das Wasser mit der Butter und dem Salz aufkochen und kochen lassen, bis die Butter geschmolzen ist. Das gesamte Mehl unter Rühren hineinschütten. Bei schwächster Hitze so lange weiterrühren, bis sich die Masse zu einem Kloß zusammenballt und sich am Boden des Topfes eine weißliche Schicht bildet. • Die Masse in eine Rührschüssel geben. 1 Ei sofort mit den Knethaken des Handrührgerätes unter den noch heißen Teig rühren, damit er geschmeidig bleibt. • Den Teig lauwarm abkühlen lassen. Die restlichen Eier nacheinander mit den Knethaken des Handrührgerätes daruntermischen. Das Backpulver mit dem letzten Ei hinzufügen. • Zwei Backbleche fetten und mit Mehl bestäuben. Den Teig mit zwei Eßlöffeln oder mit der großen Tülle des Spritzbeutels in etwa tischtennisballgroßen Häufchen auf die Bleche setzen; dabei mindestens handbreite Abstän-

de lassen, denn die Windbeutel dehnen sich beim Backen stark aus. • Das erste Blech in den kalten Backofen (Mitte) schieben. Den Ofen auf 180° (Umluft 160°, Gas Stufe 2) schalten. Die Windbeutel etwa 40 Minuten backen. Dabei während der ersten 20 Minuten die Backofentür nicht öffnen, sonst fällt das Gebäck zusammen. • Sobald die Windbeutel nicht mehr sichtbar aufgehen, sind sie gar. • Die Windbeutel herausnehmen. Das zweite Blech hineinschieben und die Windbeutel nur noch etwa 35 Minuten backen. • Die gebackenen Windbeutel sofort vom Blech lösen und noch heiß auseinanderschneiden; bereits abgekühltes Brandteiggebäck ist so knusprig, daß es beim Zerschneiden brechen könnte. • Für die Creme die Himbeeren verlesen. Etwa ein Drittel der Früchte zum Garnieren beiseite legen. • Das Agar-Agar mit dem Wasser verrühren. • Die Himbeeren mit

dem angerührten Agar-Agar zum Kochen bringen und bei schwacher Hitze unter Rühren 1 Minute kochen lassen. Von der Kochstelle ziehen. Den Zitronensaft und den Honig daruntermischen. • Den Joghurt unter die lauwarm abgekühlten Himbeeren rühren. • Die Sahne mit der Vanille steif schlagen und locker mit der Himbeercreme vermischen. • Die Himbeersahne auf den unteren Hälften der Windbeutel verteilen und mit den zurückbehaltenen Früchten belegen. Die Windbeutel zusammensetzen und sofort servieren, sonst werden sie zu weich.

Windbeutel mit Brombeeren

Ungefüllt lassen sich Windbeutel gut einfrieren

Für den Teig:
300 ccm Wasser · 50 g Butter
1 Prise Salz · 150 g Weizenvollkornmehl · 4 Eier
1 Teel. Weinsteinbackpulver

Für die Creme:
¼ l Milch · 1 Teel. gemahlene
Naturvanille · 1 Prise Salz
2 Eier · 50 g Zuckerrohrgranulat
60 g feingemahlene Hirse
150 g Joghurt · 2 Eßl. ungesüßter
Sanddornsirup (60 g)
300 g Brombeeren

Für die Backbleche:
Butter und Mehl

Für Ungeübte · Raffiniert

Bei 16 Stück pro Stück etwa:
640 kJ/150 kcal · 5 g Eiweiß
6 g Fett · 16 g Kohlenhydrate
2 g Ballaststoffe

Vorbereitungszeit: 30 Minuten
Backzeit insgesamt: 1¼ Stunden
Fertigstellung: 30 Minuten

Das Wasser mit der Butter und dem Salz aufkochen und kochen lassen, bis die Butter geschmolzen ist. Das gesamte Mehl unter Rühren hineinschütten. Bei schwächster Hitze weiterrühren, bis sich die Masse zu einem Kloß zusammenballt und sich am Boden des Topfes eine weißliche Schicht bildet. • Die Masse in eine Rührschüssel geben. 1 Ei sofort mit den Knethaken des Handrührgerätes unter den noch heißen Teig rühren, damit er geschmeidig bleibt. • Den Teig lauwarm abkühlen lassen. Die restlichen Eier nacheinander daruntermischen. Das Backpulver mit dem letzten Ei hinzufügen. • Zwei Backbleche fetten und mit Mehl bestäuben. Den Teig mit der großen Tülle des Spritzbeutels in etwa tischtennisballgroßen Häufchen auf die Bleche setzen; dabei mindestens handbreite Abstände lassen, denn die Windbeutel dehnen sich beim Backen stark aus.

• Das erste Blech in den kalten Backofen (Mitte) schieben. Den Ofen auf 180° (Umluft 160°, Gas Stufe 2) schalten. Die Windbeutel etwa 40 Minuten backen. Dabei während der ersten 20 Minuten die Backofentür nicht öffnen, sonst fällt das Gebäck zusammen.
• Sobald die Windbeutel nicht mehr sichtbar aufgehen, sind sie gar. • Die Windbeutel auf dem zweiten Blech etwa 35 Minuten backen. • Die gebackenen Windbeutel sofort vom Blech lösen und noch heiß auseinanderschneiden; bereits abgekühltes Brandteiggebäck ist so knusprig, das es beim Zerschneiden brechen könnte.
• Für die Creme die Milch mit der Vanille und dem Salz bis knapp unter den Siedepunkt erhitzen, aber nicht aufkochen.
• Die Eier trennen. Die Eigelbe mit dem Zuckerrohrgranulat in einem Kochtopf mit den Quirlen des Handrührgerätes auf der höchsten Schaltstufe schla-

ger, bis die Masse dickflüssig und hellbraun ist. Die Hirse daruntermischen. Die heiße Milch unter ständigem Rühren dazugießen. Die Masse unter Rühren aufkochen, bis sie dick wie Pudding wird. • Den Topf von der Kochstelle ziehen. Die Creme unter häufigem Umrühren erkalten lassen. • Den Joghurt, den Sanddornsirup und zum Schluß die steif geschlagenen Eiweiße unter die Creme mischen. • Die Brombeeren verlesen und mit einer Gabel locker mit der Creme vermischen. • Die Creme auf die unteren Hälften der Windbeutel häufen, die Deckel wieder daraufsetzen. • Die Windbeutel sofort servieren.

Kleine Hefetörtchen mit Tofu-Beeren-Belag

Wenn es schneller gehen soll, backen Sie mit den Zutaten einen Blechkuchen

Für den Teig:

250 g Weizenvollkornmehl

½ Würfel Hefe (etwa 20 g)

1 Teel. Zuckerrohrgranulat

180 ccm lauwarme Milch

20 g Butter · 1 zimmerwarmes Ei

abgeriebene Schale von

¼ unbehandelten Zitrone

½ Teel. Salz

Für den Belag:

250 g Himbeeren · 250 g Tofu

2 Eßl. Milch · abgeriebene

Schale von ¼ unbehandelten

Zitrone · 75 g Zuckerrohr-

granulat · 1 Teel. gemahlene

Naturvanille · je 100 g rote

Johannisbeeren, Stachelbeeren

und Kirschen, ersatzweise

1 Paket gemischte tiefgefrorene

Beeren (300 g)

Zum Bestreichen: 1 Eßl. Honig

(30 g) · 2 Eßl. ungesüßter

Sanddornsirup (60 g)

Für die Arbeitsfläche: Mehl

Für das Backblech: Butter

Für Ungeübte

Bei 6 Stück pro Stück etwa:
1500 kJ/360 kcal · 12 g Eiweiß
8 g Fett · 58 g Kohlenhydrate
9 g Ballaststoffe

Vorbereitungszeit einschließlich
Ruhezeit: 1¾ Stunden
Backzeit: 40 Minuten

Für den Teig das Mehl in eine Schüssel geben und eine Mulde hineindrücken. In der Mulde die zerkrümelte Hefe, das Zuckerrohrgranulat, 4 Eßlöffel Milch und etwas Mehl vom Rand zu einem Vorteig verrühren. • Den Vorteig zugedeckt bei Zimmertemperatur etwa 15 Minuten ruhen lassen, bis er sichtbar aufgegangen ist. • Inzwischen die Butter in der restlichen Milch zerlaufen lassen. Diese Mischung, das Ei, die Zitronenschale und das Salz zum Teig geben und alles mit den Knethaken des Handrührgerätes etwa 10 Minuten durcharbeiten, bis der Teig Blasen wirft und sich vom Schüsselrand löst. • Den Teig zugedeckt bei Zimmertemperatur etwa 45 Minuten gehen lassen, bis sich sein Volumen verdoppelt hat. • Während der Ruhezeit die Himbeeren sorgfältig verlesen (tiefgefrorene Beeren auftauen lassen). Die Beeren mit dem abgetropften Tofu und der Milch pürieren. Die Zitronenschale, das Zuckerrohrgranulat und die Vanille daruntermischen. • Die Johannisbeeren, die Stachelbeeren und die Kirschen waschen und trockentupfen. Die Johannisbeeren mit einer Gabel von den Stielen streifen, die Kirschen entsteinen. • Den Teig noch einmal mit der Hand kräftig durchkneten und in sechs Portionen teilen. • Jedes Teigstück auf der bemehlten Arbeitsfläche mit dem Handballen zu einem etwa handgroßen Kreis auseinanderdrücken. • Ein Backblech fetten. Die Teigkreise darauf legen. Die Ränder der Törtchen etwas nach oben drücken, damit die Füllung beim Backen nicht ausläuft. • Die Tofucreme, die Beeren und die Kirschen auf den Törtchen verteilen. • Das Backblech in den kalten Backofen (Mitte) schieben. Den Ofen auf 200° (Umluft 180°, Gas Stufe 3) schalten. Die Törtchen etwa 40 Minuten backen. • Den Honig mit dem Sanddornsirup verrühren. Die fertigen Törtchen damit bestreichen und einige Minuten im abgeschalteten Ofen bei geöffneter Backofentüre ziehen lassen. • Die Törtchen zum Auskühlen auf ein Kuchengitter geben.

Kleine Himbeertörtchen

Schmecken mit frischen oder mit tiefgefrorenen Früchten

Für den Teig:

100 g feingemahlene Hirse

50 g Weizenvollkornmehl

25 g Zuckerrohrgranulat

1 Prise Salz · 1 Ei

75 g weiche Butter

Für den Belag:

5 g Agar-Agar

100 ccm Wasser · 150 g Joghurt

1 Eigelb · 25 g Honig

1 Eßl. Zitronensaft

½ Teel. gemahlene Naturvanille

125 g Sahne · 250 g Himbeeren

Nach Belieben:

Melisseblättchen

Zum Blindbacken:

Pergamentpapier und beliebige

Hülsenfrüchte

Für die Förmchen: Butter

Gut vorzubereiten

Bei 4 Stück pro Stück etwa:
2200 kJ/520 kcal · 10 g Eiweiß
32 g Fett · 46 g Kohlenhydrate
7 g Ballaststoffe

Vorbereitungszeit einschließlich
Ruhezeit: 1¼ Stunden
Backzeit: 25 Minuten
Fertigstellung: 30 Minuten

Für den Teig das Hirse- und das Weizenmehl, das Zuckerrohrgranulat, das Salz, das Ei und die Butter mit den Knethaken des Handrührgerätes vermischen, bis die Masse krümelig ist. Den Teig mit den Händen rasch zusammenkneten, bis er glatt ist. • 4 Obstkuchenförmchen von je 12 cm ∅ fetten und mit dem Teig auskleiden. Dabei den Teig rundherum auch an den Rändern hochdrücken. • Die Teigböden mit einer Gabel mehrmals einstechen, damit später beim Backen die Luft entweichen kann. • Die Förmchen in den Kühlschrank stellen, und die Teigböden 1 Stunde kühlen. • Zum »Blindbacken« die Teigböden mit Pergamentpapier abdecken und mit je 1 bis 2 Eßlöffeln getrockneten Hülsenfrüchten füllen. Das Gewicht der Hülsenfrüchte verhindert, daß die Teigböden aufgehen. • Die Förmchen auf den Rost in den kalten Backofen (Mitte) stellen. Den Backofen auf 200° (Umluft 180°, Gas Stufe 2½–3) schalten. Die Törtchen etwa 25 Minuten backen, bis sie an den Rändern hellbraun sind. • Die Törtchen zum Auskühlen auf ein Kuchengitter stürzen. • Für den Belag das Agar-Agar mit dem Wasser in einem Kochtopf glattrühren. Die Mischung zum Kochen bringen und etwa 1 Minute unter ständigem Rühren leise kochen lassen. Das Agar-Agar lauwarm abkühlen lassen. • Den Joghurt mit dem Eigelb, dem Honig, dem Zitronensaft und der Vanille schaumig rühren. • Das Agar-Agar mit einem Schneebesen kräftig darunterrühren. • Die Creme in den Kühlschrank stellen, bis sie beginnt, fest zu werden und in der Konsistenz wie Sirup ist. • Die Sahne steif schlagen und unter die Creme ziehen. • Die Himbeeren verlesen. Die Hälfte der Früchte mit einer Gabel unter die Creme mischen. • Die Himbeercreme in die Törtchen füllen und mit den restlichen Beeren garnieren. Die Törtchen nach Wunsch mit Melisseblättchen garnieren.

Mein Tip: Decken Sie die ungebackenen Teigböden unbedingt mit Pergamentpapier ab, bevor Sie die Hülsenfrüchte einfüllen. Wenn die Hülsenfrüchte direkt mit dem Teig in Berührung kommen, könnten sie beim Backen festkleben.

Kleine Zwetschgenkuchen

Können Sie in ofenfesten Suppentassen backen

Für den Teig:

300 g Weizenvollkornmehl

½ Würfel Hefe (etwa 20 g)

50 g Zuckerrohrgranulat

⅛ l Milch · 2 Eßl. Sahne (30 g)

1 zimmerwarmes Ei

abgeriebene Schale von
½ unbehandelten Zitrone

½ Teel. Salz · 500 g Zwetschgen

1 Teel. Zimtpulver

Zum Bestreichen:

20 g Birnenkraut · 10 g Butter

Für die Tassen: Butter und Mehl

Für Ungeübte

Bei 6 Stück pro Stück etwa:
1300 kJ/310 kcal · 9 g Eiweiß
7 g Fett · 50 g Kohlenhydrate
10 g Ballaststoffe

Vorbereitungszeit einschließlich
Ruhezeit: 1¾ Stunden
Backzeit: 30 Minuten

Für den Teig das Mehl in eine Schüssel geben und in die Mitte eine Mulde drücken. Die Hefe zerkrümeln und in die Mulde geben. 1 Teelöffel Zuckerrohrgranulat darüber streuen. • Die Milch lauwarm erwärmen. Etwa 4 Eßlöffel davon über die Hefe geben und alles vorsichtig mit etwas Mehl vom Rand verrühren, bis sich die Hefe aufgelöst hat und ein glatter Vorteig entstanden ist. • Den Vorteig zugedeckt bei Zimmertemperatur etwa 15 Minuten ruhen lassen, bis er sichtbar aufgegangen ist. • Inzwischen die Sahne mit dem Rest der Milch erwärmen. Mit 25 g Zuckerrohrgranulat, dem Ei, der Zitronenschale und dem Salz zum Teig geben und alles mit den Knethaken des Handrührgerätes etwa 10 Minuten durcharbeiten, bis der Teig Blasen wirft und sich vom Schüsselrand löst. • Den Teig zugedeckt bei Zimmertemperatur etwa 45 Minuten gehen lassen, bis sich sein Volumen verdoppelt hat. • Inzwischen die Zwetschgen waschen, abtrocknen, entsteinen und in Stücke schneiden. Mit dem restlichen Zuckerrohrgranulat und dem Zimt vermischen. • Die Zwetschgen unter den Hefeteig mischen. • 6 ofenfeste Tassen von etwa 200 ccm Inhalt mit reichlich Butter ausstreichen und mit Mehl ausstreuen. Den Teig darin verteilen (die Tassen sollen nur zu etwa zwei Drittel gefüllt sein, da das Gebäck ja noch aufgeht). Den Teig weitere 15 Minuten gehen lassen. • Die Tassen auf den Rost in den kalten Backofen (Mitte) stellen. Den Ofen auf 190° (Umluft 170°, Gas Stufe 2½–3) schalten. Die Kuchen etwa 30 Minuten backen. • Das Birnenkraut mit der Butter erwärmen und unter Rühren auflösen. • Die Kuchen mit dieser Mischung bestreichen und noch 10 Minuten im abgeschalteten Ofen stehenlassen. • Die Zwetschgenkuchen herausnehmen, etwa 10 Minuten in den Tassen ruhen lassen und zum Erkalten auf ein Kuchengitter stürzen.

Mein Tip: Hefeteig – auch für süßes Gebäck – sollten Sie nicht zu sparsam salzen, sonst schmeckt er fade. Pro 300 g Mehl rechnet man ungefähr ½ Teelöffel Salz, also etwa 3 g.

Quittentörtchen mit Kokosflocken

Feines Gebäck für den Spätherbst

Für den Teig:
150 g Weizenvollkornmehl
25 g Zuckerrohrgranulat
1 Prise Salz · 75 g Butter
1½ Eßl. kaltes Wasser
Für den Belag:
1 Quitte (etwa 250 g)
2 Eßl. Wasser
1 Eßl. Zitronensaft
1 Stück Schale von
1 unbehandelten Zitrone
1 Stück Zimtstange
125 g Sahne · 1 Eigelb
1 gestrichener Teel. gemahlene
Naturvanille
50 g Kokosflocken
50 g Apfelkraut
Für die Förmchen: Butter

Raffiniert • Für Ungeübte

Bei 4 Stück pro Stück etwa:
2100 kJ/500 kcal · 7 g Eiweiß
31 g Fett · 49 g Kohlenhydrate
8 g Ballaststoffe

Vorbereitungszeit einschließlich
Ruhezeit: 1½ Stunden
Backzeit: 30 Minuten

Für den Teig alle Zutaten zu einem glatten Mürbeteig verkneten. • 4 Obstkuchenförmchen von je 12 cm ⌀ fetten und mit dem Teig auskleiden. Die Teigböden mehrmals einstechen und 1 Stunde kühlen. • Die Förmchen auf den Rost in den kalten Backofen (Mitte) stellen. Den Backofen auf 200° (Umluft 180°, Gas Stufe 2½–3) schalten. Die Törtchen 15 Minuten vorbacken. • Für den Belag die Quitte schälen, in Schnitze teilen und mit dem Wasser, dem Zitronensaft, der -schale und der Zimtstange 5 Minuten dünsten. • Die abgetropften Schnitze auf den Törtchen verteilen. Die Dünstflüssigkeit auffangen. • Die Sahne mit dem Eigelb und der Vanille verquirlen und über die Quitten geben. Die Kokosflocken darüberstreuen. • Die Törtchen bei 200° (Umluft 180°, Gas Stufe 3) weitere 15 Minuten backen. • Die Dünstflüssigkeit mit dem Apfelkraut verrühren. Die Törtchen damit bestreichen.

Waffeln mit Obstsahne

Schmecken gut als süßes Hauptgericht

Sojawaffeln mit Zimt

Leichtes Gebäck zum Tee

Für den Teig:
50 g weiche Butter
25 g Zuckerrohrgranulat
1 Prise Salz · abgeriebene
Schale von ½ unbehandelten
Orange · 1 Eßl. Orangensaft
1 Ei · 50 g Buchweizenmehl
50 g Weizenvollkornmehl
200 g Crème fraîche
Für den Belag:
200 g Sahne · 1 Orange
2 Kiwis · 75 g ungesüßtes
Preiselbeerkompott
1 Eßl. Honig (30 g)
Für das Waffeleisen: Butter

Schnell

Bei 10 Stück pro Stück etwa:
1100 kJ/260 kcal · 3 g Eiweiß
18 g Fett · 18 g Kohlenhydrate
1 g Ballaststoffe

Vorbereitungszeit: 30 Minuten
Backzeit insgesamt: 40 Minuten

Für den Teig die Butter, das Granulat, das Salz, die Orangenschale und den -saft mit den Quirlen des Handrührgerätes auf der höchsten Schaltstufe verrühren, bis die Masse schaumig ist und das Granulat nicht mehr knirscht. • Das Ei darunterrühren. Zuerst die beiden Mehlsorten gemischt hinzufügen, dann die Crème fraîche darunterrühren. • Den Teig ruhen lassen, bis die Obstsahne fertig ist. • Die Sahne sehr steif schlagen. Die Orange und die Kiwis schälen und in Stücke schneiden. Den Saft dabei auffangen. Die Früchte, den Saft, das Preiselbeerkompott und den Honig locker unter die Sahne ziehen. • Das Waffeleisen fetten. Jeweils knapp 2 Eßlöffel Teig hineingeben und etwa 4 Minuten backen. • Die gebackenen Waffeln mit der Obstsahne servieren.

200 g Weizenvollkornmehl
100 g vollfettes Sojamehl
25 g Zuckerrohrgranulat
1 Prise Salz · abgeriebene Schale
von ½ unbehandelten Zitrone
1 Teel. Zimtpulver
1 kräftige Prise Cayennepfeffer
¼ l Milch · 3 Eier
Für das Waffeleisen: Butter

Schnell • Raffiniert

Bei 10 Stück pro Stück etwa:
670 kJ/160 kcal · 9 g Eiweiß
5 g Fett · 18 g Kohlenhydrate
3 g Ballaststoffe

Vorbereitungszeit einschließlich
Ruhezeit: 1¼ Stunden
Backzeit insgesamt: 40 Minuten

Das Weizen- und das Sojamehl mit dem Zuckerrohrgranulat, dem Salz, der Zitronenschale, dem Zimt und dem Cayennepfeffer vermischen. Die Milch hinzugießen und so lange rühren, bis ein glatter Teig entstanden ist. Die Eier daruntermischen. • Den Waffelteig zugedeckt 1 Stunde im Kühlschrank quellen lassen. • Das Waffeleisen fetten. Jeweils knapp 2 Eßlöffel Teig hineingeben und etwa 4 Minuten backen. • Die gebackenen Waffeln entweder warm halten oder kalt servieren.

Mein Tip: Die Waffeln enthalten sehr wenig Süßungsmittel und passen deshalb besonders gut zu aromatischem Tee. Wenn Sie das Gebäck süßer mögen, beträufeln Sie die Waffeln mit etwas Honig oder Ahornsirup.

Feine Waffeln zum Kaffee

Lassen sich bei Tisch mit den Gästen backen

Maiswaffeln mit Trockenobst

im Bild hinten

Für den Teig:

200 g gemischtes ungeschwefeltes Trockenobst wie Feigen, Aprikosen, entsteinte Pflaumen und Birnen

300 ccm Wasser · 200 g Maismehl · 50 g Weizenvollkornmehl · ⅛ l Milch · 2 Eier

1 Prise Salz · 1 gestrichener Teel. gemahlene Naturvanille

abgeriebene Schale und Saft von ½ unbehandelten Orange

Zum Bestreichen:

100 g Nußmus · 20 g Sesamsamen · 1 Teel. Honig

2 Eßl. Orangensaft

Für das Waffeleisen: Butter

Teig mit Obst gesüßt

Bei 8 Stück pro Stück etwa:
1500 kJ/360 kcal · 9 g Eiweiß

16 g Fett · 45 g Kohlenhydrate
5 g Ballaststoffe

Vorbereitungszeit einschließlich Ruhezeit: 2¼ Stunden
Backzeit insgesamt: 32 Minuten

Das Trockenobst fein zerkleinern, mit dem Wasser übergießen und zugedeckt 2 Stunden quellen lassen. • Das Obst mit dem Maismehl und dem Weizenmehl vermischen. Die Milch, die Eier, das Salz, die Vanille, die Orangenschale und den -saft daruntermischen. • Jeweils 1 Eßlöffel Teig in das erhitzte, gefettete Waffeleisen geben und jede Waffel etwa 4 Minuten backen. • Währenddessen das Nußmus mit den Sesamsamen, dem Honig und dem Orangensaft vermischen. • Die Waffeln damit bestreichen und sofort servieren.

Quarkwaffeln mit Nüssen

im Bild vorne

250 g Weizenvollkornmehl

100 g Roggenvollkornmehl

½ Würfel Hefe (etwa 20 g)

300 ccm lauwarme Milch

250 g zimmerwarmer Magerquark · 50 g Zuckerrohrgranulat

abgeriebene Schale von 1 unbehandelten Zitrone

2 zimmerwarme Eier

100 g gemahlene Haselnußkerne · 1 Prise Salz

Für das Waffeleisen: Butter

Gut vorzubereiten

Bei 10 Stück pro Stück etwa:
1100 kJ/260 kcal · 11 g Eiweiß
10 g Fett · 30 g Kohlenhydrate
4 g Ballaststoffe

Vorbereitungszeit einschließlich Ruhezeit: 1½ Stunden
Backzeit insgesamt: 40 Minuten

Die beiden Mehlsorten in eine Schüssel geben. Die zerbröckelte Hefe, die Milch, den Quark, das Zuckerrohrgranulat, die Zitronenschale, die Eier, die Nüsse und das Salz hinzufügen. • Alles mit den Quirlen des Handrührgerätes vermischen und so lange rühren, bis sich der Teig in langen Strängen vom Schüsselrand löst; da er zum Kneten mit der Hand zu weich ist, muß er wirklich gut durchgearbeitet werden. • Den Teig etwa 1 Stunde zugedeckt bei Zimmertemperatur gehen lassen. • Das Waffeleisen fetten. Jeweils 1 bis 1½ Eßlöffel Teig in das erhitzte Waffeleisen geben. Jede Waffel etwa 4 Minuten backen.

Teegebäck mit Nüssen und Mandeln

Besonders fein und trotzdem ganz einfach zu backen

Carobschnitten

im Bild links

Für den Teig:

250 g weiche Butter

75 g Zuckerrohrgranulat

abgeriebene Schale von

¼ unbehandelten Zitrone

1 Prise Salz · 5 Eier

50 g Weizenvollkornmehl

50 g feingemahlene Hirse

150 g gemahlene Walnußkerne

1½ geriebene Carob-Tafeln
(150 g)

Zum Bestreichen:

125 g Birnenkraut

1 Eßl. Orangensaft

Für den Guß:

30 g Butter · 20 g Honig

25 g Carob · je 1 Teel.
ungesüßtes Kakaopulver und
Instant-Kaffeepulver

Zum Bestreuen:

40 g Mandelblättchen

Für das Backblech:

Butter und Mehl

Schnell

Bei 40 Stück pro Stück etwa:
560 kJ/130 kcal · 2 g Eiweiß
11 g Fett · 7 g Kohlenhydrate
2 g Ballaststoffe

Vorbereitungszeit: 40 Minuten
Backzeit: 15–20 Minuten

Die Butter mit dem Granulat,
der Zitronenschale und
dem Salz schaumig rühren.
• Die Eier trennen. Die Eigelbe
unter die Buttermasse rühren.
• Die steif geschlagenen Eiweiße, dann die beiden Mehlsorten, die Nüsse und die
Carob-Tafeln hinzufügen. Alles
mit einem Schneebesen vermischen. • Ein Backblech fetten
und mit Mehl bestäuben. Den
Teig darauf streichen. • Das
Backblech in den kalten Backofen (Mitte) schieben. Den
Ofen auf 200° (Umluft 180°,
Gas Stufe 3) schalten. Die Teigplatte 15 bis 20 Minuten bakken. • Das Birnenkraut mit dem
Orangensaft verrühren. Die

heiße Teigplatte damit bestreichen. • Für den Guß alle Zutaten unter Rühren erhitzen, bis
sie sich miteinander verbunden
haben. • Die Teigplatte mit dem
Guß bestreichen, mit den Mandeln bestreuen und in Schnitten
teilen.

Mandelschnitten

im Bild rechts

Für den Teig:

200 g weiche Butter

75 g Zuckerrohrgranulat

1 Teel. gemahlene Naturvanille

300 g ungehäutete, fein
gehackte Mandeln

75 g Weizenvollkornmehl

125 g feingemahlene Gerste

Zum Bestreichen:

1 Ei · 3 Eßl. Sahne (45 g)

Zum Bestreuen:

150 g ungehäutete, grob
gehackte Mandeln · 50 g Honig

Für das Backblech:

Butter und Mehl

Schnell

Bei 40 Stück pro Stück etwa:
610 kJ/150 kcal · 3 g Eiweiß
11 g Fett · 9 g Kohlenhydrate
1 g Ballaststoffe

Vorbereitungszeit: 30 Minuten
Backzeit: 15–20 Minuten

Die Butter mit dem Granulat
und der Vanille schaumig
rühren. Die Mandeln mit den
beiden Mehlsorten darunterkneten. • Ein Backblech fetten
und mit Mehl bestäuben. Den
Teig darauf streichen. • Das Ei
mit der Sahne verquirlen. Die
Teigplatte damit bepinseln und
mit den Mandeln bestreuen.
• Das Backblech in den kalten
Backofen (Mitte) schieben. Den
Ofen auf 200° (Umluft 180°,
Gas Stufe 3) schalten. Die Teigplatte 15 bis 20 Minuten bakken. • Die gebackene Teigplatte
mit dem Honig beträufeln und
in Schnitten teilen.

Bunte Plätzchen

Nur mit Obst gesüßt

Früchteplätzchen

im Bild 1., 3. und 5. Reihe

200 g gemischte
ungeschwefelte Trockenfrüchte
wie Korinthen, Feigen, Äpfel
und entsteinte Pflaumen
2 getrocknete ungeschwefelte
Aprikosen
gehackte Schale und Saft von
1 unbehandelten Orange
(250 g) · 3 Eier
½ Teel. gemahlene Naturvanille
50 g Weizenvollkornmehl
200 g gemahlene Haselnuß-
kerne · 100 g ungehäutete
gemahlene Mandeln
1 Teel. Weinsteinbackpulver
Für die Backbleche:
Butter und Mehl

Für Ungeübte

Bei 64 Stück pro Stück etwa:
200 kJ/48 kcal · 1 g Eiweiß
3 g Fett · 4 g Kohlenhydrate
1 g Ballaststoffe

Vorbereitungszeit einschließlich
Ruhezeit: 3 Stunden
Backzeit insgesamt: 40 Minuten

Das getrocknete Obst zer-
kleinern, mit der Orangenschale und dem -saft vermischt
2 Stunden ziehen lassen. • Das
Obst im Mixer pürieren. • Die
Eier trennen. Die Eiweiße mit
der Vanille sehr steif schlagen.
Abwechselnd das Fruchtpüree
und die Eigelbe darunterrühren.
• Das Mehl mit den Nüssen,
den Mandeln und dem Back-
pulver vermischt darauf sieben
und vorsichtig unterziehen.
• Zwei Backbleche fetten und
mit Mehl bestäuben. Den Teig
als kleine Häufchen darauf setzen. • Das erste Backblech in
den kalten Backofen (Mitte)
schieben. Den Ofen auf 180°
(Umluft 160°, Gas Stufe 2–2½)
schalten. Die Plätzchen auf dem
ersten Blech etwa 25 Minuten,
die auf dem zweiten Blech etwa
15 Minuten backen, bis sie hellbraun und innen noch weich

sind. • Die Früchteplätzchen
vom Blech lösen.

Dattelplätzchen

im Bild 2. und 4. Reihe

Für den Teig:
30 frische Datteln
125 g ungehäutete gehackte
Mandeln · gehackte Schale von
½ unbehandelten Orange
1 Teel. Ingwerpulver · 2 Eier
1 Eßl. kaltes Wasser
50 g feingemahlene Hirse
50 g Weizenschrot
Für die Backbleche:
Butter und Mehl

Für Ungeübte

Bei 60 Stück pro Stück etwa:
100 kJ/24 kcal · 1 g Eiweiß
2 g Fett · 2 g Kohlenhydrate
0,2 g Ballaststoffe

Vorbereitungszeit: 1 Stunde
Backzeit insgesamt: 25 Minuten

Die Datteln entkernen und in
feine Stifte schneiden. Mit
den Mandeln, der Orangen-
schale und dem Ingwer vermischen. • Die Eier trennen. Die
Eiweiße mit dem Wasser sehr
steif schlagen. Die Eigelbe
nacheinander darunterrühren.
• Die Dattelmischung, die Hirse
und den Schrot darüber streuen
und mit einem Schneebesen
vermischen. • Zwei Backbleche
fetten und mit Mehl bestäuben.
Den Teig als kleine Häufchen
darauf setzen. • Das erste Backblech in den kalten Backofen
(Mitte) schieben. Den Ofen auf
160° (Umluft 140°, Gas Stufe 2)
schalten. Die Plätzchen auf dem
ersten Blech etwa 15 Minuten,
die auf dem zweiten Blech etwa
10 Minuten backen, bis sie hellbraun und innen noch weich
sind.

Carobbrezen

Knusprig und fein wie Schokoladenbrezen

Für den Teig:

300 g Weizenvollkornmehl

100 g Carob

100 g Zuckerrohrgranulat

abgeriebene Schale von

1 unbehandelten Zitrone

1 Teel. gemahlene Naturvanille

1 Prise Salz · 2 Eier

200 g weiche Butter

Für die Glasur:

100 g Vollmilchschokolade mit

Sucanat · 2 Eßl. Sahne (30 g)

1 Teel. ungesüßtes Kakaopulver

Zum Bestreuen:

50 g gehackte Cashewnußkerne

Für die Arbeitsfläche: Mehl

Braucht etwas Zeit

Bei 90 Stück pro Stück etwa:
190 kJ/45 kcal · 1 g Eiweiß
3 g Fett · 4 g Kohlenhydrate
1 g Ballaststoffe

Vorbereitungszeit einschließlich
Ruhezeit: 2 Stunden
Backzeit insgesamt: 35 Minuten
Fertigstellung: 1 Stunde

Für den Teig das Mehl, das Carob, das Granulat, die Zitronenschale, die Vanille, das Salz, die Eier und die Butter zu einem glatten Teig verkneten. • Den Teig 1 Stunde kühlen. • Den Teig auf der bemehlten Arbeitsfläche zu etwa bleistift- dicken Rollen drehen und diese zu Brezen formen. • Die Brezen auf drei ungefettete Backbleche legen. • Das erste Backblech in den kalten Backofen (Mitte) schieben. Den Backofen auf 180° (Umluft 160°, Gas Stufe 2–2½) schalten. Die Brezen auf dem ersten Blech etwa 15 Minuten, die auf den beiden folgenden Blechen etwa 10 Minuten backen, bis sie leicht gebräunt sind. • Für die Glasur die Schokolade in Stücke brechen und im Wasserbad schmelzen. Die Sahne und den Kakao daruntermischen. • Die abgekühlten Brezen mit der Glasur bestreichen und mit den Nüssen bestreuen.

Spritzgebäck

Die beliebten Plätzchen mit vollwertigen Zutaten

Müsliplätzchen

Reich an Ballaststoffen

200 g weiche Butter
100 g Zuckerrohrgranulat
1 Prise Salz · 1 Teel. gemahlene
Naturvanille · abgeriebene
Schale von je ½ unbehandelten
Zitrone und Orange · 3 Eier
300 g Weizenvollkornmehl
100 g Maismehl
Für die Backbleche: Butter

Raffiniert

Bei 100 Stück pro Stück etwa:
150 kJ/36 kcal · 1 g Eiweiß
2 g Fett · 4 g Kohlenhydrate
0,3 g Ballaststoffe

Vorbereitungszeit: 1 Stunde
Backzeit insgesamt: 50 Minuten

Die Butter, das Zuckerrohrgranulat, das Salz, die
Vanille, die Zitronen- und die
Orangenschale mit den Quirlen
des Handrührgerätes auf der
höchsten Schaltstufe verrühren,
bis die Masse schaumig ist und
das Granulat nicht mehr
knirscht. • Die Eier nacheinander nur so lange darunterrühren, bis keine Eispuren mehr im
Teig zu sehen sind. • Die beiden
Mehlsorten vermischt darunterrühren, bis sich alle Zutaten
miteinander verbunden haben.
• Drei Backbleche fetten. Den
Teig in einen Spritzbeutel mit
Sterntülle geben und S-förmig
auf die Backbleche spritzen.
• Das erste Backblech in den
kalten Backofen (Mitte) schieben. Den Ofen auf 160° (Umluft 140°, Gas Stufe 2) schalten.
Die Plätzchen auf dem ersten
Blech in etwa 20 Minuten, die
auf den beiden folgenden
Blechen in etwa 15 Minuten
goldgelb backen.

200 g Müslimischung (ohne
Zuckerzusatz) · 200 g Buttermilch · 175 g weiche Butter
100 g Zuckerrohrgranulat
1 Prise Salz · abgeriebene Schale
von ½ unbehandelten Orange
1 Teel. gemahlene Naturvanille
250 g Weizenvollkornmehl
½ Päckchen Weinstein-
backpulver
Zum Bestreichen:
1 Eßl. Apfelkraut (30 g)
2 Eßl. Orangensaft
Für die Backbleche:
Butter und Mehl

Braucht etwas Zeit

Bei 90 Stück pro Stück etwa:
170 kJ/40 kcal · 1 g Eiweiß
2 g Fett · 4 g Kohlenhydrate
0,5 g Ballaststoffe

Vorbereitungszeit einschließlich
Ruhezeit: 2½ Stunden
Backzeit insgesamt: 1 Stunde und
5 Minuten

Die Müslimischung in der
Buttermilch 2 Stunden
quellen lassen. • Die Butter, das
Granulat, das Salz, die Orangenschale und die Vanille
schaumig rühren, bis das Granulat nicht mehr knirscht. • Die
Müslimischung eßlöffelweise
darunterrühren. Das Mehl mit
dem Backpulver gemischt darunterkneten. • Backbleche fetten und mit Mehl bestäuben.
Den Teig in kleinen Häufchen
darauf setzen. • Das erste Blech
in den kalten Backofen (Mitte)
schieben. Den Ofen auf 175°
(Umluft 150°, Gas Stufe 2)
schalten. • Die Plätzchen auf
dem ersten Blech in etwa
20 Minuten, die auf den folgenden Blechen in etwa 15 Minuten goldgelb backen. • Das
Apfelkraut mit dem Orangensaft verrühren. • Die Plätzchen
vom Blech lösen und noch heiß
mit dieser Mischung bestreichen.

Fein gewürzte Butterplätzchen

Knuspriges Weihnachtsgebäck

Für den Teig:

300 g Weizenvollkornmehl

200 g Buchweizenmehl

175 g Zuckerrohrgranulat

abgeriebene Schale von

2 kleinen unbehandelten

Orangen · 2 Teel. gemahlene

Naturvanille · ½ Teel. Salz

2 Eier · 2 Eßl. kaltes Wasser

250 g weiche Butter

Zum Bestreichen:

1 Eigelb · 3 Eßl. Sahne

Für die Marmeladentaler:

100 g Fruchtaufstrich ohne

Zuckerzusatz · 1 Eßl.

Zuckerrohrgranulat (20 g)

1 Teel. gemahlene Naturvanille

Für die Nußtaler:

100 g Nußmus · 1 Eßl. beliebige

fein gehackte Nußkerne

1 Teel. Honig

1 Eßl. Orangensaft

Für die Arbeitsfläche: Mehl

Braucht etwas Zeit

Bei 120 Stück pro Stück etwa:
210 kJ/50 kcal · 1 g Eiweiß
3 g Fett · 5 g Kohlenhydrate
0,5 g Ballaststoffe

Vorbereitungszeit einschließlich
Ruhezeit: 3 Stunden
Backzeit insgesamt: 1¼ Stunden

Für den Teig die beiden Mehlsorten, das Zuckerrohrgranulat, die Orangenschale, die Vanille, das Salz, die Eier, das Wasser und die Butter mit den Knethaken des Handrührgerätes vermischen, bis die Masse krümelig ist. Den Teig mit den Händen rasch zusammenkneten, bis er glatt ist.
• Den Teig in drei Portionen teilen, jeweils in Pergamentpapier wickeln und etwa 1 Stunde kühlen. • Die erste Teigportion auf der bemehlten Arbeitsfläche etwa messerrückendick ausrollen und zu runden Plätzchen von etwa 5 cm ⌀ ausstechen. Die restlichen Teigportionen nacheinander ebenso ver-

arbeiten. • Die Plätzchen auf ungefettete Backbleche legen. Das Eigelb mit der Sahne verquirlen und die Plätzchen damit bestreichen. • Das erste Backblech in den kalten Backofen (Mitte) schieben. Den Backofen auf 180° (Umluft 160°, Gas Stufe 2–2½) schalten. Die Plätzchen auf dem ersten Blech etwa 20 Minuten, die auf den folgenden Blechen 10 bis 15 Minuten backen, bis sie leicht gebräunt sind. • Für die Marmeladentaler etwa ein Viertel der gebackenen Plätzchen mit dem Fruchtaufstrich bestreichen. Das zweite Viertel der Plätzchen darauf legen und vorsichtig andrücken. • Das Zuckerrohrgranulat mit der Vanille vermischen. Die Marmeladentaler noch heiß mit der Oberseite in das Vanillegranulat tauchen. • Für die Nußtaler das Nußmus mit den gehackten Nüssen, dem Honig und dem Orangensaft kräftig verrühren, bis sich alles miteinander ver-

bunden hat. • Das dritte Viertel der Plätzchen abkühlen lassen und mit dieser Mischung bestreichen. Die restlichen Plätzchen darauf legen und andrücken. Die Plätzchen nach Wunsch mit gehackten Nüssen verzieren.

Mein Tip: Bei den Marmeladentalern müssen Sie rasch arbeiten: es ist wichtig, daß die Plätzchen wirklich heiß in das Granulat getaucht werden, sonst haftet es nicht. Die Plätzchen für die Nußtaler dagegen sollten Sie vor dem Füllen auf dem Kuchengitter abkühlen lassen, damit das Nußmus nicht flüssig wird und ausläuft.

Heidesand

Ein beliebtes, sehr mürbes Weihnachtsgebäck

250 g Butter · 100 g Zuckerrohrgranulat · 1 Teel. gemahlene
Naturvanille · abgeriebene
Schale von 1 kleinen unbehandelten Zitrone · 1 Prise Salz
1 Eßl. Orangensaft
etwa 3 Eßl. Milch
300 g Weizenvollkornmehl
75 g feingemahlene Hirse
1 gestrichener Teel.
Weinsteinbackpulver

Für Ungeübte

Bei 80 Stück pro Stück etwa:
190 kJ/45 kcal · 1 g Eiweiß
3 g Fett · 4 g Kohlenhydrate
0,5 g Ballaststoffe

Vorbereitungszeit einschließlich
Ruhezeit: 2 Stunden
Backzeit insgesamt: 1 Stunde und
5 Minuten

Die Butter in einem Topf bei
schwacher Hitze schmel-
zen und etwas bräunen lassen.
• Die abgekühlte, flüssige Butter mit dem Granulat, der Vanille, der Zitronenschale, dem
Salz, dem Orangensaft und der
Milch so lange verrühren, bis
die Masse schaumig ist. • Die
beiden Mehlsorten mit dem
Backpulver mischen und eßlöffelweise zuerst mit den Quirlen
des Handrührgerätes, dann mit
den Händen daruntermischen.
• Sollte der Teig zu fest sein und
nicht richtig binden, tropfenweise Milch darunterkneten.
• Den Teig zu Rollen von etwa
3 cm Durchmesser formen und
in Pergamentpapier gewickelt
kühlen, bis er hart ist und sich
gut schneiden läßt. • Die Rollen
mit einem scharfen Messer in
etwa ½ cm dicke Scheiben
schneiden und auf ungefettete
Backbleche legen. • Das erste
Backblech in den kalten Backofen (Mitte) schieben. Den
Ofen auf 180° (Umluft 160°,
Gas Stufe 2–2½) schalten. Die
Plätzchen auf dem ersten Blech
etwa 25 Minuten, die auf den
folgenden Blechen etwa 20 Minuten backen, bis sie leicht
gebräunt sind. • Die Plätzchen
sofort ablösen und auf ein
Kuchengitter geben.

Knusperchen mit Nüssen

Mürbes Weihnachtsgebäck, das Sie mit allen Resten von Nüssen und Kernen zubereiten können

Für den Teig:

100 g Roggenvollkornschrot

50 g Weizenvollkornmehl

175 g beliebige gemahlene
Nüsse, Kerne und Kokosflocken
gemischt · 75 g Zuckerrohr-
granulat · abgeriebene Schale
von 1 kleinen unbehandelten
Zitrone · 1 Teel. gemahlene
Naturvanille · ½ Teel. Zimt-
pulver · je ¼ Teel. Mazis und
Piment · 1 Prise Salz · 1 Ei
etwa 2 Eßl. kaltes Wasser
100 g weiche Butter
Zum Bestreichen: 3 Eßl. Milch
Für die Füllung:
100 g roter Fruchtaufstrich
ohne Zuckerzusatz
1 gestrichener Teel. gemahlene
Naturvanille · ½ Teel.
Ingwerpulver · 1 Teel. Honig
Zum Bestäuben:
Nach Belieben
Wildpfeilwurzelmehl
Für die Arbeitsfläche: Mehl

Für den Teig den Schrot, das Mehl, die gemischten Nüsse, das Zuckerrohrgranulat, die Zitronenschale, die Vanille, die Gewürze, das Salz, das Ei, 1 Eßlöffel Wasser und die Butter mit den Knethaken des Handrührgerätes vermischen, bis die Masse krümelig ist. Den Teig mit den Händen rasch zusammenkneten, bis er glatt ist. Wenn er zu fest, das heißt bröckelig ist, tropfenweise das restliche Wasser darunterkneten. • Den Teig in zwei Portionen teilen und in Pergamentpapier gewickelt etwa 1 Stunde kühlen. • Die erste Teigportion auf der bemehlten Arbeitsfläche etwa messerrückendick ausrollen. Aus der Teigplatte runde Plätzchen von etwa 5 cm Ø und die gleiche Anzahl ebenso großer Ringe ausstechen. Die zweite Teigportion ebenso verarbeiten. • Die Plätzchen und die Ringe auf ungefettete Backbleche legen und mit der Milch bestreichen. • Das erste Backblech in den kalten Backofen (Mitte) schieben. Den Backofen auf 180° (Umluft 160°, Gas Stufe 2–2½) schalten. Die Plätzchen auf dem ersten Blech etwa 15 Minuten, die auf den folgenden Blechen etwa 10 Minuten backen, bis sie leicht gebräunt sind. • Für die Füllung den Fruchtaufstrich mit der Vanille, dem Ingwer und dem Honig verrühren. • Die gebackenen Plätzchen und die Ringe vom Blech lösen und etwas abkühlen lassen. • Die Plätzchen mit dem Fruchtmus bestreichen, die Ringe darauf legen und vorsichtig andrücken. • Das Gebäck nach Wunsch mit Wildpfeilwurzelmehl bestäuben.

Mein Tip: Nehmen Sie nur die Teigportionen aus dem Kühlschrank, die Sie gleich verarbeiten wollen. Nur gekühlter Mürbeteig läßt sich gut ausrollen und ausstechen; sobald er zu weich wird, klebt er. Den kühlschrankkalten Teig einige Male mit den Händen durchkneten, damit er geschmeidig genug zum Ausrollen wird.

Gefüllte Plätzchen

Besonders fein und trotzdem leicht zu backen

Für den Teig:

200 g weiche Butter

100 g Zuckerrohrgranulat

1 Prise Salz

1 Teel. gemahlene Naturvanille

abgeriebene Schale und Saft
von ½ unbehandelten Zitrone

200 g Weizenvollkornmehl

125 g feingemahlener
Naturreis · 1 Teel. Zimtpulver

je ¼ Teel. Kardamompulver
und Nelkenpfeffer (Piment)

½ Teel. Weinsteinbackpulver

Für die Füllung:

50 g Pistazien · 30 g Korinthen

1 Eßl. Nußmus (30 g)

abgeriebene Schale von
½ unbehandelten Orange

1 Eßl. Orangensaft

Zum Verzieren:

75 g Schokolade mit Sucanat

eventuell 25 g Pistazien

Für die Backbleche:

Butter und Mehl

Braucht etwas Zeit

Bei 45 Stück pro Stück etwa:
380 kJ/90 kcal · 1 g Eiweiß
6 g Fett · 8 g Kohlenhydrate
1 g Ballaststoffe

Vorbereitungszeit einschließlich
Ruhezeit: 2½ Stunden
Backzeit insgesamt: 1 Stunde und
10 Minuten
Fertigstellung: 20 Minuten

Für den Teig die Butter, das Zuckerrohrgranulat, das Salz, die Vanille, die Zitronenschale und den -saft mit den Quirlen des Handrührgerätes auf der höchsten Schaltstufe verrühren, bis die Masse schaumig ist und das Granulat nicht mehr knirscht. • Das Weizenvollkornmehl mit dem gemahlenen Reis, den Gewürzen und dem Backpulver gemischt hinzufügen und darunterrühren.
• Den Teig 1 Stunde kühlen.
• Inzwischen für die Füllung die Pistazien mit den Korinthen auf ein Holzbrett geben und so fein wie möglich zerkleinern. In einer Schüssel mit dem Nußmus, der Orangenschale und dem -saft mischen. • Den Teig in kleinen Portionen aus dem Kühlschrank nehmen und in knapp walnußgroße Stücke teilen. Die Stücke flachdrücken und etwas Füllung darauf geben. Den Teig über der Füllung wieder zusammendrücken und zwischen den Handflächen zu Kugeln formen. • Backbleche fetten und mit Mehl bestäuben. Die Kugeln darauf legen. • Das erste Backblech in den kalten Backofen (Mitte) schieben. Den Ofen auf 175° (Umluft 150°, Gas Stufe 2) schalten. • Die Plätzchen auf dem ersten Blech in etwa 25 Minuten, die auf den folgenden Blechen in etwa 15 Minuten goldbraun backen. • Die Plätzchen 5 Minuten auf dem Blech abkühlen lassen, ablösen und zum Erkalten auf ein Kuchengitter legen. • Die Schokolade in Stücke brechen und im Wasserbad schmelzen.
• Nach Wunsch die Pistazien fein hacken. • Ein Holzstäbchen in die flüssige Schokolade tauchen, jedes Plätzchen mit einem zarten Filigranmuster verzieren und eventuell mit den Pistazien bestreuen.

Mein Tip: Die Kugeln sollten Sie nicht zu groß formen und in Abständen von etwa 4 cm auf das Blech legen, da die Plätzchen beim Backen etwas auseinanderfließen.

Gefüllte Sternchen

Feinherbe Plätzchen, die gut zum Tee schmecken

Für den Teig:

100 g Weizenvollkornmehl

100 g ungehäutete gemahlene Mandeln · abgeriebene Schale von ¼ unbehandelten Zitrone

1 Prise Salz · 100 g Butter

1½ Eßl. kaltes Wasser

Für die Füllung:

50 g Birnenkraut

50 g gemahlene Haselnußkerne

1 Eßl. Kokosflocken

abgeriebene Schale und Saft von ½ unbehandelten Zitrone

½ Teel. Zimtpulver

1 Messerspitze gemahlene Naturvanille

Zum Bestreichen:

1 Eigelb · 2 Eßl. Sahne (30 g)

Für die Arbeitsfläche: Mehl

Raffiniert

Bei 55 Stück pro Stück etwa:
170 kJ/40 kcal · 1 g Eiweiß
3 g Fett · 2 g Kohlenhydrate
0,3 g Ballaststoffe

Vorbereitungszeit einschließlich
Ruhezeit: 2¼ Stunden
Backzeit: 20 Minuten

Für den Teig alle Zutaten zu einem glatten Mürbeteig verkneten. • Den Teig in Pergamentpapier gewickelt 1 Stunde kühlen. Dann aus dem Kühlschrank nehmen, bevor Sie die Füllung zubereiten. • Für die Füllung alle Zutaten in eine Schüssel geben und mit einer Gabel vermischen. • Den Teig auf wenig Mehl etwa messerrückendick ausrollen und zu Sternchen von etwa 5 cm Ø ausstechen. • Jeweils 1 Sternchen mit etwas Füllung belegen, ein zweites Sternchen darauf legen und die Ränder festdrücken. • Die Sternchen auf ein ungefettetes Backblech legen. • Das Eigelb mit der Sahne verrühren und die Sternchen damit bestreichen. • Das Backblech in den kalten Backofen (Mitte) schieben. Den Backofen auf 180° (Umluft 160°, Gas Stufe 2–2½) schalten. • Die Sternchen etwa 20 Minuten backen, bis sie goldgelb gebräunt sind.

Florentiner

Halten sich in einer festverschlossenen Dose lange frisch

Ingwerplätzchen

Haltbares, sehr würziges Gebäck

| 1 unbehandelte Orange |
| 50 g getrocknete ungeschwefelte Aprikosen · 25 g Korinthen |
| 150 g Mandelstifte · 75 g Butter |
| 30 g Zuckerrohrgranulat |
| 25 g Honig · 2 Eßl. Milch |
| 75 g Weizenvollkornmehl |
| Für die Backbleche: |
| Pergamentpapier und Öl |

Raffiniert

Bei 40 Stück pro Stück etwa:
240 kJ/60 kcal · 1 g Eiweiß
4 g Fett · 4 g Kohlenhydrate
0,5 g Ballaststoffe

Vorbereitungszeit: 1 Stunde
Backzeit insgesamt: 35 Minuten

Die Orange abwaschen, trockenreiben und die Schale dünn abschneiden. Die Orangenschale, die Aprikosen und die Korinthen fein zerkleinern. • Diese Zutaten mit den Mandeln, der Butter, dem Granulat, dem Honig, der Milch und dem Mehl in einem Kochtopf bei starker bis mittlerer Hitze unter ständigem Rühren erhitzen, bis sich die Zutaten zu einem Kloß verbunden haben und am Topfboden ein weißlicher Belag zu sehen ist. • Den Teig lauwarm abkühlen lassen. • Zwei Backbleche mit Pergamentpapier auslegen. Das Papier mit Öl bepinseln. Den Teig in flachen Plätzchen auf die Bleche setzen. • Das erste Backblech in den kalten Backofen schieben. Den Ofen auf 160° (Umluft 140°, Gas Stufe 2) schalten. Die Florentiner auf dem ersten Blech etwa 20 Minuten, die auf dem zweiten Blech etwa 15 Minuten backen. • Die gebackenen Florentiner sofort ablösen und erkalten lassen.

Mein Tip: Nach Wunsch können Sie die Florentiner an der Unterseite mit Schokolade bestreichen.

| 125 g weiche Butter |
| 75 g Zuckerrohrgranulat |
| 25 g Apfelkraut · 1 Prise Salz |
| 1 Teel. gemahlene Naturvanille |
| abgeriebene Schale von |
| ½ unbehandelten Orange · 1 Ei |
| 250 g Roggenvollkornmehl |
| 2 Teel. Ingwerpulver |
| je 1 Teel. Nelkenpfeffer |
| (Piment) und Zimtpulver |
| ½ Teel. geriebene Muskatnuß |
| ½ Päckchen Weinsteinbackpulver |
| 2–3 Eßl. Milch |
| Für die Backbleche: Butter |

Für Ungeübte

Bei 80 Stück pro Stück etwa:
120 kJ/30 kcal · 0,5 g Eiweiß
2 g Fett · 3 g Kohlenhydrate
0,5 g Ballaststoffe

Vorbereitungszeit einschließlich
Ruhezeit: 2 Stunden
Backzeit insgesamt: 45 Minuten

Für den Teig die Butter, das Granulat, das Apfelkraut, das Salz, die Vanille und die Orangenschale schaumig rühren. • Das Ei daruntermischen. Das gesiebte Mehl mit den Gewürzen und dem Backpulver vermischt darunterrühren, bis sich alle Zutaten miteinander verbunden haben. So viel Milch daruntermischen, daß der Teig fest, aber gut formbar ist. • Den Teig 30 Minuten kühlen. • Backbleche gründlich fetten. Walnußgroße Kugeln aus dem Teig formen, flachdrücken und in weiten Abständen auf die Backbleche setzen. • Das erste Backblech in den kalten Backofen (Mitte) schieben. Den Ofen auf 180° (Umluft 160°, Gas Stufe 2–2½) schalten. Die Plätzchen auf dem ersten Blech etwa 15 Minuten, die auf den folgenden Blechen etwa 10 Minuten backen. • Die Ingwerplätzchen sofort auf ein Kuchengitter legen.

Fenchelplätzchen

Halten sich in einer festschließenden Blechdose etwa 4 Wochen

Kümmel-Orangen-Plätzchen

Würziges Gebäck, das zum Tee besonders gut schmeckt

1 Teel. Fenchelsamen
125 g Zuckerrohrgranulat
1 kleine unbehandelte Zitrone
3 Eier · 175 g Weizenvollkorn-mehl · 1 Messerspitze Wein-steinbackpulver
Für die Backbleche:
Butter und Mehl

Für Ungeübte

Bei 40 Stück pro Stück etwa:
150 kJ/35 kcal · 1 g Eiweiß
1 g Fett · 6 g Kohlenhydrate
0,4 g Ballaststoffe

Vorbereitungszeit einschließlich
Ruhezeit: 1¾ Stunden
Backzeit insgesamt: 1½ Stunden

Die Fenchelsamen mit dem Granulat staubfein mahlen. Die Zitrone waschen und trockenreiben. Die Schale abschneiden und fein hacken. • Die Eier trennen. Die Eiweiße mit der Granulatmischung so steif schlagen, daß ein Messerschnitt sichtbar bleibt. • Das Handrührgerät auf die niedrigste Schaltstufe stellen, die Zitronenschale und die Eigelbe nacheinander darunterrühren. • Das Mehl mit dem Backpulver auf den Eischnee sieben und darunterziehen. • Zwei Backbleche fetten und mit Mehl bestäuben. Den Teig mit zwei Teelöffeln als kleine Häufchen darauf setzen. • Die Plätzchen etwa 1 Stunde stehenlassen, bis sie an der Oberfläche angetrocknet sind. • Das erste Backblech in den kalten Backofen (Mitte) schieben. Den Ofen auf 150° (Umluft 100°, Gas Stufe 1) schalten. Die Plätzchen auf dem ersten Blech etwa 50 Minuten, die auf dem zweiten Blech 40 Minuten backen, bis sie hell karamelfarben sind. • Die Fenchelplätzchen vom Blech lösen.

1½ Teel. Kümmel
125 g Zuckerrohrgranulat
100 g weiche Butter
1 Prise Salz · abgeriebene Schale von 1 unbehandelten Orange · 1 Eßl. Orangensaft
1 Ei · 250 g Weizenvollkornmehl
100 g gemahlene Cashewnuß-kerne · ¼ Teel. Weinstein-backpulver

Für Ungeübte

Bei 35 Stück pro Stück etwa:
320 kJ/75 kcal · 2 g Eiweiß
4 g Fett · 9 g Kohlenhydrate
1 g Ballaststoffe

Vorbereitungszeit einschließlich
Ruhezeit: 1½ Stunden
Backzeit insgesamt:
35 Minuten

Den Kümmel und das Granulat im Blitzhacker staubfein mahlen. Mit der Butter, dem Salz, der Orangen-schale und dem -saft mit den Quirlen des Handrührgerätes auf der höchsten Schaltstufe zu einer schaumigen Masse verrühren. • Das Ei daruntermischen. Das gesiebte Mehl mit den Nüssen und dem Backpulver vermischen und darunterrühren. • Den Teig in zwei Portionen teilen, in Pergamentpapier wickeln, zu Rollen von je etwa 5 cm ∅ formen und 1 Stunde kühlen. • Die Teigrollen in etwa fingerdicke Scheiben schneiden. • Die Plätzchen auf ungefettete Backbleche legen. • Das erste Backblech in den kalten Backofen (Mitte) schieben. Den Ofen auf 200° (Umluft 180°, Gas Stufe 3) schalten. • Die Plätzchen auf dem ersten Blech etwa 20 Minuten, die auf dem zweiten Blech etwa 15 Minuten backen, bis sie leicht gebräunt sind.

Bekannte Gebäckspezialitäten für Weihnachten

Durch die vielen Gewürze besonders aromatisch

Spekulatius

im Bild links

200 g Weizenvollkornmehl
25 g ungehäutete, feingehackte
Mandeln · je 1 Teel. Zimt-,
Piment-, Kardamom- und
Mazispulver · 75 g Zuckerrohrgranulat · 1 Prise Salz
1 Ei · 100 g weiche Butter
Zum Bestreichen und Belegen:
3 Eßl. Milch
50 g Mandelblättchen
Für die Arbeitsfläche: Mehl

Braucht etwas Zeit
Preiswert

Bei 50 Stück pro Stück etwa:
190 kJ/45 kcal · 1 g Eiweiß
3 g Fett · 4 g Kohlenhydrate
0,4 g Ballaststoffe

Vorbereitungszeit einschließlich
Ruhezeit: 2 Stunden
Backzeit insgesamt: 25 Minuten

Für den Teig das Mehl, die Mandeln, die Gewürze, das Granulat, das Salz, das Ei und die Butter zu einem glatten Mürbeteig verkneten. • In Pergamentpapier gewickelt 1 Stunde kühlen. • Den Teig auf Mehl etwa messerrückendick ausrollen und mit Modeln formen. • Die Spekulatius auf ungefettete Backbleche legen, mit der Milch bestreichen und mit den Mandelblättchen bestreuen. • Das erste Backblech in den kalten Backofen (Mitte) schieben. Den Backofen auf 180° (Umluft 160°, Gas Stufe 2–2½) schalten. • Die Spekulatius auf dem ersten Blech etwa 15 Minuten, die auf dem zweiten Blech etwa 10 Minuten backen, bis die Mandelblättchen gold-gelb sind. • Sofort vom Blech lösen.

Nußprinten

im Bild rechts

100 g Honig · 50 g Zuckerrohrgranulat · 40 g Butter
1 Ei · 150 g gemahlene Haselnußkerne · 1 Teel. Zimtpulver
je ½ Teel. Mazis-, Kardamom-
und Pimentpulver · 100 g feingemahlener Hafer · 75 g Weizenvollkornmehl · ½ Päckchen
Weinsteinbackpulver
Zum Bestreichen und Belegen:
3 Eßl. Milch · 70 Haselnußkerne
Für die Arbeitsfläche: Mehl
Für die Backbleche: Butter

Braucht etwas Zeit

Bei 70 Stück pro Stück etwa:
200 kJ/50 kcal · 1 g Eiweiß
3 g Fett · 4 g Kohlenhydrate
0,3 g Ballaststoffe

Vorbereitungszeit: 1 Stunde
Ruhezeit: 12 Stunden
Backzeit insgesamt: 25 Minuten

Den Honig mit dem Granulat und der Butter in einem Topf erwärmen, bis die Butter zerlaufen ist. • Die lauwarm abgekühlte Mischung mit dem Ei schaumig rühren. Alle übrigen Teigzutaten darunterkneten. • Den Teig über Nacht zugedeckt stehenlassen. • Den Teig noch einmal durchkneten, auf reichlich Mehl etwa ½ cm dick ausrollen und in Stücke von etwa 3 mal 4 cm schneiden. • Zwei Backbleche fetten. Die Stücke darauf legen, mit der Milch bestreichen und mit je 1 Nuß belegen. • Das erste Backblech in den kalten Back-ofen (Mitte) schieben. Den Ofen auf 180° (Umluft 160°, Gas Stufe 2) schalten. • Die Printen auf dem ersten Blech etwa 15 Minuten, die auf dem zweiten Blech etwa 10 Minuten backen. • Die Printen sofort ablösen.

Knusprige Plätzchen mit Nüssen und Flocken

Ballaststoffreiches Gebäck, das nicht viel Mühe macht

Nußschnitten

im Bild links

175 g entsteinte ungeschwefelte Trockenpflaumen · 80 g weiche Butter · 100 g Zuckerrohrgranulat · 1 Prise Salz
1 Teel. gemahlene Naturvanille abgeriebene Schale von
1 unbehandelten Orange
2 Eier · 250 g Weizenvollkornmehl · 200 g gemahlene Walnußkerne · 100 g Korinthen
50 g Carob · 1 Teel. ungesüßtes Kakaopulver · 1 Teel. Zimtpulver
½ Päckchen Weinsteinbackpulver · 2 Eßl. Milch
Zum Bestreichen:
50 g Honig · 5 Eßl. Orangensaft
1 Eßl. Zitronensaft
Für das Backblech: Butter

Für Ungeübte

Bei 36 Stück pro Stück etwa:
530 kJ/130 kcal · 2 g Eiweiß

6 g Fett · 15 g Kohlenhydrate
2 g Ballaststoffe

Vorbereitungszeit: 50 Minuten
Backzeit: 30 Minuten

Die Pflaumen kleinschneiden. • Die Butter, das Granulat, das Salz, die Vanille und die Orangenschale mit den Quirlen des Handrührgerätes verrühren. • Die Eier darunterrühren. Das Mehl mit den Pflaumen, den Nüssen, den Korinthen, dem Carob, dem Kakao, dem Zimt und dem Backpulver darunterkneten. Die Milch untermischen. • Ein Backblech fetten. Den Teig darauf ausrollen. • Das Backblech in den kalten Backofen (Mitte) schieben. Den Ofen auf 180° (Umluft 160°, Gas Stufe 2–2½) schalten. Den Teig etwa 30 Minuten backen. • Den Honig mit dem Orangen- und dem Zitronensaft vermischen, auf den heißen Teig streichen und diesen in Schnitten schneiden.

Dunkle Haferflockenschnitten

im Bild rechts

250 g weiche Butter
150 g Zuckerrohrgranulat
1 Prise Salz · 1 Teel. gemahlene Naturvanille · abgeriebene Schale und Saft von
½ unbehandelten Zitrone
200 g Weizenvollkornmehl
200 g kernige Hafer-Vollkornflocken · 100 g Kokosflocken
50 g Korinthen · 50 g Carob
40 g vollfettes Sojamehl
1 Päckchen Weinsteinbackpulver · etwa 200 ccm Milch
Zum Bestreichen:
50 g Birnenkraut · Saft von
½ Zitrone
Für das Backblech: Butter

Für Ungeübte

Bei 36 Stück pro Stück etwa:
580 kJ/140 kcal · 2 g Eiweiß

8 g Fett · 15 g Kohlenhydrate
1 g Ballaststoffe

Vorbereitungszeit: 30 Minuten
Backzeit: 30 Minuten

Die Butter, das Granulat, das Salz, die Vanille, die Zitronenschale und den -saft schaumig rühren. • Das Mehl mit den Haferflocken (1 Eßlöffel zurückbehalten), den Kokosflocken, den Korinthen, dem Carob, dem Sojamehl und dem Backpulver unterrühren. So viel Milch daruntermischen, daß der Teig in langen Zapfen von den Quirlen fällt. • Ein Backblech fetten. Den Teig darauf ausrollen. • Das Backblech in den kalten Backofen (Mitte) schieben. Den Ofen auf 180° (Umluft 160°, Gas Stufe 2–2½) schalten. Die Schnitten etwa 30 Minuten backen. • Das Birnenkraut mit dem Zitronensaft mischen, den Teig damit bestreichen, in Rechtecke schneiden und mit den Flocken bestreuen.

Quittenrauten

Im Kühlschrank aufbewahren

Für den Teig:
6 Scheiben Vollkornzwieback
250 g Quitten (geputzt
gewogen) · Saft von 1 kleinen
Zitrone · 5 Eier · 2 Eßl. kaltes
Wasser · 120 g Zuckerrohrgranulat · 300 g gemahlene
Sonnenblumenkerne · 50 g feingemahlene Hirse · 1 Teel.
Zimtpulver · 1 gestrichener
Teel. gemahlene Naturvanille
Zum Bestreichen:
3 Eßl. Sahne · 2 Eßl. Ahornsirup
oder Honig (60 g)
1 Eßl. Sonnenblumenkerne
Für das Backblech:
Butter und Pergamentpapier

Für Ungeübte

Bei 60 Stück pro Stück etwa:
250 kJ/60 kcal · 2 g Eiweiß
3 g Fett · 7 g Kohlenhydrate
1 g Ballaststoffe

Vorbereitungszeit: 50 Minuten
Backzeit: 20–25 Minuten

Den Zwieback im Blitzhacker
fein zerkleinern. Die Quit-
ten fein reiben und mit dem
Zitronensaft vermischen. • Die
Eier trennen. Die Eiweiße mit
dem Wasser sehr steif schlagen.
Das Zuckerrohrgranulat unter
ständigem Schlagen hinzufü-
gen. Die Eigelbe nacheinander
darunterrühren. • Den Zwie-
back, die Quitten, die Sonnen-
blumenkerne, die Hirse, den
Zimt und die Vanille auf die
Eiermasse geben und mit einem
Schneebesen darunterziehen.
• Ein Backblech mit gefettetem
Pergamentpapier auslegen.
Den Teig darauf glattstreichen.
• Das Backblech in den kalten
Backofen (Mitte) schieben. Den
Ofen auf 200° (Umluft 180°,
Gas Stufe 3) schalten. Den Bis-
kuit 20 bis 25 Minuten backen.
• Die Garprobe durch Berüh-
rung mit dem Finger machen.
Die Teigplatte noch heiß zuerst
mit der Sahne, dann mit dem
Ahornsirup bestreichen. • Die
Platte auf ein Kuchengitter stür-
zen, das Papier befeuchten und
abziehen. • Die Platte in Rauten
schneiden und mit den Sonnen-
blumenkernen bestreuen.

Orangen-Lebkuchen

Sollten vor dem Servieren 3 Tage ruhen

Lebkuchen mit Nüssen

Sollten vor dem Servieren etwa 1 Woche ruhen

Für den Teig:
2 unbehandelte Orangen
1 unbehandelte Zitrone · 5 Eier
100 g Zuckerrohrgranulat
300 g beliebige gemahlene
Nußkerne · 150 g geriebenes
Knäckebrot · 2 Teel. Zimtpulver
1 Teel. Piment · je ½ Teel.
geriebene Muskatnuß,
Ingwerpulver und Mazis
Zum Verzieren:
100 g Schokolade mit Sucanat
2 Eßl. Sahne · 1 Teel. ungesüßtes
Kakaopulver · 35 Nußkerne
Für die Backbleche:
Butter und Mehl

Für Ungeübte

Bei 35 Stück pro Stück etwa:
520 kJ/120 kcal · 3 g Eiweiß
8 g Fett · 9 g Kohlenhydrate
1 g Ballaststoffe

Vorbereitungszeit: 50 Minuten
Backzeit insgesamt: 25 Minuten

Die Schalen der Orangen und der Zitrone abschneiden und fein hacken. 1 Orange und ½ Zitrone auspressen. • Die Eier trennen. Die Eiweiße und den Zitronensaft sehr steif schlagen. Das Granulat darunterschlagen. • Nacheinander die Eigelbe, dann den Orangensaft darunterrühren. Die Nüsse, das Brot und alle Gewürze auf den Teig streuen und darunterziehen. • Zwei Backbleche fetten und mit Mehl bestäuben. Den Teig als Lebkuchen darauf setzen. • Das erste Backblech in den kalten Backofen (Mitte) schieben. Den Ofen auf 180° (Umluft 160°, Gas Stufe 2) schalten. • Die Lebkuchen auf dem ersten Blech etwa 15, die auf dem zweiten Blech etwa 10 Minuten backen. Sofort ablösen. • Die Schokolade schmelzen, mit der Sahne und dem Kakao verrühren. • Die Lebkuchen mit der Schokolade und den Nußkernen verzieren.

275 g entsteinte ungeschwe-
felte Trockenpflaumen · 4 Eier
75 g Zuckerrohrgranulat
½ Eßl. Zimtpulver
1 Teel. gemahlene Naturvanille
je ½ Teel. Mazis-, Kardamom-
und Pimentpulver · 1 kräftige
Prise geriebene Muskatnuß
1 Prise Salz · abgeriebene Schale
von 1 kleinen unbehandelten
Zitrone · 250 g gemahlene
Sonnenblumenkerne · 100 g
gemahlene Haselnußkerne
50 g Hafer-Vollkornflocken
25 g Getreidekaffee
Für die Backbleche:
Butter und Mehl

Für Ungeübte

Bei 25 Stück pro Stück etwa:
610 kJ/150 kcal · 5 g Eiweiß
8 g Fett · 15 g Kohlenhydrate
3 g Ballaststoffe

Vorbereitungszeit: 45 Minuten
Backzeit insgesamt: 50 Minuten

Die Pflaumen fein zerkleinern. • Für den Teig die Eier mit dem Granulat, den Gewürzen, dem Salz und der Zitronenschale zu einer schaumigen Creme aufschlagen. • Die zerkleinerten Pflaumen mit allen anderen Zutaten gemischt darunterrühren. • Zwei Backbleche fetten und mit Mehl bestäuben. Den Teig in Lebkuchengröße darauf setzen. • Das erste Backblech in den kalten Backofen (Mitte) schieben. Den Ofen auf 160° (Umluft 140°, Gas Stufe 2) schalten. • Die Lebkuchen auf dem ersten Blech etwa 30 Minuten, die auf dem zweiten Blech etwa 20 Minuten backen.

Honiglebkuchen

Durch den Honigkuchenteig besonders würzig

150 g Honig

25 g Zuckerrohrgranulat

250 g Roggenvollkornmehl

abgeriebene Schale

von je 1 unbehandelten Zitrone

und Orange · 1 Prise Salz

2 Teel. Lebkuchengewürz

1 Teel. gemahlene Naturvanille

100 g ungehäutete gemahlene

Mandeln · 2 Eier

3 Eßl. Orangensaft

2 Eßl. Sauerteig

Zum Bestreichen:

1 Eigelb · 2 Eßl. Sahne

Zum Belegen:

20 gehäutete Mandelhälften

Für die Arbeitsfläche: Mehl

Für die Backbleche:

Butter und Mehl

Raffiniert

Bei 20 Stück pro Stück etwa:
610 kJ/150 kcal · 4 g Eiweiß
6 g Fett · 19 g Kohlenhydrate
2 g Ballaststoffe

Vorbereitungszeit: 30 Minuten
Ruhezeit: 12 Stunden
Fertigstellung: 20 Minuten
Backzeit insgesamt: 50 Minuten

Den Honig mit dem Granulat unter Rühren erwärmen.
• Das Mehl in einer Schüssel mit der Zitronen- und der Orangenschale sowie den Gewürzen und den Mandeln mischen.
• Die Eier, den Orangensaft, die warme Honigmischung und den Sauerteig dazugeben und etwa 5 Minuten verrühren, bis der Teig glatt ist. • Den Teig zugedeckt über Nacht an einem kühlen Ort ruhen lassen. • Den Teig auf der bemehlten Arbeitsfläche knapp fingerdick ausrollen, in 20 Stücke schneiden und auf zwei gefettete, mit Mehl bestäubte Backbleche legen. • Das Eigelb mit der Sahne verquirlen. Die Lebkuchen damit bestreichen und mit den Mandeln belegen. • Das erste Backblech in den kalten Backofen (Mitte) schieben. Den Ofen auf 180° (Umluft 160°, Gas Stufe 2–2½) schalten.
• Die Lebkuchen auf dem ersten Blech etwa 30 Minuten, die auf dem zweiten Blech etwa 20 Minuten backen.

Herzhaftes Gebäck

Ob Sie saftige Quiches mit Gemüse, herzhafte Blechkuchen mit Käse und Kräutern, knusprige Brötchen oder kernige Brote backen wollen – hier finden Sie genau das Richtige für Frühstück, Imbiß und Hauptmahlzeit im Familienkreis, für die Gästebewirtung in größerer Runde, für das anspruchsvolle Partybuffet, den edlen Brunch und den gemütlichen Weinabend.

Das rustikale Sechskornbrot mit Flocken (Rezept Seite 187) und die Roggentörtchen mit scharf gewürztem Kümmelkraut (Rezept Seite 194) auf unserem Foto sind nur zwei eindrucksvolle Beispiele für herzhaftes Gebäck, das Feinschmecker und überzeugte Vollwertköstler gleichermaßen begeistern wird.

Wickelkuchen mit Käse und Kräutern

Schmeckt lauwarm am besten

Für den Teig:
400 g Weizenvollkornmehl
1 Würfel Hefe (42 g)
350 ccm Wasser
⅛ l zimmerwarmes Olivenöl
1 Ei · 1 Teel. Salz

Für die Füllung:
2 Bund Basilikum · ½ Bund
Petersilie · 3 Knoblauchzehen
50 g frisch geriebener
Parmesankäse · 30 g gemahlene
Haselnußkerne · 1 Eßl. Magerquark (etwa 20 g) · 1 Eßl. Sahne
(15 g) · 3 Eßl. Olivenöl (30 g)
abgeriebene Schale von ¼
unbehandelten Zitrone · frisch
gemahlener weißer Pfeffer

Zum Bestreichen:
3 Eßl. Milch (50 g)

Für die Arbeitsfläche: Mehl

Für die Form: Butter

Raffiniert

Bei 20 Stück pro Stück etwa:
710 kJ/170 kcal · 4 g Eiweiß

11 g Fett · 13 g Kohlenhydrate
2 g Ballaststoffe

Vorbereitungszeit einschließlich
Ruhezeit: 1¾ Stunden
Backzeit: 40 Minuten

Für den Teig das Mehl in eine
Schüssel geben, eine Mulde
in die Mitte drücken und die
zerkrümelte Hefe hineingeben.
• Das Wasser lauwarm erwärmen. 4 Eßlöffel davon abnehmen, über die Hefe geben und
alles mit etwas Mehl vom Rand
verrühren, bis sich die Hefe aufgelöst hat und ein glatter Vorteig entstanden ist. • Den Vorteig zugedeckt bei Zimmertemperatur etwa 15 Minuten ruhen
lassen, bis er sichtbar aufgegangen ist. • Den Vorteig mit dem
gesamten Mehl verrühren. Das
restliche Wasser, das Öl, das Ei
und das Salz hinzufügen und
alles mit den Knethaken des
Handrührgerätes etwa 10 Minuten durcharbeiten, bis der
Teig Blasen wirft und sich vom

Schüsselrand löst. • Den Teig
zugedeckt bei Zimmertemperatur etwa 45 Minuten gehen lassen, bis sich sein Volumen verdoppelt hat. • Für die Füllung
die Kräuter waschen und trok-
kentupfen. Den Knoblauch
schälen. Die Kräuter und den
Knoblauch ganz fein hacken
oder im Blitzhacker zerkleinern.
• Die Kräuter, den Knoblauch,
den Käse, die Nüsse, den Quark,
die Sahne und das Öl zu einer
Paste verrühren und mit der
Zitronenschale und Pfeffer abschmecken. • Die Arbeitsfläche
mit reichlich Mehl bestäuben.
Den Teig daraufgeben, mit in
Mehl getauchten Fingern zu
einer Platte auseinanderdrük-
ken und mit Mehl bestäuben.
Mit dem bemehlten Nudelholz
knapp fingerdick zu einem
Rechteck ausrollen. • Die Kräutercreme auf die Teigplatte
streichen. Die Platte vorsichtig
von der Breitseite her aufrollen
und in etwa 4 cm dicke Scheiben schneiden. • Eine Spring-

form von 26 cm ∅ fetten. Die
Scheiben aufrecht nebeneinander hineinsetzen. • Den Kräu-
terkuchen zugedeckt weitere
15 Minuten gehen lassen.
• Den Kuchen mit der Milch
bestreichen, die Form auf den
Rost in den kalten Backofen
(Mitte) stellen. Den Ofen auf
180° (Umluft 160°, Gas Stufe
2–2½) schalten. Den Kräuter-
kuchen etwa 40 Minuten bakken. • Die Garprobe mit einem
Holzstäbchen machen. Den
Kuchen herausnehmen und
nach etwa 10 Minuten auf ein
Kuchengitter geben.

Löwenzahnkuchen

Schmeckt auch mit Spinat, Mangold oder Grünkohl

Für den Teig:

500 g Weizenvollkornmehl
1 Würfel Hefe (42 g)
450 ccm Wasser · 1 Teel. Salz

Für den Belag:

700 g Löwenzahn
1 große Zwiebel (etwa 200 g)
1 Knoblauchzehe
2 Zweige frischer Thymian
1 Eßl. Sonnenblumenöl (10 g)
1 Eßl. Butter (20 g) · 4 Eier
100 g Sahne · 100 ccm Milch
50 g frisch geriebener Parmesankäse
1 Teel. gemahlener Kreuzkümmel (Kumin) · Salz
frisch gemahlener weißer Pfeffer · Cayennepfeffer
Für das Backblech: Butter

Raffiniert

Bei 20 Stück pro Stück etwa:
650 kJ/150 kcal · 7 g Eiweiß
6 g Fett · 18 g Kohlenhydrate
3 g Ballaststoffe

Vorbereitungszeit einschließlich Ruhezeit: 1¾ Stunden
Backzeit: 45 Minuten

Für den Teig das Mehl in eine Schüssel geben. In die Mitte eine Mulde drücken, die zerbröckelte Hefe hineingeben. • Das Wasser lauwarm erwärmen, etwa 6 Eßlöffel davon mit der Hefe und etwas Mehl vom Rand zu einem Vorteig verrühren. • Den Vorteig zugedeckt bei Zimmertemperatur etwa 15 Minuten ruhen lassen, bis er sichtbar aufgegangen ist. • Den Vorteig mit dem gesamten Mehl, dem restlichen Wasser und dem Salz mit den Knethaken des Handrührgerätes etwa 10 Minuten durcharbeiten, bis der Teig Blasen wirft. • Den Teig zugedeckt bei Zimmertemperatur etwa 45 Minuten gehen lassen, bis sich sein Volumen verdoppelt hat. • Für den Belag den Löwenzahn putzen, waschen, trockenschwenken und hacken. Die Zwiebel und

die Knoblauchzehe schälen und ebenfalls hacken. Den Thymian waschen, trockentupfen und die Blättchen von den Stielen streifen. • Das Öl erhitzen, die Butter darin zerlaufen lassen. Die Zwiebel und den Knoblauch darin bei mittlerer Hitze glasig braten. Den Thymian und den Löwenzahn hinzufügen und unter ständigem Rühren etwa 5 Minuten schmoren, bis die dicken Rippen des Löwenzahns halbweich sind. • Den Löwenzahn in einer Schüssel lauwarm abkühlen lassen. • Die Eier, die Sahne, die Milch und den Käse daruntermischen. Den Belag mit dem Kreuzkümmel, Salz, Pfeffer und Cayennepfeffer kräftig abschmecken. • Ein Backblech fetten und mit dem Teig auslegen. Den Belag auf dem Teig verteilen. • Das Backblech in den kalten Backofen (Mitte) schieben. Den Ofen auf 190° (Umluft 180°, Gas Stufe 2½) schalten. Den Kuchen etwa 45 Minuten backen.

Mein Tip: Löwenzahn gibt es beim Gemüsehändler oder auf dem Wochenmarkt zu kaufen. Sie können ihn jedoch auch selbst im Garten oder auf Wiesen – abseits von stark befahrenen Autostraßen – ernten. Nehmen Sie am besten Pflanzen, die gerade eben vor der Blüte stehen – sie schmecken kräftiger als die zarten jungen Blättchen, die man roh für Salate verwendet. Die Pflanzen entweder mit der Wurzel ausstechen oder ganz dicht über dem Boden mit einem scharfen Messer abschneiden.

Kartoffelquiche mit Kräutern

Heiß mit Salat oder Gemüserohkost servieren

Für den Teig:
200 g Weizenvollkornmehl
1 Prise Salz · 1 Ei · 2–3 Eigelb
1 Eßl. Öl (10 g)

Für den Belag:
1 Knoblauchzehe · 1 Handvoll
frische Salbeiblättchen
1,2 kg vorwiegend
festkochende Kartoffeln · Salz
frisch gemahlener weißer Pfeffer
¼ l Sojamilch · 125 g Sahne
frisch geriebene Muskatnuß
Cayennepfeffer · 150 g frisch
geriebener mittelalter
Goudakäse · 25 g Butter
2 Bund Schnittlauch
eventuell 25 g grob gehackte
Pistazien

Für die Arbeitsfläche: Mehl

Für die Fettpfanne: Butter

Preiswert · Raffiniert

Bei 10 Stück pro Stück etwa:
1400 kJ/330 kcal · 12 g Eiweiß
16 g Fett · 33 g Kohlenhydrate
5 g Ballaststoffe

Vorbereitungszeit einschließlich
Ruhezeit: 1¾ Stunden
Backzeit: 45 Minuten

Für den Teig das gesiebte
Mehl mit dem Salz, dem Ei,
zunächst nur 1 Eigelb und dem
Öl zu einem geschmeidigen
Nudelteig verkneten, der nicht
an den Fingern kleben darf.
Wenn er zu fest oder bröckelig
ist, nacheinander die restlichen
Eigelbe oder auch etwas Wasser darunterkneten. Zwischendurch immer wieder die Konsistenz des Teiges mit dem Finger
prüfen. ● Den Nudelteig in Folie
wickeln und 30 Minuten ruhen
lassen. ● Den Teig portionsweise entweder mit der Nudelmaschine oder auf der bemehlten Arbeitsfläche millimeterdünn ausrollen und in Platten
von etwa 6×15 cm schneiden.
● Die Fettpfanne des Backofens
oder eine große Pizzaform mit
Butter ausstreichen und so mit
den Teigplatten auslegen, daß
die Platten an den Rändern

etwa 1 mm übereinanderliegen
und auch den Rand der Fettpfanne rundherum etwa fingerhoch bedecken. ● Für den Belag
den Knoblauch schälen und fein
hacken. Die Salbeiblättchen
waschen, trockentupfen und
ebenfalls fein zerkleinern. ● Die
Kartoffeln schälen, waschen,
grob raspeln, mit dem Knoblauch und dem Salbei mischen
und auf dem Teig verteilen. Mit
Salz und Pfeffer würzen. ● Die
Sojamilch mit der Sahne, Muskat und Cayennepfeffer verquirlen und über die Kartoffeln
gießen. Den Käse darüber
streuen. Die Butter in Flöckchen
teilen und die Quiche damit
belegen. ● Die Fettpfanne in
den kalten Backofen (Mitte)
schieben. Den Ofen auf 200°
(Umluft 180°, Gas Stufe 2½–3)
schalten. Die Quiche etwa
45 Minuten backen, bis sie
oben schön gebräunt, der Käse
zerlaufen und die Flüssigkeit
aufgesogen ist. ● Den Schnittlauch waschen, trockentupfen

und in ganz feine Röllchen
schneiden. Eventuell die Pistazien hacken. ● Die Quiche aus
dem Backofen nehmen, in
Stücke teilen und auf vorge-
wärmten Tellern anrichten. Den
Schnittlauch und eventuell die
Pistazien darüber streuen.

Quiche mit Getreide

Heiß oder lauwarm servieren

½ Paket tiefgefrorener
Blätterteig mit Vollkornmehl
(Reformhaus, 150 g)
1 kleine Zwiebel · 1 Eßl.
Maiskeimöl (10 g) · 100 g
Bulgur · 200 ccm Gemüsebrühe
250 g Möhren · 300 g vollreife
Tomaten · 1 Bund Petersilie
75 g frisch geriebener
Emmentaler Käse
2 Eßl. Sahne (30 g) · Salz
frisch gemahlener weißer Pfeffer
Für die Arbeitsfläche: Mehl

Schnell · Preiswert

Bei 6 Stück pro Stück etwa:
1100 kJ/260 kcal · 8 g Eiweiß
14 g Fett · 25 g Kohlenhydrate
4 g Ballaststoffe

Vorbereitungszeit einschließlich
Aufzeit: 40 Minuten
Backzeit: 30 Minuten

Den Blätterteig auftauen lassen. • Für den Belag die Zwiebel schälen, hacken und im heißen Öl glasig braten. Das Bulgur und die Gemüsebrühe hinzufügen, einmal aufkochen und zugedeckt bei schwacher Hitze 15 Minuten garen. • Die Möhren schälen und grob raspeln. Die Tomaten häuten und würfeln, dabei die Stielansätze entfernen. Die Petersilie waschen und fein hacken. • Das Gemüse, die Petersilie, den Käse und die Sahne unter das Bulgur mischen, mit Salz und Pfeffer abschmecken. • Die Blätterteigplatten auf der bemehlten Arbeitsfläche messerrückendick ausrollen. Eine Springform von 26 cm ⌀ damit auslegen und einen etwa 3 cm hohen Rand formen. • Den Belag darauf verteilen. • Die Form auf den Rost in den kalten Backofen (Mitte) stellen. Den Ofen auf 200° (Umluft 180°, Gas Stufe 3) schalten. Die Quiche etwa 30 Minuten backen.

Zwiebelquiche mit Nüssen

Schmeckt lauwarm mit Rohkost am besten

½ Paket tiefgefrorener
Blätterteig mit Vollkornmehl
(Reformhaus, 150 g)
500 g Frühlingszwiebeln
1 Eßl. Erdnußöl (10 g)
2 Eßl. Zitronensaft
200 g gehackte Walnußkerne
2 Eier · 100 g Crème fraîche
100 g frisch geriebener
Emmentaler Käse
½ Teel. gemahlener Kümmel
Salz · Cayennepfeffer
Für die Arbeitsfläche: Mehl

Schnell · Raffiniert

Bei 6 Stück pro Stück etwa:
2100 kJ/500 kcal · 15 g Eiweiß
42 g Fett · 16 g Kohlenhydrate
3 g Ballaststoffe

Vorbereitungszeit einschließlich
Aufzeit: 40 Minuten
Backzeit: 30 Minuten

Den Blätterteig auftauen lassen. • Für den Belag die Frühlingszwiebeln putzen, waschen und in dünne Ringe schneiden. • Die Zwiebelringe im heißen Öl halbweich braten. Die Zwiebeln in einer Schüssel mit dem Zitronensaft und den Nüssen mischen und lauwarm abkühlen lassen. • Die Eier, die Crème fraîche und den Käse mit den Zwiebeln vermischen, mit dem Kümmel, Salz und Cayennepfeffer abschmecken. • Die Blätterteigplatten auf der bemehlten Arbeitsfläche etwa messerrückendick ausrollen. Eine Springform von 26 cm ⌀ damit auslegen und einen etwa 3 cm hohen Rand formen. • Den Belag darauf verteilen. • Die Form auf den Rost in den kalten Backofen (Mitte) stellen. Den Backofen auf 200° (Umluft 180°, Gas Stufe 3) schalten. Die Quiche etwa 30 Minuten backen.

Käsekuchen mit Sonnenblumenkernen

Ofenfrisch und gerade eben abgekühlt servieren

Für den Teig:

150 g feingemahlener Dinkel

Salz · etwa 1½ Eßl. kaltes

Wasser · 75 g Butter

Für den Belag:

200 g frisch geriebener

Greyerzer Käse · 2 Eier

1 Eßl. kaltes Wasser · Salz

frisch gemahlener weißer

Pfeffer · Cayennepfeffer

½ Teel. gemahlener

Kreuzkümmel (Kumin)

abgeriebene Schale von

¼ unbehandelten Zitrone

200 g gemahlene

Sonnenblumenkerne

50 g feingemahlener Naturreis

1 Messerspitze

Weinsteinbackpulver

Für Ungeübte

Bei 16 Stück pro Stück etwa:
830 kJ/200 kcal · 9 g Eiweiß
14 g Fett · 11 g Kohlenhydrate
2 g Ballaststoffe

Vorbereitungszeit einschließlich
Ruhezeit: 1½ Stunden
Backzeit: 30 Minuten

Für den Teig alle Zutaten zu einem glatten Mürbeteig verkneten. • Eine Springform von 26 cm ⌀ mit dem Teig auslegen und einen etwa 3 cm hohen Rand formen. Den Teigboden mehrmals einstechen und 1 Stunde kühlen. • Etwa die Hälfte des Käses auf den Kuchenboden streuen. • Für die Füllung die Eier trennen. Die Eiweiße mit dem Wasser, dem Salz, allen Gewürzen und der Zitronenschale steif schlagen. Die Eigelbe daruntermischen. • Den restlichen Käse, die Sonnenblumenkerne, den Reis und das Backpulver mischen und mit einem Schneebesen unter die Eiermasse ziehen. Die Füllung auf dem Teigboden glattstreichen. • Die Form auf den Rost in den kalten Backofen (Mitte) stellen. Den Ofen auf 200° (Umluft 180°, Gas Stufe 2½–3) schalten. • Den Kuchen etwa 30 Minuten backen, bis der Belag keine Blasen mehr wirft und leicht gebräunt ist.

Quiche mit Gemüse und Tofu

Das Gemüse je nach Saison wählen

Für den Teig:

100 g Weizenvollkornmehl

100 g Roggenvollkornmehl

1 Prise Salz · 2 Eier · 1 Eßl. Sonnenblumenöl (10 g) · 1–3 Eigelb

Für den Belag:

600 g junge Zucchini

500 g vollreife Tomaten

1 Zwiebel · 1 Knoblauchzehe

1 Bund Petersilie · 4 Zweige frischer Thymian · 250 g Tofu

¼ l Sojamilch · Salz · frisch gemahlener schwarzer Pfeffer

50 g Sahne · 1 Ei · 100 g frisch geriebener Greyerzer Käse

2 Eßl. Sonnenblumenkerne (etwa 30 g) · ½ Eßl. Butter

Für die Fettpfanne: Butter

Für Ungeübte
Braucht etwas Zeit

Bei 20 Stück pro Stück etwa:
520 kJ/120 kcal · 7 g Eiweiß
6 g Fett · 10 g Kohlenhydrate
2 g Ballaststoffe

Vorbereitungszeit einschließlich Ruhezeit: 1½ Stunden
Backzeit: 40 Minuten

Für den Nudelteig die beiden gesiebten Mehlsorten mit dem Salz, den Eiern, dem Öl und zunächst nur 1 Eigelb verkneten. Wenn der Teig bröselig, also zu fest ist, nacheinander die restlichen Eigelbe darunterkneten. Dabei immer wieder die Beschaffenheit des Teiges prüfen. Sollte der Teig an den Fingern kleben, also zu weich sein, etwas Mehl darunterkneten. • Den Teig in Pergamentpapier wickeln und 30 Minuten bei Zimmertemperatur ruhen lassen. • Inzwischen für den Belag die Zucchini waschen, abtrocknen, von den Stiel- und Blütenansätzen befreien und längs in etwa ½ cm dicke Scheiben schneiden. Die Tomaten häuten und quer zu den Samenkammern ebenfalls in Scheiben schneiden. Die Stielansätze dabei entfernen. Die Zwiebel und die Knoblauchzehe schälen und fein hacken. Die Petersilie und den Thymian waschen und trockenschwenken. Die Petersilie fein hacken, die Thymianblättchen von den Stielen streifen. • Etwa 60 g Tofu mit der Sojamilch pürieren. Den restlichen Tofu in Scheiben schneiden. • Den Nudelteig portionsweise entweder mit der Nudelmaschine oder auf der bemehlten Arbeitsfläche millimeterdünn ausrollen und in Platten von etwa 6 mal 15 cm Größe schneiden. • Die Fettpfanne des Backofens mit Butter ausstreichen und so mit den Teigplatten auslegen, daß die Platten an den Rändern etwa 1 mm übereinanderliegen und auch den Rand der Fettpfanne rundherum etwa fingerhoch bedecken. • Die Zucchini-, die Tomaten- und die Tofuscheiben schuppenförmig auf den Teigboden legen. Die Zwiebel, den Knoblauch und die Kräuter darüber streuen. Alles mit Salz und Pfeffer würzen. • Den pürierten Tofu mit der Sahne, dem Ei und etwa zwei Dritteln des Käses vermischen. Mit Salz und 1 kräftigen Prise Pfeffer abschmecken und über dem Gemüse verteilen. Den restlichen Käse darüber streuen. • Die Fettpfanne in den kalten Backofen (Mitte) schieben. Den Ofen auf 200° (Umluft 180°, Gas Stufe 2½–3) schalten. Die Quiche etwa 40 Minuten backen. • Die Sonnenblumenkerne in der heißen Butter rösten. Die Quiche unmittelbar vor dem Servieren damit bestreuen.

Gemüsepie mit Kichererbsensprossen

Durch die Kühlzeiten gut vorzubereiten und für die Gästebewirtung geeignet

Für die Füllung:

100 g Kichererbsen
1 Wirsingkohl (etwa 1 kg)
1 Zwiebel · 2 Knoblauchzehen
2 Eßl. Öl (20 g) · Salz · je 1 Teel.
gemahlener Kreuzkümmel
(Kumin) und Gelbwurz
(Kurkuma) · Cayennepfeffer

Für den Teig:

500 g Weizenvollkornmehl
1 Würfel Hefe (42 g)
etwa ¼ l lauwarmes Wasser
250 g Butter · 1 Ei · 1 Teel. Salz

Zum Bestreichen:

1 Eigelb · 2 Eßl. Milch

Raffiniert
Braucht etwas Zeit

Bei 20 Stück pro Stück etwa:
950 kJ/230 kcal · 6 g Eiweiß
13 g Fett · 20 g Kohlenhydrate
4 g Ballaststoffe

Keimzeit: 4 Tage
Vorbereitungszeit: 30 Minuten
Ruhezeit: 12 Stunden

Fertigstellung: 2½ Stunden
Backzeit: 45 Minuten

Für die Füllung die Kichererbsen 4 Tage keimen. • Für den Teig das Mehl in eine Schüssel geben, in die Mitte eine Mulde drücken. Die zerkrümelte Hefe darin mit 4 Eßlöffeln Wasser und etwas Mehl vom Rand zu einem Vorteig verrühren und zugedeckt bei Zimmertemperatur etwa 15 Minuten ruhen lassen. • 50 g Butter im restlichen Wasser zerlaufen lassen. Diese Mischung, das Ei und das Salz zum Teig geben. Mit den Knethaken des Handrührgerätes etwa 10 Minuten durcharbeiten, bis sich der Teig vom Schüsselrand löst. • Den Teig zugedeckt im Kühlschrank etwa 12 Stunden gehen lassen, bis sich sein Volumen verdoppelt hat. Die restliche Butter in Scheiben schneiden und ebenfalls kühlen. • Den aufgegangenen Teig zu einem Rechteck von etwa ¾ cm Dicke

ausrollen. Die eine Hälfte der Teigplatte mit den Butterscheiben belegen. Die andere Hälfte darüber klappen und vorne leicht andrücken; die seitlichen Ränder offen lassen. Die Teigplatte so drehen, daß die »offenen« Seiten parallel zu Ihrem Körper liegen und zu einer länglichen, etwa ½ cm dicken Platte ausrollen. Beide Schmalseiten so nach innen schlagen, daß sie sich in der Mitte berühren. Die Platte noch einmal zusammenfalten, so daß der Teig in vier Lagen übereinander liegt. • Den Teig 30 Minuten kühlen, erneut in Richtung der »offenen« Seiten ausrollen, falten und kühlen. Diesen Vorgang noch zwei- bis dreimal wiederholen. • Während der Kühlzeiten den geputzten, gewaschenen Wirsing in Streifen schneiden. Die Zwiebel und den Knoblauch schälen und hacken. • Das Öl in einer großen Pfanne erhitzen. Die Zwiebel, den Knoblauch, die Kicher-

erbsensprossen und den Wirsing darin bei mittlerer bis starker Hitze anbraten, bis der Wirsing halbweich ist. Mit Salz und den Gewürzen abschmecken. • Eine ofenfeste Form von etwa 2,5 l Inhalt bereitstellen. • Den Teig etwa ½ cm dick ausrollen. Einen Deckel ausschneiden, der etwas größer sein muß als die Form. In die Mitte des Teigdeckels ein Loch schneiden. Den restlichen Teig ausrollen und die Form damit auslegen. • Das Gemüse einfüllen, den Deckel auflegen und gut andrücken. • Das Eigelb mit der Milch verrühren. Die Pie damit bestreichen. • Die Form auf den Rost in den kalten Backofen (unten) stellen. Den Ofen auf 220° (Umluft 180°, Gas Stufe 3) schalten. Die Pie etwa 45 Minuten backen.

Gefülltes Brot mit Zwiebeln und Käse

Lauwarm, auf jeden Fall aber ganz frisch servieren

Für den Teig:

300 g Roggenvollkornmehl
200 g feingemahlener Hafer
1 Würfel Hefe (42 g)
350 ccm Wasser · 75 g Sauerteig
3 Eßl. Olivenöl (30 g)
150 g Frischkäse
1 Teel. getrockneter Majoran
1 Teel. Salz

Für die Füllung:

2 große Zwiebeln (etwa 400 g)
1 Eßl. Öl (10 g) · 2 Bund
Petersilie · 200 g Emmentaler
Käse · 1 Teel. Kümmel
frisch gemahlener weißer
Pfeffer

Zum Bestreichen:

1 Eigelb · 3 Eßl. Milch

Für die Arbeitsfläche: Mehl

Für das Backblech: Butter

Raffiniert · Für Ungeübte

Bei 20 Stück pro Stück etwa:
840 kJ/200 kcal · 8 g Eiweiß
9 g Fett · 21 g Kohlenhydrate
2 g Ballaststoffe

Vorbereitungszeit einschließlich
Ruhezeit: 1¾ Stunden
Backzeit: 40 Minuten

Für den Teig die beiden Mehlsorten in einer Schüssel mischen, eine Mulde in die Mitte drücken und die zerkrümelte Hefe hineingeben. • Das Wasser lauwarm erwärmen. 4 Eßlöffel davon über die Hefe geben und alles vorsichtig mit etwas Mehl vom Rand zu einem Vorteig verrühren. • Den Vorteig zugedeckt bei Zimmertemperatur etwa 15 Minuten ruhen lassen, bis er sichtbar aufgegangen ist. • Den Vorteig mit dem gesamten Mehl verrühren. Das restliche Wasser, den Sauerteig, das Öl, den Frischkäse, den Majoran und das Salz hinzufügen und alles mit den Knethaken des Handrührgerätes etwa 10 Minuten durcharbeiten, bis der Teig Blasen wirft

und sich vom Schüsselrand löst. • Den Teig zugedeckt bei Zimmertemperatur etwa 45 Minuten gehen lassen, bis sich sein Volumen verdoppelt hat. • Für die Füllung die Zwiebeln schälen, halbieren und in dünne Scheiben schneiden. • Das Öl erhitzen, die Zwiebeln darin bei schwacher bis mittlerer Hitze glasig und weich braten, dabei häufig wenden. • Die Petersilie waschen, trockentupfen und fein hacken. Den Käse in kleine Würfel schneiden. • Die Arbeitsfläche mit reichlich Mehl bestäuben. Den Teig daraufgeben, zu einer Platte auseinanderdrücken und mit Mehl bestäuben. Mit der bemehlten Nudelrolle knapp fingerdick zu einem Rechteck ausrollen. • Die Zwiebeln, die Petersilie und den Käse auf der Teigplatte verteilen, dabei rundherum am Rand etwa 2 cm frei lassen. Den Kümmel und reichlich Pfeffer über die Füllung streuen. • Die Platte vorsichtig von der Breit-

seite her aufrollen. Dabei die Finger immer wieder in Mehl tauchen, damit der weiche Teig nicht daran kleben bleibt. • Ein Backblech fetten. Die Teigrolle als Ring darauf legen und zugedeckt weitere 15 Minuten gehen lassen. • Das Eigelb mit der Milch verquirlen. Das Brot damit bestreichen. • Das Backblech in den kalten Backofen (Mitte) schieben. Den Ofen auf 180° (Umluft 160°, Gas Stufe 2–2½) schalten. Das Brot etwa 40 Minuten backen. • Die Garprobe durch den Klopftest machen. Das fertige Brot herausnehmen und auf ein Kuchengitter legen.

Kartoffelkuchen mit Pilzen

Am besten frisch aus dem Ofen mit Salat servieren

Für den Teig:
500 g mehligkochende Kartoffeln · 150 g Weizen-vollkornmehl · 50 g Weizen-vollkorngrieß · 1 Eigelb · Salz frisch gemahlener weißer Pfeffer · geriebene Muskatnuß

Für den Belag:
500 g Egerlinge · 2 große Zwiebeln (etwa 400 g) · 2 Bund Petersilie · 5 Zweige frischer Thymian · 45 g Butter
100 g Sahne · Salz · frisch gemahlener weißer Pfeffer
150 g frisch geriebener Bergkäse

Für die Form: Butter

Preiswert

Bei 10 Stück pro Stück etwa:
1430 kJ/350 kcal · 10 g Eiweiß
21 g Fett · 27 g Kohlenhydrate
4 g Ballaststoffe

Vorbereitungszeit: 1 Stunde
Backzeit: 30 Minuten

Die Kartoffeln mit der Schale weich kochen. • Die Pilze putzen und blättrig schneiden. Die Zwiebeln fein hacken. Die Kräuter waschen und trocken-tupfen. Die Petersilie fein zer-kleinern, die Thymianblättchen von den Stielen streifen. • 15 g Butter zerlassen. Die Zwiebeln darin glasig braten. Die Pilze, die Hälfte der Petersilie und den Thymian bei starker Hitze unter Rühren mitbraten. Nach und nach die Sahne hinzugießen und einkochen lassen. • Die Pilze mit Salz und Pfeffer abschmecken. • Die Kartoffeln schälen und fein zerdrücken. Etwas abgekühlt mit dem Mehl, dem Grieß, dem Eigelb, Salz, Pfeffer und Muskat zu einem festen Teig verkneten. • Eine Springform von 26 cm ∅ fetten. Den Teig hineindrücken und einen Rand formen. • Die Pilze auf dem Teig verteilen, mit dem Rest der Petersilie, dem Käse und der restlichen Butter in Flöckchen bestreuen. • Die Form auf den Rost in den kalten Backofen (Mitte) stellen. Den Ofen auf 220° (Umluft 180°, Gas Stufe 3–4) schalten. Den Kuchen etwa 30 Minuten backen.

Quiche mit roten Beten

Besonders feine Vollwertkost für Gäste

Für den Teig:
100 g Weizenvollkornmehl
75 g feingemahlene Mandeln
abgeriebene Schale von
½ unbehandelten Zitrone
1 Teel. Salz · ¼ Teel. frisch
geriebene Muskatnuß · 1 Eigelb
100 g weiche Butter
Für den Belag:
1 kg rote Beten · 250 g Frühlingszwiebeln · 1 Knoblauchzehe
1–2 Teel. Kümmel · Salz · frisch
gemahlener schwarzer Pfeffer
200 ccm Milch · 100 g Crème
fraîche · 100 g griechischer
Schafkäse · 75 g gehackte
Mandeln · 1 Eßl. Butter (20 g)
Für die Sauce:
1 Bund Petersilie · 100 g Crème
fraîche · 125 g Joghurt · Salz
Cayennepfeffer

Für Ungeübte

Bei 8 Stück pro Stück etwa:
2000 kJ/480 kcal · 17 g Eiweiß

36 g Fett · 26 g Kohlenhydrate
5 g Ballaststoffe

Vorbereitungszeit einschließlich
Ruhezeit: 1½ Stunden
Backzeit: 50 Minuten

Für den Teig das Mehl, die
Mandeln, die Zitronenschale, das Salz, den Muskat, das
Eigelb und die Butter mit den
Knethaken des Handrührgerätes vermischen, bis die Masse
krümelig ist. Mit den Händen
rasch zu einem glatten Teig
zusammenkneten. • Eine
Springform von 26 cm ∅ mit
dem Teig auskleiden, dabei
einen etwa fingerbreiten Rand
formen. Den Teigboden mit
einer Gabel mehrmals einstechen, damit später beim Backen
die Luft entweichen kann. • Die
Form in den Kühlschrank stellen, und den Teigboden 1 Stunde kühlen. • Für den Belag die
roten Beten schälen und auf
dem Gemüsehobel in hauch-
dünne Scheiben hobeln. Die

Frühlingszwiebeln putzen,
waschen, trockenschwenken
und mit etwa zwei Dritteln der
grünen Blätter in feine Ringe
schneiden. Die Knoblauchzehe
schälen und hacken. • Die roten
Beten schuppenförmig auf dem
Teigboden verteilen. Die Zwiebelringe, den Knoblauch und
den Kümmel darüber streuen.
Alles mit Salz und Pfeffer würzen. • Die Milch mit der Crème
fraîche verrühren und über die
Quiche gießen. Den Schafkäse
zerbröckeln und mit den Mandeln vermischt darüber streuen.
Die Quiche mit der in Flöckchen
geteilten Butter belegen. • Die
Form auf den Rost in den kalten
Backofen (Mitte) stellen. Den
Backofen auf 200° (Umluft
180°, Gas Stufe 2½–3) schalten. Die Quiche etwa 50 Minuten backen, bis der Rand leicht
gebräunt, die Flüssigkeit aufgesogen ist und die roten Beten
weich sind. • Während der
Backzeit die Sauce zubereiten:
Die Petersilie waschen, trocken-

tupfen und ganz fein hacken.
• Die Crème fraîche und den
Joghurt mit einem Schneebesen
schaumig schlagen. Die Petersilie daruntermischen. Die Sauce
mit Salz und Cayennepfeffer
abschmecken. • Die Quiche
heiß servieren und die Sauce
gesondert dazu reichen.

Pizza mit Tomaten

Spezialität aus Italien

Für den Teig:

400 g Weizenvollkornmehl
100 g Roggenschrot
½ Würfel Hefe (etwa 20 g)
¼ l lauwarmes Wasser
75 g zimmerwarmer Sauerteig
3 Eßl. Olivenöl (30 g)
1 Teel. Salz

Für den Belag:

1 große Zwiebel (etwa 150 g)
1 Knoblauchzehe · 2 Eßl. Öl (20 g) · je 1 Eßl. getrockneter Thymian und Oregano
3 kleine Dosen geschälte Tomaten (1200 g) · Salz frisch gemahlener schwarzer Pfeffer · 1 Prise Zuckerrohrgranulat · 450 g Mozzarella
100 g frisch geriebener Bergkäse · 1 Bund Petersilie
Für die Arbeitsfläche: Mehl
Für die Backbleche: Butter

Bei 8 Stück pro Stück etwa:
2200 kJ/520 kcal · 26 g Eiweiß
21 g Fett · 53 g Kohlenhydrate
10 g Ballaststoffe

Vorbereitungszeit einschließlich
Ruhezeit: 1¾ Stunden
Backzeit insgesamt:
40–45 Minuten

Für den Teig das Mehl und den Schrot in einer Schüssel vermischen und eine Mulde hineindrücken. Die zerkrümelte Hefe, 4 Eßlöffel Wasser und etwas Mehl vom Rand darin zu einem Vorteig verrühren. • Den Vorteig zugedeckt bei Zimmertemperatur etwa 15 Minuten ruhen lassen, bis er sichtbar aufgegangen ist. • Das restliche Wasser, den Sauerteig, das Öl und das Salz hinzufügen und alles mit den Knethaken des Handrührgerätes etwa 10 Minuten durcharbeiten, bis der Teig Blasen wirft und sich vom Schüsselrand löst. Da er zum Kneten mit der Hand zu weich

ist, muß er wirklich gründlich durchgerührt werden. • Den Teig zugedeckt bei Zimmertemperatur etwa 45 Minuten gehen lassen, bis sich sein Volumen verdoppelt hat. • Inzwischen den Belag vorbereiten: Die Zwiebel und den Knoblauch schälen und hacken. • Das Öl in einem weiten Topf erhitzen. Die Zwiebel und den Knoblauch darin bei schwacher bis mittlerer Hitze glasig braten. Den Thymian, den Oregano und die Tomaten mit der Flüssigkeit hinzufügen und bei starker Hitze unter häufigem Rühren dickflüssig einkochen lassen. • Die Tomaten mit Salz, Pfeffer und dem Zuckerrohrgranulat würzen. • Den abgetropften Mozzarella würfeln und mit dem Bergkäse vermischen. • Den Teig in zwei Portionen teilen und auf reichlich Mehl zu runden Platten ausrollen. • Zwei Backbleche fetten. Die Teigplatten darauf legen. • Das Tomatenmus darauf verteilen

und mit dem Käse belegen. • Das erste Backblech in den kalten Backofen (Mitte) schieben. Den Ofen auf 200° (Umluft 180°, Gas Stufe 2½–3) schalten. Die Pizza etwa 25 Minuten backen, bis der Käse zerlaufen und leicht gebräunt ist. • Die Pizza auf dem zweiten Blech 15 bis 20 Minuten backen. • Die Petersilie waschen, trockentupfen, fein hacken und über die fertigen Pizzen streuen.

Mein Tip: Sie können selbstverständlich auch ein Backblech mit dem gesamten Teig auslegen und die Pizza wie einen Blechkuchen backen. Der Teigboden ist dann etwas dicker, Sie sparen aber Zeit, falls Sie nicht beide Pizzen gleichzeitig im Umluftherd backen.

Pizza mit Paprikaschoten

Der Teigboden enthält weder tierisches Einweiß noch Fett

Für den Teig:

250 g Tofu · 10 Eßl. Sojamilch (150 ccm)

10 Eßl. Olivenöl (100 g)

450 g Weizenvollkornmehl

1 Teel. Salz · ½ Päckchen
Weinsteinbackpulver

Für den Belag:

750 g rote und grüne
Paprikaschoten, gemischt

500 g vollreife Tomaten

2 Zwiebeln (etwa 250 g)

2 Knoblauchzehen

1 Bund Petersilie

4 Zweige frischer Thymian

1 Zweig frischer Rosmarin

3 Eßl. Olivenöl (30 g) · Salz
frisch gemahlener schwarzer
Pfeffer · 450 g Mozzarella

100 g frisch geriebener
Parmesankäse

Für die Arbeitsfläche: Mehl

Für die Backbleche: Butter

Raffiniert • Für Ungeübte

Bei 8 Stück pro Stück etwa:
2500 kJ/600 kcal · 27 g Eiweiß
32 g Fett · 44 g Kohlenhydrate
8 g Ballaststoffe

Vorbereitungszeit: 1½ Stunden
Backzeit: 40–45 Minuten

Für den Teig den Tofu mit der Sojamilch pürieren. • Das Püree mit dem Öl und der Hälfte des Mehls mit den Knethaken des Handrührgerätes vermengen. Das restliche Mehl mit dem Salz und dem Backpulver mischen und mit den Händen unter den Teig kneten. • Den Teig in zwei Portionen teilen und jede Portion auf reichlich Mehl zu einer runden Platte ausrollen. • Zwei Backbleche fetten. Die Teigplatten darauf legen. • Für den Belag die Paprikaschoten vierteln, von den weißen Trennhäuten und den Kernen befreien, waschen und in Streifen schneiden. Die Tomaten häuten und würfeln, dabei die Stielansätze heraus-

schneiden. Die Zwiebeln und die Knoblauchzehen schälen und hacken. Die Kräuter waschen und trockenschwenken. Die Thymian- und die Rosmarinblättchen abstreifen. Mit der Petersilie fein hacken. • Das Öl erhitzen. Die Zwiebeln und den Knoblauch darin glasig braten. Die Paprikaschoten und die Tomaten hinzufügen und bei starker Hitze unter häufigem Umrühren schmoren, bis die Flüssigkeit, die sich bildet, wieder verdampft ist. • Die Kräuter unter das Gemüse mischen. Das Gemüse mit Salz und Pfeffer abschmecken. • Den abgetropften Mozzarella würfeln. Etwa die Hälfte davon auf den Teigplatten verteilen und mit dem Gemüse belegen. Den Rest des Mozzarellas mit dem Parmesankäse vermischen und über die Pizzen geben. • Das erste Backblech in den kalten Backofen (unten) schieben. Den Ofen auf 200° (Umluft 180°, Gas Stufe 2½–3) schalten. Die

Pizza etwa 25 Minuten backen, bis der Käse an der Oberfläche zerlaufen und leicht gebräunt ist. • Die Pizza auf dem zweiten Blech 15 bis 20 Minuten backen.

Mein Tip: Den Teig können Sie auch mit Quark (statt Tofu) und Milch (statt Sojamilch) zubereiten. Oder Sie backen die Pizza mit dem Hefeteig vom nebenstehenden Rezept.

Spinatkuchen mit Quark

Schmeckt auch mit Mangold, Löwenzahn oder Grünkohl

Für den Teig:

200 g Weizenvollkornmehl

200 g feingemahlener Dinkel

½ Würfel Hefe (etwa 20 g)

350 ccm Wasser

3 Eßl. zimmerwarmes Sonnenblumenöl (30 g)

1 Teel. Salz

Für den Belag:

1 kg Spinat · Salz

1 große Zwiebel (etwa 200 g)

1 Knoblauchzehe

1 Eßl. Butter (20 g) · 2 Eier

500 g Magerquark

100 g Sonnenblumenkerne

frisch geriebene Muskatnuß

frisch gemahlener weißer

Pfeffer · Cayennepfeffer

Für das Backblech: Butter

Raffiniert

Bei 20 Stück pro Stück etwa:
680 kJ/160 kcal · 9 g Eiweiß
6 g Fett · 18 g Kohlenhydrate
3 g Ballaststoffe

Vorbereitungszeit einschließlich
Ruhezeit: 1¾ Stunden
Backzeit: 35 Minuten

Für den Teig die beiden Mehlsorten in einer Schüssel mischen. In die Mitte eine Mulde drücken und die zerbröckelte Hefe hineingeben. • Das Wasser lauwarm erwärmen. Etwa 6 Eßlöffel davon mit der Hefe und etwas Mehl vom Rand zu einem Vorteig verrühren. Den Vorteig zugedeckt bei Zimmertemperatur etwa 15 Minuten ruhen lassen, bis er sichtbar aufgegangen ist. • Den Vorteig mit dem gesamten Mehl, dem restlichen Wasser, dem Öl und dem Salz mit den Knethaken des Handrührgerätes etwa 10 Minuten durcharbeiten, bis der Teig Blasen wirft und sich vom Schüsselrand löst. • Den Teig zugedeckt bei Zimmertemperatur etwa 45 Minuten gehen lassen, bis sich sein Volumen verdoppelt hat. • Für den Belag den Spinat verlesen,

von eventuell harten Stielen befreien, mehrmals gründlich waschen und trockenschwenken. • In einem großen Topf etwa fingerhoch Wasser mit etwas Salz zum Kochen bringen. Den Spinat hinzufügen und im fest geschlossenen Topf bei mittlerer Hitze etwa 5 Minuten garen, bis er weich ist. Dabei den Topf geschlossen halten und einige Male kräftig schütteln, damit der Spinat gleichmäßig gart. • Den Spinat abgießen, etwas abkühlen lassen und mit den Händen ausdrücken, damit er möglichst wenig Feuchtigkeit enthält. Den Spinat grob hacken. • Die Zwiebel und die Knoblauchzehe schälen und ebenfalls hacken. • Die Butter erhitzen. Die Zwiebel und den Knoblauch darin glasig braten. • Die Eier trennen. Die Eigelbe mit dem Quark, dem Spinat, der Zwiebel und dem Knoblauch, den Sonnenblumenkernen, Salz, Muskat, Pfeffer und Cayennepfeffer

vermischen. Die Eiweiße steif schlagen und mit einer Gabel darunterziehen. • Ein Backblech fetten und mit dem Teig auskleiden. • Den Belag auf dem Teig verteilen. Den Kuchen zugedeckt bei Zimmertemperatur weitere 15 Minuten gehen lassen. • Das Backblech in den kalten Backofen (Mitte) schieben. Den Ofen auf 160° (Umluft 150°, Gas Stufe 2) schalten. Den Kuchen etwa 35 Minuten backen.

Auberginenkuchen mit Nußkruste

Schmeckt nur im Sommer mit ausgereiftem Gemüse

Für den Teig:
200 g Weizenvollkornmehl
1 Teel. Salz · 1 Ei · 2 Eigelb
4–5 Eßl. Wasser · 1 Eßl. Öl (10 g)
Für den Belag:
500 g Auberginen
4 Eßl. Olivenöl (40 g)
1 kg vollreife Flaschentomaten
1 Bund frischer Majoran · Salz
frisch gemahlener weißer Pfeffer
100 g Crème fraîche
Für die Nußkruste:
150 g gemahlene Haselnuß-
kerne · 100 g feingemahlener
Hafer · 50 g frisch geriebener
mittelalter Goudakäse
50 g frisch geriebener
Parmesankäse · frisch geriebene
Muskatnuß · Cayennepfeffer
50 g Olivenöl
Für die Arbeitsfläche: Mehl
Für die Fettpfanne: Butter

Für Ungeübte · Raffiniert

Bei 10 Stück pro Stück etwa:
1800 kJ/430 kcal · 12 g Eiweiß
28 g Fett · 27 g Kohlenhydrate
6 g Ballaststoffe

Vorbereitungszeit einschließlich
Ruhezeit: 1½ Stunden
Backzeit: 45 Minuten

Für den Teig das Mehl mit dem Salz, dem Ei, den Eigelben, zunächst nur 2 Eßlöffeln Wasser und dem Öl zu einem geschmeidigen Nudelteig verkneten, der nicht an den Fingern kleben soll. Wenn er zu fest oder bröckelig ist, tropfenweise das restliche Wasser darunterkneten. Zwischendurch immer wieder die Konsistenz des Teiges mit dem Finger prüfen. • Den Nudelteig in Pergamentpapier wickeln und 30 Minuten ruhen lassen. • Den Nudelteig portionsweise entweder mit der Nudelmaschine oder auf der bemehlten Arbeitsfläche millimeterdünn ausrollen und in Platten von etwa 6 mal

15 cm Größe schneiden. • Die Fettpfanne des Backofens mit Butter ausstreichen und so mit den Teigplatten auslegen, daß die Platten an den Rändern etwa 1 mm übereinanderliegen und auch den Rand der Fettpfanne rundherum etwa fingerhoch bedecken. • Für den Belag die Auberginen waschen, abtrocknen, von den Stielansätzen befreien und der Länge nach in dünne Scheiben schneiden. • Etwas Öl in einer Pfanne erhitzen. Die Auberginen darin portionsweise bei schwacher Hitze hellbraun braten; dabei nach und nach das restliche Öl dazugeben. • Die Tomaten häuten und der Länge nach in Scheiben schneiden. Die Stielansätze dabei entfernen. Den Majoran waschen, trockentupfen und fein zerkleinern. • Die Auberginen und die Tomaten auf dem Teig verteilen. Mit Salz und Pfeffer würzen und mit der Crème fraîche beträufeln. • Für die Nußkruste die Nüsse mit

dem Hafer, den beiden Käsesorten und je 1 kräftigen Prise Muskat und Cayennepfeffer vermischen. Das Öl darüber träufeln und alles mit einer Gabel zu Streuseln vermischen. Die Masse über dem Gemüse verteilen. • Die Fettpfanne in den kalten Backofen (Mitte) schieben. Den Ofen auf 200° (Umluft 180°, Gas Stufe 2½–3) schalten. Den Auberginenkuchen etwa 45 Minuten bakken, bis die Nußkruste leicht gebräunt ist.

Weizenschrotbrot mit Nüssen

Gut vorzubereiten, wenn Sie den Teig »kalt« gehen lassen

| 450 g Weizenvollkornmehl |
| 200 g Roggenschrot |
| 2 Würfel Hefe (84 g) |
| ¼ l lauwarmes Wasser |
| 250 g zimmerwarmer Joghurt |
| 150 g gehackte Walnußkerne |
| 1 Teel. gemahlener Koriander |
| 2 Teel. Salz (12 g) |
| Für die Form: Butter und Mehl |

Preiswert • Für Ungeübte

Bei 20 Scheiben pro Scheibe etwa:
720 kJ/170 kcal · 6 g Eiweiß
6 g Fett · 22 g Kohlenhydrate
4 g Ballaststoffe

Vorbereitungszeit einschließlich
Ruhezeit: 1¼ Stunden
Backzeit: 1 Stunde und
10 Minuten

Für den Teig das Mehl und den Schrot in einer Schüssel mischen und eine Mulde hineindrücken. Die zerkrümelte Hefe darin mit 6 Eßlöffeln lauwarmem Wasser und etwas Mehl vom Rand zu einem Vorteig verrühren. • Den Vorteig zugedeckt bei Zimmertemperatur etwa 15 Minuten ruhen lassen, bis er sichtbar aufgegangen ist. • Den Vorteig mit dem Mehl vermischen. Das restliche Wasser, den Joghurt, die Nüsse, den Koriander und das Salz hinzufügen und alles mit den Knethaken des Handrührgerätes etwa 10 Minuten durcharbeiten, bis der Teig Blasen wirft. • Den Teig zugedeckt bei Zimmertemperatur etwa 45 Minuten gehen lassen, bis sich sein Volumen verdoppelt hat. • Eine Kastenform von 30 cm Länge fetten und mit Mehl ausstreuen. Den Teig hineingeben. • Die Form auf den Rost in den kalten Backofen (Mitte) stellen. Den Ofen auf 200° (Umluft 180°, Gas Stufe 2½–3) schalten. Auf den Boden des Backofens eine Tasse mit Wasser stellen, damit das Brot genügend Feuchtigkeit bekommt. Das Brot etwa 1 Stunde und 10 Minuten backen. • Die Garprobe mit einem stabilen Holzstäbchen machen. Das fertige Brot herausnehmen und nach etwa 10 Minuten zum Erkalten auf ein Kuchengitter geben.

Buchweizenbrote mit Sesam

Der Teig eignet sich auch für Brötchen

Für den Teig:

250 g Buchweizenmehl	
250 g feingemahlener Dinkel	
1 Würfel Hefe (42 g)	
500 g Dickmilch	
100 g Sesamsamen	
½ Eßl. Sonnenblumenöl	
1 gehäufter Teel. gemahlener Koriander · 2 Teel. Salz (12 g)	

Zum Bestreichen:

4 Eßl. Milch

Zum Bestreuen:

2 Eßl. Sesamsamen (30 g)

Für die Arbeitsfläche: Mehl

Für das Backblech:

Butter und Mehl

Braucht etwas Zeit

Bei 4 Stück pro Stück etwa:
3100 kJ/740 kcal · 27 g Eiweiß
27 g Fett · 100 g Kohlenhydrate
8 g Ballaststoffe

Vorbereitungszeit einschließlich
Ruhezeit: 2 Stunden
Backzeit: 30 Minuten

Für den Teig den Buchweizen und den Dinkel in einer Schüssel mischen. In die Mitte eine Mulde drücken. Die Hefe hineinkrümeln. • Die Dickmilch lauwarm erwärmen. Etwa 6 Eßlöffel davon über die Hefe geben und alles vorsichtig mit etwas Mehl vom Rand verrühren, bis sich die Hefe aufgelöst hat und ein glatter Vorteig entstanden ist. • Den Vorteig zugedeckt bei Zimmertemperatur etwa 15 Minuten ruhen lassen, bis er sichtbar aufgegangen ist. • Inzwischen die Sesamsamen in dem heißen Öl bei schwacher bis mittlerer Hitze und Rühren rösten, bis sie zart duften. • Den Vorteig mit dem gesamten Mehl verrühren. Die restliche Dickmilch, den Sesam, den Koriander und das Salz hinzufügen und alles mit den Knethaken des Handrührgerätes etwa 10 Minuten durcharbeiten, bis der Teig Blasen wirft und sich vom Schüsselrand löst. Zum Kneten mit der Hand ist er zu

weich, deshalb muß er wirklich kräftig durchgearbeitet werden. • Den Teig zugedeckt bei Zimmertemperatur etwa 1 Stunde gehen lassen, bis sich sein Volumen verdoppelt hat. • Die Arbeitsfläche mit Mehl bestäuben. Den Teig daraufgeben, mit den Händen noch einmal kräftig durchkneten und in vier Portionen teilen. Jede Portion zu einem länglichen Brot von etwa 10 cm ⌀ rollen. • Ein Backblech fetten und mit Mehl bestäuben. Die Brote darauf legen. • In jedes Brot mit einem scharfen Messer oder mit einer Rasierklinge schräge, etwa 3 cm tiefe Einschnitte machen. Die Brote zudecken und gehen lassen, bis die Einschnitte aufbrechen; das dauert etwa 15 Minuten. • Die Brote mit der Milch bestreichen und mit dem Sesam bestreuen. • Das Backblech in den kalten Backofen (Mitte) schieben. Den Ofen auf 220° (Umluft 180°, Gas Stufe 3–4) schalten. Die Brote etwa 30 Minuten backen.

• Die Garprobe mit dem Klopftest machen. Die fertigen Brote herausnehmen und zum Erkalten auf ein Kuchengitter legen.

Roggenbrot mit Tofu und Sonnenblumenkernen

Gut vorzubereiten, weil der Teig »kalt« geht

500 g Roggenvollkornmehl
500 g Weizenvollkornmehl
250 g geschroteter Hafer
1 Würfel Hefe (42 g)
¼ l Wasser · ½ l Milch
250 g Tofu · 100 g saure Sahne
150 g Sauerteig
200 g Sonnenblumenkerne
1 Eßl. Kümmelkörner
1 Teel. gemahlener Koriander
2 Teel. Salz (12 g)
Zum Bestreichen: 3 Eßl. Milch
Zum Bestreuen:
1–2 Eßl. Sonnenblumenkerne
Für die Arbeitsfläche: Mehl
Für das Backblech:
Butter und Mehl

Für Ungeübte

Bei 30 Scheiben pro Scheibe etwa:
910 kJ/220 kcal · 9 g Eiweiß
5 g Fett · 32 g Kohlenhydrate
5 g Ballaststoffe

Vorbereitungszeit: 30 Minuten
Ruhezeit: 12 Stunden

Fertigstellung: 1 Stunde
Backzeit: 1¼ Stunden

Für den Teig die beiden Mehlsorten und den Haferschrot in einer Schüssel mischen. In die Mitte eine Mulde drükken. Die Hefe hineinkrümeln. • Das Wasser und die Milch lauwarm erwärmen. Etwa 6 Eßlöffel davon über die Hefe geben und alles vorsichtig mit etwas Mehl vom Rand verrühren, bis sich die Hefe aufgelöst hat und ein glatter Vorteig entstanden ist. • Den Vorteig zugedeckt bei Zimmertemperatur etwa 15 Minuten ruhen lassen, bis er sichtbar aufgegangen ist. • Den Vorteig mit dem gesamten Mehl verrühren. • Den abgetropften Tofu mit der restlichen Wasser-Milch-Mischung pürieren. Zusammen mit der sauren Sahne, dem Sauerteig, den Sonnenblumenkernen, dem Kümmel, dem Koriander und dem Salz zum Teig geben und alles mit den Knethaken des Hand-

rührgerätes etwa 10 Minuten durcharbeiten, bis der Teig Blasen wirft und sich vom Schüsselrand löst. Zum Kneten mit der Hand ist er noch zu weich, deshalb muß er wirklich kräftig durchgearbeitet werden. • Den Teig zugedeckt in den Kühlschrank stellen und etwa 12 Stunden kalt gehen lassen, bis sich sein Volumen verdoppelt hat. • Die Arbeitsfläche mit Mehl bestäuben. Den Teig daraufgeben, mit den Händen noch einmal kräftig durchkneten und zu einem Wecken oder einem Laib formen. • Ein Backblech fetten und mit Mehl bestäuben. Das Brot darauf legen und mit einem scharfen Messer oder einer Rasierklinge einige Male einkerben. • Das Brot mit etwas Mehl bestreuen und noch einmal 30 Minuten gehen lassen, bis die Kerben aufgebrochen sind. • Das Brot mit etwas Milch bestreichen und mit den Sonnenblumenkernen bestreuen. Das Backblech

in den kalten Backofen (Mitte) schieben. Auf den Boden des Backofens eine Tasse mit Wasser stellen, damit das Brot während des Backens genügend Feuchtigkeit bekommt. Den Ofen auf 200° (Umluft 180°, Gas Stufe 2½–3) schalten. • Das Brot etwa 1¼ Stunden backen, dabei noch ein- oder zweimal mit Milch bestreichen. Wenn es oben zu dunkel wird, mit Alufolie abdecken. • Das Brot umdrehen und die Garprobe mit dem Klopftest machen. Das fertige Brot herausnehmen und zum Erkalten auf ein Kuchengitter legen.

Sechskornbrot mit Flocken

Der Teig eignet sich auch für Brötchen

200 g feingemahlene
Sechskorn-Getreidemischung
200 g Weizenvollkornmehl
100 g Hafer-Vollkornflocken
1½ Würfel Hefe (etwa 60 g)
375 g Buttermilch
1 Teel. gemahlener Kümmel
1 Teel. gemahlener Koriander
1½ Teel. Salz (9 g)
Zum Bestreichen:
kaltes Wasser
Zum Bestreuen:
1 Eßl. Haferflocken
Für die Arbeitsfläche: Meh
Für das Backblech:
Butter und Mehl

Für Ungeübte · Preiswert

Bei 20 Scheiben pro Scheibe etwa:
420 kJ/100 kcal · 4 g Eiweiß
1 g Fett · 18 g Kohlenhydrate
2 g Ballaststoffe

Vorbereitungszeit einschließlich
Ruhezeit: 2 Stunden
Backzeit: 1 Stunde und
10 Minuten

Für den Teig die beiden Mehlsorten und die Haferflocken in einer Schüssel mischen. In die Mitte eine Mulde drücken. Die zerkrümelte Hefe in die Mehlmulde geben. • Die Buttermilch lauwarm erwärmen. Etwa 6 Eßlöffel davon über die Hefe geben und alles vorsichtig mit etwas Mehl vom Rand verrühren, bis sich die Hefe aufgelöst hat und ein glatter Vorteig entstanden ist. • Den Vorteig zugedeckt bei Zimmertemperatur etwa 15 Minuten ruhen lassen, bis er sichtbar aufgegangen ist. • Den Vorteig mit dem gesamten Mehl verrühren. Die restliche Buttermilch, den Kümmel, den Koriander und das Salz hinzufügen und alles mit den Knethaken des Handrührgerätes etwa 10 Minuten durcharbeiten, bis

der Teig Blasen wirft und sich vom Schüsselrand löst. • Den Teig zugedeckt etwa 1 Stunde bei Zimmertemperatur gehen lassen, bis sich sein Volumen verdoppelt hat. • Die Arbeitsfläche mit Mehl bestreuen. Den Teig daraufgeben, mit den Händen noch einmal kräftig durchkneten und zu einem Wecken formen. • Ein Backblech fetten und mit Mehl bestäuben. Das Brot darauf legen, mit etwas Mehl bestreuen und noch einmal 30 Minuten gehen lassen. • Das Brot mit Wasser bestreichen und mit den Haferflocken bestreuen. • Das Backblech in den kalten Backofen (Mitte) schieben. Auf den Boden des Backofens eine Tasse mit Wasser stellen, damit das Brot während des Backens genügend Feuchtigkeit bekommt. Den Ofen auf 200° (Umluft 180°, Gas Stufe 2½–3) schalten. Das Brot etwa 1 Stunde und 10 Minuten backen; wenn es zu dunkel wird, mit

Alufolie abdecken. • Die Garprobe mit dem Klopftest machen. Das fertige Brot herausnehmen, noch einmal mit Wasser bestreichen und zum Erkalten auf ein Kuchengitter legen.

Mein Tip: Auch diesen Brotteig können Sie selbstverständlich über Nacht, also etwa 12 Stunden, im Kühlschrank kalt gehen lassen. Das ist besonders praktisch, wenn Sie zum (Sonntags-) Frühstück frische Brötchen servieren wollen: Formen Sie in diesem Fall keinen Wecken (die Backzeit wäre zu lang), sondern knapp handtellergroße Brötchen, die Sie etwa 15 Minuten an einem warmen Platz gehen lassen. Die Brötchen etwa 30 Minuten backen.

Lauchbrötchen aus Bierteig

Frühstücksbrötchen – schnell gemacht

250 g Lauch · 1 Eßl. Butter (20 g)
500 g feingemahlener Dinkel
1 Päckchen Weinsteinback-
pulver · 1 Teel. Fenchelsamen
2 Teel. Salz (12 g)
250 g Buttermilch
¼ l Hefeweizenbier
Zum Bestreichen:
1 Eigelb · 1 Eßl. Milch
Zum Formen: Mehl
Für das Backblech: Butter

Für Ungeübte

Bei 15 Stück pro Stück etwa:
630 kJ/150 kcal · 5 g Eiweiß
15 g Fett · 24 g Kohlenhydrate
1 g Ballaststoffe

Vorbereitungszeit: 45 Minuten
Backzeit: 35 Minuten

Den Lauch putzen, waschen und mit etwa zwei Dritteln der grünen Blätter in feine Ringe schneiden. • Die Butter in einer Pfanne erhitzen. Den Lauch darin unter ständigem Rühren etwa 5 Minuten braten. In eine Schüssel geben und lauwarm abkühlen lassen. • Das Mehl mit dem Backpulver vermischt, die Fenchelsamen und das Salz hinzufügen. Die Buttermilch und das Bier langsam dazugießen und alles zu einem glatten Teig verarbeiten. • Aus dem Teig mit in Mehl getauchten Händen 15 längliche Brötchen formen. • Ein Backblech fetten. Die Brötchen darauf legen und an den Oberseiten mit einem scharfen Messer einige Male einschneiden. • Das Eigelb mit der Milch verquirlen, die Brötchen damit bestreichen. • Das Backblech in den kalten Backofen (Mitte) schieben. Den Ofen auf 175° (Umluft 160°, Gas Stufe 2–2½) schalten. Die Brötchen etwa 35 Minuten backen. • Die Garprobe mit dem Klopftest machen. Die Brötchen gerade eben abgekühlt servieren.

Käsebrötchen aus Bierteig

Schmecken ofenfrisch am besten

500 g Weizenvollkornmehl
1 Päckchen Weinstein-
backpulver · 150 g frisch
geriebener Emmentaler Käse
1 Teel. getrockneter Majoran
1 Teel. gemahlener Koriander
½ Teel. gemahlener Kümmel
1½ Teel. Salz (9 g)
½ l Hefeweizenbier
Zum Bestreichen: 3 Eßl. Milch
Zum Formen: Mehl
Für das Backblech: Butter

Schnell · Für Ungeübte

Bei 10 Stück pro Stück etwa:
1000 kJ/240 kcal · 10 g Eiweiß
21 g Fett · 30 g Kohlenhydrate
5 g Ballaststoffe

Vorbereitungszeit: 20 Minuten
Backzeit: 35 Minuten

Das Mehl mit dem Backpulver, dem Käse, den Gewürzen und dem Salz in einer Schüssel mischen. • Das Bier langsam dazugießen und alles zu einem glatten Teig verarbeiten. • Aus dem Teig mit in Mehl getauchten Händen 10 Brötchen formen. • Ein Backblech fetten. Die Brötchen daraufllegen, an den Oberseiten mit einem scharfen Messer kreuzweise oder sternförmig einschneiden und mit der Milch bestreichen. • Das Backblech in den kalten Backofen (Mitte) schieben. Den Ofen auf 175° (Umluft 160°, Gas Stufe 2–2½) schalten. Die Brötchen etwa 35 Minuten backen. • Die Garprobe mit dem Klopftest machen. Die fertigen Brötchen herausnehmen und auf ein Kuchengitter legen. • Die Brötchen lauwarm, auf jeden Fall jedoch möglichst frisch servieren.

Korinthenbrötchen

Schmecken zum Frühstück oder zum Tee

200 g Roggenvollkornmehl
200 g geschroteter Dinkel
1 Würfel Hefe (42 g)
½ Teel. Zuckerrohrgranulat
¼ l Milch · 100 g Butter
75 g zimmerwarmer Sauerteig
1 zimmerwarmes Ei
150 g zimmerwarmer Mager-
quark · abgeriebene Schale von
½ unbehandelten Zitrone
½ Teel. Salz · 100 g Korinthen
50 g Kürbiskerne
Zum Bestreichen:
2 Eßl. Sahne (30 g)
1 Teel. Butter
Für die Arbeitsfläche: Mehl
Für das Backblech: Butter

Raffiniert

Bei 12 Stück pro Stück etwa:
1200 kJ/290 kcal · 9 g Eiweiß
12 g Fett · 34 g Kohlenhydrate
4 g Ballaststoffe

Vorbereitungszeit einschließlich
Ruhezeit: 1¾ Stunden
Backzeit: 35 Minuten

Für den Teig das Roggen-
mehl und den Dinkelschrot
in einer Schüssel mischen. Eine
Mulde hineindrücken, die zerkrümelte Hefe und das Zuckerrohrgranulat hineingeben. • Die
Milch lauwarm erwärmen. Etwa
5 Eßlöffel davon abnehmen,
über die Hefe geben und alles
vorsichtig mit etwas Mehl vom
Rand verrühren, bis sich die
Hefe aufgelöst hat und ein
glatter Vorteig entstanden ist.
• Den Vorteig zugedeckt bei
Zimmertemperatur etwa
15 Minuten ruhen lassen, bis er
sichtbar aufgegangen ist. • Die
restliche Milch mit der Butter
erwärmen, bis die Butter zerlaufen ist. Den Vorteig mit dem
Mehl verrühren. Die Milch-Butter-Mischung, den Sauerteig,
das Ei, den Quark, die Zitronenschale und das Salz hinzufügen,
und alles mit den Knethaken

des Handrührgerätes etwa
10 Minuten durcharbeiten, bis
der Teig Blasen wirft und sich
vom Schüsselrand löst. Der Teig
ist zum Kneten mit der Hand
noch zu weich, deshalb muß er
kräftig durchgearbeitet werden.
• Den Teig zugedeckt bei Zimmertemperatur etwa 45 Minuten gehen lassen, bis sich sein
Volumen verdoppelt hat. • Die
Arbeitsfläche mit Mehl bestreu-
en. Den Teig daraufgeben, mit
den Händen noch einmal kräftig durchkneten und dabei die
Korinthen und die Kürbiskerne
darunterkneten. • Aus dem Teig
mit in Mehl getauchten Händen
12 Brötchen formen. • Ein Backblech fetten. Die Brötchen darauf legen, an den Oberseiten
mit einem scharfen Messer
kreuzweise oder sternförmig
einschneiden und weitere
15 Minuten gehen lassen.
• Inzwischen die Sahne und die
Butter erwärmen, bis die Butter
geschmolzen ist. Die Brötchen
damit bestreichen. • Das Back-

blech in den kalten Backofen
(Mitte) schieben. Den Ofen auf
200° (Umluft 180°, Gas Stufe
2½–3) schalten. Die Brötchen
etwa 35 Minuten backen. • Die
Garprobe mit dem Klopftest
machen. Die fertigen Brötchen
herausnehmen und auf ein
Kuchengitter legen. • Die Brötchen lauwarm, auf jeden Fall
jedoch möglichst frisch servieren.

Mein Tip: Besonders kräftig
schmecken die Brötchen, wenn
Sie die Korinthen durch zerklei-
nerte Trockenpflaumen und
-aprikosen ersetzen.

Haselnußbrötchen

Schmecken gut zu Käse und Wein

350 g mehligkochende Kartoffeln · 500 g Weizenvollkornmehl · 2 Würfel Hefe (84 g)
½ Teel. Zuckerrohrgranulat
¼ l Milch · 50 g Butter
2 zimmerwarme Eigelb
200 g grob gehackte Haselnußkerne · ½ Teel. Salz
Zum Bestreichen:
2 Eßl. Sahne (30 g)
Zum Bestreuen:
Sesamsamen, Mohn und/oder Kümmelkörner
Für die Arbeitsfläche: Mehl
Für das Backblech: Butter

Raffiniert

Bei 15 Stück pro Stück etwa:
1200 kJ/290 kcal · 8 g Eiweiß
15 g Fett · 28 g Kohlenhydrate
4 g Ballaststoffe

Vorbereitungszeit einschließlich
Ruhezeit: 2 Stunden
Backzeit: 45 Minuten

Die gewaschenen Kartoffeln in der Schale weich kochen. Kalt abschrecken, schälen, durch die Kartoffelpresse drücken und lauwarm abkühlen lassen. • Inzwischen für den Teig das Mehl in eine Schüssel geben. Eine Mulde hineindrücken, die zerkrümelte Hefe und das Zuckerrohrgranulat hineingeben. • Die Milch lauwarm erwärmen. Etwa 5 Eßlöffel davon über die Hefe geben und alles vorsichtig mit etwas Mehl vom Rand verrühren, bis sich die Hefe aufgelöst hat und ein glatter Vorteig entstanden ist. • Den Vorteig zugedeckt bei Zimmertemperatur etwa 15 Minuten ruhen lassen, bis er sichtbar aufgegangen ist. • Die restliche Milch mit der Butter erwärmen, bis die Butter zerlaufen ist. • Den Vorteig mit dem Mehl verrühren. Die Milch-Butter-Mischung, die Kartoffeln, die Eigelbe, die Haselnüsse und das Salz hinzufügen und alles mit den Knet-

haken des Handrührgerätes etwa 10 Minuten durcharbeiten, bis der Teig Blasen wirft und sich vom Schüsselrand löst. • Den Teig zugedeckt bei Zimmertemperatur etwa 45 Minuten gehen lassen, bis sich sein Volumen verdoppelt hat. • Die Arbeitsfläche mit Mehl bestreuen. Den Teig daraufgeben, mit den Händen etwa 5 Minuten kräftig durchkneten. Den Teig zu einer Rolle drehen und in 15 Stücke teilen. Die Stücke mit bemehlten Händen zu Brötchen formen. • Ein Backblech fetten. Die Brötchen darauf legen, an den Oberseiten mit einem scharfen Messer sternförmig einschneiden und weitere 15 Minuten gehen lassen, bis die Einschnitte aufgebrochen sind. • Die Brötchen mit der Sahne bestreichen und mit Sesam, Mohn oder Kümmel bestreuen. • Das Backblech in den kalten Backofen (Mitte) schieben. Den Ofen auf 200° (Umluft 180°, Gas Stufe 2½–3)

schalten. Die Brötchen etwa 45 Minuten backen. • Die Garprobe mit dem Klopftest machen. Die fertigen Brötchen herausnehmen und auf ein Kuchengitter legen. • Die Brötchen lauwarm, auf jeden Fall jedoch möglichst frisch servieren.

Gewürzte Haferbrötchen

Gut vorzubereiten, wenn Sie den Teig »kalt« gehen lassen

500 g feingemahlener Hafer
250 g Weizenvollkornmehl
2 Würfel Hefe (84 g)
⅜ l lauwarmes Wasser
je 1 Teel. Kümmelkörner,
Anis- und Fenchelsamen
je ½ Teel. Korianderkörner und
Bockshornkleesamen
150 g Joghurt · 2 Teel. Salz
Zum Bestreichen und
Bestreuen: 2 Eßl. Sahne (30 g)
1 Teel. Kümmelkörner
Für die Arbeitsfläche: Mehl
Für das Backblech: Butter

Für Ungeübte

Bei 15 Stück pro Stück etwa:
860 kJ/200 kcal · 8 g Eiweiß
4 g Fett · 33 g Kohlenhydrate
2 g Ballaststoffe

Vorbereitungszeit einschließlich
Ruhezeit: 2 Stunden
Backzeit: 45 Minuten

Die beiden Mehlsorten in einer Schüssel mischen und eine Mulde hineindrücken. Die zerkrümelte Hefe darin mit 5 Eßlöffeln Wasser und etwas Mehl vom Rand zu einem Vorteig verrühren. • Den Vorteig zugedeckt bei Zimmertemperatur etwa 15 Minuten gehen lassen. • Alle Gewürze mahlen, mit dem restlichen Wasser, dem Joghurt und dem Salz zum Vorteig geben und alles mit den Knethaken des Handrührgerätes etwa 10 Minuten durcharbeiten, bis der Teig Blasen wirft und sich vom Schüsselrand löst. • Den Teig zugedeckt bei Zimmertemperatur etwa 45 Minuten gehen lassen, bis sich sein Volumen verdoppelt hat. • Die Arbeitsfläche mit Mehl bestreuen. Den Teig daraufgeben, mit den Händen etwa 5 Minuten kräftig durchkneten und zu 15 Brötchen formen. • Ein Backblech fetten. Die Brötchen darauf weitere 15 Minuten gehen lassen. • Mit der Sahne bestreichen und mit dem Kümmel bestreuen. Das Backblech in den kalten Backofen (Mitte) schieben. Den Ofen auf 200° (Umluft 180°, Gas Stufe 2½–3) schalten. Die Brötchen etwa 45 Minuten backen.

Fladenbrote mit Weizen, Reis und Mais

Alle Fladen lassen sich gut einfrieren

Für die Weizenfladenbrote:

250 g Weizenvollkornmehl

¼ Würfel Hefe (etwa 10 g)

⅛ l Mineralwasser

125 g Joghurt · ½ Teel. Salz

1 Eßl. Öl (10 g)

Für die Reisfladen:

200 g feingemahlener Naturreis

50 g Weizenvollkornmehl

¼ Würfel Hefe (etwa 10 g)

¼ l lauwarme Sojamilch

100 g Tofu · 2 Eßl. Erdnußöl
(20 g) · ¼ Teel. Salz

Für die Maisfladen:

1 kleine Zwiebel · 1 Knoblauchzehe · 250 g Maismehl

1 Teel. Weinsteinbackpulver

¼ Teel. Salz · 1 Teel. getrockneter Oregano · 200 g Buttermilch

2 Eßl. Maiskeimöl (20 g)

1 kleine Dose Maiskörner
(Abtropfgewicht 285 g)

Für die Arbeitsfläche: Mehl

**Für die Backbleche und zum
Bestreichen:** Öl

Für Ungeübte

Bei 12 Stück pro Stück etwa:
1200 kJ/290 kcal · 10 g Eiweiß
8 g Fett · 48 g Kohlenhydrate
3 g Ballaststoffe

Vorbereitungszeit einschließlich
Ruhezeit: 2 Stunden
Backzeit insgesamt: 1 Stunde und
35–40 Minuten

Für die Weizenfladen das Mehl in eine Schüssel geben und eine Mulde hineindrücken. Die zerkrümelte Hefe hineinge-ben. • Das Mineralwasser mit dem Joghurt verquirlen, lau-warm erhitzen und 4 Eßlöffel davon mit der Hefe und Mehl vom Rand zu einem Vorteig verrühren. • Den Vorteig zuge-deckt ruhen lassen, bis er sicht-bar aufgegangen ist. • Alle rest-lichen Zutaten hinzufügen und mit den Knethaken des Hand-rührgerätes durchrühren, bis sich der Teig vom Schüsselrand löst. • Den Teig zugedeckt etwa 45 Minuten gehen lassen, bis sich sein Volumen verdoppelt hat. • Für die Reisfladen die bei-den Mehlsorten mischen. Den Vorteig mit der Hefe, etwas Sojamilch und Mehl vom Rand zubereiten und ruhen lassen. • Den Tofu mit der restlichen Sojamilch pürieren. Den Teig mit dem Tofupüree und allen anderen Zutaten mischen, mit den Knethaken gründlich durchrühren und ebenfalls ruhen lassen. • Für die Mais-fladen die Zwiebel und den Knoblauch schälen und sehr fein hacken. Mit dem Mais-mehl, dem Backpulver, dem Salz und dem Oregano vermi-schen. • Die Buttermilch und das Öl darunterrühren. Die abgetropften Maiskörner mit den Händen darunterkneten. • Die Arbeitsfläche mit Mehl bestäuben. • Den Weizenteig kräftig durchkneten und in 4 Portionen teilen. Die Teigstücke mit dem Nudelholz zu etwa fin-gerdicken Fladen ausrollen. • Ein Backblech fetten. Die Fla-den darauf legen und mit einer Gabel mehrmals einstechen. • Den Reisteig und den Mai-steig ebenfalls in 4 Portionen teilen und jeweils auf einem gefetteten Backblech zu einem Fladen auseinanderdrücken (der Teig ist zum Kneten zu weich). • Die Weizen- und die Reisfladen zugedeckt gehen lassen, bis die Maisfladen gebacken sind. • Das Blech mit den Maisfladen in den kalten Backofen (Mitte) schieben. Den Ofen auf 200° (Umluft 180°, Gas Stufe 2½–3) schalten. • Die Maisfladen 30 Minuten backen. Mit Öl bestreichen und weitere 5 bis 10 Minuten bak-ken, bis sie schön gebräunt sind. • Die Weizen- und die Reisfladen nacheinander jeweils 30 Minuten backen und eben-falls mit Öl bestreichen.

Fladenbrote mit Sprossen, mit Linsen und mit Algen

Ungewöhnliche Kombinationen für routinierte Vollwertköstler

Für die Sprossenfladen:
25 g Hafer
150 g feingemahlener Hafer
100 g Weizenvollkornmehl
¼ Würfel Hefe (etwa 10 g)
¼ l lauwarme Milch
1 Prise Salz · 1 Eßl. Öl (10 g)

Für die Linsenfladen:
100 g Linsen · 100 g Weizen
¼ l Wasser
¼ Würfel Hefe (etwa 10 g)
50 g Weizenvollkornmehl
2 Eßl. lauwarmer Joghurt (30 g)
¼ Teel. Safranfäden
2 Eßl. Erdnußöl (20 g) · ½ Teel.
gemahlener Kreuzkümmel
(Kumin) · 1 Prise Salz

Für die Algenfladen:
25 g Algen (Hiziki)
200 g feingemahlener Dinkel
50 g Buchweizenmehl
¼ Würfel Hefe (etwa 10 g)
200 g lauwarme Buttermilch
25 g Butter · 1 Bund Petersilie
1 Knoblauchzehe

1 Prise Salz · Cayennepfeffer
Für die Arbeitsfläche: Mehl
**Für die Backbleche und zum
Bestreichen:** Öl

Raffiniert

Bei 12 Stück pro Stück etwa:
1300 kJ/310 kcal · 11 g Eiweiß
9 g Fett · 44 g Kohlenhydrate
3 g Ballaststoffe

Keimzeit: 4 Tage
Vorbereitungszeit einschließlich
Ruhezeit: 14½ Stunden
Backzeit insgesamt: 1 Stunde und
35–40 Minuten

Für die Sprossenfladen den
Hafer 4 Tage keimen lassen.
• Die beiden Mehlsorten in
einer Schüssel mischen und eine
Mulde hineindrücken. Die zerkrümelte Hefe, 4 Eßlöffel Milch
und etwas Mehl vom Rand darin zu einem Vorteig verrühren
und zugedeckt sichtbar aufgehen lassen. • Die restliche

Milch, die Sprossen, das Salz
und das Öl hinzufügen und mit
den Knethaken des Handrührgerätes durchrühren, bis sich
der Teig vom Schüsselrand löst.
• Den Teig zugedeckt gehen
lassen, bis sich sein Volumen
verdoppelt hat. • Für die
Linsenfladen die Linsen und
den Weizen in dem Wasser
12 Stunden einweichen. Dann
mit dem verbliebenen Wasser
pürieren. • Die zerkrümelte
Hefe mit dem Mehl, dem
Joghurt und dem zerriebenen
Safran zu einem Vorteig verrühren und ruhen lassen. • Mit
allen anderen Zutaten mischen,
mit den Knethaken durchrühren und ruhen lassen. • Für die
Algenfladen die Algen in kaltem
Wasser 15 Minuten einwei-
chen, abgießen und kalt abspülen. • Mit den beiden Mehlsorten, der Hefe und etwas Buttermilch einen Vorteig ansetzen
und ruhen lassen. • Die Butter
in der restlichen Buttermilch
zerlaufen lassen. Die gewasche-

ne Petersilie und den geschälten Knoblauch hacken. • Den
Vorteig mit allen restlichen
Zutaten verrühren, durcharbeiten und gehen lassen. • Den
Sprossen- und den Algenteig
auf Mehl kräftig durchkneten
und zu je 4 etwa fingerdicken
Fladen ausrollen. • Drei Backbleche fetten. Den Linsenteig in
4 Portionen teilen, jeweils auf
einem gefetteten Blech zu Fladen auseinanderdrücken. • Die
restlichen Fladen ebenfalls auf
die Backbleche verteilen und
alle gehen lassen. Das erste
Backblech in den kalten Backofen (Mitte) schieben. Den
Ofen auf 200° (Umluft 180°,
Gas Stufe 2½–3) schalten.
• Die Fladen 30 Minuten
backen. Mit Öl bestreichen und
weitere 5 bis 10 Minuten bakken, bis sie schön gebräunt
sind. • Die anderen Fladen
nacheinander je 30 Minuten
backen und ebenfalls mit Öl
bestreichen.

Roggentörtchen mit Kümmelkraut

Heiß mit Salat servieren

Für den Teig:

200 g Roggenvollkornmehl
100 g feingemahlener Dinkel
1 Prise Salz
150 g weiche Butter · 1 kleines Ei
1–2 Eßl. kaltes Wasser

Für den Belag:

500 g Weißkohl · 1 kleine
Zwiebel · 1 Knoblauchzehe
1 kleine rote Pfefferschote
2 Eßl. Öl (20 g) · Salz
1–2 Eßl. Kümmel
100 g Crème fraîche
1 Ei · 50 g frisch geriebener
mittelalter Goudakäse

Zum Bestreuen:

1 Bund Petersilie
25 g Kürbiskerne
Für die Förmchen: Butter

Raffiniert

Bei 6 Stück pro Stück etwa:
2300 kJ/550 kcal · 13 g Eiweiß
37 g Fett · 39 g Kohlenhydrate
7 g Ballaststoffe

Vorbereitungszeit einschließlich
Ruhezeit: 1½ Stunden
Backzeit: 30–40 Minuten

Für den Teig die beiden
Mehlsorten, das Salz, die
Butter, das Ei und zunächst nur
1 Eßlöffel Wasser zu einem
Mürbeteig verkneten. Wenn
der Teig zu trocken ist, tropfenweise das restliche Wasser darunterkneten. • 6 Obstkuchenförmchen von je 12 cm ⌀ fetten
und mit dem Teig auslegen. Die
Teigböden mehrmals einstechen und 1 Stunde kühlen.
• Für den Belag den Weißkohl
putzen und waschen. Die dik-
ken Blattrippen herausschneiden und fein zerkleinern. Die
Blätter in Streifen schneiden.
Die Zwiebel und die Knob-
lauchzehe schälen und hacken.
Die Pfefferschote von allen
scharfen Kernen befreien und in
millimeterdünne Streifen
schneiden. • Das Öl erhitzen.
Die Zwiebel, den Knoblauch
und die Pfefferschote darin

anbraten. • Zuerst die zerkleinerten Blattrippen bei mittlerer
Hitze unter Wenden etwa
5 Minuten mitbraten. Die Blätter hinzufügen und weitere
2 Minuten braten. • Den Kohl
mit Salz und dem Kümmel würzen. • Etwas abgekühlt mit der
Crème fraîche und dem Ei vermischen. • Die Förmchen auf
den Rost in den kalten Backofen (Mitte) stellen. Den Backofen auf 200° (Umluft 180°,
Gas Stufe 2½–3) schalten. Die
Törtchen 10 Minuten vorbak-
ken. • Das Kümmelkraut auf
den Törtchen verteilen. Den
Käse darüber streuen. • Die
Törtchen wieder in den Ofen
stellen und bei 200° (Umluft
180°, Gas Stufe 3) weitere
20 bis 30 Minuten backen.
• Die gewaschene, trocken-
geschwenkte Petersilie und die
Kürbiskerne hacken. • Die fertigen Törtchen am Rand der Formen mit einer Messerspitze
vorsichtig lösen und heraus-
heben. Die Törtchen mit der

Petersilie und den Kürbiskernen
bestreut servieren.

Mein Tip: Wenn Sie keine
Obstkuchenförmchen haben,
stechen Sie den Teig mit einem
Glas zu Kreisen von etwa 10 cm
⌀ aus. Die Teigkreise auf ein
Backblech legen. Aus dem restlichen Teig etwa bleistiftdicke
Rollen formen und als Rand um
die Törtchen legen. Die Ränder
zwischen Daumen und Zeigefinger etwas flach drücken.

Käse-Nuß-Fladen

Schmecken abgekühlt und knusprig am besten

440 ccm kaltes Wasser

40 g vollfettes Sojamehl

50 g Öl · 1 Prise Salz

150 g Weizenvollkornmehl

1 Messerspitze
Weinsteinbackpulver

150 g frisch geriebener
Greyerzer Käse

40 g gehackte Walnußkerne

1 Eßl. getrockneter Majoran

Für die Backbleche:

Butter und Mehl

Für Ungeübte • Teig ohne Eier

Bei 10 Stück pro Stück etwa:
850 kJ/200 kcal · 8 g Eiweiß
14 g Fett · 11 g Kohlenhydrate
2 g Ballaststoffe

Vorbereitungszeit: 45 Minuten
Backzeit insgesamt: 1¼ Stunden

Für den Teig 140 ccm Wasser mit dem Sojamehl verrühren. • Das restliche Wasser mit dem Öl und dem Salz in einem Topf aufkochen. Das gesamte Weizenmehl unter Rühren hineinschütten. Die Masse bei schwächster Hitze durchrühren, bis sie sich zu einem Kloß zusammenballt und sich am Topfboden eine weißliche Schicht bildet. • Den Teig in eine Rührschüssel geben. 1 Eßlöffel angerührtes Sojamehl daruntermischen. • Den Teig lauwarm abkühlen lassen. Das restliche angerührte Sojamehl und ganz zum Schluß das Backpulver darunterrühren. • Zwei Backbleche fetten und mit Mehl bestäuben. Den Teig mit einem in kaltes Wasser getauchten Eßlöffel in handtellergroßen Kreisen darauf verstreichen; dabei zwischen den Kreisen jeweils etwa 5 cm Abstand lassen: die Fladen fließen beim Backen auseinander. • Den Käse mit den Nüssen und dem Majoran vermischt auf die Fladen häufen. • Das erste Backblech in den kalten Backofen (Mitte) schieben. Den Ofen auf 180° (Umluft 160°, Gas Stufe 2) schalten. • Die Fladen auf dem ersten Blech etwa 40, die auf dem zweiten Blech etwa 35 Minuten backen, bis der Käse leicht gebräunt ist.

Windbeutel mit herzhafter Tofucreme

Passen gut zum kalten Buffet

Für den Teig:

150 ccm Wasser · 30 g Butter

1 Prise Salz · 60 g Roggenvollkornmehl · 1 Eßl. vollfettes

Sojamehl (15 g) · 2 Eier

1 Messerspitze Weinstein-
backpulver

Für die Creme:

250 g Tofu · 50 g Sahne-
gorgonzola · 2 Eßl. Sahne (30 g)

25 g Kürbiskerne · 1 Handvoll
frischer Kerbel · abgeriebene
Schale und Saft von ½ unbehandelten Zitrone · ½ Kästchen
Gartenkresse · frisch gemahlener weißer Pfeffer · Salz

Für das Backblech:

Butter und Mehl

Für Ungeübte · Schnell

Bei 10 Stück pro Stück etwa:
540 kJ/130 kcal · 6 g Eiweiß
9 g Fett · 6 g Kohlenhydrate
1 g Ballaststoffe

Vorbereitungszeit: 30 Minuten
Backzeit: 40 Minuten
Fertigstellung: 30 Minuten

Das Wasser mit der Butter und dem Salz aufkochen und kochen lassen, bis die Butter geschmolzen ist. Das Roggen- und das Sojamehl unter Rühren hineinschütten. • Bei schwächster Hitze so lange weiterrühren, bis sich die Masse zu einem Kloß zusammenballt und sich am Boden des Topfes eine weißliche Schicht bildet. • Die Masse in eine Rührschüssel geben. 1 Ei sofort mit den Knethaken des Handrührgerätes unter den noch heißen Teig mischen, damit er geschmeidig bleibt. • Den Teig lauwarm abkühlen lassen. Das zweite Ei und das Backpulver mit den Knethaken des Handrührgerätes daruntermischen. • Ein Backblech fetten und mit Mehl bestäuben. 10 Teighäufchen darauf setzen; dabei mindestens handbreite Abstände las-

sen, denn die Windbeutel dehnen sich beim Backen stark aus. • Das Backblech in den kalten Backofen (Mitte) schieben. Den Ofen auf 180° (Umluft 160°, Gas Stufe 2) schalten. Die Windbeutel etwa 40 Minuten backen. Dabei während der ersten 20 Minuten die Backofentür nicht öffnen, sonst fällt das Gebäck zusammen. • Sobald die Windbeutel nicht mehr sichtbar aufgehen, sind sie gar. • Die Windbeutel herausnehmen, sofort vom Blech lösen und noch heiß auseinanderschneiden; bereits abgekühltes Brandteiggebäck ist so knusprig, daß es beim Zerschneiden brechen könnte. • Für die Creme den Tofu mit dem Gorgonzola und der Sahne im Mixer pürieren. • Die Kürbiskerne grob hacken. Den Kerbel waschen, trockentupfen und ebenfalls grob zerkleinern. Beide Zutaten mit der Zitronenschale und dem -saft unter die Tofucreme mischen. • Die Tofu-

creme in einen Spritzbeutel füllen und auf den unteren Hälften der Windbeutel verteilen. • Die Kresse abschneiden, als Sträußchen auf die Creme setzen und mit Pfeffer und Salz würzen. Die oberen Hälften der Windbeutel ganz locker so darauf legen, daß man die Kresse sieht.

<u>Mein Tip:</u> Den Tofu können Sie durch Magerquark, Frischkäse oder griechischen Schafkäse ersetzen.

Käse-Nuß-Fladen

Schmecken abgekühlt und knusprig am besten

440 ccm kaltes Wasser
40 g vollfettes Sojamehl
50 g Öl · 1 Prise Salz
150 g Weizenvollkornmehl
1 Messerspitze
Weinsteinbackpulver
150 g frisch geriebener
Greyerzer Käse
40 g gehackte Walnußkerne
1 Eßl. getrockneter Majoran
Für die Backbleche:
Butter und Mehl

Für Ungeübte • Teig ohne Eier

Bei 10 Stück pro Stück etwa:
850 kJ/200 kcal · 8 g Eiweiß
14 g Fett · 11 g Kohlenhydrate
2 g Ballaststoffe

Vorbereitungszeit: 45 Minuten
Backzeit insgesamt: 1¼ Stunden

Für den Teig 140 ccm Wasser mit dem Sojamehl verrühren. • Das restliche Wasser mit dem Öl und dem Salz in einem Topf aufkochen. Das gesamte Weizenmehl unter Rühren hineinschütten. Die Masse bei schwächster Hitze durchrühren, bis sie sich zu einem Kloß zusammenballt und sich am Topfboden eine weißliche Schicht bildet. • Den Teig in eine Rührschüssel geben. 1 Eßlöffel angerührtes Sojamehl daruntermischen. • Den Teig lauwarm abkühlen lassen. Das restliche angerührte Sojamehl und ganz zum Schluß das Backpulver darunterrühren. • Zwei Backbleche fetten und mit Mehl bestäuben. Den Teig mit einem in kaltes Wasser getauchten Eßlöffel in handtellergroßen Kreisen darauf verstreichen; dabei zwischen den Kreisen jeweils etwa 5 cm Abstand lassen: die Fladen fließen beim Backen auseinander. • Den Käse mit den Nüssen und dem Majoran vermischt auf die Fladen häufen. • Das erste Backblech in den kalten Backofen (Mitte) schieben. Den Ofen auf 180° (Umluft 160°, Gas Stufe 2) schalten. • Die Fladen auf dem ersten Blech etwa 40, die auf dem zweiten Blech etwa 35 Minuten backen, bis der Käse leicht gebräunt ist.

195

Gefüllte Teigtaschen mit Getreide, Linsen und Algen

Ein ungewöhnliches Gebäck, das sich gut für die Gästebewirtung eignet

Für die Füllung:
50 g Grünkern
400 ccm Gemüsebrühe
75 g Linsen · 50 g Hirse
25 g Algen (Hiziki)
1 Möhre (etwa 100 g)
1 Zwiebel · 1 Knoblauchzehe
1 kleine rote Pfefferschote
1 Bund Petersilie
1 Eßl. Öl (10 g) · Salz
Für den Teig:
2 Pakete tiefgefrorener
Blätterteig mit Vollkornmehl
(Reformhaus, 600 g)
Zum Bestreichen:
1 Eiweiß · 1 Eigelb · 2 Eßl. Milch
1 Prise frisch geriebene
Muskatnuß

Raffiniert

Bei 8 Stück pro Stück etwa:
1500 kJ/360 kcal · 10 g Eiweiß
17 g Fett · 37 g Kohlenhydrate
5 g Ballaststoffe

Quellzeit: 6 Stunden
Vorbereitungszeit einschließlich
Gar- und Kühlzeit: 2 Stunden
Backzeit insgesamt: 35 Minuten

Für die Füllung den Grünkern in der Gemüsebrühe etwa 6 Stunden zugedeckt einweichen. • Den tiefgefrorenen Blätterteig auftauen lassen. • Die Linsen zum Grünkern geben, alles mit der Gemüsebrühe aufkochen und zugedeckt bei schwacher Hitze 15 Minuten kochen lassen. Die Hirse hinzufügen, erneut aufkochen und weitere 30 Minuten garen. • Die Algen mit Wasser übergießen, 15 Minuten zugedeckt einweichen, dann zum Kochen bringen und zugedeckt bei schwacher Hitze 5 Minuten garen. Die Algen abgießen, kalt abspülen und abtropfen lassen. • Die Möhre, die Zwiebel und die Knoblauchzehe schälen. Die Möhre in Stifte schneiden, die Zwiebel und den Knoblauch hacken. Die Pfefferschote

halbieren, alle Kerne entfernen. Die Schotenhälften und die Petersilie waschen, trockentupfen und fein zerkleinern. • Das Öl in einer Pfanne erhitzen. Die Zwiebel und den Knoblauch darin glasig braten. Die Möhren, die Algen und die abgegossene Getreidemischung hinzufügen und bei mittlerer Hitze unter ständigem Rühren 5 Minuten schmoren. • Die Mischung mit Salz würzen, in eine Schüssel geben und lauwarm abkühlen lassen. Die Petersilie und die Pfefferschote daruntermischen. • Den Teig etwa ½ cm dick ausrollen und in Quadrate von etwa 10 cm Kantenlänge schneiden. • Die Füllung auf den Teigstücken verteilen und die Ränder mit Eiweiß bestreichen. Die Teigstücke zusammenklappen und an den Rändern gut andrücken. • Die Teigtaschen auf gekühlte und mit kaltem Wasser abgespülte Backbleche legen und weitere 30 Minuten kühlen.

• Das Eigelb mit der Milch und dem Muskat verquirlen. Die Teigtaschen damit bestreichen. • Das erste Backblech in den kalten Backofen (Mitte) schieben. Den Ofen auf 200° (Umluft 180°, Gas Stufe 2½–3) schalten. • Die Teigtaschen auf dem ersten Blech etwa 20 Minuten, die auf dem folgenden Blech etwa 15 Minuten backen. • Nach dem Backen sofort vom Blech lösen. Die Teigtaschen am besten heiß servieren.

Mein Tip: Statt Blätterteig können Sie auch Plunderteig (Rezept Seite 86, halbe Menge) verwenden.

Hefetasche mit Schafkäse und Zucchini

Schmeckt ofenfrisch mit Rohkost oder Salat

Für den Teig:

200 g Weizenvollkornmehl

je 100 g Roggenvollkornmehl, feingemahlener Hafer und feingemahlene Gerste · 1 Würfel Hefe (42 g) · 350 g Buttermilch

75 g zimmerwarmer Sauerteig

3 Eßl. zimmerwarmes Olivenöl (30 g) · 2 zimmerwarme Eier

1 Teel. Salz

Für die Füllung:

500 g Zucchini

1 große Zwiebel (etwa 150 g)

2 Knoblauchzehen

4 Zweige frischer Thymian

300 g griechischer Schafkäse

25 g Sonnenblumenkerne

Salz · frisch gemahlener schwarzer Pfeffer

Zum Bestreichen:

3 Eßl. Sahne (45 g)

Für die Arbeitsfläche: Mehl

Für das Backblech: Butter

Für Ungeübte • Raffiniert

Bei 20 Stück pro Stück etwa: 810 kJ/190 kcal · 8 g Eiweiß 8 g Fett · 22 g Kohlenhydrate 2 g Ballaststoffe

Vorbereitungszeit einschließlich Ruhezeit: 2 Stunden Backzeit: 40 Minuten

Für den Teig alle Mehlsorten in einer Schüssel mischen, eine Mulde in die Mitte drücken und die zerkrümelte Hefe hineingeben. • Die Buttermilch lauwarm erwärmen. Etwa 4 Eßlöffel davon abnehmen, über die Hefe geben und alles vorsichtig mit etwas Mehl vom Rand verrühren, bis sich die Hefe aufgelöst hat und ein glatter Vorteig entstanden ist. • Den Vorteig zugedeckt bei Zimmertemperatur etwa 15 Minuten ruhen lassen, bis er sichtbar aufgegangen ist. • Den Vorteig mit dem gesamten Mehl verrühren. • Die Buttermilch, den Sauerteig, das Öl, die Eier und das Salz hinzufügen und alles mit den Knethaken des Handrührgerätes etwa 10 Minuten durcharbeiten, bis der Teig Blasen wirft und sich vom Schüsselrand löst. • Den Teig zugedeckt bei Zimmertemperatur etwa 45 Minuten gehen lassen, bis sich sein Volumen verdoppelt hat. • Für die Füllung die Zucchini waschen, abtrocknen, von den Stiel- und Blütenansätzen befreien und in fingerdicke Stifte schneiden. Die Zwiebel und die Knoblauchzehen schälen und hacken. Den Thymian waschen, trockentupfen und die Blättchen von den Stielen streifen. Den Schafkäse zerkrümeln. • Die Arbeitsfläche mit reichlich Mehl bestäuben. Den Teig darauf geben, zu einer Platte auseinanderdrücken und mit Mehl bestäuben. Mit dem bemehlten Nudelholz knapp fingerdick zu einem Rechteck ausrollen. • Die Zucchini, die Zwiebel, den Knoblauch, den Thymian, den Käse und die Sonnenblumenkerne auf der Teigplatte verteilen, dabei rundherum am Rand etwa 2 cm frei lassen. Etwas Salz und reichlich Pfeffer über die Füllung streuen. • Zuerst die beiden Schmalseiten, dann die Längsseiten über der Füllung zur Mitte hin zusammenschlagen. • Ein Backblech fetten. Die Hefetasche darauf legen und zugedeckt weitere 15 Minuten gehen lassen. • Die Hefetasche mit der Sahne bestreichen. • Das Backblech in den kalten Backofen (Mitte) schieben. Den Ofen auf 180° (Umluft 160°, Gas Stufe 2–2½) schalten. Die Hefetasche etwa 40 Minuten backen.

Windbeutel mit herzhafter Tofucreme

Passen gut zum kalten Buffet

Vorbereitungszeit: 30 Minuten
Backzeit: 40 Minuten
Fertigstellung: 30 Minuten

Das Wasser mit der Butter und dem Salz aufkochen und kochen lassen, bis die Butter geschmolzen ist. Das Roggen- und das Sojamehl unter Rühren hineinschütten. • Bei schwächster Hitze so lange weiterrühren, bis sich die Masse zu einem Kloß zusammenballt und sich am Boden des Topfes eine weißliche Schicht bildet. • Die Masse in eine Rührschüssel geben. 1 Ei sofort mit den Knethaken des Handrührgerätes unter den noch heißen Teig mischen, damit er geschmeidig bleibt. • Den Teig lauwarm abkühlen lassen. Das zweite Ei und das Backpulver mit den Knethaken des Handrührgerätes daruntermischen. • Ein Backblech fetten und mit Mehl bestäuben. 10 Teighäufchen darauf setzen; dabei mindestens handbreite Abstände lassen, denn die Windbeutel dehnen sich beim Backen stark aus.
• Das Backblech in den kalten Backofen (Mitte) schieben. Den Ofen auf 180° (Umluft 160°, Gas Stufe 2) schalten. Die Windbeutel etwa 40 Minuten backen. Dabei während der ersten 20 Minuten die Backofentür nicht öffnen, sonst fällt das Gebäck zusammen. • Sobald die Windbeutel nicht mehr sichtbar aufgehen, sind sie gar. • Die Windbeutel herausnehmen, sofort vom Blech lösen und noch heiß auseinanderschneiden; bereits abgekühltes Brandteiggebäck ist so knusprig, daß es beim Zerschneiden brechen könnte. • Für die Creme den Tofu mit dem Gorgonzola und der Sahne im Mixer pürieren. • Die Kürbiskerne grob hacken. Den Kerbel waschen, trockentupfen und ebenfalls grob zerkleinern. Beide Zutaten mit der Zitronenschale und dem -saft unter die Tofucreme mischen. • Die Tofucreme in einen Spritzbeutel füllen und auf den unteren Hälften der Windbeutel verteilen.
• Die Kresse abschneiden, als Sträußchen auf die Creme setzen und mit Pfeffer und Salz würzen. Die oberen Hälften der Windbeutel ganz locker so darauf legen, daß man die Kresse sieht.

<u>Mein Tip:</u> Den Tofu können Sie durch Magerquark, Frischkäse oder griechischen Schafkäse ersetzen.

Gefüllte »Brötchen«

Gelungene Überraschung für den Kindergeburtstag

Vorbereitungszeit: 30 Minuten
Backzeit: 40 Minuten
Fertigstellung: 1½ Stunden

Für den Teig:

150 ccm Wasser · 30 g Butter
1 Prise Salz · 75 g Weizenvollkornmehl · 2 Eier · 1 Messerspitze Weinsteinbackpulver

Für die Füllung:

500 g Tofu · etwas abgeriebene
Schale und den Saft von
½ unbehandelten Zitrone
4 Eßl. kaltgepreßtes Maiskeimöl
(40 g) · 50 g Sesamsamen
200 g junge Möhren
1 kleiner Kohlrabi (etwa 200 g)
2 Frühlingszwiebeln
1 Handvoll große Spinatblätter
1 Bund Schnittlauch · Salz
frisch gemahlener weißer
Pfeffer

Für das Backblech:

Butter und Mehl

Raffiniert

Bei 10 Stück pro Stück etwa:
780 kJ/190 kcal · 8 g Eiweiß
12 g Fett · 11 g Kohlenhydrate
3 g Ballaststoffe

Das Wasser mit der Butter und dem Salz aufkochen und kochen lassen, bis die Butter geschmolzen ist. Das gesamte Mehl unter Rühren hineinschütten. • Bei schwächster Hitze weiterrühren, bis sich die Masse zu einem Kloß zusammenballt und sich am Boden des Topfes eine weißli-che Schicht bildet. • Die Masse in eine Rührschüssel geben. 1 Ei sofort mit den Knethaken des Handrührgerätes unter den noch heißen Teig rühren, damit er geschmeidig bleibt. • Den Teig lauwarm abkühlen lassen. Das zweite Ei und das Back-pulver mit den Knethaken des Handrührgerätes daruntermi-schen. • Ein Backblech fetten und mit Mehl bestäuben. 10 Teighäufchen darauf setzen; dabei mindestens handbreite Abstände lassen. Die Häufchen

etwas flach drücken, damit sie die Form von Brötchen bekom-men. • Das Backblech in den kalten Backofen (Mitte) schie-ben. Den Ofen auf 180° (Um-luft 160°, Gas Stufe 2) schalten. Die »Brötchen« etwa 40 Minu-ten backen. Dabei während der ersten 20 Minuten die Back-ofentür nicht öffnen, sonst fällt das Brandteiggebäck zusam-men. • Sobald das Gebäck nicht mehr sichtbar aufgeht, ist es gar. • Die »Brötchen« heraus-nehmen, sofort vom Blech lösen und auseinanderschnei-den. • Für die Füllung den abgetropften Tofu in 20 Schei-ben schneiden. Mit der Zitro-nenschale und 2 Eßlöffeln Saft 1 Stunde zugedeckt marinieren. • 3 Eßlöffel Öl erhitzen. Den Tofu darin bei mittlerer Hitze pro Seite etwa 2 Minuten bra-ten. Den Sesam darüber streu-en und kurz mitrösten. • Die Möhren und den Kohlrabi schä-len und fein raspeln. Die geputzten Frühlingszwiebeln

mit etwa zwei Dritteln der grünen Blätter in feine Ringe schneiden. Mit dem Gemüse, dem Rest des Zitronensafts und des Öls mischen. • Den Spinat und den Schnittlauch waschen und trockentupfen. Den Schnittlauch in feine Röllchen schneiden. • Den Spinat auf den unteren Hälften der »Brötchen« verteilen. Zuerst den Tofu mit dem Sesam, dann die Gemüse-rohkost darauf geben. Den Schnittlauch darüber streuen, mit Salz und Pfeffer würzen. Die oberen Hälften darauf legen.

Mürbe Kartoffelstangen

Schmecken gut zu Wein oder Bier

Für den Teig:

1 mehligkochende Kartoffel
(etwa 150 g)

150 g Weizenvollkornmehl

1 Prise Salz

frisch geriebene Muskatnuß

100 g kalte Butter · 1 Ei

1 Eigelb

Zum Bestreichen:

2 Eßl. Sahne (30 g)

Zum Bestreuen: Kümmel

Für die Arbeitsfläche: Mehl

Für die Backbleche: Butter

Preiswert • Für Ungeübte

Bei 40 Stück pro Stück etwa:
170 kJ/40 kcal · 1 g Eiweiß
3 g Fett · 3 g Kohlenhydrate
0,5 g Ballaststoffe

Vorbereitungszeit: 1 Stunde
Backzeit insgesamt: 35 Minuten

Die Kartoffel mit der Schale weich kochen. Kalt abschrecken, schälen und zweimal durch die Kartoffelpresse drücken. • Mit dem Mehl, dem Salz, 1 kräftigen Prise Muskat, der in Stücke geteilten kalten Butter, dem Ei und dem Eigelb rasch zu einem glatten Teig verkneten. • Den Teig in vier Portionen teilen. Jede Portion auf der bemehlten Arbeitsfläche zu einer Rolle formen. Die Rollen in je 10 Stücke schneiden. Die Stücke wiederum zu bleistiftdicken Stangen rollen. Das anhaftende Mehl so gut wie möglich abklopfen. • Zwei Backbleche fetten. Die Kartoffelstangen darauf legen, mit der Sahne bestreichen und mit Kümmel bestreuen. • Das erste Backblech in den kalten Backofen (Mitte) schieben. Den Ofen auf 200° (Umluft 180°, Gas Stufe 2½–3) schalten. • Die Stangen auf dem ersten Blech etwa 20, die auf dem zweiten Blech etwa 15 Minuten backen. • Die Kartoffelstangen nach etwa 5 Minuten vom Blech lösen und zum Erkalten auf ein Kuchengitter legen.

Käsestangen

Den Teig können Sie gut vorbereiten und einfrieren

Für den Teig:

200 g Magerquark

200 g Weizenvollkornmehl

1 Prise Salz · 200 g kalte Butter

Für die Füllung:

200 g frisch geriebener mittelalter Goudakäse

1–2 Eßl. getrockneter Oregano

Zum Bestreichen:

1 Eigelb · 2 Eßl. Milch

Zum Bestreuen:

Mohn, Kümmel und/oder getrockneter Oregano

Für die Arbeitsfläche: Mehl

Braucht etwas Zeit

Bei 65 Stück pro Stück etwa:
210 kJ/50 kcal · 2 g Eiweiß
4 g Fett · 2 g Kohlenhydrate
0,3 g Ballaststoffe

Ruhezeit: 12 Stunden
Vorbereitungszeit: 4½ Stunden
Backzeit insgesamt: 50 Minuten

Ein Sieb mit einem Mulltuch auslegen und über eine Schüssel legen. Den Quark in das Sieb geben und etwa 12 Stunden abtropfen lassen. • Das Mehl in eine Schüssel geben. Das Salz, den Quark und die in Stücke geschnittene kalte Butter hinzufügen. Alles mit den Händen zusammenkneten und möglichst rasch zu einem glatten Teig verarbeiten. • Den Teig zu einem Block formen und 30 Minuten kühlen. • Den Teig zwischen zwei Blättern Pergamentpapier zu einem länglichen Rechteck von etwa ¾ cm Dicke ausrollen. Beide Schmalseiten der Teigplatte zur Mitte hin so einschlagen, daß sich die Kanten berühren. Das Teigstück jetzt wie ein Buch zusammenklappen, so daß vier Teigschichten übereinander liegen. Die »offenen« Seiten nicht andrücken. Das Pergamentpapier abziehen. • Den Teig 30 Minuten kühlen. • Die Teigplatte so auf die Arbeitsfläche legen, daß die »offenen« Seiten parallel zu Ihrem Körper liegen und zu einer länglichen, etwa ½ cm dicken Platte ausrollen. Dabei den Teig nicht stark zusammenpressen, sondern eher auseinanderdrücken. Die Platte wieder so falten, daß der Teig in vier Lagen übereinanderliegt. • Den Teig 30 Minuten kühlen, erneut in Richtung der »offenen« Seiten ausrollen, falten und kühlen. Diesen Vorgang noch zwei- bis dreimal wiederholen. • Den Teig auf der mit Mehl bestäubten Arbeitsfläche etwa messerrückendick ausrollen. • Die Teigplatte mit dem Käse und dem Oregano bestreuen, einmal zusammenklappen und erneut messerrückendick ausrollen. Die Platte mit einem Teigrädchen in daumenbreite Streifen von etwa 15 cm Länge schneiden. Die Streifen wie Spiralen drehen, auf gekühlte Backbleche legen und weitere 30 Minuten kühlen. • Das Eigelb mit der Milch verquirlen. Die Käsestangen damit bestreichen und mit Mohn, Kümmel oder Oregano bestreuen. • Das erste Backblech in den kalten Backofen (Mitte) schieben. Den Ofen auf 220° (Umluft 180°, Gas Stufe 3–4) schalten. • Die Käsestangen auf dem ersten Blech etwa 20 Minuten, die auf den folgenden Blechen etwa 15 Minuten backen. Nach dem Backen sofort vom Blech lösen.

Mein Tip: Das Gebäck schmeckt auch mit fertig gekauftem Blätterteig mit Vollkornmehl. Noch würziger wird es, wenn Sie den Goudakäse durch Greyerzer, Appenzeller oder Schweizer Emmentaler ersetzen.

Zum Nachschlagen

Backen macht Spaß und vollwertig Backen erst recht. Denn Sie verwenden eine Menge natürlicher Zutaten, deren Duft, Aroma und Farbe bereits den Genuß ahnen lassen, den Ihnen das fertige Gebäck bereiten wird. Manches scheint Ihnen vielleicht ungewöhnlich – wie zum Beispiel die alternativen Süßungsmittel, wie frisch gekeimte Sprossen, Carob, Getreidekaffee oder Gewürze. Nützliche Informationen dazu finden Sie auf den folgenden Seiten. Sie kennen sich dann beim Einkauf gut aus und wissen, wo Sie was am besten bekommen: beim Obst- und Gemüsehändler, im Naturkost-laden, Reformhaus oder Supermarkt. Die eindrucksvollen Produktfotos zeigen Ihnen aber auch alle anderen wichtigen Backzutaten: die verschiedenen Getreidearten, die man an Form und Farbe erkennt, Nüsse, Kerne und Obstsorten. Bei Gewürzen, die Sie für herzhaftes Gebäck und für die Weihnachtsbäckerei brauchen, ist die jeweils beste Verwendungsmöglichkeit genannt. Warum Sie beim Backen Kochsalz verwenden müssen, erfahren Sie unter dem betreffenden Stichwort. Und ein eigener Abschnitt sagt Ihnen, wie Sie »normale« Schokolade am besten ersetzen.

Getreide

In der Vollwertbäckerei verwendet man ausschließlich Vollkornmehle, die alle wesentlichen Bestandteile des ganzen Kornes enthalten und dem Organismus fast alles geben, was er braucht. Das Pflanzeneiweiß ist im ganzen Getreidekorn verteilt und setzt sich aus mehreren Aminosäuren zusammen, die für den Körper unterschiedlich wertvoll sind: Die äußeren Schichten des Korns mit dem Getreidekeim enthalten die hochwertigeren Eiweißbausteine. Der Keim liefert außerdem Fett mit der lebenswichtigen Linolsäure, Vitamine – vor allem Vitamin B$_1$ und B$_2$ sowie Niacin – und Mineralstoffe. Der hohe Anteil an Kohlenhydraten, die der Körper bei der Verdauung selbst in Zucker, sprich Energie, umwandeln muß, sorgt für langanhaltende Sättigung. Die Randschichten des Korns – also Frucht- und Samenschale – sind reich an verdauungsfördernden Ballaststoffen. Bei Auszugsmehlen geht ein großer Teil dieser wertvollen Inhaltsstoffe verloren, denn Randschichten und Keimling werden ja entfernt.

Weizen

steht weltweit an erster Stelle des Verbrauchs – allerdings hauptsächlich als weißes und nährstoffarmes Auszugsmehl. Weizen hat die besten Backeigenschaften, denn er enthält zwei Eiweißbestandteile in einem sehr günstigen Verhältnis. Zusammen mit Wasser bilden diese Bestandteile den »Kleber« (siehe auch Seite 9), der für ein festes Teiggerüst sorgt, dem Gebäck Volumen und Lockerheit gibt. Weizensorten unterscheidet man nach der Härte der Körner: Hartweizen (Durum-Weizen) eignet sich am besten für Teigwaren, »Gemeiner Weizen« dagegen für Backwaren. Beim Kauf brauchen Sie sich um diese Unterscheidung jedoch nicht zu kümmern: Vollkornmehl und ganze Weizenkörner zum Selbermahlen, die im Reform- und Naturkosthandel angeboten werden, sind genau richtig zum Backen. Weizen enthält von allen Getreidearten am meisten Eisen, der Keim ist reich an Vitamin E. Der Gesamteiweißgehalt ist im Vergleich zu anderen Getreidearten hoch (nur Hafer liefert noch mehr Pflanzeneiweiß), der Fettgehalt gering.

Roggen

ist nach dem Weizen das zweitwichtigste Brotgetreide, das besonders viel Calcium enthält. Roggen liefert etwas weniger, dafür jedoch hochwertigeres Eiweiß als Weizen und etwa ebensoviel Fett. Roggenbrote halten sich länger frisch als Weizenbrote: Teig aus Roggenmehl kann mehr Wasser binden; das Gebäck trocknet deshalb nicht so rasch aus. Roggen unterscheidet sich von Weizen nicht nur durch den kräftigeren Geschmack, sondern auch in der Zusammensetzung: erstens enthält Roggenmehl weniger quellfähige Eiweißbestandteile als Weizen; die Kleberbildung ist deshalb geringer. Zweitens hat Roggenmehl einen hohen Gehalt an bestimmten Ballaststoffen (Pentosane), die ebenfalls die Kleberbildung beeinträchtigen. Drittens ist die schwerlösliche Stärke – der Hauptbestandteil des Getreidekorns – weniger »stabil« und wird schneller als Weizenstärke von Enzymen, bestimmten Stoffen, die in jedem Lebensmittel vorkommen, abgebaut.

Weizenmehl · Weizenkleie · Weizenflocken · Roggenmehl · Dinkelmehl · Grünkernmehl

Weizen · Bulgur · Weizenkeimflocken · Roggen · Dinkel · Grünkern

Trotzdem eignet sich Roggenmehl ebensogut zum Backen wie Weizen: Für hohes Gebäck wie Napfkuchen, Biskuit oder Brot gibt man Säure, zum Beispiel Sauerteig oder auch Salz an den Teig. Dadurch wird die Tätigkeit der Enzyme verlangsamt und die Quellfähigkeit des Mehls erhöht; außerdem bildet sich ein bestimmtes Gas, das den Teig lockert: Das Gebäck geht hoch auf und bekommt eine zarte Krume. Andere Möglichkeit: Roggenmehl einfach mit Weizenmehl mischen.

Dinkel

ist eine dem Weizen verwandte Getreidesorte mit ähnlichem Nährstoffgehalt. Da er wie Weizen reichlich kleberbildende Eiweißbestandteile enthält, eignet er sich gut zum Backen.

Grünkern

ist unreif geernteter, gewässerter und wieder getrockneter Dinkel mit viel Calcium, Phosphor und Eisen. Er enthält zwar reichlich hochwertiges Pflanzeneiweiß, jedoch nicht die Bestandteile, die den Kleber bilden. Deshalb eignet er sich nicht für Gebäck, wohl aber für aromatische Streusel und herzhaften Kuchenbelag.

Hafer

hat von allen Getreidearten den höchsten Gehalt an wertvollem Eiweiß und Fett mit der lebenswichtigen Linolsäure. Haferflocken enthalten mehr Calcium als andere (geschälte) Getreideflocken. Zum Backen muß man Hafermehl mit Weizenmehl — bis zu zwei Teile Hafer auf einen Teil Weizen — mischen, damit das Gebäck Volumen und Struktur bekommt. Streusel

gelingen auch mit Hafer allein und schmecken durch das feine Nußaroma besonders gut.

Gerste

enthält von allen Getreidearten am meisten Vitamin B_2, außerdem reichlich Kalium, Calcium, Phosphor und Magnesium. In ihren Backeigenschaften entspricht die Gerste dem Hafer.

Reis

enthält keine kleberbildenden Eiweißstoffe, die den Teig elastisch machen, sondern vorwiegend Stärke. Fein gemahlenen Naturreis können Sie beim Backen deshalb anstelle von Speisestärke verwenden: Er macht Biskuitteig sehr feinporig und gibt Sandkuchen die erwünschte »sandige« Krume.

Hirse

enthält besonders viel Magnesium, Eisen und Kieselsäure. Für ihre Backeigenschaften gilt dasselbe wie für Reis.

Mais

wird beim Backen wie Reis verwendet.

Buchweizen

ist kein Getreide (weil es botanisch nicht zu den Gräsern gehört), sondern ein Wiesenkraut, das in der Küche jedoch wie Getreide verarbeitet wird. Er enthält etwa soviel Pflanzeneiweiß wie Weizen — allerdings kein kleberbildendes Eiweiß —, etwas weniger Fett und wie Getreide Vitamine der B-Gruppe. Zum Backen mischt man Buchweizen wie Hafer mit Weizenmehl; das Gebäck schmeckt angenehm herb und nußartig.

Rundkornreis Hafermehl Hirseflocken Gerstenmehl Maismehl Buchweizenmehl

ornreis Hafer Hirse Gerste Mais Buchweizen

Obst und Trockenfrüchte

Obst – ob frisch oder getrocknet – spielt in der Vollwertbäckerei eine wichtige Rolle. Es macht einen Kuchen nicht nur saftig und aromatisch, sondern trägt auch zur Bekömmlichkeit des Gebäcks bei: Bestimmte, in Obst enthaltene Ballaststoffe, die Pektine, senken im Blut den Cholesterinspiegel, der durch eier- und butterreiches Gebäck angestiegen sein könnte.

Zu den pektinreichen Früchten zählen: Äpfel, Aprikosen, rote und schwarze Johannisbeeren, Preiselbeeren, Quitten und Stachelbeeren.

Außerdem süßt Obst auf natürliche und gesunde Weise. Deshalb sollten Sie frisches Obst möglichst nur voll ausgereift verwenden: unreife Früchte enthalten noch reichlich Stärke; erst im Laufe des Reifevorgangs wird diese Stärke zu süßem Fruchtzucker umgewandelt.

Das Aussehen des Obstes hat mit der Qualität – das heißt Geschmack und Schadstoffarmut – viel weniger zu tun, als man dem Verbraucher weismachen will: So spielt für die Handelsklasse zwar eine Rolle, ob der Stiel abgebrochen ist oder ganz fehlt, nicht aber ob der Apfel noch richtig nach Apfel oder einfach nur süß und wäßrig schmeckt. Sie sollten sich beim Kauf deshalb nicht an den EG-Güteklassen orientieren, sondern lieber Ihrem Geruchs- und Geschmacksempfinden vertrauen: ein kleiner vollreifer Apfel zum Beispiel, der einen intensiven Duft ausströmt, schmeckt meist auch gut, weil der Gehalt an aromatischen, erfrischenden Fruchtsäuren sehr hoch ist.

Bedenken Sie bitte auch: Wurmiges Obst ist keineswegs »schlecht«; es macht bei der Vorbereitung nur mehr Arbeit und es fällt mehr Abfall an, weil man die befallenen Stellen entfernen muß. Geschmack und Aroma werden nicht beeinträchtigt.

• Äpfel enthalten reichlich Kalium und Phosphor. Der Vitamin-C-Gehalt ist – wie bei allen Obstarten – sehr unterschiedlich, weil er von Herkunft, Witterung vor der Reife, Reifestadium bei der Ernte sowie Art und Dauer der Lagerung abhängt. Zum Backen gibt es spezielle Apfelsorten, die mürbe werden und trotzdem nicht zerfallen. Außerdem sollten sie nicht zuviel Saft abgeben, damit der Kuchenboden nicht durchweicht. Gut geeignet sind die Sorten Cox Orange (September bis März), Holsteiner Cox (Ende August bis März), Roter Berlepsch

(November bis Anfang April), Ingrid Marie (Oktober bis März), Roter Boskop und Schöner von Boskop (November bis März) sowie Gravensteiner, der inzwischen leider selten (im Herbst) angeboten wird.

• Birnen sind noch mineralstoffreicher als Äpfel, leichter verderblich und teurer, weil der Anbau schwieriger ist. Zum Backen geeignete Sorten: Clapps Liebling (Juli bis September) und Alexander Lucas (September bis März).

• Beeren sind – weil sehr dünnschalig – nicht lange haltbar: Erdbeeren, Himbeeren und Brombeeren sollten Sie möglichst am Tag des Einkaufs verarbeiten; Johannis- und Stachelbeeren halten sich zwei Tage im Kühlschrank. Beeren sollte man zum Aufbewahren ausbreiten, damit sie keine Druckstellen bekommen.

• Steinobst wie Kirschen, Aprikosen, Pfirsiche, Nektarinen und Zwetschgen schmecken nur im Sommer beziehungsweise Herbst wirklich gut.

Schöner von Boskop

Erdbeeren

Rote Johannisbeeren

Stachelbeere

Gravensteiner

Alexander Lucas

Cox Orange

Roter Berlepsch

Himbeeren

Brombe

• Rhabarber ist botanisch ein Gemüse, wird jedoch meist wie Obst verwendet. Da er sehr sauer schmeckt, kombiniert man ihn am besten mit süßen Früchten wie Erdbeeren, Himbeeren oder auch Trockenobst. Rhabarber enthält Oxalsäure, die im Körper die Calciumverwertung beeinträchtigen kann. Man sollte ihn deshalb nicht zu häufig und niemals roh essen. Nieren-, Rheuma- und Herzkranke verzichten besser ganz auf Rhabarber. Freiland-Rhabarber gibt es von April bis Mitte Juni. Danach sollte man ihn nicht mehr essen, weil der Gehalt an Oxalsäure noch ansteigt.

• Holunderbeeren, die tiefschwarzen, glänzenden Früchte des Holunderstrauches, können Sie im Spätsommer – etwa Ende August bis Ende September – selbst sammeln. Die bis zu 7 m hohen Sträucher wachsen wild an Waldrändern, in feuchten Misch- und Laubwäldern, auf Schuttplätzen und am Rand von Viehweiden. Pflücken Sie die Beeren bitte nur dort, wo sie möglichst unbelastet von Industrie- und Autoabgasen sind. Es versteht sich gewiß von selbst, daß man die Dolden vorsichtig pflücken sollte, um die Zweige der Büsche nicht zu verletzen. Da der Saft der Beeren stark färbt, sammelt man Holunder am besten in Plastiktüten. Zu Hause sollten Sie die Beeren möglichst rasch verarbeiten, auf jeden Fall aber aus der Tüte nehmen und wie oben beschrieben im Kühlschrank aufbewahren. Holunderbeeren enthalten reichlich Vitamine und Mineralstoffe. Sie schmekken nur gekocht oder gebacken als Kuchenbelag. Holunderbeeren keinesfalls roh essen, denn die darin enthaltene giftige Blausäure wird erst durch Garen unschädlich.

• Quitten enthalten von allen Früchten am meisten Pektine und sind ein sehr herbes Obst, das man nicht roh und nur gut gesüßt essen kann. Man bekommt sie von September bis Januar.

• Zitrusfrüchte wie Zitronen und Orangen gibt es das ganze Jahr über. Bei Zitronen sind die dünn- und glattschaligen Früchte am aroma- und saftreichsten und enthalten vermutlich auch am meisten Vitamin C. Zum Backen sind vor allem die Schalen wichtig; Sie müssen beim Kauf deshalb darauf achten, daß Sie unbehandelte Zitrusfrüchte bekommen. Das muß deutlich vermerkt sein: Bei lose angebotenen Früchten ist ein gut lesbares Schild vorgeschrieben mit der Angabe des Konservierungsmittels und dem Zusatz »Schale nicht zum Verzehr geeignet«; bei verpackten Früchten finden Sie diesen Vermerk auf der Packung. Unbehandelte Zitronen gibt es inzwischen auch in Supermärkten fast immer. Unbehandelte Orangen dagegen sind meist nur im Spätherbst und Winter zu bekommen.

• Trockenfrüchte wie Zwetschgen (Pflaumen), Äpfel, Aprikosen, Feigen, Bananen, Rosinen und Korinthen sind reich an natürlichem Fruchtzucker und an Ballaststoffen. Um sie haltbarer und optisch attraktiver zu machen, werden sie häufig mit einer schwefeligen Säure behandelt, die jedoch gesundheitsschädlich ist und Vitamin B_1 zerstört. Die Konservierung mit Schwefel muß auf der Verpackung angegeben sein. Im Reform- und Naturkosthandel gibt es meist nur ungeschwefelte Früchte – oft aus biologischem Anbau. Korinthen können Sie überall kaufen, denn diese kernlosen blauschwarzen, getrockneten Trauben dürfen überhaupt nicht geschwefelt werden. Wenn Sie einen Kuchen nur mit Trockenfrüchten süßen wollen, verwenden Sie am besten Feigen oder Zwetschgen, die sehr süß sind. Aprikosen machen das Gebäck zu sauer und sollten – wie Zitrusfrüchte – nur des Aromas wegen in kleinen Mengen verwendet werden.

Kirschen

Aprikosen

Quitten

Orange

getrocknete Pflaumen

getrocknete Feigen

getrocknete Aprikosen

Nektarine

Zitrone

getrocknete Apfelringe

Nüsse, Samen und Sprossen

Nüsse und Samen liefern nicht nur reichlich ungesättigte Fettsäuren, hochwertiges Eiweiß, Vitamine, Mineral- und Ballaststoffe; sie machen – bedingt durch den hohen Fettgehalt – flaches Mürbeteiggebäck besonders knusprig, hohes Gebäck aus Rühr-, Hefe- oder Biskuitteig dagegen wunderbar saftig. Außerdem geben sie süßen und herzhaften Kuchen, Creme- und Sahnefüllungen ein feines Aroma.

Kaufen Sie Nüsse und Samen grundsätzlich unzerkleinert, möglichst sogar ungeschält. Die Schalen sind ja eine natürliche Frischhaltepackung, die man erst unmittelbar vor der Verwendung entfernen sollte. Bereits geschälte Nußkerne werden schneller ranzig (um das zu verhüten, werden sie meist chemisch behandelt) und sind anfälliger für Schimmelbefall. In gemahlenen oder gehackten Nüssen kann die

Schadstoffbelastung sogar noch höher sein, als bei nur geschälten Kernen.

An den Schalen von Walnüssen sehen Sie übrigens auch, ob die Nüsse vorbehandelt sind: Walnüsse mit hellen Schalen sind meist gewaschen und mit einem Bleichmittel geschönt. Die kleinen, schrumpeligen und dunklen Walnüsse dagegen schmecken besser und sind naturbelassen. Oft stammen sie sogar aus biologischem Anbau, sind jedoch dann entsprechend teuer.

Auch Haselnüsse kommen inzwischen aus biologischem Anbau. Die Sträucher wachsen in Nordsizilien halbwild an Berghängen in einer Höhe von über 1000 m. Die radioaktive Belastung lag bei untersuchten Proben unter fünf Bequerel. Aufbewahrt werden Nüsse und Samen am besten kühl und lichtgeschützt, damit sie nicht so schnell ranzig werden. Trockene Lagerung verringert die

Schimmelbildung; fest schließende Gefäße erhalten das typische Aroma der Nüsse und Samen. Kaufen Sie möglichst immer nur die Menge, die Sie bald verbrauchen. Wichtig: Ölsaat wie Sesam, Mohn, Sonnenblumen- und Kürbiskerne können Sie in der Getreidemühle nur mit einem speziellen Zusatzteil schroten. Problemlos geht das Zerkleinern von größeren Mengen mit dem Blitzhacker oder dem Zwiebelhacker (siehe Tip Seite 34).

Nüsse und Samen sind eigentlich dasselbe, nämlich der Teil einer Frucht, der für die Vermehrung der betreffenden Pflanze sorgt. Als Keim für die werdende Pflanze enthalten sie sehr viele Nährstoffe, zum Beispiel Vitamine der B-Gruppe sowie die fettlöslichen Vitamine A und E, Eiweiß und Fett mit der lebenswichtigen Linolsäure.

• Cashewnüsse sind die Ölsamen des Cashewbaumes. Sie schmecken angenehm süß und mandelartig, eignen sich für süßes und herzhaftes Gebäck;

• Erdnüsse – Hülsenfrüchte mit hohem Nährwert – enthalten lebenswichtige Aminosäuren, ungesättigte Fettsäuren, reichlich Vitamin A, B-Vitamine und viele Mineralstoffe. Allerdings sind sie auch sehr anfällig für Schimmelpilze;

• Kokosnüsse sind die Früchte der Kokospalme mit harter Steinschale und weißem, fleischigem Samen (Fruchtfleisch). Eine frische Kokosnuß muß bei kräftigem Schütteln deutlich »gluckern«; dann ist der Hohlraum im Inneren der Nuß noch mit einer milchigen Flüssigkeit gefüllt, die bei längerer Lagerung eintrocknet. Das ausgelöste Fruchtfleisch können Sie im Blitzhacker zerkleinern;

• Kürbiskerne, die eiweißhaltigen Samen der Kürbispflanze, liefern reichlich Eisen, Phosphor und Zink;

• Leinsamen, auch Leinsaat genannt, sind die kleinen braunen Samen der Flachspflanze (Lein). Sie enthalten zwar reichlich mehrfach ungesättigte Fettsäuren und wirken verdauungsfördernd. Trotzdem habe ich sie in den Rezepten dieses

Mandelmus

Haselnußmus

Erdnußmus

Alfalfasprossen

Rettich-
sprossen

Sesamsamen

Pistazienkerne

Maronen

Mungobohnensprossen   Mohn

Sonnenblumenkerne

Buches nicht verwendet, da sie nach neuen Untersuchungen einen zu hohen Cadmiumgehalt aufweisen;
• Mandeln stammen aus dem Mittelmeerraum, sind reich an Eiweiß, Mineralstoffen und Vitaminen der B-Gruppe. Man unterscheidet süße und bittere Mandeln. Bittere Mandeln sind zwar sehr aromatisch, jedoch hochgiftig und werden deshalb in den Rezepten dieses Buches nicht verwendet – ebenso wenig wie das künstlich hergestellte Bittermandelöl;
• Maronen oder Edelkastanien sind die Samen aus der Steinfrucht des Kastanienbaumes, der hauptsächlich im Mittelmeerraum wächst. Sie werden gekocht und als Püree zu Kuchenteigen oder -füllungen gegeben;
• Mohn stammt aus Asien, wird heute jedoch auch in Europa angebaut. Die schwarzblauen reifen Samen sind reich an Eiweiß und mehrfach ungesättigten Fettsäuren. Gemahlener Mohn wird schnell ranzig;
• Paranüsse fehlen in diesem Buch ebenfalls; nach neuen Untersuchungen kann der

Paranußbaum natürliche Radioaktivität aus dem Boden in seinen Früchten anreichern;
• Pinienkerne, die Samen der südeuropäischen Pinie, sind eine teure, aber sehr aromatische Backzutat, die man nur in gutsortierten Geschäften bekommt;
• Pistazien, aromatische Samen des Pistazienbaumes, sollten Sie möglichst ungeschält und vor allem ungesalzen kaufen;
• Sesamsamen sind die Samen des Sesamkrautes, reich an Fett und der essentiellen Linolsäure. Sie stammen vorwiegend aus konventionellem Anbau; nur Israel und Mexiko exportieren bislang kleine Mengen aus biologischem Anbau. Im Handel sind ungeschälte braune oder geschälte weiße Samen;
• Sonnenblumenkerne – früher hauptsächlich Vogelfutter, heute preiswerte Zutat für Müsli, Brot und süßes Gebäck – enthalten alle lebenswichtigen Aminosäuren, reichlich Fett – davon fast ausschließlich wertvolle mehrfach ungesättigte Fettsäuren –, eine ganze Menge Vitamine und Mineralstoffe. Gartenbesitzer können die wunderschönen gelben Sonnenblumen selbst anbauen und die Samen ernten.

Nußmuse

werden in guter Qualität in Naturkostläden und Reformhäusern angeboten. Sie sollten nur aus fein zerkleinerten Samen wie zum Beispiel Erdnüssen, Haselnüssen oder Walnüssen bestehen und keine weiteren Zusätze wie etwa Zucker enthalten. Für die Vollwertkost sind Muse am besten, die bei der Herstellung nicht erhitzt werden. Das steht jedoch nicht unbedingt auf der Verpackung, während die Zusatzstoffe angegeben werden müssen.

Sprossen

– frisch gezogen – sind von Schadstoffen nahezu unbelastet. Sie können damit Teig für Kuchen, Torten oder Brot anreichern: Sprossen erhöhen den Nähr- und Ballaststoffanteil des Gebäcks. Mit Sahne, Eiern und/oder Käse gemischt, eignen sie sich – anstelle von Gemüse – außerdem als saftige Füllung für herzhafte (Blech)kuchen. Achten Sie beim Kauf darauf, daß Sie unbehandelte Samen aus biologischem Anbau bekommen.

Samen zum Keimen gibt es inzwischen auch in manchen Gartencentern zu kaufen; auf der Packung muß jedoch ausdrücklich vermerkt sein, ob sich die Samen für Sprossen eignen. Andere sind zur Aussaat in die Erde bestimmt und meist chemisch behandelt. Auf der Packung steht oft auch, wie man die Samen keimt.
Zum Keimen eignen sich alle Getreidesorten außer Hirse, Grünkern und Reis.
Ebenfalls gut geeignet: Buchweizen, Mungobohnen, getrocknete Erbsen (geschält und ungeschält), Kichererbsen, Linsen und Alfalfa (Luzerne), Sonnenblumen- und Kürbiskerne, Rettich und Bockshornklee. Buchweizen, Kresse und Senf keimt man am besten auf Küchenpapier, da sie Schleimstoffe absondern.
Manche Samen (zum Beispiel Senf) bilden während des Keimens feine, winzige Wurzeln, die an Schimmel erinnern. Tatsächlich verschimmelte Samen riechen muffig und unangenehm und müssen weggeworfen werden.

Pinienkerne

Kokosnuß

Cashewkerne

Mandeln

Walnüsse

Kürbiskerne

Erdnüsse

Haselnüsse

Süßungsmittel und Schokolade, Carob und Kakao

Beim vollwertigen Backen kommt es nicht nur darauf an, den weißen Zucker nur durch andere Süßungsmittel zu ersetzen; wirklich »gesund« und vollwertig ist nämlich auch keines der alternativen Produkte. Viel wichtiger ist es, so wenig Süßungsmittel wie möglich zu verwenden – gerade so viel also, daß Gebäck eben nicht ausschließlich süß, sondern vor allem aromatisch schmeckt. Bei der Wahl des Süßungsmittels spielt auch eine Rolle, ob es sich gut zum Mitbacken oder besser nur für Glasuren, kalte Cremes und Füllungen eignet. Und: alternative Süßungsmittel haben meist einen mehr oder weniger ausgeprägten Eigengeschmack, den man mögen muß und der mit den anderen Zutaten harmonieren sollte.

• Zuckerrohrgranulat (Vollrohrzucker) ist eingedickter, getrockneter Zuckerrohrsaft, der zu Pulver vermahlen wird. Anders als brauner Rohzucker – der von Zuckerrohr <u>und</u> Zuckerrübe stammen kann und nur ein Zwischenprodukt bei der Herstellung von weißem Zucker ist – durchläuft das Granulat nicht die verschiedenen Stadien der Raffination.

Durch den schonenden Herstellungsprozeß bleiben Vitamine und Mineralstoffe zum größten Teil erhalten. Trotzdem sollte man auch mit Zuckerrohrgranulat sparen; chemisch ist es nämlich mit »normalem« Zucker identisch und kann – in größeren Mengen – genau dieselben gesundheitlichen Schäden bewirken. Zuckerrohrgranulat ist das vielseitigste und problemloseste alternative Süßungsmittel: relativ neutral im Geschmack, für alle Teige und Zubereitungsarten geeignet und ebenso einfach zu verarbeiten wie weißer Zucker. Schmelzen – etwa für Karamel oder Krokant – läßt es sich dagegen nicht so gut. Da Zuckerrohrgranulat ein größeres Volumen als Zucker hat, sollten Sie zum Abmessen eine Waage verwenden; die Skala des Meßbechers, die sich ja auf Zucker bezieht, gibt die Gewichtsmenge nicht genau an.

• Honig besteht aus in Wasser gelösten verschiedenen Zuckerarten. Bei der Verarbeitung sollte der Honig nur leicht erhitzt und gefiltert werden, um Verunreinigungen wie zum Beispiel Bienenwachs zu entfernen.

Man unterscheidet Honigsorten nach:
1) der pflanzlichen Herkunft, zum Beispiel Akazienhonig;
2) der geographischen Herkunft, zum Beispiel Kalifornischer Honig;
3) der Art der Gewinnung; Wabenhonig etwa ist noch in den Bienenwaben, Schleuderhonig wird durch Zentrifugierung gewonnen, Seimhonig wird erwärmt und ausgepreßt;
4) der Verwendung: kaltgeschleuderter Speisehonig ist vollwertig und zum Rohessen bestimmt, Back- und Industriehonig ist auch zum Backen geeignet, für die gesunde Ernährung jedoch wertlos. Starkes Erhitzen zerstört die im Honig enthaltenen Wirkstoffe; er eignet sich deshalb nicht zum Mitbacken, sondern nur für Glasuren, kalt zubereitete Cremes und Füllungen. Das habe ich in den Rezepten berücksichtigt; nur bei (klassischem) Gebäck mit typischem Honiggeschmack wie zum Beispiel Bienenstich oder Honiglebkuchen wird Honig ausnahmsweise auch mitgebacken. Festgewordenen Honig erwärmen Sie am schonendsten im Wasserbad, bis er wieder flüssig ist und sich gut verstreichen läßt.

• Ahornsirup gewinnt man durch Anzapfen oder Aussaugen von Ahornbäumen. Er enthält Frucht- und Traubenzucker sowie Vitamine und Mineralstoffe in geringen Mengen. Ahornsirup ist ziemlich teuer und nur begrenzt haltbar. Bedingt durch die hohe Nachfrage wird auch immer mehr Raubbau an den Bäumen getrieben, um die Erträge zu steigern. Ich habe Ahornsirup deshalb nur in wenigen Rezepten verwendet. Sie können ihn immer durch Honig ersetzen.

Süßungsmittel aus Obst

• Obstkraut ist eingedickter Apfel- und/oder Birnensaft, dem auch Zucker zugesetzt werden kann. Der Zusatz muß auf der Verpackung nicht vermerkt sein; manche Hersteller – besonders von Reform- und Naturkost – deklarieren die

Kakao

Carobpulver

Johannisbeersaft

Aprikosensaft

Sucanatschokolade

Carob-Tafel

Inhaltsstoffe jedoch freiwillig, so daß Sie eben auch Obstkraut mit natürlichem Fruchtzucker kaufen können. Außerdem stammen die Früchte oft aus biologischem Anbau. Obstkraut ist trotz schonender Herstellung kein vollwertiges Lebensmittel. In den Rezepten dieses Buches finden Sie es deshalb nur in kleinen Mengen.

• Fruchtaufstriche bestehen aus verschiedenen Obstsorten, die mit Pektinen eingedickt werden. Manche Aufstriche enthalten Zuckeraustauschstoffe wie zum Beispiel Sorbit. Anderen wird Zucker, Honig oder Ahornsirup zugesetzt. Bei Naturkost- und manchen Reformhausprodukten sorgen für die Süße meist (je nach Hersteller) Trockenfrüchte oder eingedickter Apfelsaft, der den Aufstrich zudem streichfähig macht. Am besten kaufen Sie Fruchtaufstriche der Hersteller, die auf der Verpackung alle Inhaltsstoffe angeben.

• Fruchtsäfte ohne Zuckerzusatz gibt es inzwischen auch in Supermärkten. Wenn Sie auf biologischen Anbau der Früchte Wert legen, kaufen Sie besser im Naturkostladen und im Reformhaus und beachten die Packungsaufschrift.

• Sanddornsirup wird aus den Beeren des Sanddornstrauches hergestellt und enthält reichlich Vitamin C. Sirup mit Honigzusatz ist sehr süß und – je nach Honigsorte – manchmal sogar penetrant im Geschmack. In ungesüßtem Sirup dagegen ist das angenehm säuerliche Beerenaroma noch erhalten.

Schokolade und Schokoladenersatz

• Schokolade mit Sucanat unterscheidet sich von normaler Schokolade nur durch die Verwendung von Zuckerrohrgranulat anstelle von weißem Zucker. Das bei der Herstellung verwendete Milchpulver stammt von kontrollierten Betrieben; bei Nußschokolade kommen auch die Haselnüsse aus biologischem Anbau. Die Schokolade gibt es in Reformhäusern und manchen Naturkostläden. Zum Schmelzen braucht sie länger als normale Schokolade: 100 g etwa 15 Minuten. Sie muß mit Sahne vermischt werden, damit sie sich gut verstreichen läßt.

• Carob-Tafel ist ein kakaofreier – folglich auch coffeinfreier – Schokoladenersatz, der aus Carob (siehe weiter unten), Palmkernöl (von der Öl-, nicht der Kokospalme), Milchpulver, Sojamehl, Lecithin und Vanille besteht. Der natürliche Zuckergehalt liegt mit etwa 23% viel niedriger als der von Schokolade. Dafür enthält sie etwa 25% Ballaststoffe; in normaler Schokolade sind diese nur in Spuren vorhanden. Beim Mitbacken verwendet man Carob-Tafel ebenso wie normale Schokolade; sie gibt Gebäck sogar ein besonders feines Aroma. Zum Überziehen dagegen eignet sie sich nicht so gut, weil sie nicht flüssig und geschmeidig wird (siehe dazu auch den Tip auf Seite 33). Kaufen können Sie Carob-Tafel bis jetzt nur in wenigen Naturkostläden und Reformhäusern.

• Carobpulver (Johannisbrotmehl) ist das getrocknete, zu Pulver vermahlene Fruchtfleisch des Johannisbrotbaumes und wird in der Vollwerternährung als Ersatz für Kakao verwendet. Der Baum, der etwa 15 m hoch und bis zu 200 Jahre alt werden kann, zählt – wie Olive oder Lorbeer – zu den immergrünen Hartlaubgewächsen des Mittelmeerraumes.

Carob hat verschiedene Geschmacksnuancen, die Sie auch optisch an der Farbe des Pulvers erkennen können: hellbraunes Carob schmeckt wie Karamel, dunkleres wie Malz und dunkelbraunes wie Kakao. Gegenüber Kakao hat es viele gesundheitliche Vorteile: Carob schmeckt süß, während man bei Kakao den an sich bitteren Geschmack erst durch Süßungsmittel überdecken muß, damit sich das feine Aroma entfalten kann. Mit weniger als 1% Fettgehalt ist Carob viel kalorienärmer als Kakao (etwa 23% Fett). Carob enthält reichlich Ballaststoffe – auch das cholesterinsenkende Pektin –, viele Vitamine und Mineralstoffe (besonders Kalium und Calcium), dagegen kein Coffein und kaum Theobromin – die anregenden, aber für manche Menschen schlecht verträglichen Inhaltsstoffe des Kakaos. Ich habe in den Rezepten dieses Buches deshalb vorwiegend Carob verwendet.

Honig

Hagebutten-Fruchtaufstrich

Sauerkirsch-Fruchtaufstrich

Apfeldicksaft

Sanddornsirup

Ahornsirup

Zuckerrohrgranulat

Gewürze, Kräuter und andere Backzutaten

Gewürze sollten Sie immer ungemahlen kaufen und je nach Bedarf zerkleinern. Zum Mahlen eignet sich am besten eine Kaffeemühle, die Sie ausschließlich für Gewürze verwenden sollten. Samen im Mörser zerreiben, ist ziemlich mühsam; harte Körner wie etwa von Bockshornklee lassen sich überhaupt nicht zerkleinern.

• Bockshornklee – Bestandteil mancher Currymischungen – sind die getrockneten Samen einer in Nordafrika und Indien meist wildwachsenden Pflanze. Sie schmecken würzig und leicht bitter und passen gut zu herzhaften Kuchen;

• Ingwer ist die knollige Wurzel einer südostasiatischen Pflanze. Es gibt ihn frisch, getrocknet oder gemahlen zu kaufen. Zum Backen verwendet man meist Ingwerpulver, das mit seiner aromatischen Schärfe gut zu Gewürzkuchen oder -plätzchen sowie zu Obstkuchen mit Äpfeln, Birnen, Kürbis und Quitten paßt;

• Kardamom stammt ebenfalls aus Südwest- und Ostasien, ist Bestandteil des Currypulvers und bei uns vor allem als Lebkuchengewürz bekannt. Die Kapseln gibt es ganz in Reformhäusern und Naturkostläden, gemahlen auch in Supermärkten;

• Korianderkörner – die frischen oder getrockneten Früchte der Korianderpflanze passen zu herzhaftem Gebäck, Gewürzkuchen, Lebkuchen und gewürzten Plätzchen;

• Mazis heißt – irreführend – auch Muskatblüte und ist die leuchtendrote Samenhaut der Muskatnuß. Die ganzen, getrockneten Blättchen bekommen Sie in Reformhäusern, Naturkostläden und – wie alle seltenen Gewürze – in vielen Apotheken. Gemahlenen Mazis gibt es in Supermärkten. Das Gewürz paßt zu süßem und herzhaftem Gebäck;

• Muskatnuß ist der Samenkern in der – pfirsichähnlichen – Frucht des immergrünen Muskatbaumes. Man kauft sie grundsätzlich ganz und reibt sie frisch. Sie schmeckt intensiv süßlich, bitter und scharf. Muskatnüsse enthalten ein natürliches Gift, das Erwachsenen allerdings erst ab etwa 15 g Muskatpulver schadet – eine Menge, bei der die Geschmacksnerven streiken. Vor Kindern sollten Sie die Nüsse jedoch wegschließen. Außerdem sollte man Muskatnuß nicht zusammen mit Anis- und/ oder Zitronenöl verwenden, da sich dadurch die schädliche Wirkung verstärken kann;

• Nelken sind die Blütenknospen des immergrünen Nelkenbaumes. Sie werden getrocknet und kommen ganz oder gemahlen in den Handel. Nelken wirken magenfreundlich, schmecken scharf und sind ein typisches Gewürz für weihnachtliches Gebäck;

• Nelkenpfeffer oder Piment sind die Beeren eines immergrünen Baumes, der aus Zentralamerika stammt. Er ist Bestandteil von Lebkuchengewürz und Currymischungen;

• Piment: siehe »Nelkenpfeffer«;

• Safran sind die getrockneten, fadenförmigen Blütennarben eines Krokusgewächses. Weil man für wenige Gramm Safran eine ganze Menge Blüten braucht, ist Safran das teuerste Gewürz. Er schmeckt angenehm bitter und würzig und färbt Speisen intensiv gelb. Safranfäden sind aromatischer als Safranpulver. Man muß sie zwischen den Fingern zerreiben und in etwas heißer Butter, Milch oder Wasser auflösen, bevor man sie an den Teig gibt;

• Vanille ist im Gegensatz zu dem synthetisch hergestellten Vanillin ein Naturprodukt. Die Pflanze bildet aromatische Schoten, die es ganz oder gemahlen zu kaufen gibt. Ganze Schoten schneidet man bei der Verwendung der Länge nach auf, um das Mark herauskratzen zu können. Bei Cremes oder Füllungen, die mit heißer

Bockshornklee

Koriander

Ingwer

Mazisblüten

Nelken gemahlen und ganz

Muskatnüsse

Pimen

Kardamom

Flüssigkeit wie Milch oder Sahne zubereitet werden, läßt man die ausgekratzte Schote noch zusätzlich in der Flüssigkeit ziehen. In Reformhäusern und Naturkostläden gibt es gemahlene Vanille von guter Qualität, die sich besonders einfach verarbeiten läßt;

• Zimt ist die getrocknete Rinde des Zimtbaumes mit intensivem würzigem Geschmack. Sie können ganze Zimtstangen kaufen, die zum Beispiel in Kompott mitgekocht werden, oder gemahlenen Zimt, den man einfach unter Teig oder Creme mischt. Am besten schmeckt Caneel- oder Ceylonzimt, der aus Südostasien stammt.

Andere wichtige Backzutaten

• Salz (Kochsalz) hat auf den Geschmack auch süßen Gebäcks und auf die Beschaffenheit von Teigen Einfluß. Beim Essen wird es auf der Zunge gelöst. Dadurch übt es einen Reiz auf die Geschmacksknospen aus, so daß auch die anderen Aromastoffe »geschmeckt« werden können. Bekanntlich empfindet man salzlose oder salzarme Speisen als fade.

Natürlich müssen Sie in einer Torte nicht an Teig und Füllung 1 Prise Salz geben; den notwendigen Reiz bewirken schon kleine Salzmengen, und zu stark Gesalzenes schmeckt unangenehm.

Teige bekommen durch Salz aber auch mehr Elastizität, weil es den Kleber – die für die Gerüstbildung des Gebäcks notwendigen Eiweißbestandteile im Mehl – stabiler macht. Das spielt vor allem bei kleberarmen Mehlen wie zum Beispiel Roggen- oder Gerstenmehl eine Rolle. Außerdem hemmt es die Tätigkeit von Enzymen, die im Teig sowohl Kleber als auch Stärke abbauen. Da Vollkornmehl viele Enzyme enthält, ist Salz am Teig besonders wichtig.

• Backoblaten bestehen aus weißem Mehl und Wasser und sind deshalb kein vollwertiges Lebensmittel. Zum Backen braucht man sie nicht: Damit sich Lebkuchen oder Makronen nach dem Backen leicht ablösen lassen, wird das Blech nur gut gefettet und mit Mehl bestäubt. Oblaten haben jedoch den Vorteil, daß sie Gebäck beim

Aufbewahren länger saftig halten – wichtig bei Weihnachtsplätzchen, die erst im Laufe der Zeit ihr Aroma entfalten. Diese Sorten können Sie auf Oblaten backen, die Sie aber nicht mitzuessen brauchen: Vor dem Servieren des Gebäcks werden sie leicht mit kaltem Wasser befeuchtet und abgezogen.

• Getreidekaffee – in der Vollwertkost Ersatz für coffeeinhaltigen Bohnenkaffee – wird meist aus »gemälztem« Getreide wie Gerste, Roggen oder Weizen gewonnen: Man weicht die Körner ein und bringt sie zum Keimen. Der Malzzucker, der sich dabei bildet, sorgt – neben dem Rösten der Körner – für den typischen Geschmack des Kaffees. Ersatzkaffee gewinnt man auch aus anderen gerösteten Pflanzenteilen – zum Beispiel aus Zichorien, Zuckerrüben, Feigen oder Johannisbrot. Am besten probieren Sie einige Sorten durch, bis Sie die gefunden haben, die Sie am liebsten mögen. Ein naturbelassenes Lebensmittel ist der Ersatzkaffee nicht unbedingt: zucker-, gerb- oder coffeinhaltige Zusatzstoffe sind erlaubt und müssen erst

gekennzeichnet werden, wenn die Menge 0,3 g pro 100 g Kaffee übersteigt. Halten Sie sich beim Kauf von Ersatzkaffee also lieber an die Markennamen von Vollwertprodukten (siehe Seite 11) und lesen Sie die Auflistung der Inhaltsstoffe, die auf der Verpackung steht.

• Agar-Agar: siehe Seite 26.

• Wildpfeilwurzelmehl ist ein weißes Pulver, gewonnen aus den Knollen der brasilianischen Marantapflanze. In der alternativen Küche wird es zum Binden von Cremes oder zum Bestäuben von Backwaren verwendet. Da es sich jedoch um reine Pflanzenstärke – also nicht um ein vollwertiges Lebensmittel – handelt, spielt es nach meiner Auffassung keine Rolle, ob Sie Gebäck mit Wildpfeilwurzelmehl oder (dünn!) mit Puderzucker verzieren.

• Zitronat und Orangeat sind die kandierten Schalen von bestimmten Zitrusfruchtarten. Da beide Zutaten eine ganze Menge Zucker enthalten, habe ich sie in die Rezepte dieses Buches nicht aufgenommen, sondern durch frische Schalen von Zitrusfrüchten ersetzt, die genauso aromatisch, nur eben nicht süß schmecken.

Safranpulver

Vanillestangen

Zimtstangen

Safranfäden

Kochsalz

Backoblaten

Getreidekaffee

Wildpfeilwurzelmehl

Agar-Agar

Der Inhalt des Buches von A–Z

Zum Gebrauch

Hier stehen die Rezepttitel und Sachbegriffe in alphabetischer Reihenfolge. Damit Sie Rezepte mit bestimmten Teigen oder Zutaten noch schneller finden können, stehen in diesem Register auch Hauptzutaten wie Obstsorten sowie die verschiedenen Teige, ebenfalls alphabetisch geordnet, über den entsprechenden Rezepten.

Der Inhalt des Buches von A–Z

Der Inhalt des Buches von A–Z

Nützliche Adressen –

zum Beispiel von Naturkostläden in Ihrer Nähe, Gärtnereien, Biobauern oder Metzgern, die Fleisch von artgerecht gehaltenen Tieren anbieten – finden Sie in »Das alternative Branchenbuch«. Sie bekommen es im Buchhandel und in Naturkostläden. Es wird laufend aktualisiert; zum Beispiel sind darin auch neue Öko-Siegel der Arbeitsgemeinschaft ökologischer Landbau erfaßt. Denn die Liste unten kann nur die wichtigsten Erzeugerorganisationen nennen, und die Zahl der Öko-Bauern und -Vertreiber nimmt stetig zu.

In der Bundesrepublik gibt es Erzeugerorganisationen, die Lebensmittel aus kontrolliert-ökologischem Anbau und artgerechter Tierhaltung garantieren.

- ANOG: Arbeitsgemeinschaft für naturnahen Obst-, Gemüse- und Feldfruchtanbau;
- Biokreis Ostbayern;
- Bioland: Fördergemeinschaft organisch-biologischer Land- und Gartenbau e. V.;
- BÖLA: Bundesverband für ökologisch-biologische Landprodukte e. V.;
- Bundesverband Ökologischer Weinbau e. V.;
- Demeter und Biodyn: Forschungsring für Biologisch-Dynamische Wirtschaftsweise;
- Naturland: Verband für naturgemäßen Landbau e. V.;

So gelingt's.
Mit GU.

Kein Talent zum Kochen? Oder einfach keine Zeit? Kein Problem – mit GU. Es gibt doch **So gelingt's**, die neue, flotte Kochbuchreihe: abwechslungsreiche Rezepte, die wirklich auf Anhieb klappen. Dazu Tips zum schnellen Einkauf, zur rationellen Vorbereitung ... Kochspaß und tolle Farbfotos inklusive! Aber das ist noch nicht alles: Jedes Gericht wird auch als Kurzrezept beschrieben. Da sehen Anfänger auf einen Blick, wie leicht und einfach gute Küche sein kann, und Profis können gleich loslegen – das ist der Clou! Natürlich von GU.

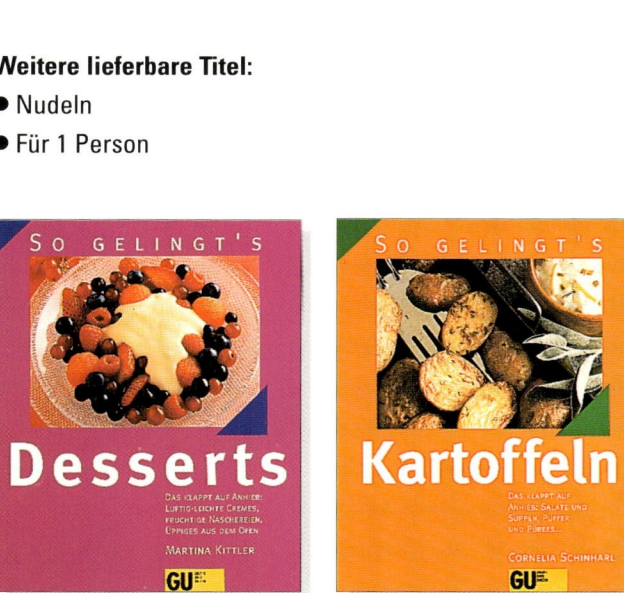

19,80 DM/155,-öS/19,80 sFr.

Weitere lieferbare Titel:
- Nudeln
- Für 1 Person

19,80 DM/155,-öS/19,80 sFr.   19,80 DM/155,-öS/19,80 sFr.   19,80 DM/155,-öS/19,80 sFr.   19,80 DM/155,-öS/19,80 sFr.

Mehr draus machen.
Mit GU.

Die Autoren

Dr. Barbara Rias-Bucher

gebürtige Münchnerin, arbeitete nach ihrem Studium als Redakteurin bei einem Münchner Verlag. Seit 1979 ist sie als freie Food-Journalistin für Zeitschriften und große Buchverlage tätig. Aus Überzeugung und durch positive Erfahrungen bestärkt beschäftigt sie sich seit mehr als 5 Jahren mit dem Thema Vollwertkost. Durch ihre Bücher »Natürlich kochen«, »So gut schmeckt's vegetarisch« ist sie eine bereits anerkannte Expertin auf diesem Spezialgebiet geworden. Besonders gelobt wird, daß ihre Vollwert-Rezepte höchsten kulinarischen Ansprüchen gerecht werden.

Susi und Pete A. Eising

sind Schweizer, jedoch schon seit vielen Jahren Wahl-Münchner. Sie sind hervorragende Foodfotografen, Bildgestalter, Koch-Künstler und Kenner alles Guten auf kulinarischem Gebiet. In ihrem Studio für Lebensmittel-Fotografie produzieren sie zusammen mit ihrem Team seit vielen Jahren anspruchsvolle Foodaufnahmen für Bücher, Werbung, Filme und Zeitschriften.

Impressum

Das Farbfoto auf der Einband-Vorderseite zeigt den Obstkuchen mit Gitter – zubereitet mit knusprigem Mürbeteig und gemischten Beeren, die im Sommer besonders gut schmecken. Das Rezept für den saftigen Kuchen finden Sie auf Seite 103.
Auf der Einband-Rückseite sehen Sie eine bunte Plätzchenmischung. Von links unten, nach rechts oben: Fein gewürzte Butterplätzchen (Seite 156), Knusperchen mit Nüssen (Seite 158), Dunkle Haferflockenschnitten (Seite 164) und Gefüllte Plätzchen (Seite 159).

Auflage 8. 7. 6. 5.
Jahr 1998 97 96 95
© 1989 Gräfe und Unzer GmbH, München
Alle Rechte vorbehalten.
Nachdruck, auch auszugsweise, sowie Verbreitung durch Film, Funk und Fernsehen, durch fotomechanische Wiedergabe, Tonträger und Datenverarbeitungssysteme jeder Art nur mit schriftlicher Genehmigung des Verlages.

Redaktion: Cornelia Schinharl
Versuchsküche: Gertrud Röser
Herstellung: Robert Gigler
Farbfotos: Susi und Pete A. Eising
Umschlaggestaltung:
Heinz Kraxenberger
Reproduktion:
SKU Reproduktionen GmbH
Satz: Gerber Satz GmbH München
Druck: Mairs Graphische Betriebe
Bindung:
Großbuchbinderei Monheim
ISBN 3-7742-4665-3